C51单片机原理与应用项目教程

——基于AI8H8K64U单片机

主　编　夏守行
副主编　胡慧铺　张佐理
参　编　夏国宇　黄　陈　王文明　林　烨　陈礼攀

WUHAN UNIVERSITY PRESS
武汉大学出版社

图书在版编目(CIP)数据

C51 单片机原理与应用项目教程 ：基于 AI8H8K64U 单片机 / 夏守行主编． -- 武汉 ：武汉大学出版社，2025.8． -- ISBN 978-7-307-25194-6

Ⅰ．TP368.1

中国国家版本馆 CIP 数据核字第 2025X82C32 号

责任编辑：胡　艳　陈卓琳　　　责任校对：汪欣怡　　　版式设计：马　佳

出版发行：**武汉大学出版社**　（430072　武昌　珞珈山）

（电子邮箱：cbs22@ whu.edu.cn 网址：www.wdp.com.cn）

印刷：武汉中科兴业印务有限公司

开本：787×1092　1/16　印张：20.25　字数：474 千字　插页：1

版次：2025 年 8 月第 1 版　　2025 年 8 月第 1 次印刷

ISBN 978-7-307-25194-6　　定价：49. 50 元

前　言

本教材贯彻党的二十大报告关于落实立德树人的根本任务，以及推进教育数字化的精神，响应提升新质生产力的要求，进行编写修订而成。本教材是温州科技职业学院教学改革系列教材之一，面向物联网、电子信息、电气自动化、工业机器人和智能控制等专业的相关课程，编写过程中吸纳了多年的教学改革成果和较多的实际产品开发经验。本教材可以作为高等院校相应专业开设的单片机应用技术的课程教材；也可作为生产和研发一线岗位技术人员的参考书。

C51 单片机是单片机应用技术课程内容之一，过去常以国外的 AT89S52 单片机为代表型号进行学习。但从现阶段来看，AT89S52 功能较弱，资源也少，12T 运行模式速度慢，也没有常用的 ADC、PWM、EEPROM、硬件 I^2C/SPI、LCM 驱动、多串口、USB 通信等功能，较难适应项目要求，AT89S52 的 RAM 空间只有 256 字节，在项目开发中，很容易超限而需外部存储空间。因此，实际项目开发中应用 AT89S52 并不多。

深圳国芯人工智能有限公司的 STC89C52RC 单片机相比 AT89S52 增加了 xdata 和 EEPROM 空间等，为 6T 运行模式，速度快了一倍，但提升有限。之后推出的 STC12C 和 STC15 系列，功能有了较大的升级，均为 1T 运行模式。

近年来，我国芯片产业形势严峻，深圳国芯人工智能有限公司陆续推出了 STC8G、STC8A、STC8H、AI8H、8K64U 和 AI8051、STC32G 等系列，缓解了单片机芯片市场需求。这些单片机均增加了上述常用功能，甚至浮点运算能力。本教材以 AI8H8K64U 单片机为主进行编写，AI8H8K64U 相比 AT89S52，在功能和资源上有了质的飞跃，还配备了 USB 通信，方便了项目开发，真正拉近了学习与应用的距离，更是很好地支持了国产芯片生态。AI8H8K64U 与 STC8H8K64U 实际为同一种芯片，只是芯片方采用两种命名方式。

原有 AT89S52 程序移植 AI8H8K64U 方法：(1)不启用 USB 模式直接移植，仅在程序初始化中加入端口配置语句即可，须注意程序运行为 1T 模式，运行速度快，软件延时变短，但定时器不受影响；(2)启用 USB 模式，须更换单片机头文件，加载 USB 通信头文件和库函数，初始化时要先调用系统初始化函数。不过，增加的程序芯片方已写好可直接调用，也基本无须修改。

本教材强调理论与实践相结合，体现教、学、做统一的教学思路，精心设计了 40 个应用实例，包括专业领域应用案例，内容知识点丰富，难度循序渐进，学生可根据自身掌握程度选择性学习，有利于学生正确定位学习目标。本书有配套的数字在线课程，依托超星教学平台进行在线学习，书中配套的教学资源可在课程页面观看和下载(https://mooc1.chaoxing.com/course/212341788.html)。

全书编写参与人员：温州科技职业学院夏守行、胡慧铺、黄陈；温州职业技术学院张佐理；浙江工贸职业技术学院林烨；国家电网杭州市富阳区供电公司夏国宇；温州方圆仪器有限公司王文明；温州市洞头金海三合电子科技有限公司陈礼攀。分工如下：第 1 章和第 2 章由黄陈编写；第 3 章由胡慧铺编写；第 4 章由张佐理编写；第 5 章由夏国宇编写；第 6 章由林烨编写；第 7 章由王文明编写；第 8 章由陈礼攀编写；第 9~14 章均由夏守行编写。全书由夏守行统稿。本书在编写过程中，得到温州科技职业学院和兄弟院校相关老师以及各企业研发人员的指导和帮助，在此一并感谢。

由于编者水平和资料收集所限，疏漏和错误在所难免，恳请读者批评指正。

编　者

2025 年 7 月于温州

目　　录

第 1 章　数制与转换

数制是人们利用符号进行计数的科学方法，在单片机编程里是经常用到的，编程时比较常用的数制有二进制、十进制和十六进制等。

1.1　十进制

十进制(Decimalism，DEC)是我们非常熟悉的数制，逢十进一，即往高位进一，其数码符号有 10 个：0、1、2、3、4、5、6、7、8、9。为与其他数制区分，在数值后缀加 D 或下标 10 表示，如 123D、(123)D 或 $123_{(10)}$ 表示十进制，在 C51 单片机编程里，不加数值前后缀也表示十进制。十进制计算式如下：

$$123=1\times10^2+2\times10^1+3\times10^0$$

在这个计算式中，指数为数位。

实际上，在生产生活中存在着许多的数制，例如七天为一周，就是七进制，只不过只有进位一次，没有七个周再进一位。例如三周又四天，则总天数计算为：

$$3\times7^1+4\times7^0=25(\text{天})$$

又例如分和秒是六十进制，六十秒进位一分，六十分进位一小时，例如两小时三分四秒，则总共秒数计算如下：

$$2\times60^2+3\times60^1+4\times60^0=7200+180+4=7384(\text{秒})$$

上述三种情况是我们很熟悉的例子，那么对于其他数制也类似的。

1.2　二进制

计算机中常采用二进制(Binary，BIN)，二进制具有运算简单、易实现且可靠、为逻辑设计提供了有利的途径、节省设备等优点，对应计算机电路晶体管导通和截止的两个状态。

二进制数的表达方式为在数的后缀加上下标(2)或下标 2 或后面加 B，二进制的基数为 2。二进制数中每一位仅有 0 或 1 这两种值，逢二往高位进一。二进制数的加法和乘法运算如下：

$$0+0=0;\ 0+1=1+0=1;\ 1+1=10;\ 0\times0=0;\ 0\times1=1\times0=0;\ 1\times1=1。$$

1.2.1　二进制转十进制方法

1. 二进制 $N=(110110)B$ 转十进制

$$N=1\times2^5+1\times2^4+0\times2^3+1\times2^2+1\times2^1+0\times2^0=(54)D$$

2. 二进制 N=(1101.11)B 转十进制

$$N=1\times2^3+1\times2^2+0\times2^1+1\times2^0+1\times2^{-1}+1\times2^{-2}=(13.75)D$$

1.2.2 十进制转二进制方法

1. 整数转换——基数除法

把要转换的数除以二进制的基数 2，把余数作为二进制的最低位；把上一次得的商再除以 2，把余数作为二进制的次低位；继续上一步，直到最后的商为零，这时的余数就是二进制的最高位。

例如，十进制 125 化为二进制，方法如图 1-1 所示。

则(125)D=(1111101)B。

2. 小数转换——基数乘法

把要转换数的小数乘以二进制的基数 2，把得到的整数部分作为二进制小数部分的最高位；把上一步得的小数部分再乘以 2，把整数部分作为二进制小数部分的次高位；继续上一步，直到小数部分变成零，或者达到预定的要求为止。

例如，十进制 0.8125 化为二进制，方法如图 1-2 所示。

则(0.8125)D=(0.1101)B。

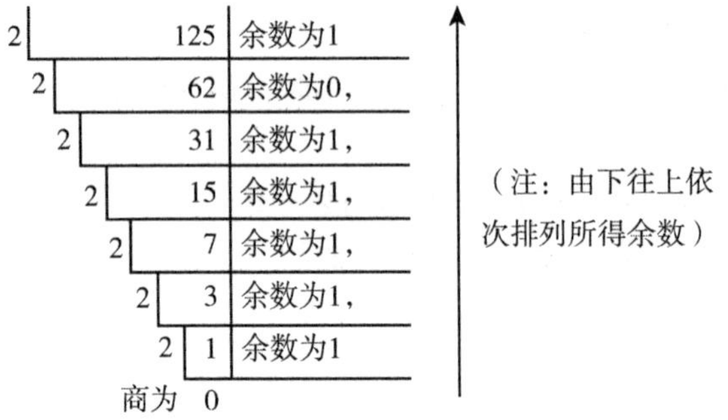

图 1-1 基数除法

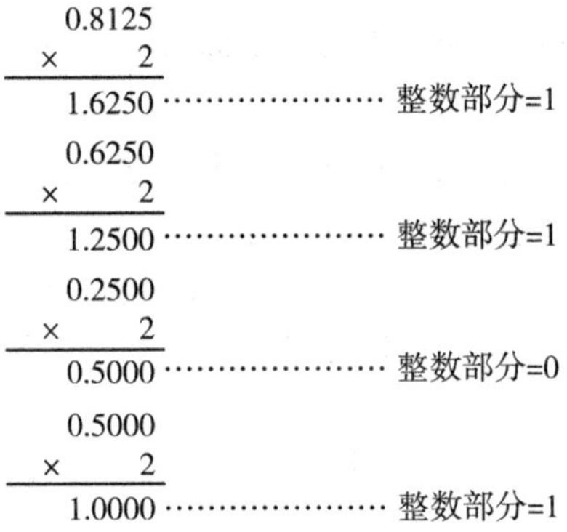

图 1-2 基数乘法

1.3 十六进制

上述的二进制数在使用中存在位数太长、不容易记忆和容易写错的问题，为了便于描述，常用十六进制作为二进制的缩写。

十六进制(Hexadecimal，HEX)通常在表示时用尾部标志 H 或下标(16)以示区别。十六进制逢十六往高位进一，其数码符号有 16 个：0、1、2、3、4、5、6、7、8、9、A、B、C、D、E、F。

1.3.1　十六进制转二进制方法

转换时可将十六进制的每一位用等值的 4 位二进制代替即可，即一位变四位。

例如，十六进制 N=(C1BC)H 转化为二进制，方法如图 1-3 所示：

(	C	1	B	C	)H
	↓	↓	↓	↓	
=(	1100	0001	1011	1100	)B

图 1-3　十六进制转二进制

则 N=(C1BC)H=(1100 0001 1011 1100)B。

1.3.2　二进制转十六进制方法

二进制转十六进制为十六进制转二进制的逆向过程，即四位二进制变为一位十六进制。

1.3.3　十六进制转十进制方法

例如，十六进制(12AB)H 转化为十进制，方法如下：

$$N = (12AB)H = 1 \times 16^3 + 2 \times 16^2 + A \times 16^1 + B \times 16^0 = (4779)D$$

1.3.4　十进制转十六进制方法

可以先将十进制数转换为二进制数，然后再将得到的二进制数转换为等值的十六进制数。为了方便口算，应该弄清楚或记住表 1-1 所示的十六个各进制的值对应关系。

表 1-1　十六个常用值各进制对应表

二进制	八进制	十进制	十六进制
0000	0	0	0
0001	1	1	1
0010	2	2	2
0011	3	3	3
0100	4	4	4
0101	5	5	5
0110	6	6	6
0111	7	7	7
1000	10	8	8
1001	11	9	9

续表

二进制	八进制	十进制	十六进制
1010	12	10	A
1011	13	11	B
1100	14	12	C
1101	15	13	D
1110	16	14	E
1111	17	15	F

习　题

1. 二进制转换成十进制：

(1011011.01)B=(　　　　)D。

2. 十六进制转换成十进制：

(A6)H=(　　　　)D；(BC)H=(　　　　)D；

(12)H=(　　　　)D；(FF)H=(　　　　)D。

3. 十进制转换成二进制和十六进制：

(123)D=(　　　　)B=(　　　　)H；

(97)D=(　　　　)B=(　　　　)H；(89.375)D=(　　　　)B=(　　　　)H。

4. 二进制转换成十六进制：

(1100101)B=(　　　　)H；(11100101)B =(　　　　)H；

5. 十六进制转换成二进制：

(77)H=(　　　　)B；(5A)H=(　　　　)B。

第 2 章　C51 单片机及其开发环境

单片机是单片微型计算机(Single Chip Microcomputer)的简称，指把组成微型计算机的各种功能部件集成在一块芯片上的微型计算机，与我们常用的普通计算机相似，只是简化了许多。单片机具有结构简单、体积小和价格低等优点，常应用于物联网、工业自动化、电力系统、智慧农业、家用电器和航空航天等诸多领域。单片机在我国新质生产力中发挥了巨大作用，如图 2-1 所示。

图 2-1　单片机应用

学习单片机虽然主要是应用于编程，但前提是必须要理解单片机硬件框架结构，以及所涉及的硬件电路，这样才能单独完成完整的单片机项目，边学边做是最好的学习方法。在这一章中我们将完成对单片机的认识、最小系统、编程环境的学习。

单片机就是将中央处理器(CPU)、RAM 存储器、ROM 存储器及各种输入/输出接口集成在一块芯片上的微控制器(MCU))，单片机芯片具有计算机属性，为哈佛的计算机结构，如图 2-2 所示。

单片机的功能实现要靠编程的指令来完成。编程的目的是控制这块芯片的对应引脚在指令作用下输出不同的电平，从而控制与单片机各个引脚相连接的外围电路。

编程可以选择用机器语言、汇编语言和 C 语言等。单片机只能识别机器语言代码，但机器语言人工编程非常不方便。汇编语言是直接对单片机硬件编程，常应用在底层、硬件操作和高要求的程序优化等场合，如驱动程序。汇编语言须经编译后生成机器语言，再下载到单片机，单片机才能工作。C 语言是一门面向过程的计算机编程语言，具有设计容易、可读性好、易修改和移植等优点，C 语言最终也须经编译后生成机器语言。

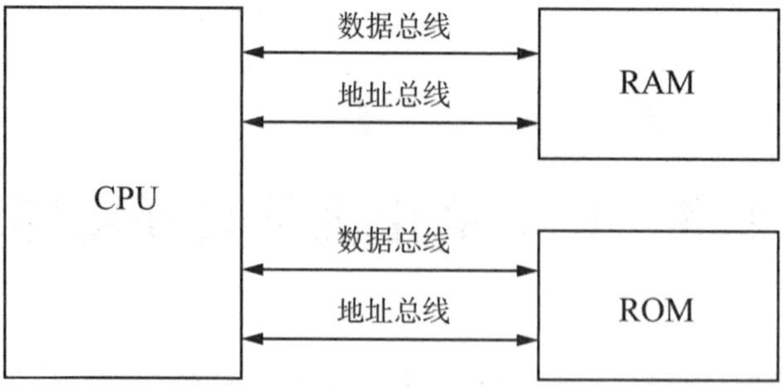

图 2-2　哈佛计算机硬件结构

如按 CPU 处理字的长度分，单片机可分为 4 位、8 位、16 位和 32 位等多种。4 位单片机的控制功能较弱，CPU 一次只能处理 4 位二进制数。这类单片机常用于低成本电器中。8 位单片机的控制功能较强，其片内资源丰富，应用较广泛。16 位和 32 位单片机的操作速度及数据吞吐量比 8 位机有较大提高，主要用于任务较多、控制较复杂的场合。但实际中，单片机的选用并不一定位数越多越好，还要综合考虑成本、可靠性、运行速度、开发时间等多种因素，特别是可靠性和成本往往是最重要的。

如按使用范围分，单片机可分为通用型单片机和专用型单片机两大类，通常所说的单片机即通用型单片机，而电能表和遥控器所用的单片机则为专用型。

2.1　认识 STC89C52RC 单片机

常用的传统 C51 单片机一般指以 AT89C52 或 AT89S52 为代表的单片机，包括各衍生系列的各厂商型号的单片机，有进口和国产，其中 STC89C52RC 为深圳国芯人工智能科技有限公司生产的单片机，为 AT89C52 的直接替换型号，其功能比 AT89C52 有所改进。

2.1.1　C51 单片机的发展历程

第一阶段(1974—1978 年)，单芯片形成阶段。以 Intel 公司 1976 年推出的 MCS-48 系列单片机为代表，其特点是总线宽度为 8 位，无串行 I/O 接口，片内 ROM(2KB)和 RAM(128B)容量较小，寻址范围不大于 4KB，定时/计数器为 8 位，指令功能和中断功能都较简单。

第二阶段(1978—1982 年)，高性能单片机阶段。这个阶段推出的单片机普遍带有串行口、多级中断系统和 16 位定时器/计数器，片内 ROM、RAM 容量加大，寻址范围可达 64K 字节，有的片内还带有 A/D 转换器。典型代表是 Intel 公司的 MCS-51 系列单片机。

第三阶段(1982 年—现在)，8 位单片机的巩固发展及 16 位单片机、32 位单片机的推出阶段。此阶段的主要特征是发展 16 位单片机、32 位单片机及专用型单片机，同时不断完善高档 8 位单片机，改善其结构，以满足不同的用户需求。

目前，国际上单片机生产厂商各有自己的系列产品，种类较多。MCS-51 框架的单片机，国外厂商有 Intel、ATMEL、Philips、Motorola、Siemens 等；国内有国芯人工智能、比亚迪、兆易创新、新唐、九齐等，其中的国芯人工智能(即 STC)占据着国内 C51 单片机较大的市场份额。具体见表 2-1 所示，不过有些型号已停产或被收购。

表 2-1　C51 传统单片机芯片厂商部分产品列表

公司	芯　片
国芯	STC89C52RC、STC89C516RC、STC90C52
Atmel	AT89C51、AT89C52、AT89C53、AT89C55、AT89LV52、AT89S52
Philip	P80C54、P80C58、P87C58、P87C524、P87C528
Winbond	W78C54、W78C58、W78E54、W78E58
Intel	i87C54、i87C58、i87L54、i87L58、i87C51FB、i87C51FC

2.1.2　单片机的封装形式及其标号信息

封装形式是指安装半导体集成电路芯片用的外壳。C51 单片机常见的封装形式如图 2-3、图 2-4 和图 2-5 所示。做产品一般常用贴片的 PLCC 封装和 LQFP 封装，实验测试常用 DIP 封装。

图 2-3　DIP 封装

图 2-4　PLCC 封装

图 2-5　LQFP 封装

从以上三幅图可看到各单片机的外形和型号，其中，STC89C52RC 的含义如图 2-6 所示。

2.1.3　单片机引脚介绍

双列直插式 STC89C52RC 单片机共有 40 和 44 两种引脚，如图 2-7 和图 2-8 所示。

以 DIP-40 为例介绍引脚：

(1)电源引脚 2 只。第 40 脚 VCC 接+5V 电源，低电压版本电源电压为+3.3V，第 20 脚 GND 接地；

(2)晶振时钟引脚 2 只。第 18、19 脚的 XTAL2、XTAL1 外接晶振，比较常用的晶振频率为 11.0592MHz 和 12MHz，为单片机提供时钟信号，其中采用 11.0592MHz 主要是为了方便设置使外部通信传输速度波特率符合标准，更多的单片机可选用内部时钟，可不接

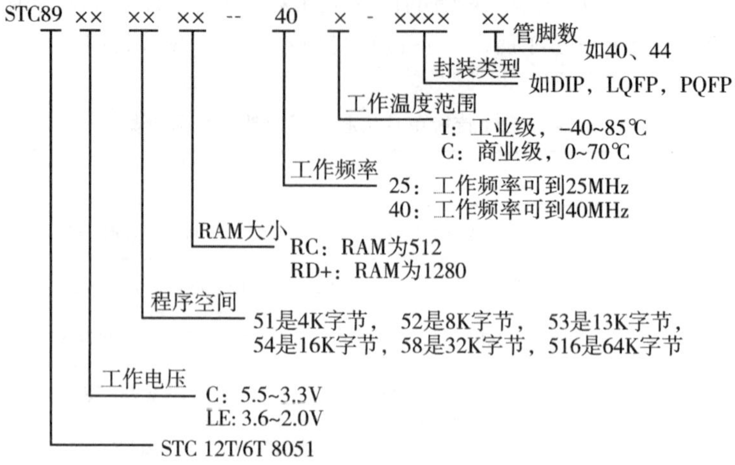

图 2-6　STC89C52RC 单片机型号含义示意图

外部晶振，但振荡频率精度会略差一点。晶振频率越高，单片机运行速度越快。AT89S52 采用 12 周期(12T)指令，即晶振振荡 12 次，程序执行一个机器周期。

(3)控制线引脚 4 只。第 9 脚 RST 为复位，当输入的复位信号延续两个机器周期以上的高电平时即为有效，用以完成单片机的复位初始化操作，STC89C52RC 的 90C 版本已内置复位电路。第 30 脚 ALE 为地址锁存控制信号。第 31 脚 EA 为访问程序存储器的控制，当 EA 为高电平时(90C 版本内部已上拉至高电平)，使用内部程序存储器，当 EA 为低电平时，使用外部程序存储器。第 29 脚 PSEN 为外部程序存储器读选通信号。对于初学者而言，外部存储极少使用，ALE、EA 和 PSEN 功能多余，可更改为 P4.5、P4.6 和 P4.4 引脚。

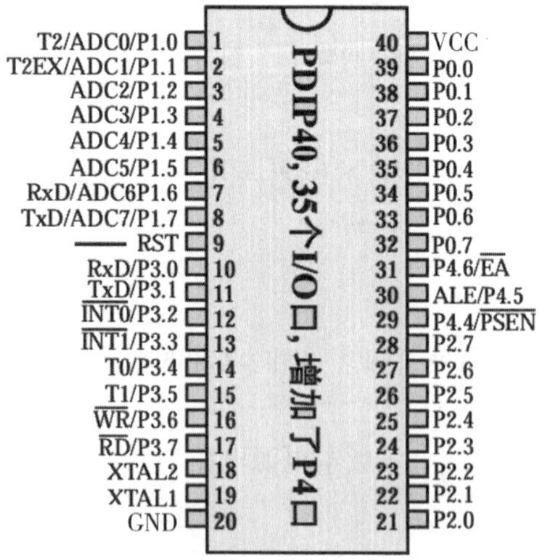

图 2-7　DIP-40 引脚图

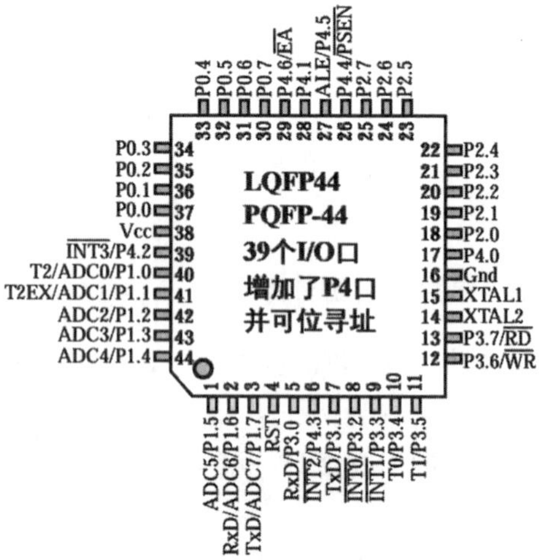

图 2-8　LQFP-44 引脚图

(4)I/O 引脚。有 4 组 8 位的 I/O 双向端口，有 32 只引脚，再加上 P4.4～P4.6，最多有 35 只 I/O 双向端口。P0 口：P0 是一组漏极开路型 I/O 口，传统 C51 单片机 P0 口内部没有上拉电阻，只能吸入电流不能输出电流，端口不能直接正常输出高电平，通常需外接 4.7k～10kΩ 的上拉电阻。P1、P2、P3 和 P4 口均有内置上拉电阻，P3 口还有第二功能，第二功能须在程序设置后才能开启，默认为第一功能。

STC89C52RC 程序下载时，可以选择 6T 模式，运行速率可加倍，晶振频率也可选择更高，可达 40MHz，因此比 AT89S52 更快一些。

2.2　认识国芯 AI8H8K64U 高性能单片机

深圳国芯人工智能科技有限公司生产的单片机型号前缀为 STC 或 AI，公司网址为 http：//www.stcmcudata.com/，技术网址为 www.STCAIMCU.com 和 www.STCAI.com。

STC 常用的高性能单片机型号较多，如：STC12C5A60S2、STC15W4K32S4、STC8A8K64D4、STC8G2K64S4、STC8H8K64U、AI8H8K64U(后文简称 AI8H)、STC32G12K128、AI8051U 等，新近生产的 U 系列单片机支持 USB 直接下载和通信，极大地方便了学习和开发。

2.2.1　STC12C5A60S2

STC12C5A60S2 的 40 引脚位置与 AT89S52 基本相同，如图 2-9 所示，但性能提高了许多，功能也更完善。

(1)采用单周期 1T 指令，即晶振振荡一次，程序执行一个机器周期，理论上比 AT89S52 要快 12 倍。

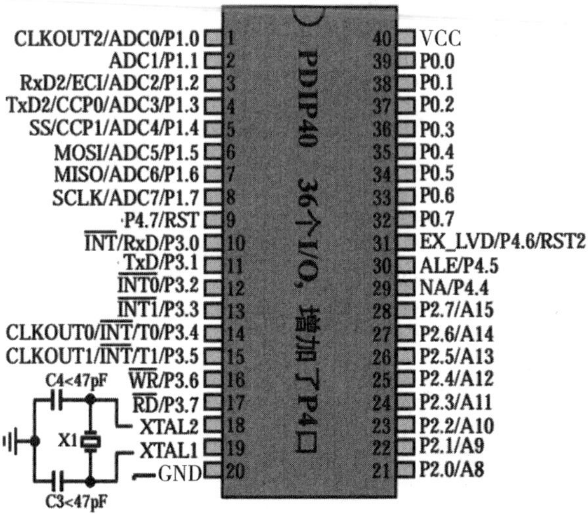

图 2-9　STC12C5A60S2-DIP40

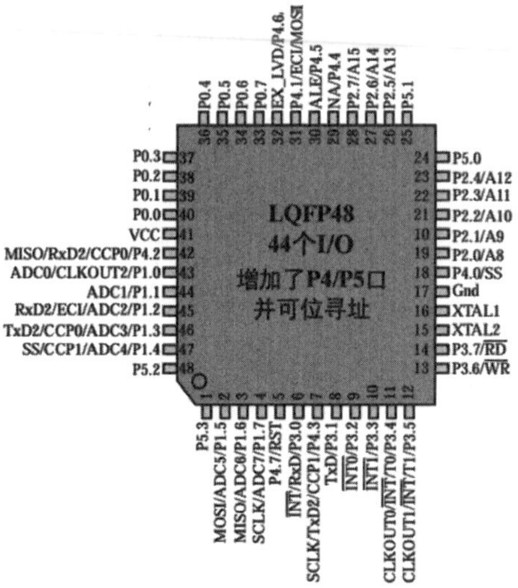

图 2-10　STC12C5A60S2-LQFP48

(2)外部晶振最高支持 35MHz，同时可选择内部振荡时钟，但内部振荡时钟频率范围为11～12MHz。

(3)增加了 P4 和 P5 端口。

(4)P1 口 8 个端口可设置为 10 位的 ADC 转换。

(5)P1.4、P1.5 两个端口具有 8 位的 PWM 输出功能。

(6)增加了第二串口通信端口。

其他更多功能暂不叙述，48 引脚的 STC12C5A60S2 如图 2-10 所示。

2.2.2 STC8H8K64U/AI8H8K64U

STC8H 系列有 STC8H1K08、STC8H1K28、STC8H3K64S2/S4、STC8H2K08U、AI8H8K64U 等。STC8H8K64U 和 AI8H8K64U 为新近推出的单片机，二者功能相同，兼容全速 USB，支持 USB2.0/USB1.1 版本，有 6 个双向端点，支持 4 种端点传输模式(控制传输、中断传输、批量传输和同步传输)，每个端点拥有 64 字节的缓冲区。USB 直接下载的好处是：不断电的情况下可以在线直接升级程序，也省去常用的 USB/TTL 转换下载工具。STC8H8K64U/AI8H8K64U 引脚和部分封装如图 2-11～图 2-14 所示。

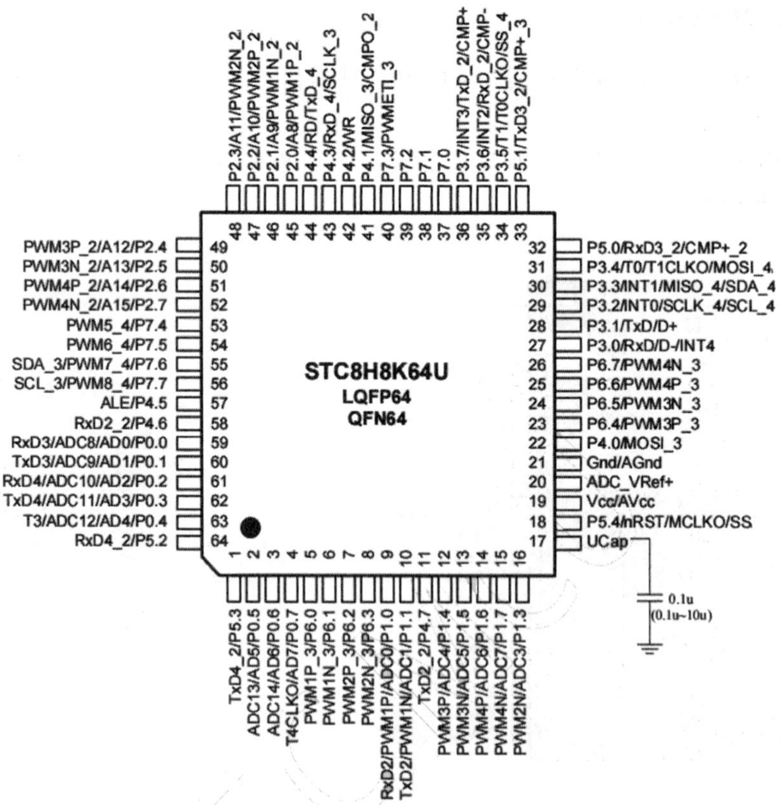

图 2-11　STC8H8K64U-引脚

图 2-12　LQFP-64 封装

图 2-13　TSSOP20 封装

图 2-14　DIP40 封装

2.3　单片机开发环境

单片机开发环境包括硬件环境和软件环境，正确无误的硬件设计和良好的软件设计是一个实用的单片机应用系统的设计目标，完成这一目标的过程称为单片机应用系统的开发。

2.3.1　单片机开发环境概要

单片机必须借助开发工具来生成目标程序，再下载到单片机内部或外部 ROM 芯片中，如图 2-15 所示，开发环境包括了软件和硬件环境。

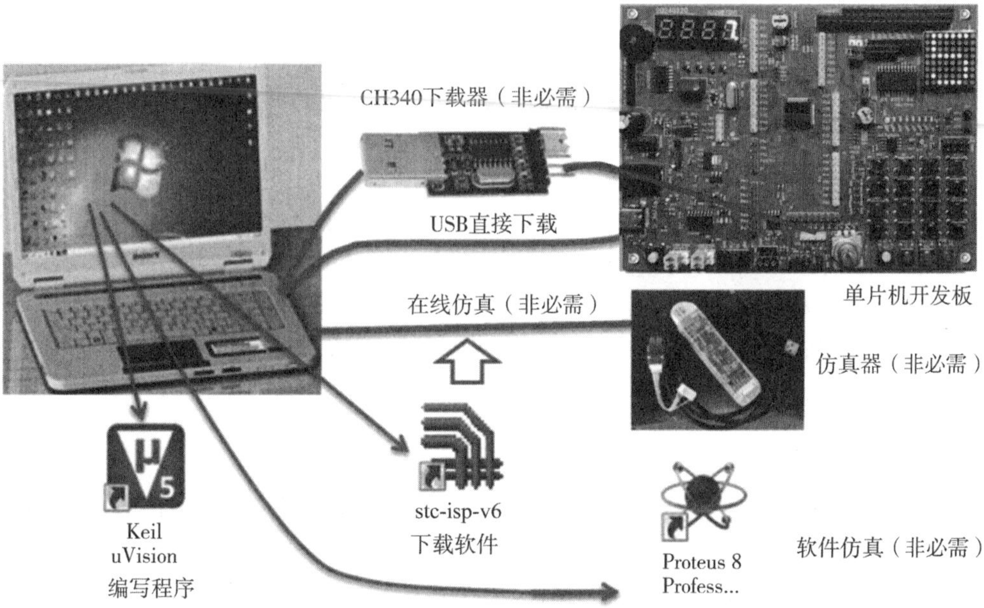

图 2-15　单片机开发环境

STC 的 C51 单片机开发软件常用 Keil5，仿真用 Proteus，下载软件 STC-ISP，硬件主要是开发板，还有非必需的 CH340 转换下载器和仿真器等。

2.3.2 单片机项目开发概要

1. 单片机项目的开发过程

(1)在计算机中，根据项目要求使用编程软件 Keilu Vision 5 编写程序，使用 C 语言或汇编语言编写。编写完成的程序经编译生成单片机能识别的机器语言文件，该文件扩展名为十六进制 HEX 格式文件或二进制 Bin 格式文件。

(2)在编写程序的过程中，通常是按项目功能逐个完成的，每完成一个功能，应该检验是否正确，不能等所有功能编写完了才进行检验。对于一个程序量不是特别大的项目，检查程序是否正确的常用方法有三个：

①直接把程序机器码烧录(即下载)到单片机开发板，这是一种比较简单的方法，但缺点是如果程序是错的，有时不太容易找到哪处程序或逻辑错误，除非开启单片机串口监视，单片机运行数据能及时发送至计算机，由运行数据分析错误原因。

②使用仿真器模拟运行，可单步或分段运行，监视分析变量、寄存器数据，从而找到错误，但有时有些单片机的仿真器也不便宜，好在 STC 部分型号的单片机自带仿真功能。也有一部分程序员并不常用仿真器，用方法①开启串口监视即可完成查错。

③使用软件 Proteus 8 Professional 仿真，使用该软件先把开发板电路画好，再载入程序机器码运行，可模拟结果，也可逐步运行，省去接线焊接的麻烦，也不存在烧毁元件的问题，比较适用于程序的调试阶段使用。缺点是：仿真软件内不一定有所需的元件；仿真运行结果不一定与实际电路运行结果完全相同，因为当实际电路的引线长短粗细、PCB 板布局、元件极限参数不同时，即使电路原理图相同，结果也不一定相同。

(3)程序继续修改和优化。

(4)完成项目，交付程序机器码和源代码。交付源代码时要注意，在项目开发前即要商议清楚，源代码是否一并交付，因为编写源代码很费时费力。

2. 单片机程序下载

(1)方法 0：STC 单片机可以另外配备 USB 转 TTL 的串口转换器进行下载，转换器常用芯片型号为 CH340 或 STC USB 2UART。

(2)方法 1：AI8H、STC32 系列内部具备 USB 通信功能的单片机，可直接与 USB 线相连下载即可，在程序中可写入开启 USB 功能的语句，具体 USB 下载又有多种方法，在后续章节中逐一介绍。

2.3.3 单片机开发板

开发板硬件环境如图 2-16 所示，其中最小开发板适合开发产品测试使用；小型开发板适合有一定基础者使用；学习型开发板适合初学者。

1. AI8H8K64U 单片机开发板核心电路

开发板核心电路如图 2-17 所示，单片机为 64 引脚，单片机的 I/O 口达 60 个。该图 P2 一组的 8 只引脚对应接了 8 只 LED 发光二极管，这种接法当 P2 口输出低电平时才能

最小开发板　　　小型开发板　　　学习型开发板

图 2-16　单片机开发板

对应点亮；P3 端口的其中 4 只引脚接了 4 个独立的按键，按键按下时，对应 P3 口输出低电平。其余引脚应用接法该图暂不显示，在后续章节再介绍，每组端口均接有排插针，以方便使用。该开发板单片机使用内部复位和时钟，另外 20 脚的 V_{REF} 可接电源或者外接 4.096V 基准电压。

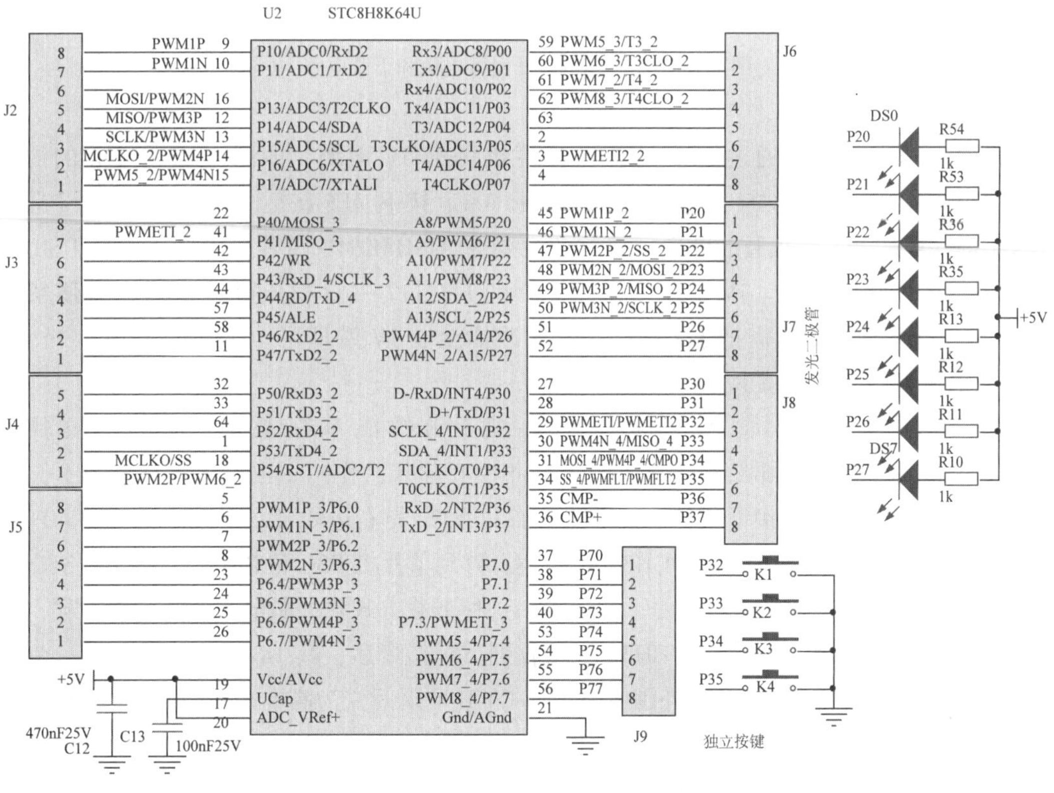

图 2-17　AI8H8K64U 开发板核心电路

2. 开发板下载电路

图 2-18 为开发板电源供电和下载电路。学习单片机，不但要会编写程序，还要理解单片机外围硬件电路，硬件电路是程序正常运行和输出正确控制的保证。

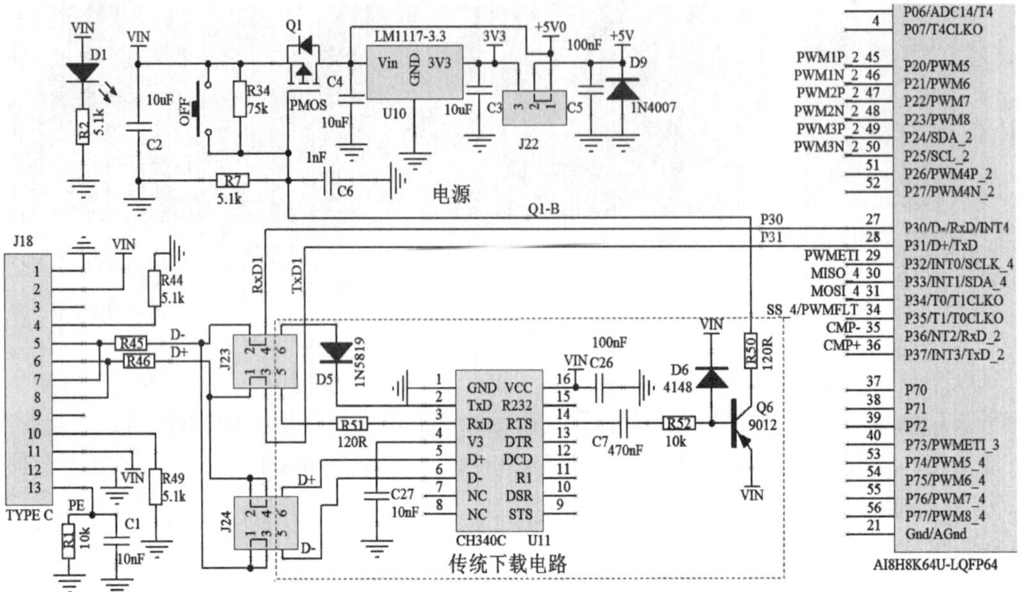

图 2-18　AI8H8K64U 开发板电源和下载电路

开发板 TYPE-C 口通过 USB 线连至计算机得到 5V 电源，即图 2-18 中 J18 的 VIN（5V），RxD1、TxD1 即对应 USB 的数据线 D-、D+，按下 OFF 按键时，会暂时关断 PMOS 管 Q1 的导通，开发板也暂时断电，该按钮主要为 AI8H8K64U 单片机不开启内部 USB 通信时下载程序辅助使用。5V 电压再通过 U10 的 LM1117-3.3 稳压得到 3.3V，方便某些 3.3V 模块接入使用，只需把 J22 插针短路帽改插至 3.3V 端即可。D9 是防反接二极管，当外接电源接错时，可减少元件损坏。

图 2-18 中 J23 和 J24 默认是左边闭合的，则 USB 的 D-和 D+默认是直接接至单片机下载口 P30 和 P31 的，那么 U11 的 CH340C 并没有起什么作用。也就是默认情况下，单片机程序是选择 USB 直接下载的。如果图中 J23 和 J24 是右边闭合，则 USB 的 D-和 D+先到 CH340C 芯片的 D-和 D+，经 CH340C 转换，再到单片机 P30 和 P31，这是所有 STC 单片机可下载的方式，仅供拓展学习下载使用。这种下载方式须关断电源才能实现下载，因此不能支持在线升级程序。芯片 CH340C 接收到下载指令后，其 14 脚 RTS 端会有一个低电平脉冲，该脉冲控制 Q1 及其外围电路，使 Q1-B 端瞬间变为高电平，控制 Q1 瞬间关断单片机电源。因为 CH340C 输出端 TxD 电流较大，D5 为防止该电流通过 P30 给单片机供电，单片机电源无法瞬间断电因而无法下载。

2.3.4　开发软件 Keil uVision5

Keil uVision 是众多单片机应用开发软件中较为优秀的软件之一，它支持众多不同公司的 MCS-51 架构的芯片，它集编辑、编译、仿真等功能于一体，界面友好，易学易用，在调试程序、软件仿真方面也有很强大的功能。本教材中讲解的 Keil 软件为 Keil C51 V9.54a 版本，即 Keil uVision5。该软件的具体使用方法将在任务实施部分进行详细讲解。

1. 软件的下载

Keil uVision 最新版本也可在官网 www.keil.com 上下载，如图 2-19 所示的 C51，另外三个软件为其他类型的单片机。

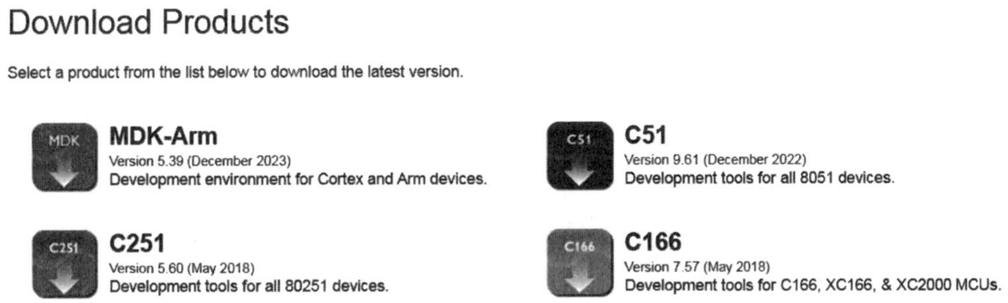

图 2-19　Keil C51 官网下载

2. STC 单片机头文件的添加

C51 编程软件安装好后，必须要知道软件安装路径，如图 2-20 所示，该图显示软件安装在 D 盘的 Keil_v5 文件夹下，其中在 C51 文件夹下的 INC 文件夹为 C51 头文件夹，内有各厂商的单片机头文件，但却没有 STC 单片机的头文件，需要手动添加。

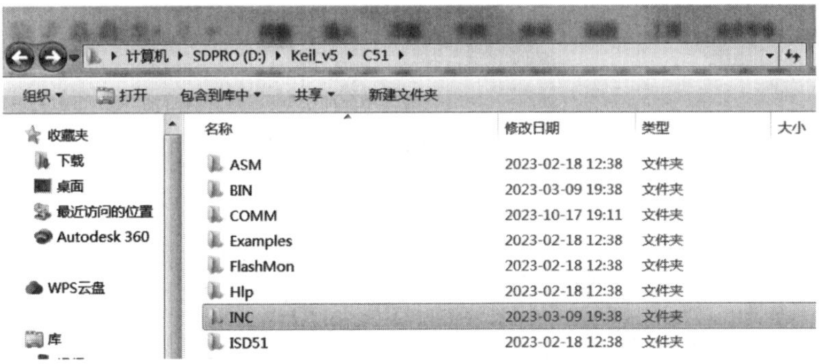

图 2-20　Keil C51 安装路径

先到 STC 官网下载 STC-ISP 软件，下载后直接运行其中的 .exe 文件，界面如图 2-21 所示。注意，点击 C51 文件夹后即点击确定。添加之后，在...\\Keil_v5\\C51\\INC\\STC

文件夹中会载入许多的 STC 单片机头文件，用 Keil uVision5 编写程序即可出现 STC 单片机型号的选项。

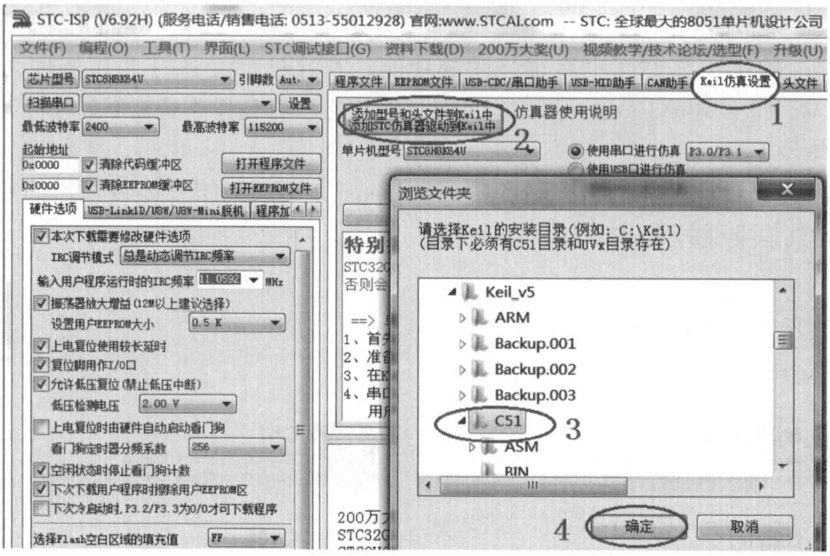

图 2-21　添加 STC 单片机头文件

2.4　项目 1：点亮两个 LED 灯

有了单片机开发板、Keil uVision5 和下载软件 STC-ISP，现在可以设计第一个项目了：点亮一个 LED 灯。这个项目虽然简单，但是项目设计方法和过程极其重要，掌握了这个项目的实现方法，就基本掌握了单片机项目设计方法，因为每个单片机项目设计方法过程基本相同，只是程序不同，因此有人说：“点亮一个 LED 灯，就掌握了单片机的一半。”

2.4.1　项目任务

点亮单片机 P2.0 和 P2.7 端口的两个 LED 灯，电路原理见图 2-17，点亮结果如图 2-22 所示。

图 2-22　点亮两个 LED

2.4.2 程序设计

要实现 P2.0 和 P2.7 端口的 LED 指示灯持续点亮，在编程时，程序须对 P2.0 和 P2.7 端口持续输出低电平，主程序“main.c”如下：

```
#include <STC8H.h>    //单片机头文件，定义特殊功能寄存器
sbit LED0 = P2^0;      //灯 LED0 定义接至单片机的 P2.0 端口
sbit LED7 = P2^7;      //灯 LED7 定义接至单片机的 P2.7 端口
void main()  //主函数
   {        //初始化程序写到这里，设置端口模式，00 双向，01 推挽，10 高阻，11 开漏
        P2M1 = 0x00;     //=0000 0000  //对应端口 P2.7/P2.6/P2.5/P2.4/P2.3/P2.2/
                                          P2.1/P2.0
        P2M0 = 0x80;     //=1000 0000 //P2.7 为推挽模式，其他均为双向模式
        while(1)         //无限循环
        {
          LED0 = 0;   LED7 = 0;   //P20 和 P27 端口设置为低电平，LED0、LED7 点亮
      }
}
```

2.4.3 程序分析

程序中的“//”为程序注释，加上注释，程序更容易理解。#include <STC8H.h> 是载入单片机头文件，内部定义了特殊功能寄存器，程序中用到的 P2^0、P2^7 为端口名称，P2M1 和 P2M0 为寄存器名称，头文件内都进行了定义，用户无须再定义，这样可以减少用户编写的程序量，直接调入即可。Sbit 是定义单片机引脚。AI8H 单片机的 I/O 端口与传统 C51 单片机不同，传统 C51 单片机所有端口均为双向模式，不用设置，而 AI8H 单片机 I/O 端口必须在初始化程序中对端口模式进行设置，如果不设置，所有端口均为高阻模式。

I/O 端口模式设置方法：以 P2 端口为例，对应设置寄存器为 P2M1 和 P2M0，也就是 P2M1 和 P2M0 决定 P2 端口模式，P2M1 和 P2M0 的二进制值对应控制端口 P2.7/P2.6/P2.5/P2.4/P2.3/P2.2/P2.1/P2.0 端口，模式由 P2M1 和 P2M0 对应位各取一个值组成。分四种模式：00 双向，01 推挽，10 高阻，11 开漏。具体意义如下：

双向：内部有弱上拉电阻(阻值较大)，输出电流很小，吸入电流较大，传统 I/O 模式；

推挽：输出和吸入电流均较大；

高阻：输出和吸入电流均极小(等效串联了阻值很大的电阻)，约为 0；

开漏：输出无电流，吸入电流较大。

以上电流均不能超过 20mA。

对于图 2-17 所示的电路，点亮 LED，设置成双向、推挽和开漏模式均可。

2.4.4 使用 Keil uVision5 编写程序

首先我们要养成好一个习惯：先在自己计算机某盘某大文件夹内建立一个空文件夹，把工程文件放到里面，避免和其他文件混合，如图 2-23 所示，创建一个名为“项目 1 点亮 LED”的文件夹。

(1)如图 2-24 启动 Keil uVision5。

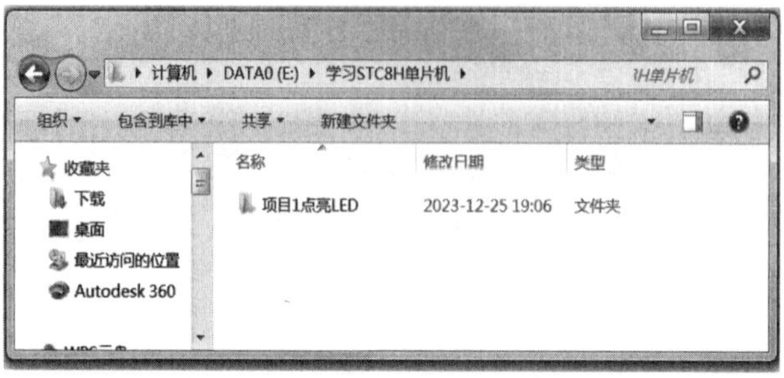

图 2-23 创建一个存放工程文件的文件夹

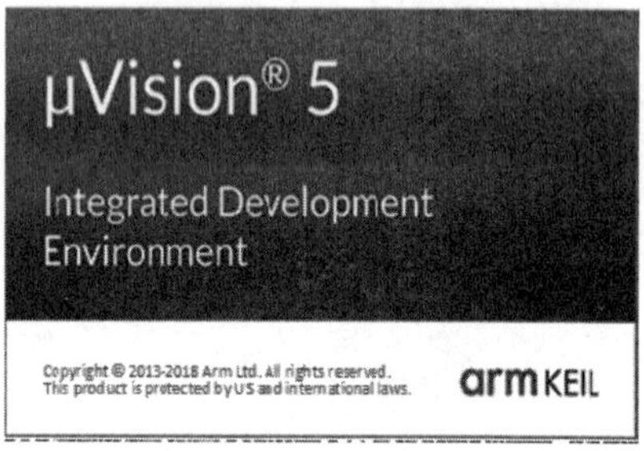

图 2-24 Keil uVision5 启动画面

(2)新建 uVision 工程。如图 2-25 和图 2-26 所示，找到刚才建立的文件夹，工程名为“点亮 LED”。

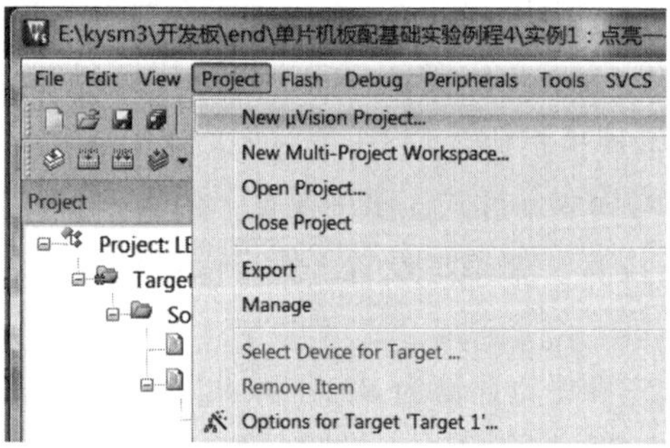

图 2-25 新建一个工程

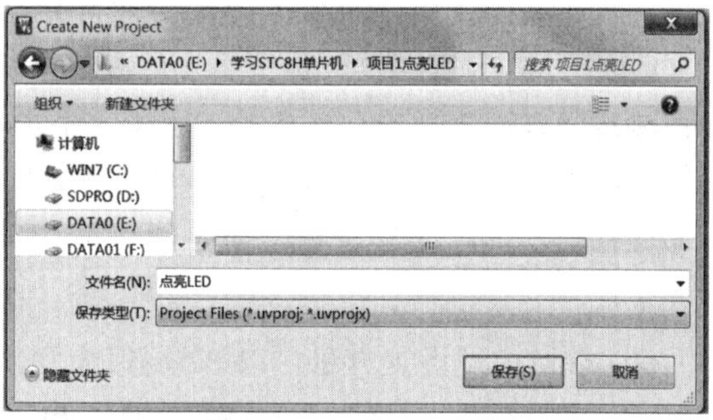

图 2-26 选择路径取工程名

(3)选择 AI8H8K64U 或 STC8H8K64U 单片机，如图 2-27 所示，选择 STC MCU Database，再找到 AI8H8K64U 后，点击“OK”即可，如图 2-28 所示。

(4)新建主程序 main. c 文件，见图 2-29，创建空文档(Create an empty document)，初学者建议用 main. c 命名，也可以用 LED. c 命名，后缀扩展名必须是“. c”。

(5)主程序 main. c 加入到工程，见图 2-30，先选择“File Extensions, Books and Environment...”再依次选择“Add Files”、“Add”、“main. c”，最后点击“Close”“OK”。加载主程序“main. c”后，如图 2-31 所示，左侧编辑窗口多了“main. c”的文件。

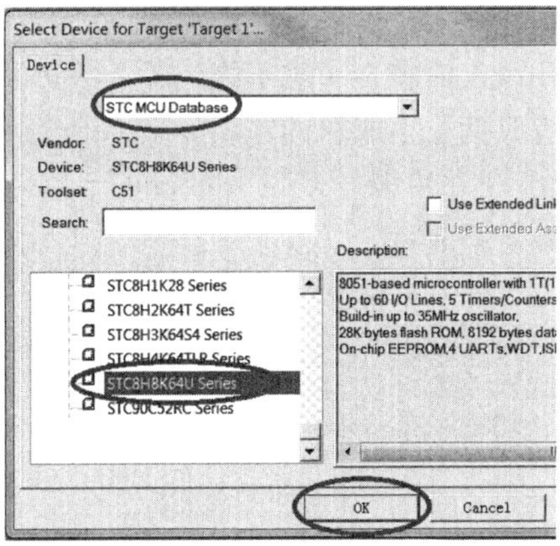

图 2-27　选择单片机

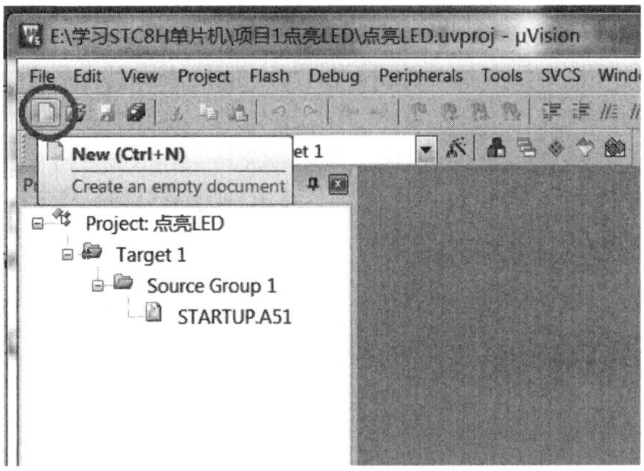

图 2-28　新建源程序文件

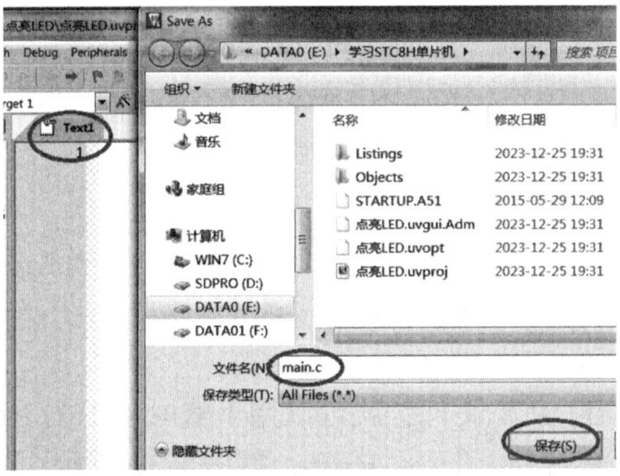

图 2-29　保存源程序 main. c

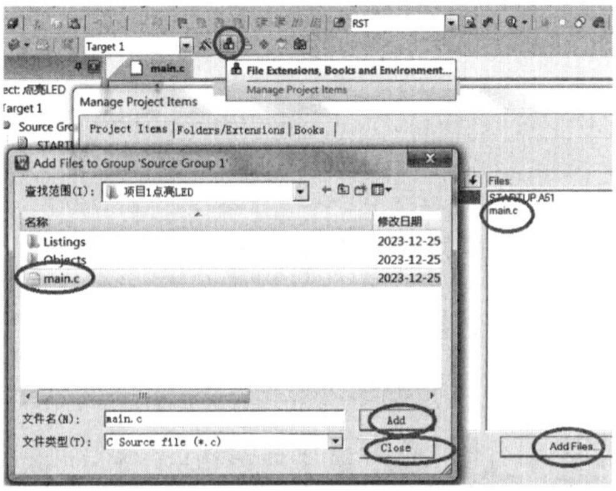

图 2-30　main. c 加入工程

(6)设置输出 HEX 烧写文件(即程序机器码)，如图 2-31 所示，先点击“魔术棒”(即 Options for Target…)，找到“Output”，点击“Create HEX File”，再点击“OK”即可。

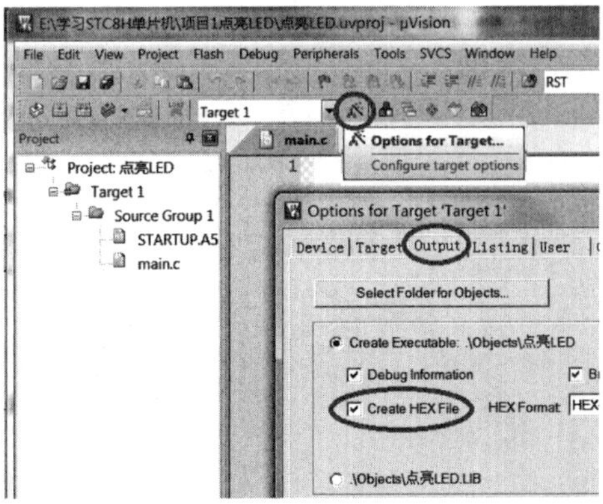

图 2-31　设置创建 HEX 文件

(7)编写主程序，如图 2-32 所示，在 main. c 里编写程序，注意要按图中规范编写，书写括号时，应该把括号两边都先写入，再把括号分开写入内容，一般不能先输入一边括号，编写内容后再输入另一边括号，这种方法很容易造成括号不成对的错误。

(8)编译生成 HEX 烧写文件，如图 2-32 所示，点击左上角编译按钮“Rebuild”，会在项目文件夹下的 Objects 文件夹下生成 HEX 文件，如图 2-33 所示。

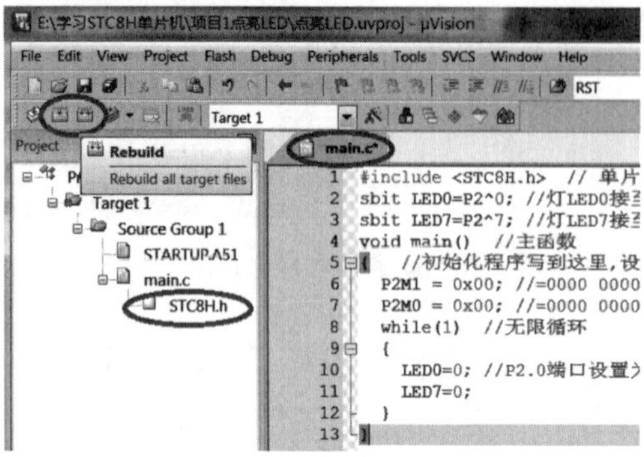

图 2-32　编写主程序

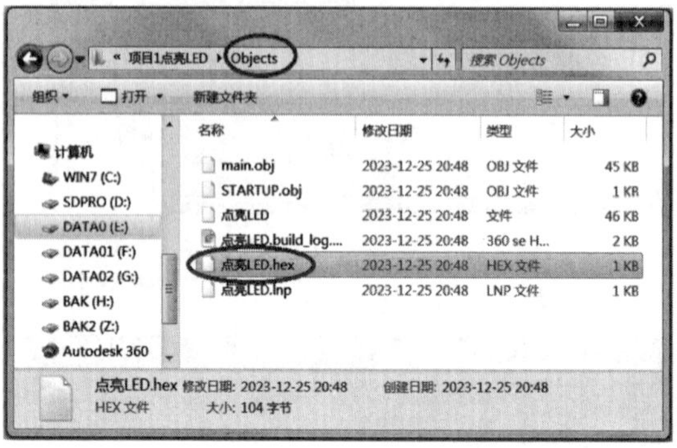

图 2-33　创建 HEX 文件

2.4.5　下载机器码至单片机

下载机器码至单片机也叫下载程序，可以利用 STC-ISP V6. 92H 下载程序。

1. STC-ISP V6. 92H 下载设置

有了 HEX 文件，就可以用下载软件 STC-ISP 下载至单片机，打开 stc-isp，如图 2-34 所示。界面如图 2-35 所示，首先在左上角“芯片型号”下拉菜单里选择好芯片型号：“AI8H8K64U”或“STC8H8K64U”，再打开“打开程序文件”，找到程序所在的文件夹下的“Objects”文件夹下的 HEX 文件，打开的 HEX 文件如图 2-36 所示，左边的“程序文件”窗口显示的就是机器码，不要去修改该机器码。晶振频率初学者可以选择 11. 0592MHz 或 12MHz。

图 2-34　打开 STC-isp 下载软件

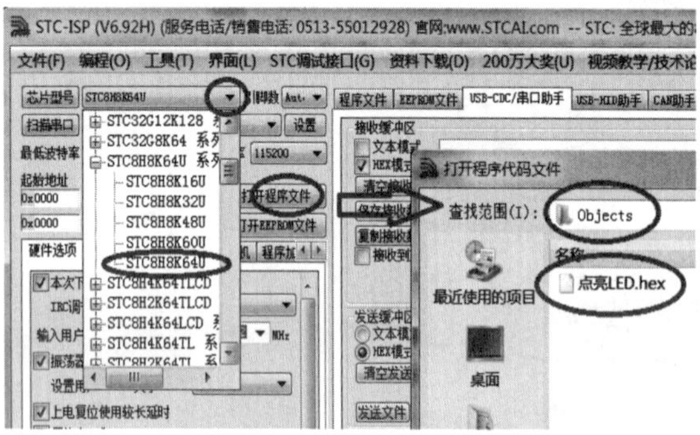

图 2-35　载入 HEX 文件

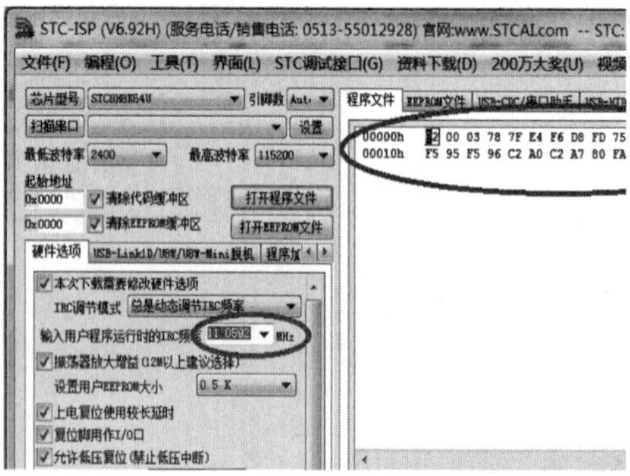

图 2-36　显示 HEX 文件

2. STC-ISP V6. 92H 下载方法

AI8H8K64U 单片机在内部没有软件开启 USB 模式下，先要对 P3. 2 引脚对地短路超过 1 秒钟，然后关断、开启电源，再将 P3. 2 引脚对地短路放开，点击左下角的“下载”按钮下载即可。对于配套的开发板，具体操作如下：开发板左下角插针 J24 和 J23 短路 USB 端口，先按开发板 P32 按钮 1 秒，再按 OFF 按钮，然后放开 OFF 按钮，再放开 P32 按钮，STC-ISP V6. 92H 窗口中出现“STC-USB Writer(HID1)”，开启 USB 模式，点击下载即可，如图 2-37 所示。

下载进度条结束后，右边下部窗口会显示操作成功、内部时钟频率和芯片出厂序列号等信息，如图 2-38 所示。下载完成后，就会发现，LED7 和 LED0 两个灯是发光的，当然也可根据例子修改程序使其他 LED 灯发光。

初学者一定要注意：2. 4. 4“使用 Keil uVision5 编写程序”和 2. 4. 5“下载机器码至单片机”中的内容步骤一定要掌握，之后的单片机项目设计基本过程与此相同。

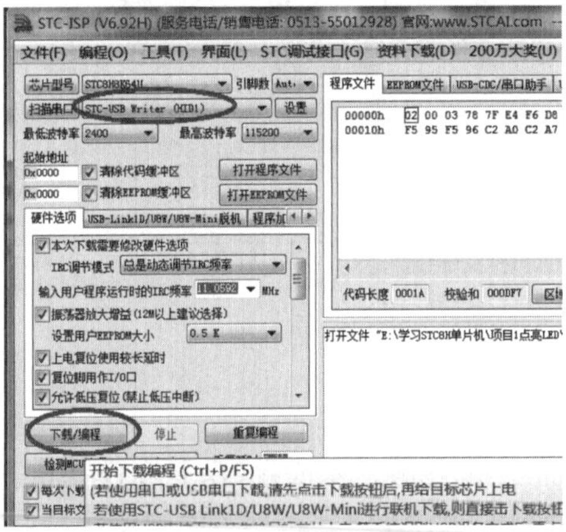

图 2-37　开启 USB 直接下载

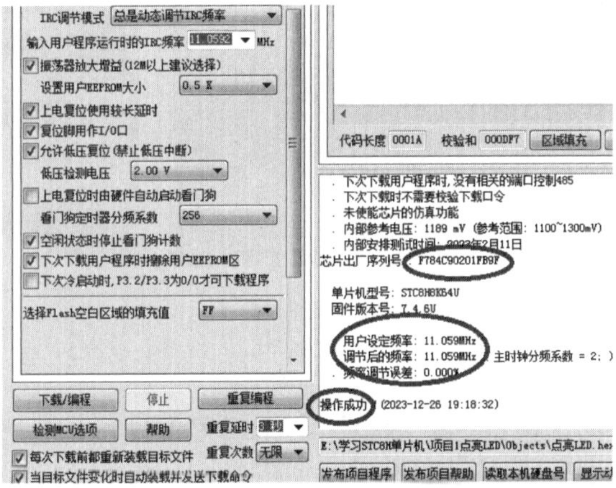

图 2-38　下载完毕

2. 5　仿真软件 Proteus 8 Professional 应用

仿真软件 Proteus 8 Professional 可为单片机应用系统开发提供功能强大的虚拟仿真工具。除具有模拟电路、数字电路的仿真功能外，最大特色是对单片机应用系统连同程序运行以及所有的外围接口器件、外部测试仪器一起仿真。

Proteus 特点：①模拟电路、数字电路仿真；②电路原理图和 PCB 绘制功能；③支持各种主流单片机仿真，除传统 C51 系列外，Proteus 还可支持 Arduino、AVR、PIC、Z80、MSP430、ARM、STM32 等系列的单片机仿真。但在 Proteus 8. 15 里，只有一种型号的 STC 单片机 STC15W4K32S4，好在 AI8H8K64U 单片机是向下兼容的，普通功能程序可用传统单片机 AT89C52 代替，程序和结果是一样的，部分高级功能用 STC15W4K32S4 即可，对于初学者几乎没影响。

Proteus 8.15 的安装过程：先选择好安装位置，再载入许可文件，最后是汉化。

2.5.1 Proteus 8.15 的单片机仿真

1. 建立工程文件

如图 2-39 和图 2-40 所示，在新建工程项目之前，先要建立好文件夹，这里选择与前节内容的程序文件相同的文件夹，点击“新建工程”，出现图 2-41 所示的向导。其中的“从开发板”是指目前市面有些常用的通用开发板，对应选择好后，仿真电路小系统就已画好了，可以直接载入。这里选择默认“新工程”。点“浏览”，先选择工程文件夹，这里选择与程序文件相同的文件夹，再命名工程为“点亮 LED”。初学者要养成良好的习惯，不能把文件夹随便命名为“新文件夹”“111”或“AAA”等。

图 2-39　打开 Proteus 8.15

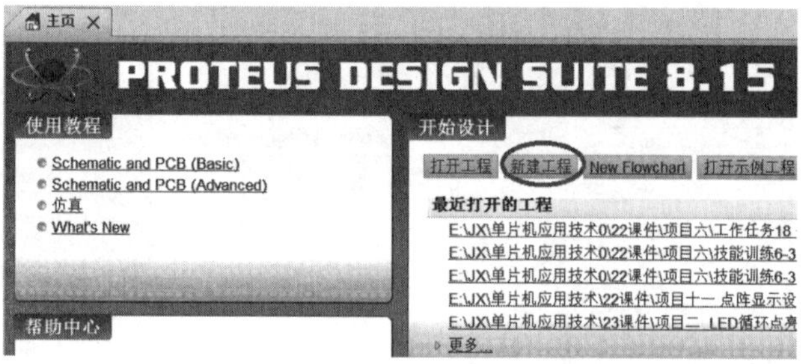

图 2-40　新建工程界面

之后点三次“NEXT”，出现图 2-42 所示的选择单片机界面，如选择“没有固件项目”，即普通模拟数字电路，没有单片机。这里选择“创建固件项目”，再选 STC15W4K32S4，最后再点“Next”和“Finish”即可完成，出现图 2-43 所示的电路图。由于仿真软件通常是理想化的，图中晶振和电源滤波电容都省略了，+5V 和 GND 似乎也“没接”，但仿真电路认为这些都连接正常了。

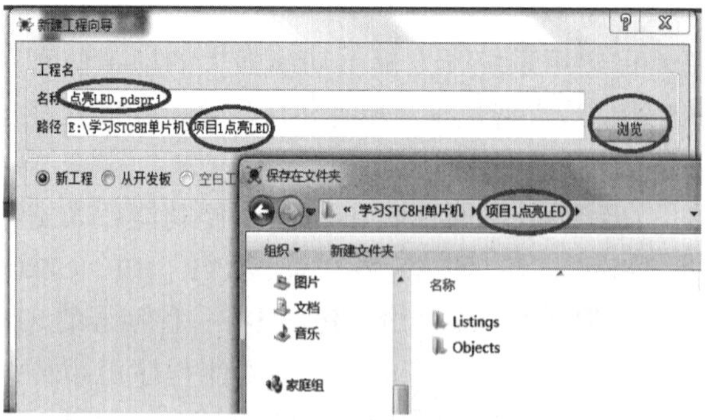

图 2-41　新建工程向导

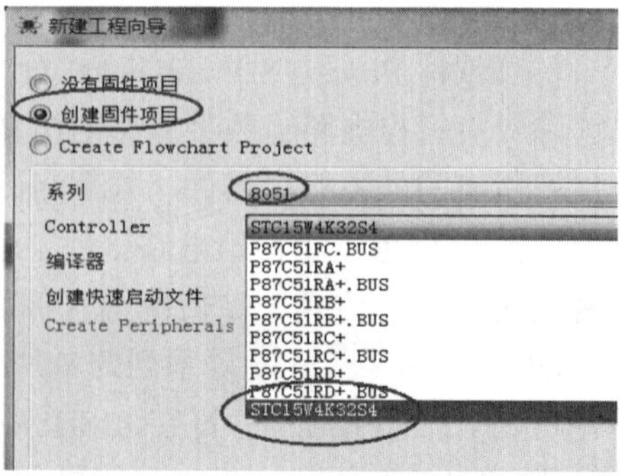

图 2-42　选择单片机

2. 查找元件画原理图

需要画的仿真电路见图 2-44 所示的单片机小系统。具体画图见工程界面，如图 2-45 所示，所有元件都在库里，左侧栏为连线、端点和测试等工具。

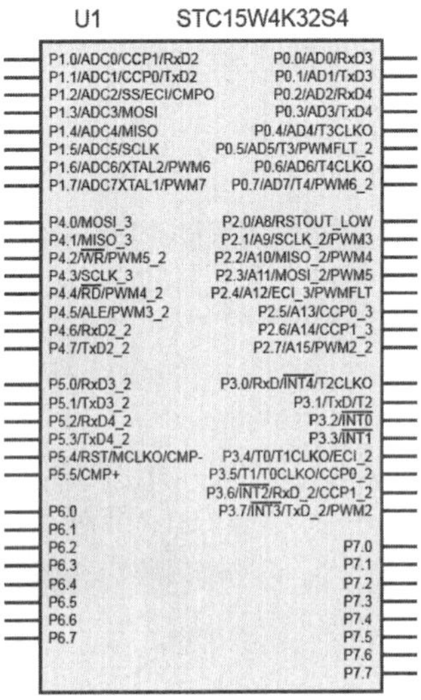

图 2-43　STC15W4K32S4 单片机

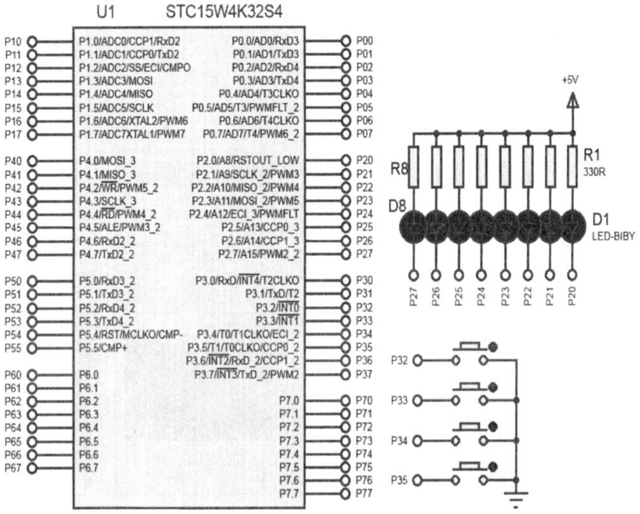

图 2-44　单片机小系统

（1）查找电阻：点击库和“Pick Parts”，出现图 2-46 所示的查找元件界面。其中，电阻图标是“Resistors”，左下系列里选 0.6W 小功率电阻，再在右边窗口选一个对应阻值“10K”的电阻，实际上右边电阻可随便选择一个，如阻值不对，双击修改即可。元件如果位置或角度不对，可点元件右键进行移动和转动。

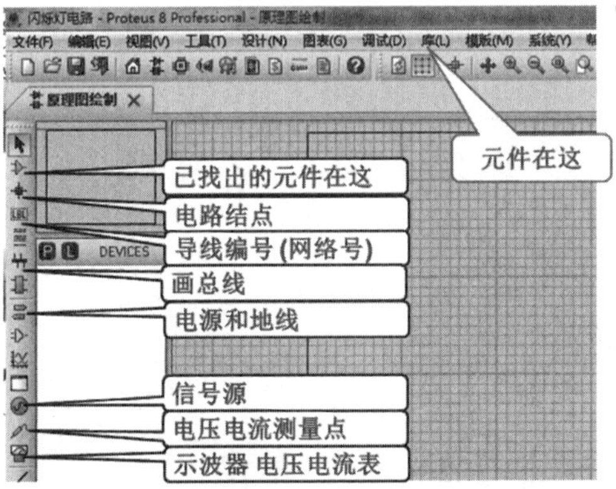

图 2-45　工程界面

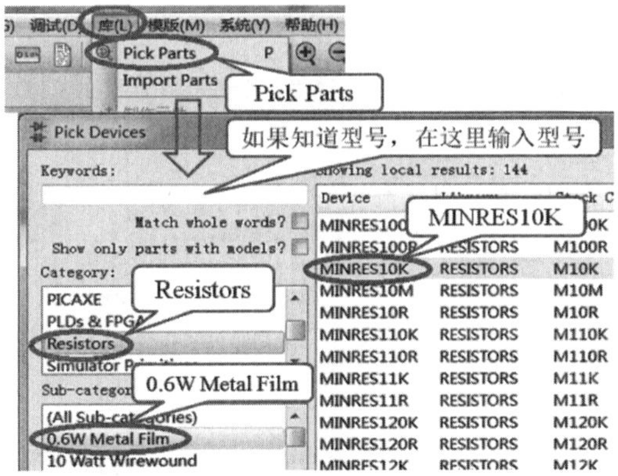

图 2-46　查找电阻

(2)查找电容：电容器是“Capacitors”，子项“Animated”里有一个是有充放电演示效果的电容器，适合演示用；选择子项“Generic”后，右边是几个通用的无极性电容和电解电容，一般仿真选这两个即可，如图 2-47 所示，其他子项里的许多电容器，大多是用于做电路 PCB 板用的。本例中没有电容。

(3)查找晶体振荡器：晶振符号是“CRYSTAL”，点击库和“Pick Parts”，出现所图 2-48查找晶振元件界面，输入晶振符号“CRYSTAL”，右侧窗口会自动弹出晶振元件。不过本例也没有晶振元体。

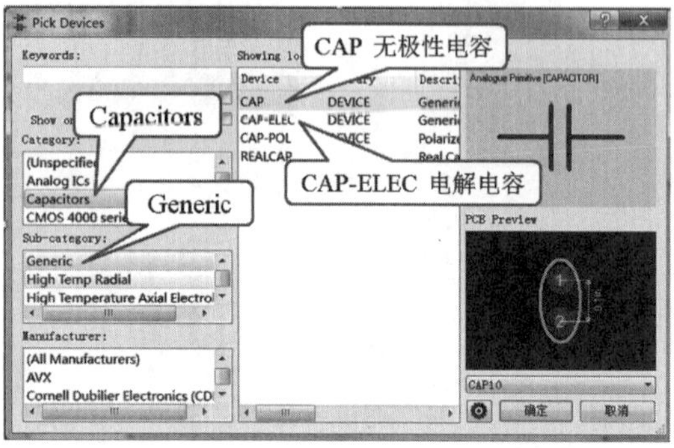

图 2-47　查找电容

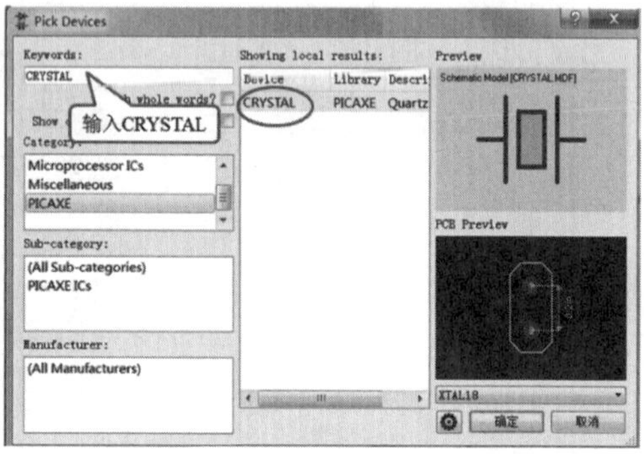

图 2-48　查找晶振元件

(4)查找发光二极管 LED：在查找元件界面，输入 LED 符号“LED-”，右侧窗口会自动弹出 LED，其中“LED-BIBY”比较亮，可选择这个，如图 2-49 所示。另外，按钮是“BUTTON”。

(5)复制元件：Proteus 8.15 中，重复元件选择复制即可，不用一个一个查找元件，如图 2-50 所示，选中元件进行块复制即可，如果元件参数显示太乱，可双击元件隐藏参数。另外，一个电路图仿真完成了，再仿真另一个新的电路，无须新建，只要复制一份现

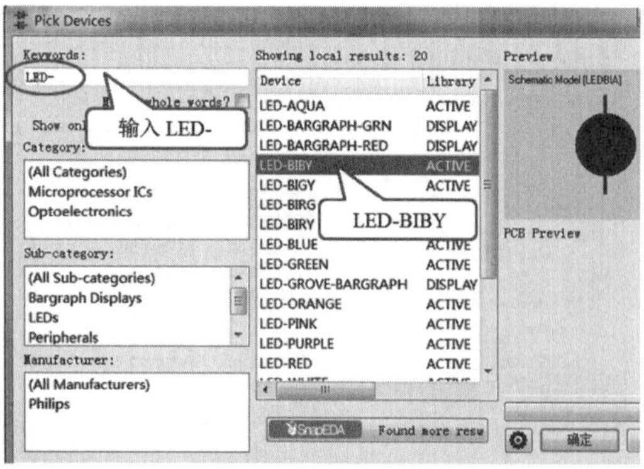

图 2-49　查找 LED

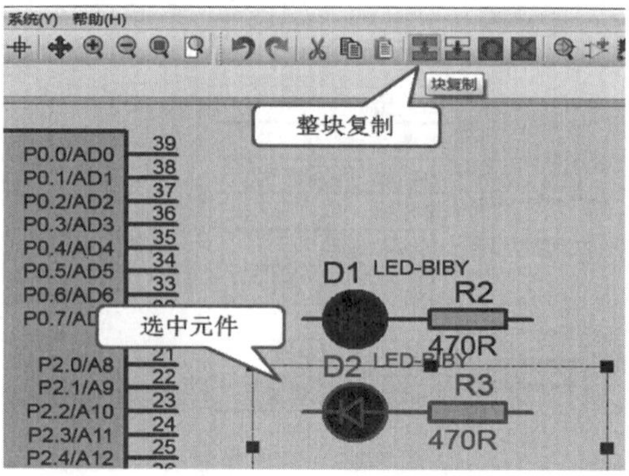

图 2-50　块复制

有仿真电路再进行修改即可，不用重新查找常用元件。

(6)添加电源、地线和端口：如图 2-51 所示，选择左边的“终端模式”，“POWER”是电源端，数值不写则默认+5V，双击写入“+12V”或“-5V”，则以写入值为准，要注意写法规范。“GROUND”是接地端，“DEFAULT”是连接端口，端口接至单片机引脚上，双击该端口，输入与单片机引脚相同的端口名称，相同的端口名称表示连接在一起。

在最左边“仪表模式”里有许多的虚拟仪表，如示波器、电压表、电流表等。

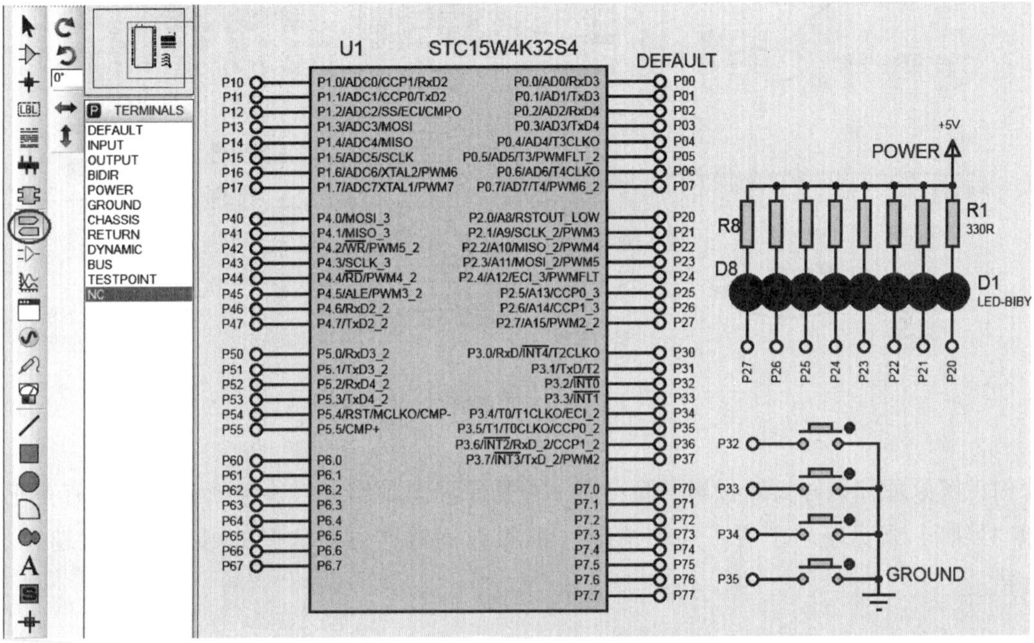

图 2-51　添加端口

3. 仿真运行

Proteus 8.15 仿真图画完后，单片机须载入程序代码。双击单片机，浏览文件夹，指向单片机程序文件夹的 HEX 文件，打开加载。最后点击工程界面左下方的运行按钮，即可发现 D1 和 D7 的 LED 发光，与载入开发板的运行结果是一样的。图 2-52 为仿真运行。

2.5.2　Proteus 8.15 仿真错误排除

Proteus 8.15 仿真出现错误时将不能运行，并且会弹出错误信息，可按下面方法简单排除。

1. 原理图画错

一种是原理图设计本身错误，这主要是由于知识储备不足，实际解决能力不足，须

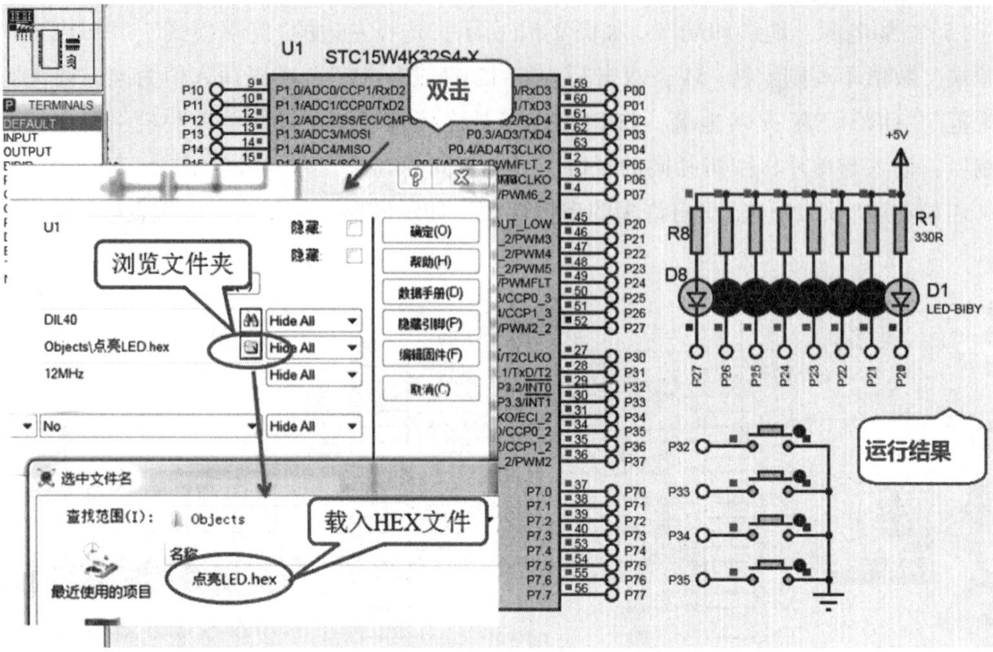

图 2-52　仿真运行

深刻理解原理知识并长期积累经验；另一种是原理图画错，与参考的正确电路有差别，即“抄错”，常见于初学者，这种情况仔细检查核对即可，掌握的电路越少就越容易画错。

2. 库中调出的元件没有仿真模型

库中点击某一元件时，如在其右上角窗口出现“No Simulator Model”字样，即表示没有仿真模型，这种元件是不能选择的，但可用于画图和做 PCB 板。

3. 仿真显示信息过多

在菜单上的“系统——设置动画选项”下，如图 2-53 所示，如果勾选“用颜色显示连线电压”，则仿真时颜色越红表示电压相对越高。如果勾选“用箭头显示电流方向”，则仿真时会显示电流的流向，会比较直观，但显示变化较快的电流则会比较乱，用处就不大了。

4. 仿真计算过于“精细”

过于“精细”地仿真某些电路，有时也会出错，可点击“SPICE 选项”，进入图 2-54 所示的“交互仿真选项”，左下角的默认选项改为中间选项，再点击“加载”即可，这样仿真计算会变得“粗糙”些，但不容易出错。

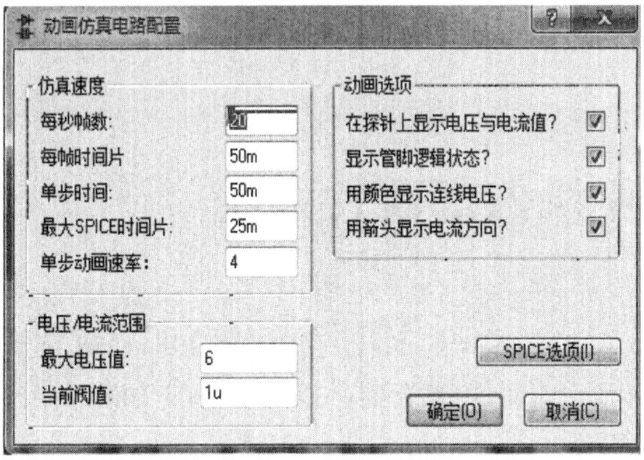

图 2-53　动画配置

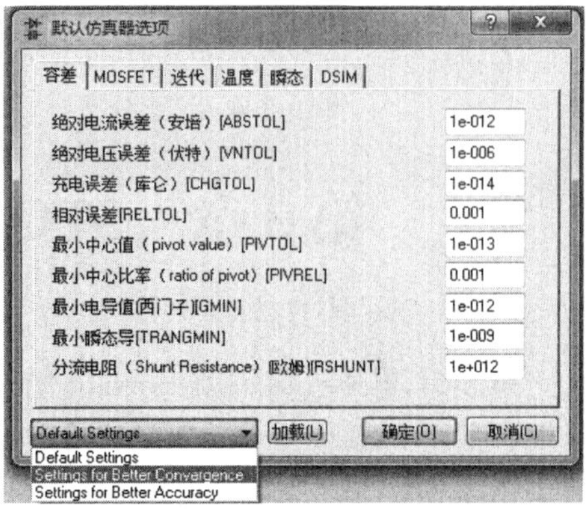

图 2-54　交互仿真选项

习　　题

1. STC89C52RC 单片机有________和________ 两种引脚；AI8H8K64U 单片机最多有________I/O 引脚。

2. Keil5 中程序编译成功后，生成的烧写文件扩展名为______ 。

3. Keil5 中编程 AI8H8K64U 单片机程序时，如没有该单片机，则需要用__________添加 STC 单片机的____________ 。

4. AI8H8K64U 单片机程序初始化里，必须有__________，否则端口都是高阻断开的。

5. 写出点亮 P2 端口所有 LED 灯的程序。

6. 使用 Proteus 8 Professional 画出图 2-44 所示的 STC15W4K32S4 单片机的最小系统图。

第 3 章　STC 单片机内部硬件系统

MCS-51 单片机均采用 Harvard 结构，内含 4～64KB 的 Flash 存储器、128～256 字节 RAM，甚至 8KB 或更多的 RAM。有控制各组输入输出的寄存器，以及众多的功能寄存器等。在编写程序时，必须掌握单片机的内部结构。

3.1　STC89C52RC 单片机内部结构

STC89C52RC 单片机相比传统 C51 的 AT89S52 单片机增加了一些有用的功能，如图 3-1所示。该单片机中包含中央处理器(CPU)、程序存储器(Flash)、数据存储器(SRAM)、定时/计数器、UART 串口、I/O 接口、EEPROM、看门狗等模块。包含了较多的数据采集和控制中所需的单元模块。

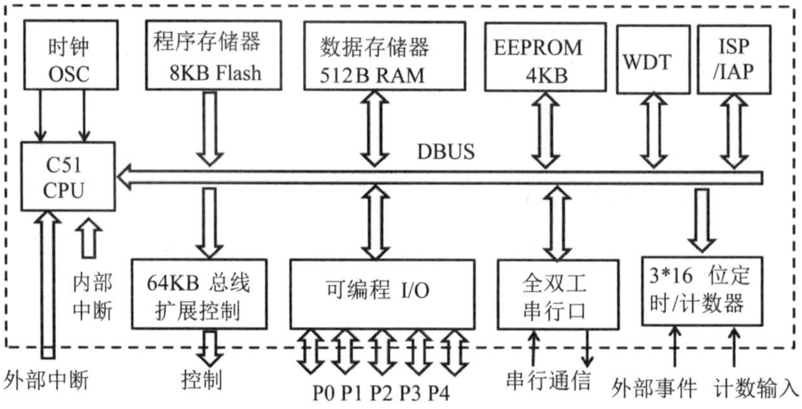

图 3-1　STC89C52RC 单片机内部结构

3.1.1　存储器

STC89C52RC 存储器分为四种：Flash = 8KB，EEPROM = 4KB，RAM = 256B，扩展 RAM = 256B。

1. 数据存储器 RAM

STC89C52RC 片内 RAM 有 512 字节，分为内部 RAM 空间 256 字节和内部扩展 RAM 空间 256 字节，一般无需片外扩容，应用比 AT89S52 更方便。RAM 用来存储程序在运行期间的工作变量、运算的中间结果、数据暂存和缓冲、标志位等，所以称为数据存储器。RAM 在断电后，数据会丢失，但单片机得电后，CPU 会根据程序向 RAM 载入定义的数据。AT89S52 单片机片内 RAM 只有 256 字节，不足时需要外部扩展。

2. 程序存储器 ROM(Flash)

STC89C52RC 的 Flash 有 8KB，Flash 存储器可反复擦写。如果片内只读存储器的容量不够，则需扩展片外只读存储器，片外最多可扩展至 64KB，扩展 ROM 会消耗较多的引脚，并不常用，可直接使用较大容量 Flash 单片机，如 STC89C516RD+，Flash 容量已达 61KB。程序存储器 ROM/Flash 在断电后，数据是不会丢失的，常用于存放程序数据，即 STC-ISP 下载程序 HEX 文件时，HEX 文件将被载入至程序存储器 ROM/Flash 中。程序运行时，CPU 只能从 ROM 读数据，不能向 ROM 内写入数据。AT89S52 的 Flash 也是 8KB，而 AT89S51 的 Flash 则只有 4KB。

3. EEPROM

STC89C52RC 单片机内部集成的 EEPROM 与程序空间是分开的，利用 ISP/IAP 技术可将内部 Flash 当 EEPROM 使用，擦写次数在 10 万次以上。EEPROM 可用于保存一些需要在应用过程中修改并且掉电后不丢失的数据。

3.1.2　中央处理器 CPU

单片机中有 1 个 8 位的微处理器 CPU，与通用微处理器基本相同，同样包括了运算器和控制器两大部分，可以处理字节数据，还可进行位变量处理。

相对于现在高达 64 位的计算机，以及 32 位的单片机，其处理数据的速度似乎比较慢。但工程实际应用与做实验有较大区别。做实验是以完成任务为主，不太关心成本和可靠性。而工程实际应用首先要求是运行稳定，其次是价廉，最后才考虑速度。

CPU 工作需要时钟脉冲，单片机内部有时钟电路，但振荡元件石英晶体和微调电容需外接。

3.1.3　中断系统

单片机具有 8 个中断源。其中包含 3 个定时中断(定时到了必须要执行什么操作)，定时器用于实现定时或对外部事件进行计数，以提高单片机的实时控制能力，定时器实际是单片机在内部数数消耗了时间从而达到定时目的。另外还包含 4 个外部中断(例如按下外部按钮必须要执行什么操作)，1 个串口中断(例如单片机收到计算机发来的数据必须要执行什么操作)。

3.1.4　并行 I/O 口

单片机有 5 组并行 I/O 口(P0、P1、P2、P3、P4)，P0、P1、P2、P3 每组有 8 个并行 I/O 口，LQFP-44 封装有 39 个 I/O 口，每个 I/O 口均可输入或输出，只支持准双向口模式。

3.2 AI8H8K64U 单片机内部结构

AI8H 系列单片机可以不需要外部晶振和外部复位，是宽电压/高速/高可靠/低功耗/强抗静电/较强抗干扰的新一代 1T 指令 8051 单片机，超级加密，指令代码完全兼容传统 8051 单片机。内部结构如图 3-2 所示。

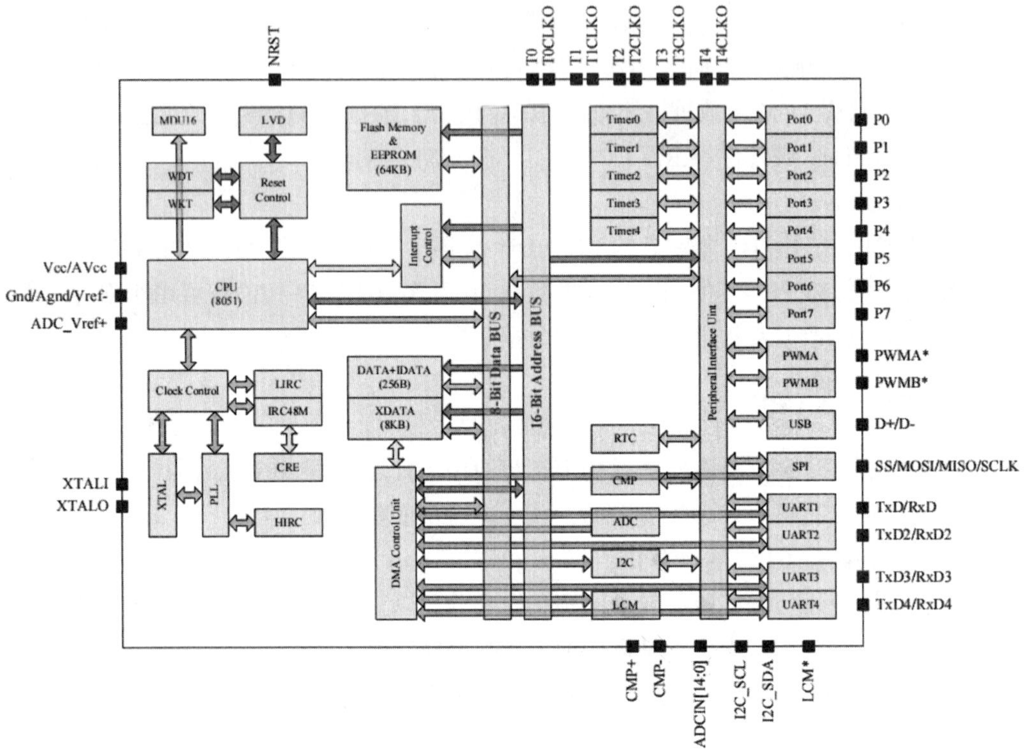

图 3-2　AI8H8K64U 单片机内部结构

3.2.1 存储器

AI8H8K64U 存储器：Flash = 64KB(含 EEPROM)，RAM = 256B，扩展 RAM = 8KB，USBRAM = 1280B。

1. 数据存储器 RAM

(1)传统 256 字节片内 RAM。

(2)8192 字节内部扩展 RAM(内部 XDATA，C 语言程序中使用 xdata 关键字进行声明)，如果程序中变量和数组较多，须把部分变量和数组定义到 xdata 区。

(3)1280 字节 USB 数据 RAM，即单片机 USB 接收和发送的缓冲区：接收到的数据先要暂放在 USB 缓冲区，CPU 再根据程序到这个缓冲区读取数据，发送数据也类似，须将发送的数据先转运到缓冲区，再逐个送出。

2. 程序存储器 ROM

最大 64KB 的 FLASH 空间，可分为两部分使用。

(1)程序 FLASH 存储区，用于存储程序代码。

(2)EEPROM 区，用户可以用 STC-ISP 下载工具，把 64KB 的 FLASH 划分出一部分空间供 FLASH 使用。这样可省去另外购买 EEPROM 芯片，如图 3-3 所示。例如，设置速度达到多少报警，那么这个速度阈值就要保存在 EEPROM 中，断电也不会丢失。

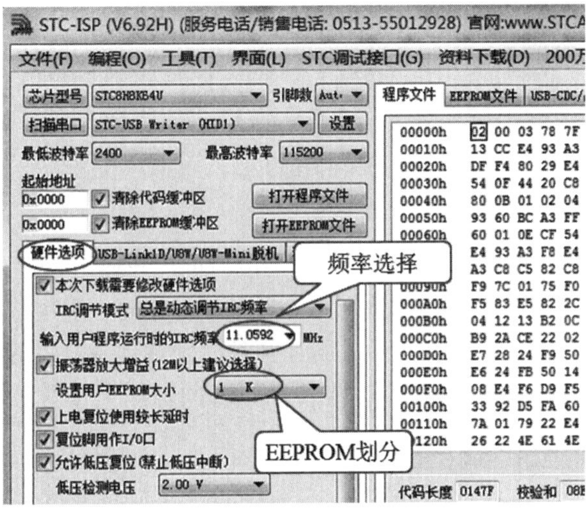

图 3-3　下载频率和 EEPROM 选择

(3)支持单芯片仿真，无需专用仿真器，理论断点个数无限制。

3.2.2　中央处理器 CPU

超高速 8051 内核(1T)，AI8H8K64U 单片机所用时钟在精度要求很高时，须选择外部晶振时钟。外部时钟电路最大支持 45MHz。内部高精度 IRC 最大支持 45MHz，STC-ISP 下载时直接选择时钟频率即可，还有内部 32kHz 低速 IRC。

3.2.3　中断系统

单片机具有 22 个中断源，即 5 个 16 位的定时器/计数器中断，5 个外部中断，4 个全双工的串行口中断，还有 ADC 模数转换、LVD 低压检测、SPI、I^2C、比较器、PWMA、PWMB、USB 中断等。

3.2.4　并行 I/O 口

单片机有 8 组并行 I/O 口，P0、P1、P2、P3、P4、P5、P6、P7，最多有 60 个 I/O 口，每个 I/O 口均可输入或输出。有准双向口模式、强推挽输出模式、开漏输出模式、高阻输入模式 4 种。

3.3 项目 2：一个 LED 灯闪烁

LED 闪烁灯的设计与制作是单片机应用比较基本的技能，从一盏 LED 灯闪烁入手，理解循环语句实现延时函数的编写，进一步理解并掌握单片机开发过程。

本节硬件电路直接使用图 2-17 所示的电路。在上一章的单片机编程环境构建及点亮指示灯中，已经学习了如何点亮指示灯。

3.3.1 项目任务

单片机 P2.0 口的 LED0 每秒闪烁四次，P2.7 口的 LED7 每秒闪烁两次，LED 灯明暗交替，造成闪烁的效果。

3.3.2 程序设计

要实现 LED 灯的闪烁，必须让 LED 灯亮一段时间，再暗一段时间，这就涉及延时程序编写。延时程序编写通常有两种方法：第一种是软件延时，程序运行至软件延时子函数时，在该子函数内进行循环加或减计数，从而消耗时间达到延时目的。延时子函数一般将最小时间写成 1ms、100us、10us、1us，方便估算时间。如果延时 125ms，对于 1ms 的延时子函数，则须循环延时 1ms 125 次。

主程序“main. c”如下：

```
#include <STC8H.h>          //单片机头文件，内有定义特殊功能寄存器
typedef unsigned int uint; //用 uint 替换 unsigned int，16 位，数值范围 0~65535
typedef unsigned char uchar;    //8 位，数值范围 0~255
sbit LED0=P2^0;       //将单片机的 P2.0 端口定义为 LED0
sbit LED7=P2^7;
uchar k;              //全局变量定义 k
void  delayms(uint i)       //1ms 软件延时函数，12MHz 晶振时，i 次大循环，延时 i ms
    {
    uint  j;                //局部变量定义 j
     while( i--)              //i 次 while 内循环，
     { for(j=0 ; j<910 ; j++) ; };    //910 次 for 内循环，这里最后的“;”表示空语句
    }
void main()    //主函数
{  //初始化程序可写到 main()后 while(1)前这里，设置 LED 端口 01 推挽模式
    P2M1 = 0x00 ;    //=0000 0000   ///P26/P25/P24/P23/P22/P21 双向模式
    P2M0 = 0x81 ;    //=1000 0001   //P27/P20 推挽模式
    while(1)        //无限循环
    {
      LED0=0; delayms(125);         //LED0 亮; //延时大约 125ms
      LED0=1; delayms(125);         //LED0 灭
```

```
        k++;
        if((k%2)==0)  {LED7=0;}  else { LED7=1 ; }   //"=="为判断是否等于
    } //%为取余运行符号，k为偶数时亮灯，奇数为灭灯
}
```

3.3.3　程序分析

1. 闪烁延时分析

在主循环 while(1) {…} 内，LED0 亮和暗时间均为 125ms，则闪烁周期为 0.25s。程序执行到 LED7 时，已耗时 0.25s，这时应该 LED7 亮暗变化了，这里使用对变量 *k* 取余判断的方法，结果是 *k* 加了两次，LED7 亮暗闪烁一周期，即 0.5s。

2. 程序执行过程

当程序 HEX 文件下载到单片机 Flash 存储区开机后，单片机首先复位清零。

1)载入定义

复位完成后，CPU 从 Flash 存储区读取程序机器码，根据机器码指令把 STC8H.h 内的定义和程序定义载入规划指定好的 RAM 存储的某些字节，就是将 RAM 存储区的某些字节空间指定作用什么功能。例如，规定 RAM 存储区地址为 0xA0(相当于日常生活的门牌号)的一个字节空间(8 位二进制)，专门负责 P2 的八端口的高或低电平输出。打个比喻：一座叫 RAM 的大楼，门牌号为 0xA0 房间里，住着 8 个人，这 8 个人专门负责 P2 的 8 个端口，该房间名叫 P2，见图 3-4。把 P2 定义到地址 0xA0 的 RAM 里，用"sfr"定义。

2)载入一次初值

程序正式运行是从 void main()后开始的，一些初值或背景数据只须运行一次即可，这些语句要写在 while(1)之前，因为一旦进入 while(1)无限循环，将不能退出。

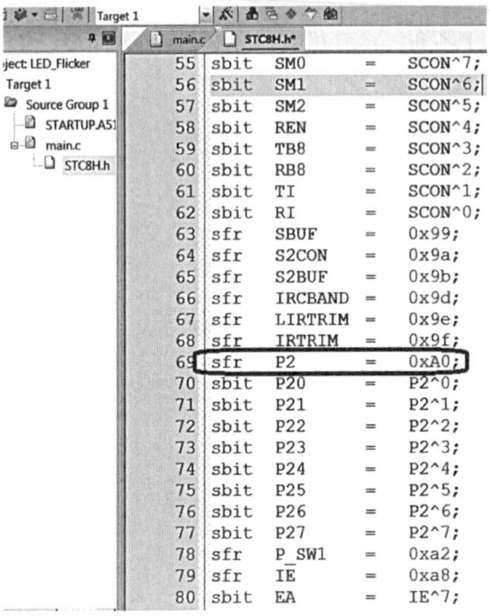

图 3-4　STC8H.h 内容

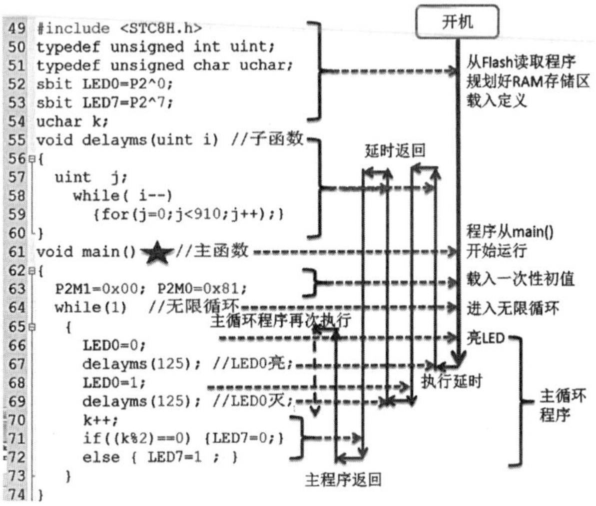

图 3-5　程序运行示意图

(3)主循环程序运行

如图 3-5 所示，进入 while(1)无限循环后，逐行执行循环体的语句即可，先运行第一行“LED0=0;”，再到“delayms(125);”，将调用子函数，暂时去执行“void delayms(uint i)”的子函数，并把常数 125 赋值给 i，i=125，运行 125 次的“{for(j=0; j<910; j++);}”的 1ms 循环，共约 125ms。延时完成后再运行下一句“LED0=1;”。最后“if((k%2)){LED7=0;} else {LED7=1;}”运行结束后，再回到第一行“LED0=0;”循环运行。

3.4 AI8H 单片机引脚功能与配置

STC 单片机引脚功能比传统 C51 引脚功能强大许多，我们先学习传统 C51 引脚内部结构，以方便对比。

3.4.1 传统 C51 引脚 I/O 并口内部结构

STC89C52RC 与传统 C51 单片机 AT89S52 端口模式相同。各 I/O 口均由锁存器、输出驱动器和输入缓冲器组成。P0、P1、P2 和 P3 的各 I/O 口状态由 RAM 存储区的特殊功能寄存器决定，这些对应的特殊功能寄存器名称也叫 P0、P1、P2 和 P3。这 4 组端口除了按字节寻址以外，还可以按位寻址。由于它们在结构上有一些差异，所以各口的性质和功能也有差异。

1. P0 口

P0 组的 8 个 I/O 口的状态由 RAM 内地址为 0x80 的特殊功能寄存器 P0 决定，P0.0~P0.7 端口分别对应寄存器 P0 内的位地址为 0x80~0x87。打个比喻：P0.7 端口由门牌号 0x80、名为 P0 的房间里的第 7 号位置上的人决定。P0 口各位端口的结构电路均相同，如图 3-6 所示，有两种应用。

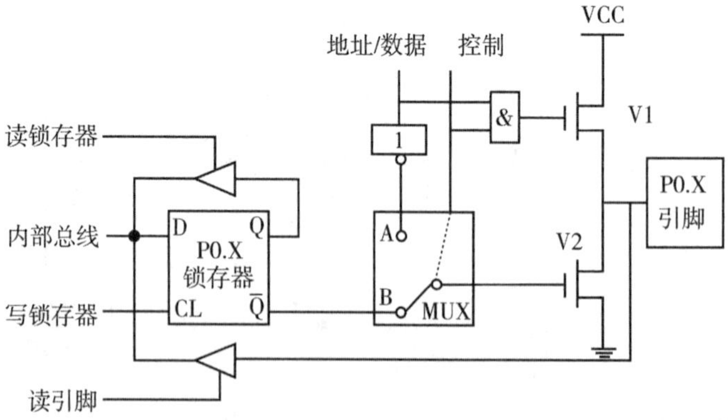

图 3-6　P0 口的位结构

1)通用 I/O 输出输入

开关 MUX 默认打向下边，地址/数据/控制默认均为 0，V1 是不导通的，因此 P0 通用 I/O 输出输入时，可以吸入(灌入)电流，最多限制约 12mA，但无法输出电流，即开漏模式。P0 口如不外接上拉电阻，则无法输出高电平，因此可能需要外接上拉电阻。每个端口还有一条向内部总线的引线，方便 CPU 检测端口的状态。

2)地址/数据线

开关 MUX 打向上边，使内部地址/数据线与下面的场效应管呈反相接通状态。这时的输出驱动电路由于上下两个 FET 处于互补反相，形成推拉式电路结构，大大提高了负载能力。而当输入数据时，数据信号则直接从引脚通过输入缓冲器进入内部总线。当传送地址或数据时，CPU 发出控制信号，打开上面的与门，使 P0 口可以作为地址/数据总线口，这时它是真正的双向口。当单片机需使用外部存储增加容量时，可用这种模式，同时还需 P2 口配合使用。

2. P1 口

P1 组的 8 个 I/O 口的状态由 RAM 内地址为 0x90 的特殊功能寄存器 P1 决定，P1. 0~P1. 7 端口分别对应寄存器 P1 内的位地址为 0x90~0x97。P1 口只能作为通用的 I/O 口使用，在电路结构上与 P0 有一些不同，如图 3-7 所示。

P1 口内部已接有上拉电阻，但这个电阻比较大，近上百 kΩ，高电平时输出电流很小，属于弱上拉模式，低电平灌入电流与 P0 口相同。P1 口作为输出口使用，如需要增大输出电流，还应并接上拉电阻。P1 口作为输入口使用时，应先向其锁存器(端口)写入“1”，使输出驱动电路的 FET 管 V 截止。

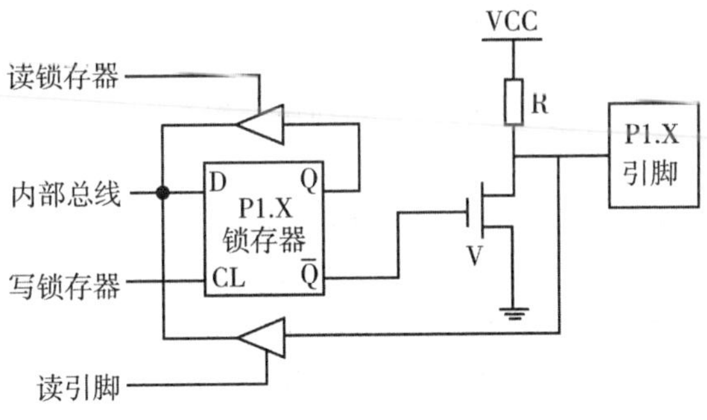

图 3-7　P1 口的位结构

3. P2 口

P2 组的 8 个 I/O 口的状态由 RAM 内地址为 0xA0 的特殊功能寄存器 P2 决定，P2. 0~P2. 7 端口分别对应寄存器 P2 内的位地址为 0xA0~0xA7。其结构如图 3-8 所示，有两种应用模式。

(1)通用 I/O 输出输入：开关 MUX 打向下边，地址/数据/控制均为 0，此模式与 P1 口相同，也属于弱上拉模式，P2 口内部接有上拉电阻。

(2)地址线：开关 MUX 打向上边，与 P0 配合当作高八位地址线使用。

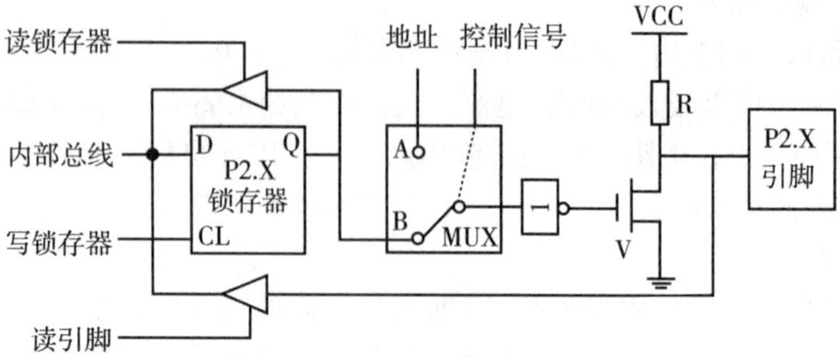

图 3-8　P2 口的位结构

4. P3 口

P3 组的 8 个 I/O 口的状态由 RAM 内地址为 0xB0 的特殊功能寄存器 P3 决定，P3.0～P3.7 端口分别对应寄存器 P3 内的位地址为 0xB0～0xB7。P3 口内部结构的电路如图 3-9 所示，由图可知，P3 也属于弱上拉模式，有两种应用模式。

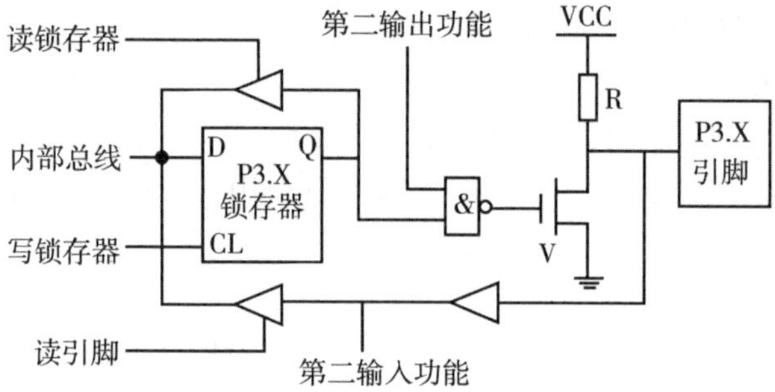

图 3-9　P3 口的位结构

(1)通用 I/O 输出输入：第二功能控制线由 CPU 置 1，与 P1 基本相同。

(2)第二功能：锁存器由 CPU 置 1，第二功能控制线状态由运行第二功能程序决定，即输出变为第二功能使用。一定要注意，程序中必须要有第二功能程序配置，否则默认是通用 I/O 输出输入口。第二功能见图 2-7。RxD 为数据通信接收口，烧写程序时，HEX 文件将从此口送入单片机的 Flash 区。TxD 为数据通信发送口，当单片机控制计算机时，控制数据将从此口送出。

3.4.2　AI8H8K64U 引脚 I/O 并口内部结构

AI8H8K64U 单片机所有 I/O 口均有 4 套相同的模式电路，分别对应上拉(准双向)、推挽、高阻、开漏 4 种模式，由端口配置程序选择其中任意一种电路模式，绝大多数 I/O 口均有第二、第三……功能，与传统 C51 单片机端口功能相比有绝对的优势。本节先介绍 I/O 口的第一功能。

1. 准双向(弱上拉)模式

准双向口(弱上拉)输出类型，默认与前述 P1、P2 和 P3 弱上拉基本相同，但 AI8H 可配置强上拉模式，更方便使用，内有 3 个上拉晶体管适应不同的需要，如图 3-10 所示。

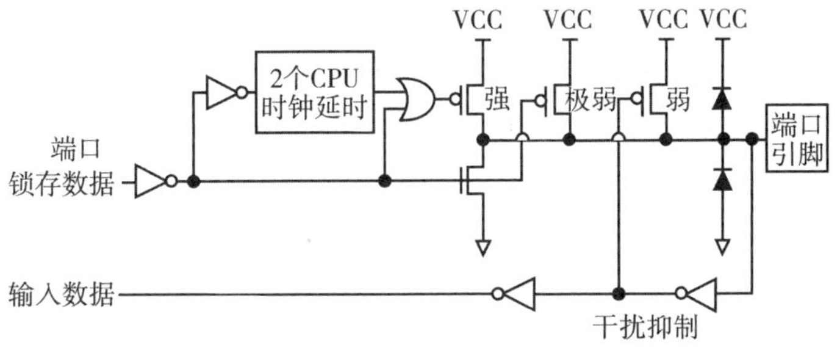

图 3-10　准双向结构

在 3 个上拉晶体管中，有 1 个上拉晶体管称为弱上拉，当端口寄存器为 1 且引脚本身也为 1 时打开。对于 5V 单片机，弱上拉晶体管的输出电流约 250μA；对于 3. 3V 单片机，弱上拉晶体管的输出电流约 150μA。

第 2 个上拉晶体管称为极弱上拉，当端口锁存为 1 时打开。对于 5V 单片机，极弱上拉晶体管的电流约 18μA；对于 3. 3V 单片机，极弱上拉晶体管的电流约 5μA。

第 3 个上拉晶体管称为强上拉，强上拉相当于并联 4. 7kΩ 的上拉电阻。

准双向口(弱上拉)带有一个施密特触发输入以及一个干扰抑制电路。准双向口(弱上拉)读外部状态前，要先锁存为“1”，才可读到外部正确的状态。

2. 推挽模式

强推挽输出配置的下拉结构与开漏输出以及准双向口的下拉结构相同，但当锁存器为 1 时提供持续的强上拉。推挽模式一般用于需要更大驱动电流的情况。强推挽引脚配置如图 3-11 所示，两个 MOS 构成互补推挽，推挽电流不能大于 20mA。

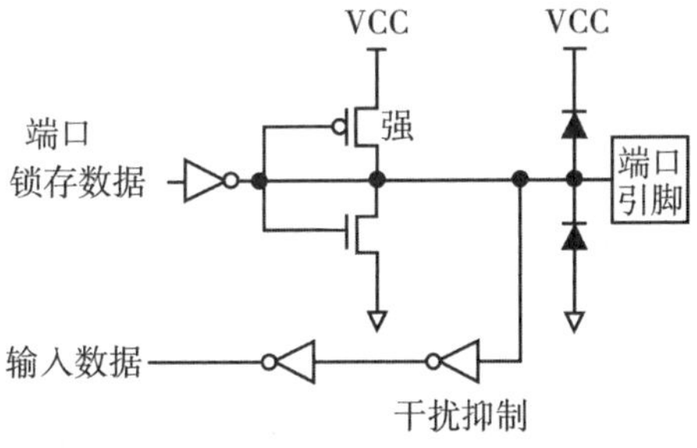

图 3-11　推挽结构

端口上还并有两只反接的二极管，这是端口保护二极管。当端口电压低于-0. 7V 时，下二极管导通，端口电压钳位在-0. 7V 左右，当端口电压超过 VCC+0. 7V 时，上二极管导通，例如 VCC=5V 时，则端口电压范围钳位在-0.7~5.7V，使端口电压不偏离较大而损坏端口。不过这两个二极管承受电流的能力是有限的，如电流过大，会烧坏该二极管而使端口损坏。

3. 高阻模式

高阻模式中电流既不能流入也不能流出，一般作为输入使用，例如检测电压(即 ADC 转换)。高阻模式测量电压时，不会对被测电压电路有什么影响，如图 3-12 所示。ADC 转换如果不使用高阻模式，则接入 ADC 被测电路时，对被测电路而言相当于并联了一个电阻，会影响被测电压值。

4. 开漏模式

开漏模式只能吸入电流，无输出电流，与传统 P0 基本相同，如图 3-13 所示。当端口锁存器为 1 时，反相后为 0，晶体管关断，由外部电路上拉输出高电平；相反，当端口锁存器为 0 时，晶体管导通，输出低电平。

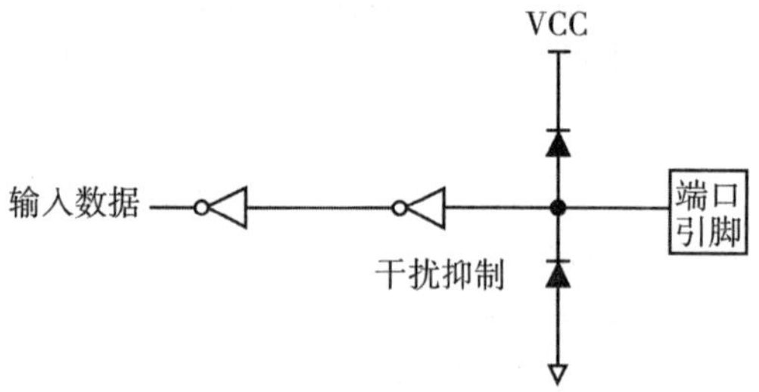

图 3-12　高阻结构

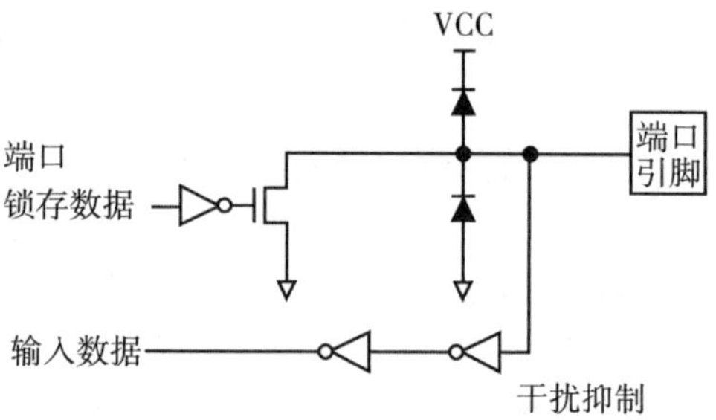

图 3-13　开漏结构

3.5　项目 3：8 个 LED 流水灯

LED 流水灯也叫 LED 跑马灯。设计与制作一个 LED 灯，使之在 P2 口上轮流发光，是单片机中经常需要实现的功能。实现流水灯方法比较多，例如，移位运算符对端口的值移位、对端口的值直接轮流赋值和移位函数对端口的值移位等多种方法。

3.5.1　项目任务

设计 LED 流水灯，使 P2 端口的一个或两个 LED 移位发光，产生动态效果。

3.5.2　程序设计

该任务需要解决的问题是 P2 口的值怎么实现移位，可使用移位运算符方法。

主程序“main. c”如下：

```
#include <STC8H.h>
typedef unsigned int uint;
typedef unsigned char uchar;
#define LED P2
```

```
uchar k, temp;
void delayms(uint i)    //12MHz 晶振时,1ms 软件延时函数,延时 i ms
    {
    uint j;    //局部变量定义 j
    while(i--){for(j=0;j<910;j++);}    //910 次内循环
    }
    void main()
    {
        P2M1 = 0x00; P2M0 = 0x00;   //端口配置 弱上拉
        while(1)
    {
        temp=0x01;           //=0000 0001
        for(k=0;k<8;k++) //将 LED 灯连续左移 7 位
        {
          LED=~temp;       //temp 值取反,只点亮一个 LED,如 1111 1110
          delayms(100);     //大约延时 100ms
          temp =temp<<1;   //temp 的值左移一位, 如 0000 0010
        }
    }
}
```

3.5.3　程序分析

1. #define 宏定义

这是一个预处理指令，其中的“#”表示这是一条预处理命令，“define”为宏定义命令，可理解为声明。

2. 移位运行符

最后一行程序的“<<”是移位运行符，“<<1”表示向左移一位，同理“<<2”表示向左移两位，当然，也有向右的移位运行符“>>”。

“<<1”向左移一位后，最左边的数被移出丢弃，最右边补 0，这需要注意，常用取反的语句给端口赋值，如本程序中的“LED=~temp;”。

说明如下：

temp 初值为 0xFE=0000 0001B

则：	LED	temp
k=0，	LED=1111 1110B	0000 0001B
k=1，	LED=1111 1101B	0000 0010B
……		
k=6，	LED=1011 1111B	0100 0000B
k=7，	LED=0111 1111B	1000 0000B

temp 值里的 1 逐位向左移，右边补 0。当然，不同的赋值方式可以实现不同的流水灯效果，例如“LED=~temp;”改为“LED=temp;”，不取反，为一只 LED 不亮流水灯，也是

一种效果。

3.5.4 拓展程序

1. 端口直接赋值方法

主程序"main. c"如下：

```
#include <STC8H.h>
typedef unsigned int uint;
#define LED P2
uchar k ;
void  delayms(uint i) //12MHz 晶振时，1ms 软件延时函数，延时 i ms
    {
        uint j;      //局部变量定义 j
        while(i--){for(j=0; j<910; j++);}  //910 次小循环
    }
void main()
    {
      P2M1 = 0x00 ;   P2M0 = 0x00;   //端口配置
      while(1)  //主循环
      {
        LED = 0xFE;   delayms(100);      //=1111 1110
        LED = 0xFD;   delayms(100);      //=1111 1101
        LED = 0xFB;   delayms(100);      //=1111 1011
        LED = 0xF7;   delayms(100);      //=1111 0111
        LED = 0xEF;   delayms(100);      //=1110 1111
        LED = 0xDF;   delayms(100);      //=1101 1111
        LED = 0xBF;   delayms(100);      //=1011 1111
        LED = 0x7F;   delayms(100);      //=0111 1111
    }
}
```

端口直接赋值的方法，主循环语句比较多，可以任意设定哪个 LED 发光。

2. 数字公式赋值方法

如果把主循环里八行语句删除，换为"k++; LED =k * k ; delayms(100);"，8 个 LED 就会变成"随机"发光了，类似"天女散花"。

3.6 STC89C52RC 单片机存储器

单片机的程序存储器空间 Flash 和数据存储器空间 RAM 是分开的，程序存储器和数据存储器各有自己的寻址方式、寻址空间和控制系统。

3.6.1 STC89C52RC 单片机存储器

STC89C52RC 单片机片内存储器有 12KB 的 Flash(其中 8KB 用于存放程序代码 CODE,

4KB 用作 EEPROM)，512 字节的 RAM，里面每个字节空间都有一个地址号，以便 CPU 查找使用(寻址)。Flash 比喻：一座叫 Flash 的大楼，内有 12287(即 12KB)个房间，每个房间(字节)里都可以入驻 8 个人(8 位的二进制数)。RAM 比喻：还有一座叫 RAM 的大楼，相当于综合楼，RAM 大楼里的房间不但有门牌号(地址)，部分房间还有职能名称(特殊功能寄存器)，如校长室、教务处、学生处、保卫处、收发室、仓库等，每个房间里也是可以入驻 8 个人，当然也可少驻人，空位置留给以后发展新人入职用(升级)，每个人都有一定的管理职能(特殊功能寄存器位功能)。STC89C52RC 存储器结构划分见图 3-14。

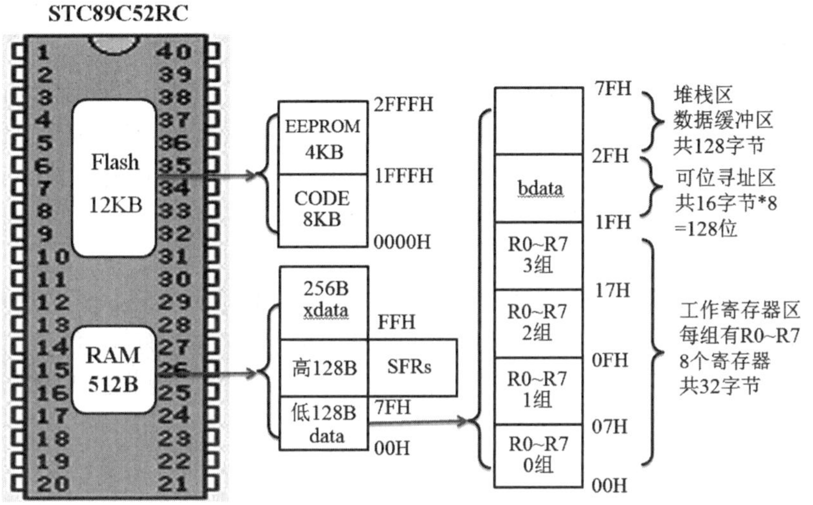

图 3-14　STC89C52RC 存储器结构

3.6.2　RAM 存储器

STC89C52RC 单片机的内部数据存储器在物理上和逻辑上都分为两个地址空间：256 字节的内部 RAM 空间和 256 字节的内部扩展 RAM 空间，内部 RAM 又分为数据存储器空间低 8 位 128 字节(地址 00H～7FH)和高 8 位 128 字节(地址 80H～FFH)，以及特殊功能寄存器空间(SFRs)。定义初值、部分中间运行数据、运算结果均可放在低 8 位区。高 128 字节 RAM 与特殊功能寄存器区共用重叠地址，但物理上是独立的，使用时通过不同的寻址方式加以区分。高 128 字节 RAM 只能间接寻址，特殊功能寄存器区只可直接寻址。特殊功能寄存器是用来对片内各功能模块进行管理、控制、监视的控制寄存器和状态寄存器。

1. 低 128 字节通用 RAM 区

通用 RAM 区又可分为工作寄存器组区、可位寻址区、用户 RAM 区和堆栈区。

1)工作寄存器组区

工作寄存器组区地址从 00H～1FH 共 32 字节单元，分为 4 组(每一组称为一个寄存器组)，每组包含 8 个 8 位的工作寄存器，编号均为 R0～R7，但属于不同的物理空间。通过使用工作寄存器组，可以提高运算速度。R0～R7 是常用的寄存器，提供 4 组是因为 1 组往往不够用。程序状态字 PSW 寄存器中的 RS1 和 RS0 组合决定当前使用哪一组工作寄存器组，详见下文介绍。如果使用汇编语言编写程序，就会经常用到工作寄存器 R0～R7，但用 C 语言编程时，R0～R7 的使用由 Keil 软件编译时自动完成。

2）可位寻址区

可位寻址区的地址包含 20H～2FH 共 16 个字节单元。20H～2FH 单元既可像普通 RAM 单元一样按字节存取，也可以对单元中的任何一位单独存取，共 128 位，所对应的位地址范围是 00H～7FH。调取该区的数据时，既可一次读一字节（8 位二进制数），也可一次调取某字节里的某一位二进制数。

3）用户 RAM 区和堆栈区

地址为 30H～FFH，为用户 RAM 和堆栈，共 80 个字节，用于存放数据与运算结果，如加法运算时，存放加数、被加数及运算结果。一个 8 位的堆栈指针（SP），用于指向堆栈区。单片机复位后，堆栈指针 SP 为 07H，指向了工作寄存器组 0 中的 R7，因此，用户初始化程序都应对 SP 设置初值，一般设置在 80H 以后的单元为宜。

2. 特殊功能寄存器 RAM 区

如果说用 C 语言编写程序，对低 128 字节通用 RAM 区可暂“不关心”，但对特殊功能寄存器 RAM 区是必须要关注的，这关系到单片机的功能设置和程序编写。

STC89C52RC 的特殊功能寄存器的规划分布如表 3-1 所示，已兼容 AT89S52。表中可看到特殊功能寄存器的 128 字节并没有用完。

表 3-1　STC89C52 特殊功能寄存器

符号		描述	地址	位地址及符号								复位值
P0		Port 0	80H	P0.7	P0.6	P0.5	P0.4	P0.3	P0.2	P0.1	P0.0	1111 1111B
SP		堆栈指针	81H									0000 0111B
DPTR	DPL	数据指针（低）	82H									0000 0000B
	DPH	数据指针（高）	83H									0000 0000B
PCON		电源控制寄存器	87H	SMOD	SMOD0	—	POF	GF1	GF0	PD	IDL	00x1 0000B
TCON		定时器控制	88H	TF1	TR1	TF0	TR0	IE1	IT1	IE0	IT0	0000 0000B
TMOD		定时器工作方式	89H	GATE	C/T	M1	M0	GATE	C/T	M1	M0	0000 0000B
TL0		定时器 0 低 8 位	8AH									0000 0000B
TL1		定时器 1 低 8 位	8BH									0000 0000B
TH0		定时器 0 高 8 位	8CH									0000 0000B
TH1		定时器 1 高 8 位	8DH									0000 0000B
AUXR		辅助寄存器	8EH	—	—	—	—	—	—	EXTRAM	ALEOFF	xxxx xx00B
P1		Port 1	90H	P1.7	P1.6	P1.5	P1.4	P1.3	P1.2	P1.1	P1.0	1111 1111B

续表

符号	描述	地址	位地址及符号								复位值
SCON	串口控制寄存器	98H	SM0/FE	SM1	SM2	REN	TB8	RB8	TI	RI	0000 0000B
SBUF	串口数据缓冲器	99H									xxxx xxxxB
P2	Port 2	A0H	P2.7	P2.6	P2.5	P2.4	P2.3	P2.2	P2.1	P2.0	1111 1111B
AUXR1	辅助寄存器 1	A2H	—	—	—	—	GF2	—	—	DPS	xxxx 0xx0B
IE	中断允许寄存器	A8H	EA	—	ET2	ES	ET1	EX1	ET0	EX0	0x00 0000B
SADDR	从机地址控制	A9H									0000 0000B
P3	Port 3	B0H	P3.7	P3.6	P3.5	P3.4	P3.3	P3.2	P3.1	P3.0	1111 1111B
IPH	中断优先级高位	B7H	PX3H	PX2H	PT2H	PSH	PT1H	PX1H	PT0H	PX0H	0000 0000B
IP	中断优先级低位	B8H	—	—	PT2	PS	PT1	PX1	PT0	PX0	xx00 0000B
SADEN	从机地址掩模	B9H									0000 0000B
XICON	辅助中断控制	C0H	PX3	EX3	IE3	IT3	PX2	EX2	IE2	IT2	0000,0000B
T2CON	定时器 2 控制	C8H	TF2	EXF2	RCLK	TCLK	EXEN2	TR2	$C/\overline{T2}$	$CP/\overline{RL2}$	0000 0000B
T2MOD	定时器 2 模式	C9H	—	—	—	—	—	—	T2OE	DCEN	xxxx xx00B
RCAP2L	定时器 2 捕获低位	CAH									0000 0000B
RCAP2H	定时器 2 捕获高位	CBH									0000 0000B
TL2	定时器 2 低位	CCH									0000 0000B
TH2	定时器 2 高位	CDH									0000 0000B
PSW	程序状态字	D0H	CY	AC	F0	RS1	RS0	OV	F1	P	0000 0000B
ACC	累加器	E0H									0000 0000B
WDT_CONTR	看门狗控制	E1H	—	—	EN_WDT	CLR_WDT	IDLE_WDT	PS2	PS1	PS0	xx00 0000B
ISP_DATA	ISP/IAP 数据	E2H									1111 1111B
ISP_ADDRH	ISP/IAP 高 8 位	E3H									0000 0000B
ISP_ADDRL	ISP/IAP 低 8 位	E4H									0000 0000B
ISP_CMD	ISP/IAP 命令	E5H	—	—	—	—	—	MS2	MS1	MS0	xxxx x000B
ISP_TRIG	ISP/IAP 命令触发	E6H									xxxx xxxxB
ISP_CONTR	ISP/IAP 控制	E7H	ISPEN	SWBS	SWRST	—	—	WT2	WT1	WT0	000x x000B
P4	Port 4	E8H	—	—	—	—	P4.3	P4.2	P4.1	P4.0	xxxx 1111B
B	B 寄存器	F0H									0000 0000B

1）单片机端口寄存器 P0、P1、P2、P3 和 P4

就是管理这 5 组端口状态的寄存器，P0、P1、P2 和 P3 寄存器分配的地址分别为

80H、90H、A0H 和 B0H。STC89C52RC 有 P4 口寄存器，地址在 E8H。

那么在编程时怎么“关心”这几个寄存器呢？由于每个 C51 单片机程序对这 5 组端口寄存器分配方法可以是一样的，因此芯片厂商通常会把这个分配程序直接写好，放在 C51 头文件“STC89C5xRC. H”里，只要程序加载了“STC89C5xRC. H”头文件，寄存器就自动分配好了。我们可以进入“STC89C5xRC. H”查看寄存器分配是怎么写的。在单片机的 C 语言程序设计中，可以通过关键字 sfr 来定义所有特殊功能寄存器，从而在程序中直接访问它们，如图 3-15 所示。

```
#ifndef __STC89C5xRC_RDP_H__
#define __STC89C5xRC_RDP_H__


/* sfr  AUXR  = 0x0e; */
/* sfr  AUXR1 = 0xa2; */
/* sfr  IPH   = 0xb7; */

sfr  P4  = 0xe8;
sbit P46 = P4^6;
sbit P45 = P4^5;        //
sbit P44 = P4^4;
sbit P43 = P4^3;
sbit P42 = P4^2;
sbit P41 = P4^1;
sbit P40 = P4^0;

sfr  XICON = 0xc0;
sfr  WDT_CONTR = 0xe1;

sfr ISP_DATA   = 0xe2;
sfr ISP_ADDRH  = 0xe3;
sfr ISP_ADDRL  = 0xe4;
sfr ISP_CMD    = 0xe5;
sfr ISP_TRIG   = 0xe6;
sfr ISP_CONTR  = 0xe7;

/*  BYTE Registers   */
sfr P0    = 0x80;
sbit P00 = P0^0;
sbit P01 = P0^1;
sbit P02 = P0^2;
sbit P03 = P0^3;
sbit P04 = P0^4;
sbit P05 = P0^5;
sbit P06 = P0^6;
sbit P07 = P0^7;
sfr P1    = 0x90;
sbit P10 = P1^0;
sbit P11 = P1^1;
sbit P12 = P1^2;
sbit P13 = P1^3;
sbit P14 = P1^4;
sbit P15 = P1^5;
sbit P16 = P1^6;
sbit P17 = P1^7;
sfr P2    = 0xA0;
sbit P20 = P2^0;
sbit P21 = P2^1;
sbit P22 = P2^2;
sbit P23 = P2^3;
sbit P24 = P2^4;
sbit P25 = P2^5;
sbit P26 = P2^6;
sbit P27 = P2^7;
sfr P3    = 0xB0;
sbit P30 = P3^0;
sbit P31 = P3^1;
sbit P32 = P3^2;
sbit P33 = P3^3;
sbit P34 = P3^4;
sbit P35 = P3^5;
sbit P36 = P3^6;
sbit P37 = P3^7;
sfr PSW   = 0xD0;
sfr ACC   = 0xE0;
sfr B     = 0xF0;
sfr SP    = 0x81;
sfr DPL   = 0x82;
sfr DPH   = 0x83;
sfr PCON  = 0x87;
sfr TCON  = 0x88;
sfr TMOD  = 0x89;
sfr TL0   = 0x8A;
sfr TL1   = 0x8B;
sfr TH0   = 0x8C;
sfr TH1   = 0x8D;
sfr IE    = 0xA8;
sfr IP    = 0xB8;
sfr SCON  = 0x98;
sfr SBUF  = 0x99;

/*80C51Fx/Rx Extens
sfr AUXR    = 0x8E;
sfr AUXR1   = 0xA2;
sfr SADDR   = 0xA9;
sfr IPH     = 0xB7;
sfr SADEN   = 0xB9;
sfr T2CON   = 0xC8;
sfr T2MOD   = 0xC9;
sfr RCAP2L  = 0xCA;
sfr RCAP2H  = 0xCB;
sfr TL2     = 0xCC;
sfr TH2     = 0xCD;
```

图 3-15　STC89C5xRC. H 部分内容

例如：“sfr　P1=0x90;”意思是：把寄存器 P1 定义到地址为 90H 的 RAM 里。

注意：P0、P1、P2、P3 和 P4 的寄存器，在开机复位后，初始值均为 1111 1111B，即开机瞬间所有端口都是高电平，程序运行后才根据运行的情况改变电平，没有用到的端口都为高电平，这是设计硬件电路时必须要考虑的，否则开机瞬间可能是错误的。

2）累加器（ACC）寄存器

累加器 ACC 是 8051 单片机内部最常用的寄存器，地址为 E0H，也可写作 A。常用于存放参加算术或逻辑运算的操作数及运算结果。

3）B 寄存器

地址为 F0H，也可写作 B。B 寄存器在乘法和除法运算中须与累加器 A 配合使用。汇编 MUL AB 指令把累加器 A 和寄存器 B 中的 8 位无符号数相乘，将所得的 16 位乘积的低字节存放在 A 中，高字节存放在 B 中。DIV AB 指令用 B 除以 A，整数商存放在 A 中，余数存放在 B 中。寄存器 B 还可以用作通用暂存寄存器。

4）程序状态字寄存器（PSW）

CY：标志位。进行加法运算时，当最高位即 B7 位有进位，或执行减法运算最高位有借位时，CY 为 1；反之为 0。

AC：进位辅助位。进行加法运算时，当 B3 位有进位，或执行减法运算 B3 有借位时，AC 为 1；反之为 0。设置辅助进位标志 AC 是为了便于 BCD 码加法、减法运算的调整。

F0：用户标志位 0。

RS1、RS0：工作寄存器组的选择位。RS1/RS0＝00、01、10、11 时，分别对应选择工作寄存器的 0 组、1 组、2 组、3 组。

OV：溢出标志位。

F0：用户标志位 1。

B1：保留位，暂时还没用到。

P：奇偶标志位。该标志位始终体现累加器 ACC 中 1 的个数的奇偶性。如果累加器 ACC 中 1 的个数为奇数，则 P 置 1；当累加器 ACC 中 1 的个数为偶数（包括 0 个）时，P 位为 0。

其他的寄存器暂不再叙述，等用到时再分析。用汇编语言编写程序时，许多寄存器是要写入汇编语言中的。而用 C 语言编写程序，这些常规的寄存器似乎并没有在程序里出现，Keil 软件对 C 语言编译并转为汇编语言时，在汇编里会自动写入。但如果是要切换功能时，C 语言程序里可能就要体现了。

下面举例说明：

在图 3-14 所示的 STC89C52RC 引脚图中，第 29、30、31 脚的第 1 功能 PSEN、ALE、EA 很少用到，则可把该默认功能关闭。

在 STC89C52RC 内有一个寄存器可以把 ALE 关闭，这个寄存器名为 AUXR，地址在 0EH 处，该寄存器只有低两位有效，高六位暂时空着。

EXTRAM 位：单片机内部扩展 RAM 是否可以访问受辅助寄存器中的 EXTRAM 位控制，EXTRAM＝0，为内部扩展的 EXT_RAM 可以存取；EXTRAM＝1，为外部数据存储器存取，禁止访问内部扩展 RAM。

ALEOFF 位：控制 ALE 信号。ALEOFF＝0 时，允许 ALE 信号输出（默认功能）；ALEOFF＝1 时，禁止 ALE 信号输出。

如果在 main. c 里的 while（1）前初始化程序里加入一句“AUXR＝0x01;”（即 0000 0001B，ALEOFF＝1），那么 ALE 功能将关闭。如果不写这一句，则默认“AUXR＝0x00”。

3. 扩展 RAM 区

在编写程序时，定义的变量编译后，一般自动放在低 128 字节的 RAM 里，显示空间为 data，如图 3-16 所示，已使用 10 字节，而“uchar xdata num;”的变量 num 是定义到扩展 RAM 里的，编译显示 xdata 空间。程序变量较多时，应该将部分变量定义到 xdata 空间的扩展 RAM 里。如果所有变量都放在低 128 字节的 RAM 里，超过该容量，编译就会出错。

3.6.3 程序存储器

程序存储器 8KB 用于存放用户程序、数据和数组等信息。单片机复位后，程序计数器 PC 的内容为 0x0000，从 0x0000 单元开始执行程序。当 EA = 1 时使用该片内 8KB 的 Flash 存储器。单片机首先从片内程序存储器的 0x0000 单元开始执行程序。

中断服务程序的入口地址(又称中断向量)也位于程序存储器单元。在程序存储器中，每个中断都有一个固定的入口地址，当中断发生并得到响应后，单片机就会自动跳转到相应的中断入口地址去执行程序。外部中断 0 的中断服务程序的入口地址是 0x0003，定时器/计数器 0 中断服务程序的入口地址是 0x000B，外部中断 1 的中断服务程序的入口地址是 0x0013，定时器/计数器 1 的中断服务程序的入口地址是 0x001B 等，如图 3-17 所示。更多的中断服务程序的入口地址(中断向量)见后续章节。由于相邻中断入口地址的间隔区间(8 字节)有限，一般情况下无法保存完整的中断服务程序，因此，一般在中断响应的地址区域存放一条无条件转移指令，指向真正存放中断服务程序的空间去执行。

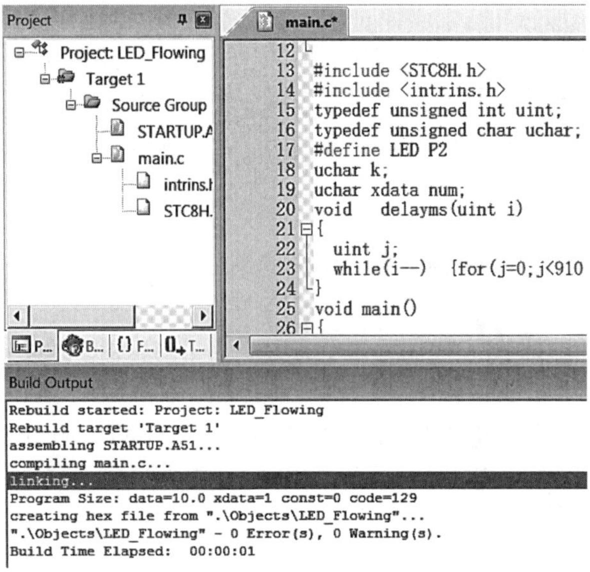

图 3-16 编译显示所用空间

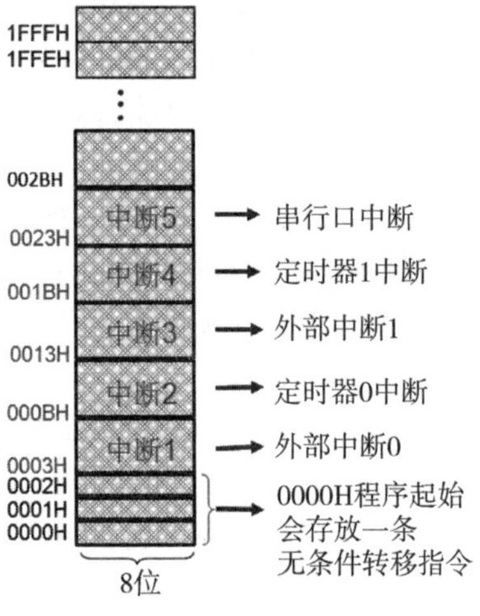

图 3-17 Flash 程序存储器

3.7 AI8H8K64U 单片机存储器

AI8H 系列单片机的程序存储器和数据存储器是各自独立编址的。由于没有提供访问外部程序存储器的总线，所有单片机的所有程序存储器都是片上 Flash 存储器，不能访问外部程序存储器，也无需外部扩展存储器。AI8H 单片机存储器向下兼容，即前面说的各种存储器和规划定义在 AI8H 单片机内都相同，只是在传统 C51 单片机上不断增加。

3.7.1 RAM 存储器

低 128 字节通用 RAM 区、高 8 位 128 字节 RAM 区和 8 位特殊功能寄存器 128 字节 RAM 区与 STC89C52RC 基本相同，只是特殊功能寄存器 128 字节全部定义完毕，如图 3-18 所示。

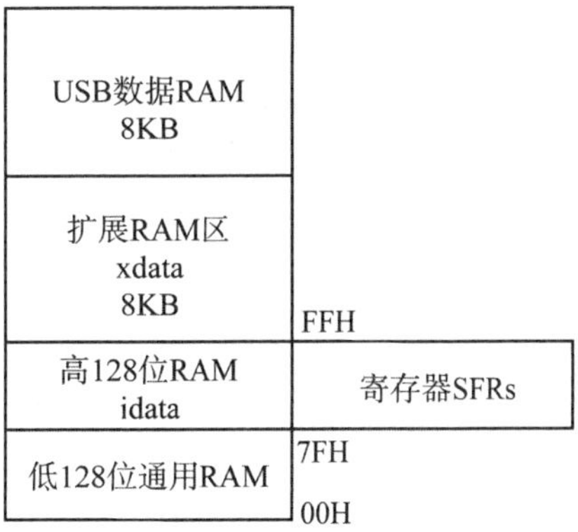

图 3-18 RAM 区

1. 内部扩展 RAM 区

该 RAM 区有 8192 字节，空间更大。例如：变量定义“uchar xdata temp;”，表示变量 temp 存放到内部扩展 RAM 区。

2. 扩展 SFR 使能寄存器 EAXFR

传统 C51 的特殊功能寄存器是定义到高 128 字节 RAM 区的，总共 128 字节，则最多只能存放 128 个寄存器。但 AI8H 单片机功能比较多，寄存器总数远多于 128 个，多出的寄存器只能另外开辟新区，即扩展 SFR 使能寄存器 EAXFR 区，这个新区地址范围为 FA00H～FFFFH。

AI8H 单片机会把传统 C51 兼容的、常用的寄存器定义到特殊功能寄存器高 128 字节 RAM 区，更多的寄存器定义到扩展 SFR 使能寄存器 EAXFR 区。如果程序功能不多，可能就用不到扩展 SFR 使能寄存器 EAXFR 区内的寄存器，那就与传统 C51 用法相同了。如果要用到该 EAXFR 区内的寄存器，那就要写一句程序，用来开启访问扩展 SFR 使能寄存器。默认扩展 SFR 使能寄存器是不能访问的，访问由寄存器 P_SW2 控制，见表 3-2。

表 3-2 P_SW2 寄存器

符号	地址	B7	B6	B5	B4	B3	B2	B1	B0
P_SW2	BAH	EAXFR	—	I2C_S[1：0]		CMP0_S	S4_S	S3_S	S2_S

EAXFR 位为扩展 RAM 区特殊功能寄存器(XFR)访问控制。EAXFR＝0，禁止访问 XFR；EAXFR＝1，允许访问 XFR。

要访问 XFR，可在初始化程序里加一行语句“P_SW2 ｜ = 0x80;”。即 P_SW2 值与 10000000B 按位相或，“｜”符号为逻辑“或”，这种写法对寄存器其他位不会有影响。

3. USB 数据 RAM

AI8H8K64U 单片机内部集成 USB2.0/USB1.1 兼容全速 USB，6 个双向端点，支持 4 种端点传输模式(控制传输、中断传输、批量传输和同步传输)，每个端点拥有 64 字节的缓冲区，共 1280 字节，具体见图 3-19。

必须注意的是：上面所述的内容，初学者可不必全部掌握，在后续章节中还要不断地进行介绍，但对程序例子中涉及的知识点则须掌握。

3.7.2 程序存储器 Flash

AI8H8K64U 的 Flash 空间总共 64KB，地址从 0000H 至 FFFFH，该 Flash 存储器可分

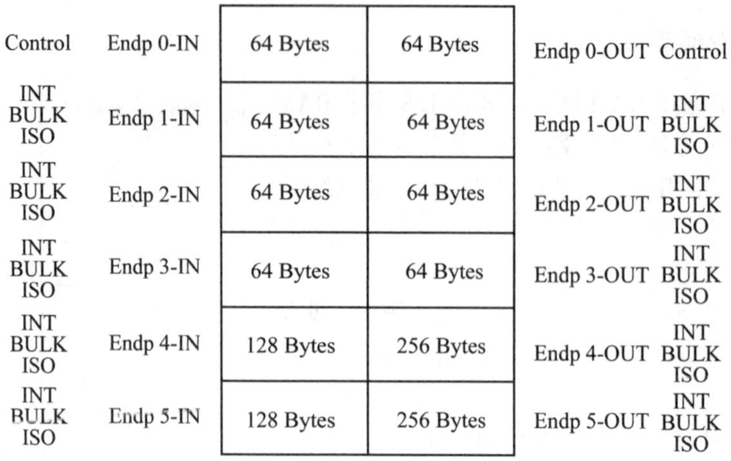

图 3-19　USB 数据 RAM

为两种：程序 Flash 区、EEPROM 区，如图 3-20 所示。EEPROM 区的大小可在 STC-ISP 下载时设置，如图 3-21 所示。默认 EEPROM 大小是 512B，当然，EEPROM 区划分大了，程序 Flash 区就会相应减小。而有些型号的 STC 单片机的 EEPROM 大小是已经划分好的，不能更改。

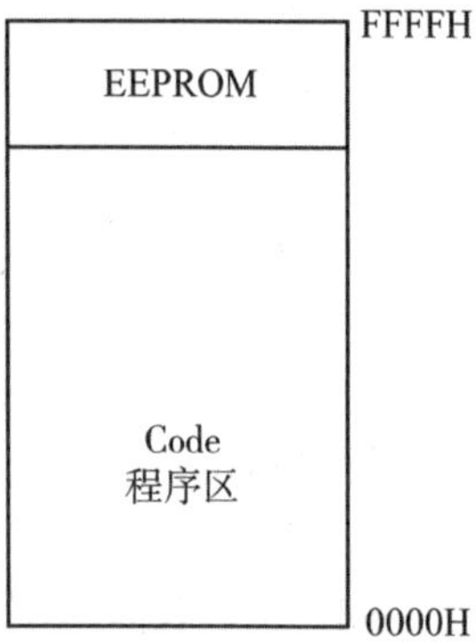

图 3-20　Flash 空间

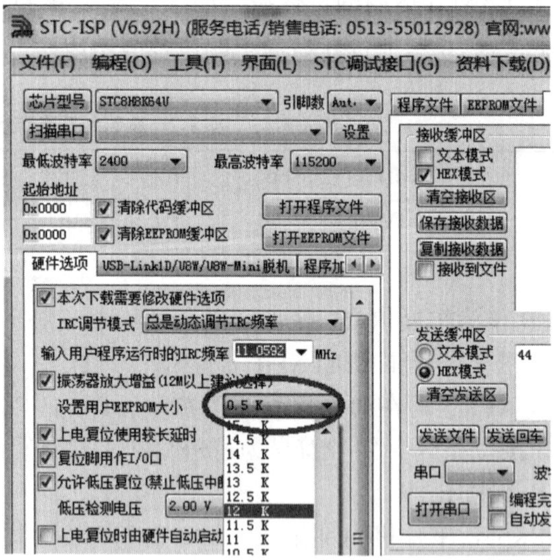

图 3-21　修改 EEPROM 大小

3.8　项目 4：蜂鸣器发声音

蜂鸣器是一种一体化结构的电子讯响器，广泛应用于计算机、打印机、报警器、电子玩具、定时器等电子产品中作发声器件。

3.8.1 蜂鸣器发声知识

1. 蜂鸣器基本知识

蜂鸣器主要分为压电式蜂鸣器和电磁式蜂鸣器两种类型。压电式蜂鸣器是在压电陶瓷上加上音频交流电，压电陶瓷振动发声；电磁式蜂鸣器是对套在磁铁上的线圈通入音频交流电，磁铁的线圈在电磁力作用下振动发声。蜂鸣器发出的声音还须经共振腔共振增强声音，如图 3-22 所示。

图 3-22　蜂鸣器

蜂鸣器按驱动方式的原理可分为：有源蜂鸣器(内含驱动线路，也叫自激式蜂鸣器)和无源蜂鸣器(外部驱动，也叫他激式蜂鸣器)。有源蜂鸣器控制简单，只须加上正确的直流电压，即可发声，但只能发一种声音。无源蜂鸣器则须通入交流电或脉冲直流电才能发声，优点是其发声的音调(频率)是可以变化的。本节程序采用无源蜂鸣器，可发出多种音调。

2. 蜂鸣器驱动电路

单片机端口最大输出输入电流为 20mA，小于蜂鸣器的正常工作电流，需放大电流。

1)三极管驱动电路

如图 3-23 所示，这里使用 S8050 三极管实现蜂鸣器驱动电路。单片机 IO 输出高电平时，控制三极管的集电极和发射极导通，V_{CC}经过蜂鸣器、三极管 C 和 E 极、流向 GND 形成闭路回路，蜂鸣器发出声音。

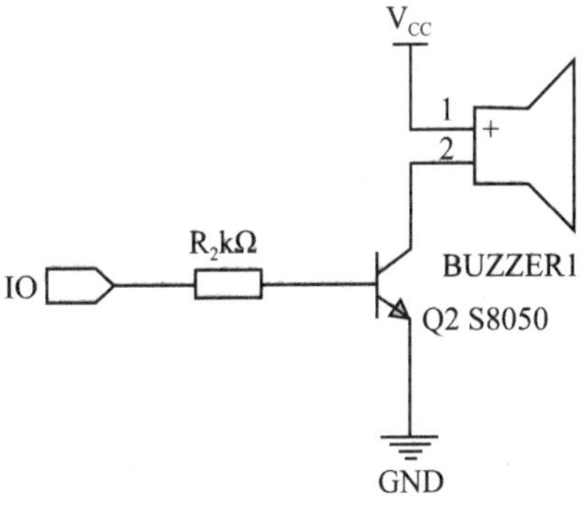

图 3-23　蜂鸣器三极管驱动电路

2)芯片 ULN2003 驱动电路

芯片 ULN2003 驱动电路，如图 3-24 所示，该芯片实际是多路的三极管驱动电路集成在里面，原理如图 3-25 所示，适用于多路驱动电路，以简化电路。该芯片内部每路有两个三极管构成达林顿放大管，还有二极管续流通路，用于保护内部三极管。

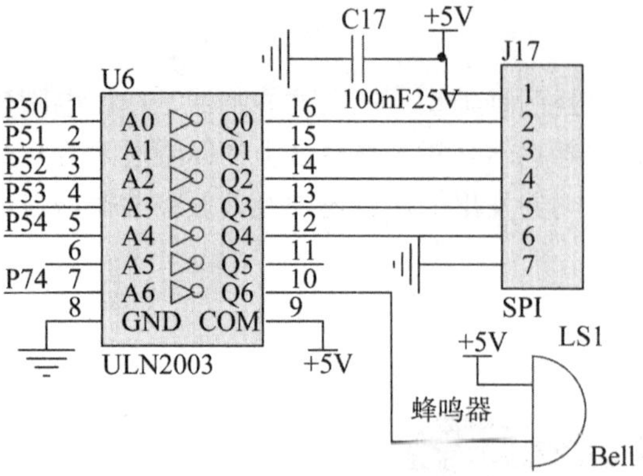

图 3-24　蜂鸣器芯片驱动电路

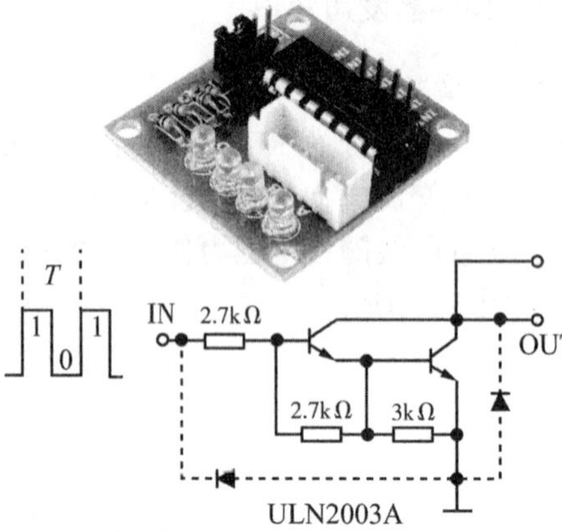

图 3-25　ULN2003 驱动原理

3.8.2　项目任务

用蜂鸣器连续循环发声：1、2、3、4、5、6、7、i 各音调和静音。

3.8.3　程序设计

首先要进行音调分析，由音乐里 1、2、3、4、5、6、7、i 各音调的频率，算出音调周期，如表 3-3 所示，一个周期由一个高电平“1”和一个低电平“0”组成，每个电平维持时间为音调周期的一半。所以程序中最好有一个 0.5μs 的延时函数，例如产生“1”的单音，该音调周期 1912μs，则一个周期内是高电平时间有 1912 个 0.5μs，低电平时间也有 1912 个 0.5μs，共 1912μs。

表 3-3　音调频率和周期

音调	1	2	3	4	5	6	7	i
频率(Hz)	523	587	659	698	784	880	988	1046
周期(μs)	1912	1704	1517	1433	1276	1136	1012	956

主程序“main. c”如下

```
#include <STC8H.h>  //单片机头文件，定义特殊功能寄存器
typedef unsigned int uint; //用 uint 替换 unsigned int，16 位二进制，数值范围 0~65535
typedef unsigned char uchar;    //8 位二进制，数值范围 0~255
sbit Beel = P7^4;         //蜂鸣器引脚定义
uint n;                   //全局变量定义，其数值范围 0~65535
void  delayus(uint i)  //经测试 20MHz 晶振时，为 0.5μs 软件延时函数，延时 i/2 μs
```

```
  { while(i--);   }
void main()            //主函数
  {  //初始化程序写到这里/设置端口模式，00 双向，01 推挽，10 高阻，11 开漏
    P7M1 = 0x00;     //=0000 1111   //P73/P72/P71/P70 高阻模式 相当于断开
    P7M0 = 0x10;     //=0001 0000   //P74 推挽模式，电流驱动较大
    Beel=0;          //初始先关闭蜂鸣器
    while(1)
    {
        for(n=0; n<1046; n++)  { Beel = ~Beel; delayus(1912); }  //音符"1"
        for(n=0; n<1174; n++)  { Beel = ~Beel; delayus(1704); }  //音符"2"
        for(n=0; n<1318; n++)  { Beel = ~Beel; delayus(1517); }  //音符"3"
        for(n=0; n<1396; n++)  { Beel = ~Beel; delayus(1433); }  //音符"4"
        for(n=0; n<1567; n++)  { Beel = ~Beel; delayus(1276); }
        for(n=0; n<1761; n++)  { Beel = ~Beel; delayus(1136); }
        for(n=0; n<1976; n++)  { Beel = ~Beel; delayus(1012); }
        for(n=0; n<2092; n++)  { Beel = ~Beel; delayus(956);  }
        for(n=0; n<2092; n++)  { Beel = 0;     delayus(956);  } //静音
    }
}
```

3.8.4 程序分析

以发音符“1”为例，语句为“for(n=0; n<1046; n++)　{ Beel = ~Beel; delayus(1912); }”。这里 for 语句是产生 1046 个方波，这样音符“1”发音维持时间≈1046 * 1912μs=2s，其他各音符也同理。“delayus(1912);”是调用延时子函数，延时时间=1912 * 0.5μs=956μs。必须要注意：下载时，单片机时钟要选择 20MHz，频率不同时音符频率会产生改变而变调。

采用延时函数的方法产生方波的缺点是：当程序进入延时函数时，如果有中断到来，则会临时去执行中断服务程序，会造成发音打断或变调的情况，如果用后面章节的定时器方法，则基本不会产生这种问题。延时函数方法虽然时间可能不准确，但程序中却经常要用到软件延时函数。

习　题

1. 单片机内存 ROM 空间，是存放 ________ 的；
2. STC89C52RC 的 ROM 空间大小是 ________kB；
3. 1B 的内存空间可存放________ ；
4. 单片机输出端口 P0 的值是从地址为 ________的特殊功能寄存器中调出的；

5. STC89C52RC 的特殊功能寄存器在 RAM 空间地址区间为________；AI8H8K64U 的扩展 SFR 使能寄存器 EAXFR 地址区间为________；

6. AI8H 单片机的端口，低电平时，是可以吸入电流的，电流可达________mA；

7. AI8H 单片机的端口 P1 端口配置双向模式时，内部有上拉电阻的，高电平时，是可以输出________的，但电流________；

8. 单片机 P2. 0 和 P2. 1 口的 LED0 和 LED1 两灯交替闪烁的程序，闪烁周期均为________Hz。

第 4 章　AI8H8K64U 单片机基础程序设计

4.1　C51 程序基本结构

C 语言是一种较早的程序设计语言，C 语言的设计目标是提供一种能以简易的方式编译、处理低级存储器、仅产生少量的机器码以及不需要任何运行环境支持便能运行的编程语言，也是一种结构化语言，其层次清晰，可模块方式编程，方便程序调试。C 语言的处理和表现能力都比较强大，依靠全面的运算符和多样的数据类型，可完成各种数据结构的构建，通过指针类型更可对内存直接寻址以及对硬件进行直接操作，因此可用于开发系统程序和应用软件。

在 Keil5 软件中，使用 C 语言进行 C51 单片机编程时，与标准 C 语言有少许区别，增加了一些变量和存储类型，例如位变量声明“bit”、寄存器地址定义“sfr”、变量定义至间接寻址区“idata”等，这些在标准 C 语言中是没有的，初学者要了解此类问题。

4.1.1　C51 程序组成

C51 程序基本组成如图 4-1 所示，主要由预处理、变量定义、主函数和一些子函数组成。

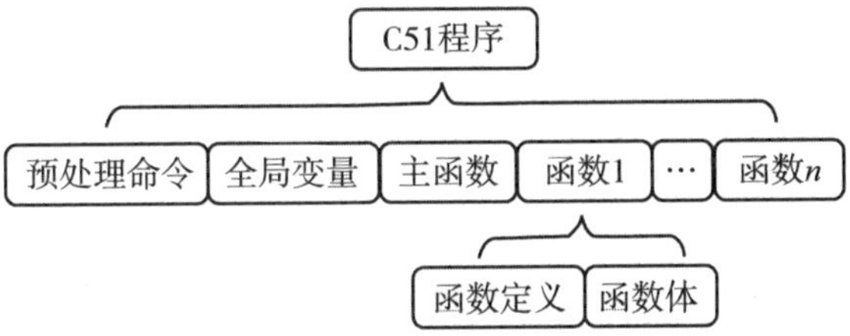

图 4-1　C51 程序基本组成

为方便说明，举个例子：两灯 LED 交替闪烁 10 下，再全亮 1 下，程序如下：

```
#include <STC8H.h>          //预处理命令
#defineuint unsigned int      //预处理命令(宏定义)
#defineuchar unsigned char
uintk;                       //全局变量定义
sbit  LED0 = P2^0;           //定义引脚
sbit  LED1 = P2^1;
```

```
void  delayms(uint i)          //子函数 delayms()
  {
    uint j;                  //局部变量定义
    while(i--)                //循环语句
      { for(j=0; j<910; j++); } //循环语句
  }
void  LED_Dsp()               //子函数 LED_Dsp ()
  { LED 0 = 0; LED 1 = 0; k=0; }  //顺序语句
void main()                   //主函数 main ()
  {
    P2M1 = 0x00 ; P2M0 = 0x00; //顺序语句
    while(1)                   //循环语句
    {
      LED 0 = 1; LED 1 = 0; delayms(100); //顺序语句
      LED 0 = 0; LED 1 = 1; delayms(100); //顺序语句
      k++;                              //顺序语句
      if(k>=10)                 //选择语句
        {  LED_Dsp ();   }
    }
}
```

1. 预处理命令

预处理是在 C51 程序编译之前进行的处理。C 语言的预处理主要有三个方面的内容：宏定义、文件包含、条件编译。

1）#include

预处理命令以符号"#"开头，"# include"用于加载头文件。语句"# include <STC8H. H>"表示将头文件 STC8H. H 包含到源程序中，它定义了单片机的所有特殊功能寄存器 SFR。加载头文件实际就是预先载入一些通用的或经常要用到的定义和子函数，如果不加载头文件，也可以把这些内容全部写到 main. c 里，缺点当然也很明显，main. c 程序会很长，可读性很差。

有时也会把某些器件的程序做成一个头文件，例如将测量温度的 18B20 器件的程序做成头文件"18B20. h"，编写温度显示和控制程序时，写入"#include "18B20. h""后，main. c 程序里只需调用"18B20. h"的读取温度的函数即可而无需重新写一遍，程序可读性大大增强，更方便了程序的移植。甚至可以暂时不用理解 18B20 器件的原理，明显减轻初学者的学习量。

2)#define

"#define"在前章有简单介绍，属于宏定义，例如"#define ABC (x+y)/10"，则 ABC = (x+y)/10，"#define uint unsigned int"即为用"uint"替换"unsigned int"，这样可以少写一些字母。"#define MAIN_Fosc 22118400L"，意思为 MAIN_Fosc 时钟频率为 22118400Hz，即 MAIN_Fosc=22118400，"L"表示长型。

例如："#define num 2"，意思为 num 代表 2，即 num =2。假如一个程序中有一百条语句用到 2 的数值，但调试后发现这个 2 是不对的，应该是 3，则这一百条语句的 2 要逐条改为 3，那得花多少精力？还容易漏改。如果这一百条语句中用到的 2 都用变量 num 代替，如果 2 是错的，则只须将语句改为"#define num 3"即可，大大减轻修改工作量。

2. 定义变量

1) 定义引脚

定义单片机引脚功能使用"sbit"命令，"sbit LED0=P2^0;"的变量 LED0 取值只有 0 和 1。定义引脚变量时，变量名"LED0"可以大写也可以小写，但不能与单片机寄存器名和关键词同名。例如"sbit while = P2^0;"和"sbit TMOD = P2^0;"等是错误的。变量名可以用功能的中文拼音或英文，有时还要加上注释，例如"sbit LED0 = P2^0; //指示灯"。

2) 定义全局变量

在主函数"void main( )"前，且不在子函数内定义的一般为全局变量，如上述程序的"uint k;"变量"k"在全程序中，其数据类型均为 unsigned int，k 取值范围为 0~65535，且在其他子函数里也不要重新定义。

3) 定义局部变量

在子函数内定义的一般为局部变量，例如子函数"void delayms(uint i) {...}"内的"uint j;"，变量 j 仅在该子函数内的数据类型为 unsigned int，而在其他子函数内 j 可重新定义数据类型，j 可以在不同子函数里重复定义和使用。

4.1.2　C51 程序结构

C 语言是一种结构化语言，如 for 语句、if... else 语句和 switch 语句等，可用于实现函数的逻辑控制，方便面向过程的程序设计。单片机设计程序的基本结构有顺序结构、选择结构、循环结构等，一般的程序均可由它们组合而成。

1. 顺序结构

顺序结构的程序从上到下逐行执行，并且上一行对某个变量的修改对下一行会产生影响。在 C 语言中，顺序结构是指程序按照代码的书写顺序从上到下逐行执行，没有跳过或重复执行的情况。这种结构简单，也是基本的程序结构。

例如，在程序中，定义变量、赋值、计算、输出等操作都会按照它们在代码中出现的顺序依次执行。单片机顺序结构程序的流程图用矩形框表示，框内的文字表示要执行的操作，如图 4-2 所示。在顺序结构中，在表达式语句后面加一个分号";"，则构成表达式语句，调用子函数语句后也须加";"号。

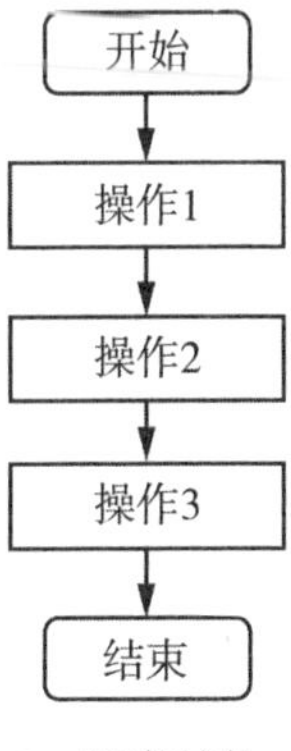

图 4-2　顺序结构

2. 选择结构

C51 的选择结构通常使用 if、if... else、if... else... if 和 switch 等语句来实现。这些语句用于根据某些条件执行不同的代码块。

1) if 语句

if 语句是用来判定所给定的条件是否满足，再根据判定的结果（真或假）来决定要执行哪个操作的语句。C51 语言提供了三种形式的 if 语句。

(1)格式：if (表达式)　{语句;}

功能：如果表达式的结果为真，则执行语句，否则不执行。表达式也可以是一个变量，例如语句“if(Flag) {LED0=0;}”，则当变量 Flag=1 时，才执行“LED0=0;”，而当 Flag=0 时，则不执行，也没有执行语句。

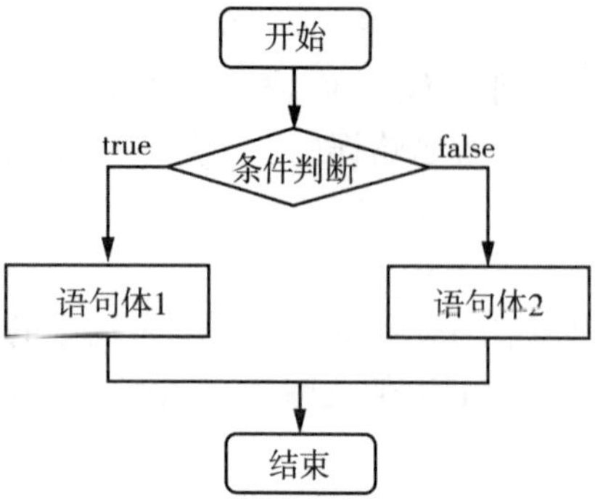

图 4-3　选择结构

if 语句里可以嵌套公式，如“ if((m%2)= =0)”，先运算“m%2”，再把结果与 0 比较是否相等。如把“if((m%2)= =0) ”改为“ if(m%2) ”，则表示，先运算“m%2”，如果 m%2 结果为 1，为真，即 m 为奇数时，则执行 if 后面{}的语句。

(2)格式：if (表达式){语句 1;} else {语句 2;}

功能：如果表达式的结果为真，则执行语句 1，否则执行语句 2，如图 4-3 所示。

(3)格式：if (表达式 1){语句 1;}

else if (表达式 2) {语句 2;}

……

else if (表达式 m) {语句 m;}

else {语句 n;}

这是 if 语句的嵌套，即一个 if 语句中又包含有一个或多个 if 语句。主要用于多分支选择程序。在 if 语句的嵌套中应注意 if 与 else 的对应关系，else 总是与它前面最近的一个 if 语句相对应，如图 4-4 所示。

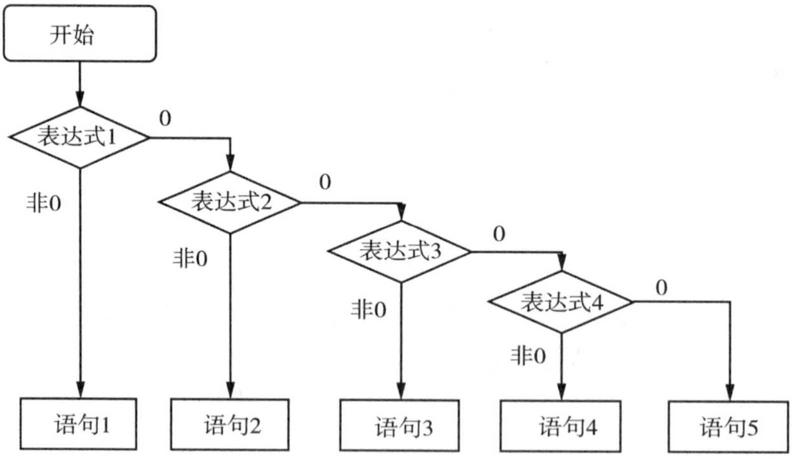

图 4-4　嵌套选择结构

嵌套子程序：

```
voidADC_ ZheSuan()
  {
    if(AD_dianya<661) {dc_temp=0; }
```

```
    else if(AD_dianya==662) {dc_temp=1; }
    else if(AD_dianya==663) {dc_temp=2; }
    else if(AD_dianya==664) {dc_temp=3; }
    else if(AD_dianya<667)&(AD_dianya>=665) {dc_temp=4; }
    else if(AD_dianya<669)&(AD_dianya>=667) {dc_temp=5; }
}
```

上面的程序是对变量 AD_dianya 不同的值折算到变量 dc_temp 的值。

2) switch/case 语句

当程序中有多个分支时，虽然可以使用 if 嵌套实现，但是当分支较多时，则嵌套的 if 语句层数多，程序冗长，可读性变差。这时可以用 switch / case 语句，直接处理多分支选择。switch / case 语句的一般形式如下：

```
switch(表达式)
{
    case 常量表达式 1: 语句 1; break;
    case 常量表达式 2: 语句 2; break;
    .....
    case 常量表达式 n: 语句 n; break;
    default:            语句 n+1;
}
```

当 switch 后面括号内的“表达式”的值与某一个 case 后面的常量表达式的值相等时，就执行此 case 后面的语句（可以是复合语句），遇到 break 语句就退出 switch 语句。若所有的 case 中的常量表达式的值都没有与表达式的值匹配时，就执行 default 后面的语句。每一个 case 的常量表达式的值必须是互不相同的，否则将出现混乱局面，编译也会不成功。各个 case 和 default 出现的次序，不影响程序的执行结果。如果在 case 语句中遗忘了 break 语句，则程序执行了本行之后，不会按规定退出 switch 语句，而是执行后续的 case 语句。此外，case 语句后面的常量表达式可忽略不写，此时默认为 case 语句的位置号。

上述 if 嵌套子程序改为 switch 语句如下：

```
voidAD_ ZheSuan()
  {
    Switch(AD_dianya)
      {
        case 661: dc_temp=0; break;
        case 662: dc_temp=1; break;
        case 663: dc_temp=2; break;
        case 664: dc_temp=3; break;
        case 665: dc_temp=4; break;
        case 666: dc_temp=4; break;
        case 667: dc_temp=5; break;
        case 668: dc_temp=5; break;
        default:   dc_temp=9;
```

```
    }
}
```

3. 循环结构

在编写程序时很多地方需要用到循环控制，如对某种操作需要反复进行多次等，这时可以用循环控制语句编制循环程序来实现。循环程序又可分为“当型”循环程序和“直到型”循环程序两种类型。C51 语言中，构成循环控制的语句有：for 语句、while 语句、do-while 语句。

1) for 语句

采用 for 语句构成循环结构的一般格式如下：

```
for(初值设定表达式；循环条件表达式；更新表达式)
    {
    内部循环体语句；//可以是复合语句
    }
```

其意义为：先计算出初值设定表达式的值作为循环控制变量的初值，再检查循环条件表达式的结果，当满足条件时就执行循环体语句并计算更新表达式，然后再根据更新表达式的计算结果来判断循环条件是否满足，只有一直进行到循环条件表达式的结果为假(0值)时才退出循环体。各表达式之间必须用分号“;”进行分隔。for 语句的执行过程如图4-5所示。

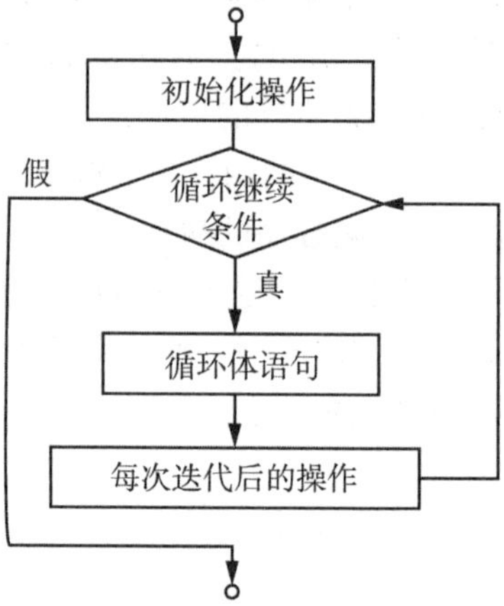

图 4-5　for 循环结构

例子：使用 for 语句编写计算自然数 1~100 的累加和的子程序，如下：

```
void LeiJia()
  {
    int i ; int m=0;
    for(i=0; i<=100; i++)
      {m=m+i;  }
}
```

执行过程：

给 i 赋初值 0，即 i = 0；判断 0 是否小于等于 100，是，即为真，那么执行一次 for 循环体语句“m=m+i;”，m=0，返回，i 自加 1；

i=1；再判断 1 是否小于等于 100，是，即为真，同样，for 后面“m=m+i;”再加 i，m=1，返回，i 自加 1，i=2；

直到 i 加至 i=101，判断 101<=100 条件不成立，结束 for 语句，直接跳出。

前述的延时语句“for(i = 910 ; i>0; i --) ;”也类同，通过 i 的赋值、判断、减等循环运算，单片机将消耗一定的时间，在选择 12MHz 时钟时，实测约 1ms，可用作 1ms 延时子函数参考。上面 i 的初值越小，则执行的步数越少，延时时间变短；相反，i 的初值越大，延时时间越长。

2) while 语句

采用 while 语句构成循环结构的一般格式如下：

```
while(条件表达式)
  {
    内部循环体语句；//内部语句可以是复合语句，也可以为空
}
```

其意义为：当条件表达式的结果为真(非 0 值)时，程序就重复执行后面的内部语句，一直执行到条件表达式的结果变为假(0 值)时为止。这种循环结构是先检查条件表达式所给出的条件，再根据检查的结果决定是否执行后面的内部语句。如果条件表达式的结果一开始就为假，则后面的内部语句一次也不会执行，属于“当型”循环。如图 4-6 所示。内部语句可以是复合语句，也可以为空，while 后面的大括号里什么都不写也是可以的，如“while (1) {};”，也可以写成“while(1);”，这就是前面我们使用过的动态停机语句，即“死机”。但应注意“while(1);”中的分号“;”一定不能少，否则 while ( )会把跟在它后面第一个分号前的语句认为是它的内部语句。条件表达式可以是一个常数、一个运算或一个带返回值的函数。

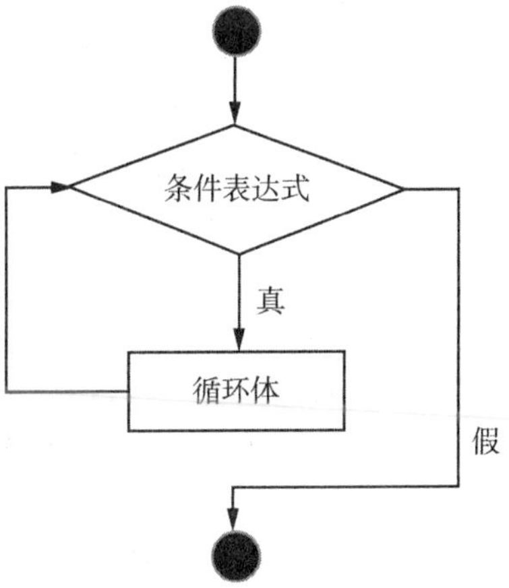

图 4-6　while 循环结构

前述 1~100 累加和的子程序改为 while 语句如下：

```
void LeiJia()
  {
    int i=1 ; int m=0;
    while(i<=100)
      { m=m+i; i++; }
}
```

例子：

①while(i--) ;

假设初值 i=10，程序进入到“while(i--) ;”时，i 自减 1，可理解变为“while(9--)”，并执行后面的“;”，但这里的“;”表示空语句，没有语句执行，则再返回 i 自减 1，变为“while(8--)”，类同。当 i 自减至 0 时，即为 while(0)，表达式结果为 0，即假，“while(i--) ;”语句执行完毕。

②while(i--)

{ n++ ; LED=~LED;   }

假设初值 i=9，n=0，LED=0，程序进入到“while(i--) ”时，i 自减 1，可理解为“while(8--)”，并执行后面的“n++ ; LED=~LED;”，即 n 自加 1，n=1，LED 取反，LED=1。再返回 i 自减 1，为“while(7--)”，n=2，LED=0，其他类同。当 i 自减至 0 时，即为 while(0)，表达式结果为 0，即假，“while(i--) ”语句执行完毕。最终结果 n=9，LED 取反了 9 次，LED=1。

③while(i--)

  n++ ;

LED=~LED;

假设初值 i=9，n=0，LED=0，程序进入到“while(i--)”时，i 自减 1，可理解为“while(8--)”，但只能执行紧跟后面的第一句“n++ ; ”，而“LED=~LED;”不属于“while (i--)”循环，不执行。等“while(i--) ”语句执行完毕，才能轮到执行“ LED=~LED;”这一句。最终结果 n=9，LED 只反了 1 次，LED=1。因此，在写程序时，如果 while ( ) 内部只有一条语句，我们就可以省去大括号，而直接将这条语句跟在它的后面，下面两种写法是等价的，对于初学者建议右边的写法，以免写乱了。

例如：while(i--)　　　　　　　　while(i--)

　　　　n++ ;　　　　　　　　　　{ n++ ;   }

④while(1)

  { n++ ; LED=~LED;}

由于“while(1)”中是一个常数 1，永远为真，程序进入到“while(1)”时，则一直循环执行“{ n++ ; LED=~LED;}”，将无法退出，但中断服务程序不受此影响，仍按中断条件执行。“while(1)”常用在主程序的循环执行。

⑤while(x>10)

  { n+=5; m *=2;}

由于( )中是一个表达式，如果 x>10，则为真，程序进入到 while 循环体语句“n+=5; m *=2;”，即 n 的值加 5，m 的值乘以 2；如果 x≤10，while 循环体语句将不执行。

3) do-while 语句

do-while 语句只能用来实现“直到型”循环，其一般格式如下：

```
do {
    内部语句; //可以是复合语句
}while(条件表达式);
```

其意义为：先执行给定的循环体语句，然后再检查条件表达式的结果。当条件表达式的值为真(非 0 值)时，则重复执行循环体语句，直到条件表达式的值变为假(0 值)为止。

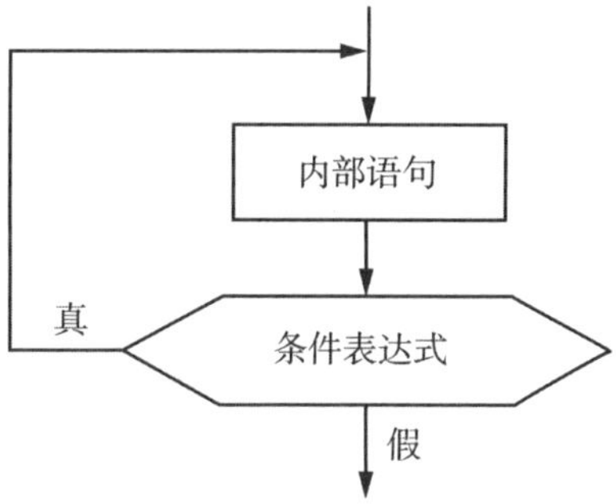

图 4-7　do-while 循环结构

用 do… while 语句构成的循环结构在任何条件下，循环体语句至少会被执行一次，这就是“直到型”循环。如图 4-7 所示，在检查 while 条件是否为真之前，该循环首先会执行一次 do 之内的语句，然后在 while 内检查条件是否为真，如果条件为真的话，就会重复 do… while 这个循环，直至 while 为假。

4）break 和 continue 语句

①break 语句：break 语句通常用在循环语句和 switch 语句中，如图 4-8 所示。在 switch 语句中使用 break 语句时，程序跳出 switch 语句，继续执行后面的语句。当在 while、do… while、for 循环语句中使用 break 语句时，无论循环条件是否满足，都可使程序立即终止整个循环而执行后面的语句，通常与 if 语句一起使用 即满足 if 语句中给出的条件时便跳出循环。

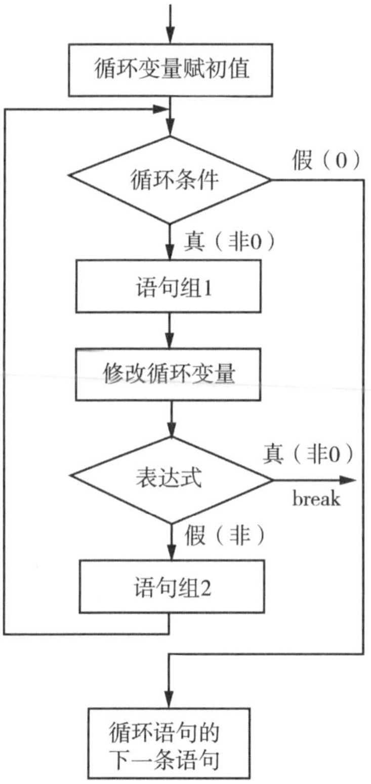

图 4-8　break 语句

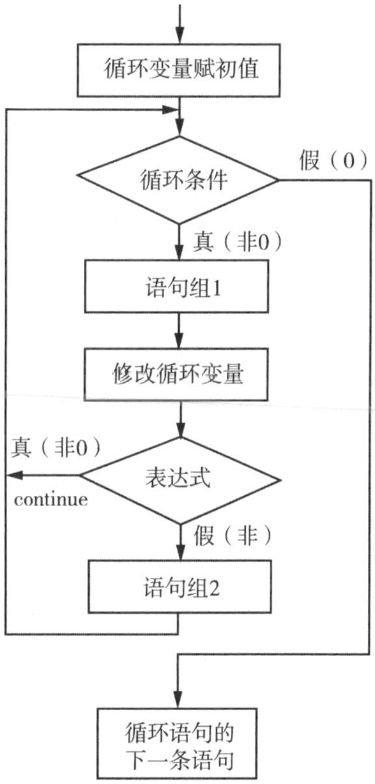

图 4-9　continue

例如，执行下面的程序段：

```
void main()
  {
    int i=0, sum=0;
```

```
    for (i=1; ; i++)  //设置 for 循环
    {
      if(i>10) break;   //判断条件是否满足，如果满足则退出循环
      sum=sum+i;
    }
}
```

②continue 语句：作用是跳过循环体中剩余的语句，结束本次循环，强行执行下一次循环，执行过程如图 4-9 所示。它与 break 语句的不同之处是：break 语句是直接结束整个循环语句，而 continue 则是停止当前循环体的执行，跳过循环体中余下的语句，再次进入循环条件判断，继续开始循环体的下一次执行。continue 语句只能用在 for、while、do… while 等循环体中，通常与 if 条件语句一起使用，用来加速循环结束。

continue 语句与 break 语句的区别如下：

```
//循环变量赋初值;          //循环变量赋初值;
while(循环条件)            while(循环条件)
{  .....                  {.....
   语句组 1;                 语句组 1;
   修改循环变量;              修改循环变量;
   if(表达式)break;             if(表达式)continue;
   语句组 2;                 语句组 2;
}                          }
```

下面的程序段将求出 1~100 之间所有不能被 5 整除的整数之和：

```
void main()
  {
    unsigned int i, sum=0;
    for (i=1; i<=100; i++)  //设置 for 循环
    {                     //如果 i 对 5 取余运算，且结果为 0，即 i 能被 5 整除
      if(i%5==0) continue;   //执行 continue 语句，跳过下面求和语句
      sum=sum+i;          //继续执行 for 循环 //如果 i 不能被 5 整除，则执行求和语句
    }
}
```

另外，一个循环的循环体内可以包含另一个循环，形成循环嵌套，分别称为外循环和内循环 while、do… while、for 三种循环结构可以相互嵌套。

4.2 项目 5：按钮开关控制 LED 灯

按钮开关种类比较多，其中轻触开关是一种机械开关，但属于电子元器件类，轻触开关由嵌件、基座、弹片、按钮、盖板组成，如图 4-10 所示。

轻触开关的通断是弹片受力变化引起的，引脚指的是轻触开关与电路的连接处，其中 4 个引脚较多，两两一组。当开关被正确受力时，4 个引脚相导通，使得电路导通，电流得以流通；当开关松开时，4 个引脚两两一组并不相通，使得电路处于断开状态。

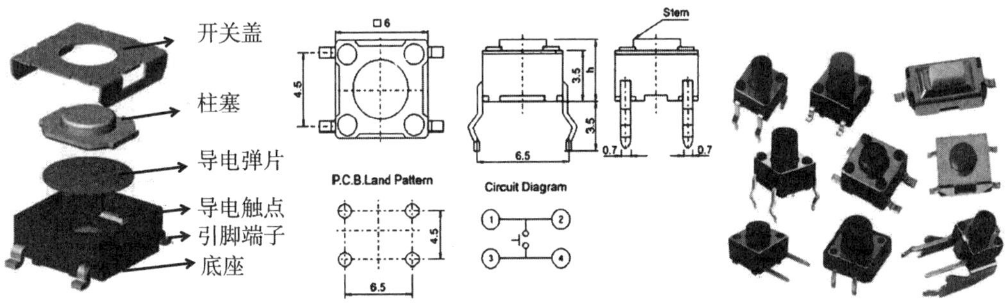

图 4-10　轻触开关

按钮接单片机电路见图 2-17，四个按钮分别接单片机的 P32、P33、P34、P35 引脚，当按钮按下时，将对地短路，对应单片机引脚低电平，程序中对该低电平做出检测，并启动对应的程序即可。

4.2.1　项目任务

P2 端口的 LED 有两种闪烁花样，分别对应 P32 和 P33 按钮，按某一个按钮时，将启动某一种闪烁花样，达到按钮控制 LED 的目的。

4.2.2　程序设计

主程序“main. c”如下：

```
#include <STC8H.h>                  //单片机头文件，定义特殊功能寄存器
#include <intrins.h>               //移位函数在该头文件中
#define  LED  P2                   //声明使用 LED 代替 P2 口
unsigned char x;                  //定义 x 为 uchar 类型(无符号字符型)，x 数值范围 0~255
bit Flag;                         //定义标志，数值范围 0~1
sbit Key1 = P3^2;                  //定义按钮引脚
sbit Key2 = P3^3;
void  delayms(unsigned int i)           //12MHz 晶振时，1ms 软件延时函数，延时 i ms
  {
    unsigned int j;                     //局部变量定义 j
    while(i--){for(j=0; j<910; j++);}  //910 次小循环
  }
void main()
  {//初始化程序写到这里，设置端口模式，00 双向，01 推挽，10 高阻，11 开漏
    P2M1 = 0x00; P2M0 = 0x00;    //=0000 0000 //均双向模式
    LED=0xFE;                   //=1111 1110 只点亮 P2.0 口的 LED
    while(1)
     {
       if (Key1 == 0) { Flag=0; }   //P32 按钮按下，标志 Flag 为 0
```

```
        if (Key2 == 0) { Flag=1; }
        if(Flag==0)
        { P2=0x0F;   delayms(250);   P2=0xF0;   delayms(250);   } //四灯闪烁
        else
        {
          P2=0x7F;               //0111 1111 设置右移 LED 初值
          for(x=0; x<8; x++)     //设置 8 次循环次数
            {P2=_cror_(P2, 1); delayms(200); }  //P2 右移 1 位控制 LED 效果
        }
    }
}
```

4.2.3 程序分析

“bit Flag;”中的“bit”为位变量定义，Flag 的取值范围只有两个，即 0 和 1，程序中检测 Flag 的值可做出对应的反应。

“if (Key1 == 0) { Flag=0; }”为按钮检测，按钮的检测一般使用低电平。单片机端口在普通双向 I/O 模式下，如果端口没有赋值，默认为高电平。因此按钮与地端相连更方便，即按钮按下，端口对地短路，对应端口为低电平。接按钮的端口的模式不能设为推挽模式，推挽模式下，当端口为高电平时，能输出较大的电流，按钮按下则会造成电流短路，可能会烧坏端口。

在主循环中，只需判断 Flag 的值，分别进入不同的程序段即可。

4.3 C51 程序数据类型

C51 的数据类型主要包括基本数据类型和扩展数据类型，见表 4-1。

表 4-1 C51 的数据类型表

	数据类型	对应数值的大小	所占用的宽度
基本类型	unsigned char	0~255	1 个字节(8 bit)
	char	-128~127	1 个字节(8 bit)
	unsigned int	0~65535	2 个字节(16 bit)
	int	-32768~+32767	2 个字节(16 bit)
	unsigned long	0~4294967295	4 个字节(32 bit)
	long	-2147483648~+2147483647	4 个字节(32 bit)
	float	±1.175494E-38~±3.402823E+38	4 个字节(32 bit)
	*	指针	1~4 字节

续表

扩展类型	bit	二进制 0 或 1	1bit
	sfr	0~255	1 个字节(8 bit)
	sfr16	0~65535	2 个字节(16 bit)
	sbit	二进制 0 或 1	1bit

C51 定义了标准 C 语言的所有数据类型，同时对标准 C 语言进行了扩展，更加注意对系统资源的合理利用。

4.3.1　C51 基本数据类型

标准 C 语言中的基本数据类型有 char、int、short、long、float 和 double，而在 C51 编译器中，int 和 short 相同，float 和 double 相同。

1. char 字符类型

char 字符类型的长度是一个字节(8 位)，通常用于定义处理字符数据的变量或常量，这很适合 8 位的 MCS-51 单片机。char 类型分无符号字符类型 unsigned char 和有符号字符类型 signed char(或只写 char)，默认为 char 类型。char 类型的最高位表示正数或负数，“0”表示正数，“1”表示负数，负数用补码表示，数值范围是-128~+127。unsigned char 类型用字节中所有的位来表示数值，数值范围是 0~255。

例如：

```
unsigned char a;    // 定义变量 a 为无符号字符类型，a 取值范围 0~255
char b;             // 定义变量 b 为有符号字符类型，b 取值范围-128~127
```

char 字符类型的变量不管取值如何，都要占用一个 8 位(一个字节)的空间。例如 a=5，转换为二进制为 00000101，则内存空间必须划出 8 位的空间存放，即使高四位为 0，其他数据也不能存入，相当于“浪费”了高四位空间。

必须要注意的是，变量的定义数据类型不能错误，例如“unsigned char i;”时，则 i 的初值不能大于 255，如 i 赋值 910，则实际 i=910-256-256-256=142。

2. int 整型

int 整型的长度为两个字节(16 位)，用于存放一个两字节数据。int 整型分有符号整型数 signed int(或只写 int)和无符号整型数 unsigned int，默认为 int 类型，int 表示的数值范围是-32768~+32767，字节中最高位表示数据的符号，“0”表示正数，“1”表示负数。而 unsigned int 表示的数值范围是 0~65535。

例如：

```
unsigned int x;    // 定义变量 x 为无符号整型数，x 取值范围 0~65535
int y;             // 定义变量 y 为有符号整型数，y 取值范围-32768~+32767
```

int 整型的变量不管取值如何，都要占用两个 8 位(两个字节)的空间。例如 x=261，转换为二进制为 00000001 00000101，则内存空间必须划出两个字节十六位的空间存放，即使高位为 0，其他数据也不能存入，又例如 x = 231，转换为二进制为 00000000 11100111，相当于"浪费"了左边高 8 位空间。

因此，编写程序时，要正确定义变量的数据类型，确定变量数值范围。另外，8 位的单片机为 8 位二进制运算，unsigned int 数据类型读写一个数据时，须分高低 8 位两次读写，如果数值不大于 255，就浪费了一次读写时间。

3. long 长整型

long 长整型长度为 4 个字节(32 位)，用于存放一个 4 字节数据。也分有符号长整型 signed long(或只写 long)和无符号长整型 unsigned long，默认为 long 类型。unsigned long 表示的数值范围是 0~4294967295。long 表示的数值范围是-2147483648~+2147483647，同样的字节中最高位表示数据的符号，"0"表示正数，"1"表示负数。

4. float 浮点型

float 浮点型长度也为 4 个字节(32 位)。在十进制中具有 7 位有效数字，许多复杂的数学表达式都采用浮点变量数据类型。

浮点数运算包括加、减、乘、除四则运算，比较运算，开方运算，多项式运算和函数运算。必须要注意的是，许多 C51 单片机内没有专门的浮点运算单元，如需浮点运算，则要进行转换。编程时程序可用常规的数学表达式书写，在编译时，Keil5 软件会自动进行转换，但转换后的程序量会比较大，运行速度变慢。不过，一些比较简单的加、减、乘、除浮点运算可先人工转换整数运算，程序量很小，运行速度也快。

例如，语句"KM = 10/2.5;"有小数点，为浮点运算，如改为"KM = 10 * 10/25;"，则将变为整数运算，运行效率大大提高。

又例如求半径 0.5 的圆的面积：语句为"S = 3.14 * 0.5 * 0.5"有小数点，为浮点运算，会较慢，可改为"S = 314 * 5 * 5"，结果为 7850，而实际圆面积为 0.785，显示时只要在 785 前手工补上"0."即可。在 C51 单片机编程时，小数点经常是手工补上的。

5. 指针型

指针本身就是一个变量，在这个变量中存放的是指向另一个数据的地址。指针变量要占据一定的内存单元，在 C51 中，它的长度一般为 1~3 个字节。

4.3.2 C51 扩展的数据类型

为了更加有效地利用单片机的硬件资源，C51 对标准 C 语言进行了扩展，增加了如下几个特殊的数据类型，这些在标准 C51 里是没有的。

1. 位变量 bit

可以将与 MCS-51 硬件特性操作相关的变量定义成位变量。位变量必须定位在 MCS-51 单片机内部 RAM 的位寻址空间中。但不能定义位指针，也不能定义位数组。bit 位变量的值就是一个二进制位，不是 0 就是 1，类似 True 和 False。

例如：

bit flag;　// flag 为 bit 位变量，其值是 0 或 1，位变量常用作标志。

2. 特殊功能寄存器定义 sfr

为了能直接访问特殊功能寄存器 SFR，C51 提供了一种特殊形式的定义方法，只适用于对 MCS-51 系列单片机进行 C 语言编程。sfr 占用一个字节，数值范围为 0～255。利用它可以访问 51 单片机内部的所有特殊功能寄存器。C51 定义特殊功能寄存器的一般语法格式如下：

特殊功能寄存器名=特殊功能寄存器的字节地址；

例如：sfr P1 =0x90　// 定义了 P1 端口在内部的寄存器

sfr 换成通俗的理解，就是"分配"的意思，"sfr P1 =0x90"就是把管理 P1.0～P1.7 八个端口的名叫 P1 的寄存器"分配入驻"到地址 0x90 的 RAM 内存中。一般在单片机头文件"STC8H.h"里，厂商已分配好了，一般不需要修改，非得改一下地址也行，但不要改乱了。

例如：

sfr SCON=0x98;　// 串口控制寄存器，地址为 0x98

sfr TMOD=0x89;　// 定时器/计数器方式控制寄存器，地址为 0x89

注意："sfr"是定义语句的关键字，其后必须跟一个 MSC-51 单片机真实存在的特殊功能寄存器名，"="后面必须是一个整型常数，不允许是带有运算符的表达式，代表特殊功能寄存器的字节地址，这个常数值必须在传统 C51 的 SFR 地址范围为 0x80～0xFF。AI8H 单片机还有扩展 SFR 使能寄存器 EAXFR 区，这个新区地址范围为 FA00H～FFFFH。

3. sfr16 16 位特殊功能寄存器

Sfr 16 占用两个字节，数值范围为 0～65535。sfr16 和 sfr 一样用于操作特殊功能寄存器，所不同的是它操作占用两个字节的寄存器。

在许多新的 MCS-51 系列单片机中，有时会使用两个连续地址的特殊功能寄存器来指定一个 16 位的值。为了有效地访问这类 SFR，可使用关键字"sfr 16"来定义，16 位 SFR 定义语句的语法格式与 8 位 SFR 相同，只是"="后面的地址必须用 16 位 SFR 的低字节地址作为"sfr16" 的定义地址。

例如：

sfr16 T2 =0xCC　// 定时器/计数器 2 的 T2 低 8 位地址为 0xCC，T2 高 8 位地址为 0xCD

注意：这种定义适用于所有新的 16 位 SFR，但不能用于定时器/计数器 0 和 1。

4. sbit 可寻址位

关键字"sbit"用于定义某些特殊位，利用它可以访问芯片内部 RAM 中的可寻址位或特殊功能寄存器中的可寻址位。

因 P1 端口的寄存器是可位寻址的，所以我们可以定义：

sbit LED =P2^0;　// LED 为 P2 中的 P2.0 引脚

C51 关键字 sbit 的用法有 3 种格式：

1)第 1 种格式:

sbit bit-name =sfr-name^int constant;

其中,“bit-name”是一个寻址位符号名,该位符号名必须是 MCS-51 单片机中规定的。“sfr-name”必须是已定义过的 SFR 的名字,“^”后的整常数是寻址位在特殊功能寄存“sfr-name”中的位号,必须是 0~7 范围中的数。

例如:

```
sfr  PSW=0xD0;     // 定义 PSW 寄存器地址为 0xDO
sbit OV=PSW^2;     // 定义 OV 位为 PSW.2,地址为 0xD2
sbit CY=PSW^7;     // 定义 CY 位为 PSW.7,地址为 0xD7
```

2)第 2 种格式:

sbit bit-name =int constant^int constant;

其中,“=”后的 int constant 为寻址位所在的特殊功能寄存器的字节地址,“^”符号后的 int constant 为寻址位在特殊功能寄存器中的位号。

例如:

```
sbit OV=0xD0^2:    // 定义 OV 位地址是 0xD0 字节中的第 2 位
sbit CY=0xD0^7;    // 定义 CY 位地址是 0xD0 字节中的第 7 位
```

3)第 3 种格式

sbit bit-name =int constant;

其中,“=”后的 int constant 为寻址位的绝对位地址。

例如:

```
sbit OV=0xD2;     // 定义 OV 位地址为 0xD2
sbit CY=0xD7;     // 定义 CY 位地址为 0xD7
```

MCS-51 系列单片机的特殊功能寄存器的数量与类型不尽相同,因此建议将所有特殊的“sfr” 定义放入一个头文件中,该文件应包括 MCS-51 单片机系列机型中的 SFR 定义。

在 C51 存储器类型中提供了一个 bdata 的存储器类型,这是一种可位寻址的数据存储器,位于单片机的可位寻址区中,可以将要求可位寻址的数据定义为 bdata。

如:

```
unsigned char bdata xb;   // 在可位寻址区定义 unsigned char 类型的变量 xb
int bdata yb[2];          // 在可位寻址区定义数组 yb[2],这些也称为可寻址位对象
sbit xb7=xb^7             // 用关键字 sbit 定义位变量来独立访问可寻址位对象的其中
                             一位 sbit yb12=yb[1]^12;
```

操作符“^”后面的位位置的最大值取决于指定的数据类型,char 为 0~7,int 为 0~15,long 为 0~31。

4.3.3 C 语言常量与变量

常量在程序运行过程中不能改变,而变量在程序运行过程中可以不断变化。变量可以

使用 C51 编译器支持的所有数据类型，而常量可以使用的数据类型只有整型、浮点型、字符型、字符串型和位变量。

1. 常量

常量可用在不必改变值的场合，如固定的数据表、字库等。

(1)整型常量可以表示为十进制，如 123、0、-89 等。十六进制则以 0x 开头，如 0x34、-0x3B 等。长整型是在数字后面加字母 L，如 104L、034L、0xF340L 等。

(2)浮点型常量采用十进制和指数表示形式。十进制由数字和小数点组成，如 0.123、345.345、0.0 等，整数或小数部分为 0 可以省略，但必须有小数点。指数表示形式为[±]数字［.数字］e[±]数字，［ ］中的内容为可选项，根据具体情况可有可无，但其余部分必须有，如 125e3、7e9、-3.0e-3。

(3)字符型常量是指单引号内的字符，如 'a' 'd' 等，而对于无法显示的控制字符，可以在该字符前面加一个反斜杠“\ \”组成专用转义字符。常用转义字符参见表 4-2。

表 4-2　常用转义字符表

转义字符	含　义	ASCII 码(16/10 进制)
\o	空字符（NULL）	00H/0
\n	换行符（LF）	0AH/10
\r	回车符（CR）	0DH/13
\t	水平制表符（HT）	09H/9
\v	垂直制表符（VT）	0BH/11
\a	响铃（BEL）	07H/7
\b	退格符（BS）	08H/8
\f	换页符（FF）	0CH/12
\'	单引号	27H/39
\"	双引号	22H/34
\\	反斜杠	5CH/92
\?	问号字符	3F/63
\ddd	任意字符	三位八进制
\xhh	任意字符	二位十六进制

(4)字符串型常量由双引号内的字符组成，如“test”、“OK”等。当引号内没有字符时，为空字符串。在使用特殊字符时同样要使用转义字符。字符串常量是作为字符类型数

组来处理的，在存储字符串时，系统会在字符串尾部加上“\\o”转义字符作为该字符串的结束符。字符串常量 A 和字符常量 A' 是不同的，前者在存储时会多占用一个字节的空间(用于存储“\\o”)。

(5)位标量的值是一个二进制。常量的定义方式有以下几种：

#difine False 0x0；　　　// 用预定义语句定义常量

#difine True 0xl；　　　// 这里定义 False 为 0，True 为 1

程序中用到 False 和 True，在编译时，会将 False 替换为 0，True 替换为 1

unsigned int code a=10；　　// 这一句用 code 把 a 定义在程序存储器中并赋值

const unsigned int c=20；　　// 用 const 定义 c 为无符号 int 常量并赋值

a 和 c 的值都保存在程序存储器中，而程序存储器在运行中是不允许被修改的，如果之后用了类似 a=110、a++这样的赋值语句，编译时将会出错。

2. 变量

变量是一种在程序执行过程中值可以不断变化的量。要在程序中使用变量必须先用标识符作为变量名，并指出所用的数据类型和存储模式，这样编译系统才能为变量分配相应的存储空间。定义一个变量的格式如下：

[存储种类] 数据类型 [存储器类型] 变量名表

在定义格式中，除了数据类型和变量名表是必要的，其他都是可选项。

(1)存储种类。存储种类有 4 种：自动(auto)、外部(extern)、静态(static)和寄存器(register)，缺省类型为自动(auto)。

(2)数据类型。和前面的各种数据类型的定义是一样的。说明了一个变量的数据类型后，还可选择说明该变量的存储器类型。

(3)存储器类型。存储器类型是指定该变量在 C51 硬件系统中所使用的存储区域并在译时准确地定位。C51 的存储器类型如表 4-3 所示。

如果省略存储器类型，系统会按存储模式 SMALL、COMPACT 或 LARGE 所规定的默认存储器类型去指定变量的存储区域，变量的存储种类与存储器类型是完全无关的。

表 4-3　C51 存储器类型表

关键字	存储器类型	描　述
data	内部 RAM 的 0~7FH 区域	直接寻址的内部 RAM 区，速度最快(128B)
bdata	内部 RAM 的 20H~2FH 区域	允许位与字节直接访问(16B)
idata	内部 RAM 的 00H~FFH 区域	间接寻址，可访问全部内部地址空间(256B)
pdata	外部 RAM 某一页 0~FFH 区域	分页(256B)外部数据存储区，由操作码 MOVX @Ri 间接访问
xdata	外部 64K RAM 0~FFFFH 区域	由操作码 MOVX @Ri 间接访问
code	64KB 程序存储器区域	用 MOVC 指令访问

AT89S52 单片机中，当变量较多、data 使用超过 127 字节时，编译会出错，需外部 xdata 增加内存，使用不太方便，而 STC89C52RC 和 AI8H 则内部增加了 xdata 空间，无需

外接内存。

(4)存储模式。

在 SMALL 存储模式中，所有函数变量和局部数据段都被放在 8051 系统的内部数据存储区，访问数据非常快，但 SMALL 存储模式的地址空间受限。在小型的应用程序中，变量和数据放在 data 内部数据存储器中是很好的，因为访问速度快。但在较大的应用程序中，data 区最好只存放小的变量、数据或常用的变量，而大的数据则放置在别的存储区域。

在 COMPACT 存储模式中，所有的函数和程序的变量和局部数据段均定位在 8051 系统的外部数据存储区。外部数据存储区最多可有 256 字节。

在 LARGE 存储模式中，所有函数和过程的变量和局部数据段都定位在 8051 系统的外部数据存储区，外部数据存储区最多可有 64KB，要求用 DPTR 数据指针访问数据。

4.4　项目 6：步进电机转动控制

步进电机是一种将电脉冲信号转换成相应角位移或线位移的电动机。每输入一个脉冲信号，转子就转动一个角度或前进一步，其输出的角位移或线位移与输入的脉冲数成正比，转速与脉冲频率成正比。因此，步进电机又称脉冲电机。步进电机无法直接接到直流或交流电源上工作，必须使用专用的驱动电源(步进电机驱动器)。单片机通过软件产生控制脉冲，控制脉冲经驱动电路放大，从而推动步进电机转动。

步进电机的结构形式和分类方法较多，一般按励磁方式分为磁阻式、永磁式和混磁式三种；按相数可分为单相、两相、三相和多相等形式，本节仅介绍开环永磁式四相五线步进电机。

4.4.1　项目任务

使用 AI8H8K64U 单片机，将 P5 口的 P5.0、P5.1、P5.2 和 P5.3 通过驱动芯片 ULN2003 推动四相五线步进电机的转动，电路如图 4-11 所示，J11 为排针插座。

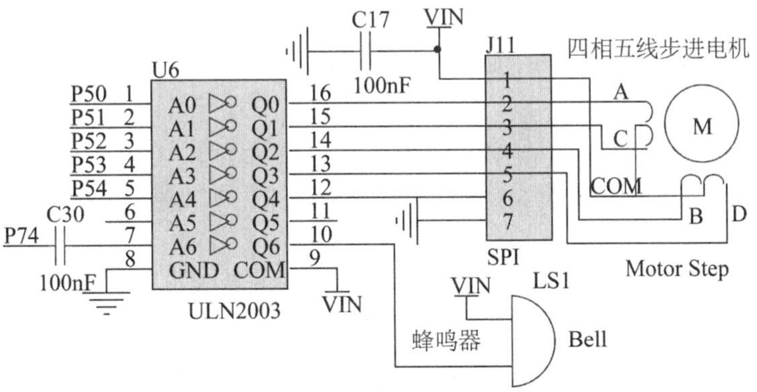

图 4-11　步进电机驱动电路

4.4.2 硬件电路工作原理

1. 步进电机

所用步进电机外形如图 4-12 所示，为四相五线，使用 5V 电源。一般来说，四相步进电机又称为二相双绕组步进电机，是比较常用的一种电机，其内部接线图如图 4-11 所示。线圈被分为 A、B、C、D 四相。由于 A 相和 C 相(或 B 相和 D 相)线圈都绕在相同的磁极上，而两组线圈缠绕的方向相反，只需对其中的一组线圈励磁，便可改变定子磁场的极性。因此，不可将 A 相和 C 相(或 B 相和 D 相)线圈同时励磁。

图 4-12　步进电机外形

步进电机是“一步一步”地转动的一种电机，每输入一个脉冲信号(Pulse)，步进电机固定旋转一个步进角，因此步进电机可以任意控制转动的角度。

2. 步进电机线圈励磁的方式

直流电流通过定子线圈建立磁场的过程，称为励磁。如果要控制步进电机进行正确的定位和控制，必须按照一定的顺序对各相线圈进行励磁。四相步进电机线圈励磁的方式可分为一相励磁、二相励磁和一～二相励磁 3 种。本任务的步进电机励磁方式采用的是二相励磁，即四相双四拍。

其中，四相表示电动机有 4 相绕组，分别为 A、B、C、D 绕组；双(二相励磁)表示每一种励磁状态都有两相绕组励磁(通电)；拍是指从一种励磁状态转换到另一种励磁状态，叫一拍；4 拍表示 4 种励磁状态为一个循环。只要改变励磁顺序，就可以改变步进电机旋转方向。

正转时 2 相励磁顺序：

(A、B)→(B、C)→(C、D)→(D、A)→(A、B)……

反转时 2 相励磁顺序：

(A、B)→(D、A)→(C、D)→(B、C)→(A、B)……

所以本例单片机需要输出四个脉冲，分别控制 A、B、C、D 相的通电和断电。

3. ULN2003 驱动芯片

单片机输出的四个信号，属于弱电，最大输出电流小于 20mA，并不能直接驱动步进电机工作，还须放大电流才能推动步进电机的转动。本例用到了 ULN2003A 的驱动芯片，内部工作原理见上一章。

ULN2003A 的每一对达林顿管都串联一个 2.7kΩ 的基极电阻，在 5V 的工作电压下能与 TTL 和 CMOS 电路直接相连，可以直接处理原先需要标准逻辑缓冲器来处理的数据。ULN2003A 工作电压可达 50V，工作电流大(输出电流大于 500mA)。

ULN2003A 内部是 7 路反向输出放大电路，当输出入端高电平时输出端为低电平，当单片机输出高电平时，步进电机对应线圈通电。

4.4.3　程序设计

```
#include <STC8H.h>
void  delayms(unsigned int k)      //1ms 软件延时 12MHz
  {
    unsigned  int i, j;
    for(i=0; i<k; i++)               //执行下面的 for 语句重复循环 k 次。
      { for(j=0; j<910; j++);  }     //从 0 累加至 910 耗时近 1ms
    }
  void main()
  {
      P5M1 = 0x00 ; P5M0 = 0xFF;    //推挽模式
      while(1)
    {
        P5=0x03;   delayms(50);   //=0000 0011=A、B 绕组励磁
        P5=0x06;   delayms(50);   //=0000 0110= B、C 绕组励磁
        P5=0x0C;   delayms(50);   //=0000 1100= C、D 绕组励磁
        P5=0x09;   delayms(50);   //=0000 1001= D、A 绕组励磁
    }
}
```

上述程序虽然可以进行步进电机的运转，任务也完成了，但是却把 P5 的高四位清零了，实际步进电机只用到 P5 的低四位端口，如果有其他程序用到 P5 的高四位，那程序就存在矛盾了。可以改为“P5 &=0xF0; P5 | =0x03; delayms(50);”，意思是先把 P5 低四位清零，再加上需要的值 0x03，& 为与运算符，| 为或运算符，这样对 P5 的高四位不影响。

4.5　C51 程序运算符

C51 提供了丰富的运算符以处理不同的问题，从而使 C 语言的运算功能十分强大，C51 提供的常用的运算符有算术运算符、关系运算符、逻辑运算符、位运算符等。

4.5.1　算术运算符

算术运算符如表 4-4 所示。其中，对浮点数进行除法运算，其结果仍为浮点数，如 20.0/5 的商为 4.0；而对整数进行除法运算，所得值是整数。例如 7/3，商为 2。

参与取余运算的数据必须都是整型数据，取余运算符“%”也称为模运算符，运算结果等于两个整数相除后的余数。

自加 1 运算“++”和自减 1 运算“--”只能用于变量而不能用于常量表达式，是使变量

值自动加 1 或减 1。运算符可以放在变量前，也可以放在变量后。变量前置运算符与变量后置运算符会使程序执行的顺序和结果不一样。

变量后置运算符，形式如“j=i++;”(或“j=i--;”)，是取出变量 i 的值后先执行 j=i，然后执行 i=i+1(或 i=i-1)。例如，如果运算前变量 i 的值为 10，那么“j=i++;”运算结束时，i 的值为 11，而 j 的值为 10。

表 4-4　算术运算符表

符号	说明	举例(设 x=10，y=3)
+	加法运算	z=x+y; //z=13
-	减法运算	z=x-y; //z=7
*	乘法运算	z=x * y; //z=30
/	除法运算	z=x/y; //z=3
%	取余数运算	z=x%y; //z=1
++	自增 1	
--	自减 1	

变量前置运算符，形式如“j=++i;”(或“j=--i;”)，是取出变量 i 的值后先执行 i=i+1(或 i=i-1)，然后执行 j=i。例如，如果运算前变量 i 的值为 10，那么“j=++i;”运算结束时，i 的值为 11，j 的值也为 11。

编程时常将“++”“--”这两个运算符用于循环语句中，使循环变量自动加 1，也常将它们用于指针变量，使指针自动加 1，指向下一个地址。

需要注意的是以下写法是等效的：

a = a+b　　等效写法　　a+= b

a = a- b　　等效写法　　a - = b

a = a * b　　等效写法　　a * = b

a = a/ b　　等效写法　　a / = b

a = a%b　　等效写法　　a %= b

4.5.2　关系运算符

在程序设计中经常需要比较两个变量的大小，以决定程序下一步的操作。比较两个数据量大小的运算符称为关系运算符。C 语言的关系运算符见表 4-5 所示，关系表达式的值只有 0 和 1 两种，即逻辑的“真”和“假”。当指定的条件满足时，结果为 1；不满足时，结果为 0。

表 4-5　关系运算符表

符号	说明	举例(设 a=2，b=3)
>	大于	a>b；//返回值为 0
<	小于	a<b；//返回值为 1
>=	大于等于	a>=b；//返回值为 0
<=	小于等于	a<=b；//返回值为 1
==	等于	a==b；//返回值为 0
！=	不等于	a！=b；//返回值为 1

例如：a=2，b=3，则“if(a>b)”为假，等效于“if(0)”，而“if(a<b)”则为真，等效于“if(1)”。

4.5.3　逻辑运算符

1. 逻辑运算符

C 语言中将参加逻辑运算的所有数据都转换成逻辑“真”或“假”，然后再开始逻辑运算。所有非零的数据都转换为逻辑“真”；数值为 0 的数据则转换为逻辑“假”。C 语言中提供了 3 种逻辑运算符，如表 4-6 所示。

表 4-6　逻辑运算符表

符号	说明
&&	逻辑与
‖	逻辑或
！	逻辑非

(1)“&&”(逻辑与)为二元运算符，当且仅当两个操作数的值都为“真”(或 1)时，运算结果才是“真”，否则为假。

(2)“‖”(逻辑或)为二元运算符，当且仅当两个操作数的值都为“假”时，运算结果是“假”，否则为真。

(3)“！”(逻辑非)为一元运算符，当操作数的值为“真”时，运算结果为“假”；当操作数的值为“假”时，运算结果为“真”。

2. 逻辑表达式

用逻辑运算符将关系表达式或逻辑量连接起来的式子，称为逻辑表达式。一般用于描述多个条件的组合。

例如：(X>=1)&&(x<2)、！(x<1)、x‖y 等都是逻辑表达式。

又如：设 x=5，则(x>=1)&&(x<2)的值为“假”；！(x<1)的值为“真”；x‖(！x)的

值恒为“真”。C 语言编译系统在给出逻辑运算的结果时，用“1”表示真，而用“0”表示假。但是在判断一个量是否为“真”时，以 0 代表“假”，而以非 0 代表“真”。

例如：

(1)若 a=10，则！a 的值为 0，因为 10 被当作“真”处理，取反后为“假”，系统给出的结果为 0。

(2)如果 a=-2，结果与上完全相同，原因也同上。初学者常会误以为负值为假，所以这里特别提醒注意。

(3)若 a=10，b=20，则 a&&b 的值为 1，a‖b 的值也为 1，原因为参与逻辑运算时不论 a 与 b 的值究竟是多少，只要是非零，就被当作是“真”。“真”与“真”相与或者相或，结果都为真，系统给出的结果是 1。

(4)在计算逻辑表达式时，并不是所有的表达式都要求解，只有在必须执行下一个表达式时，才求解该表达式。

对于逻辑与运算，若第一个操作数为“假”，系统不再判断或求解第二个操作数。

对于逻辑或运算，若第一个操作数为“真”，系统不再判断或求解第二个操作数。

4.5.4 位运算符

C51 语言直接面对 51 单片机硬件编程，往往要求程序在位一级进行运算或处理，所以提供了强大灵活的位运算功能。C51 提供了 6 种位运算符，见表 4-7 所示。

这些位运算符允许对整数的二进制位进行操作，实现对特定位的设置、清除、翻转或移动等操作。C51 语言支持这些位运算符，使得在单片机编程中对硬件的直接操作变得更加灵活和高效。位运算只能对整型数据进行操作，不能对浮点型数据进行操作。

表 4-7 位运算符表

运算符	运算	范例
<<	左移	3 << 2 = 12 --> 3 * 2 * 2=12
>>	右移	3 >> 1 = 1 --> 3/2=1
>>>	无符号右移	3 >>> 1 = 1 --> 3/2=1
&	与运算	6 & 3 = 2
|	或运算	6 | 3 = 7
^	异或运算	6 ^ 3 = 5
~	反码	~6 = -7

例如：设 a=0x45=01010100B，b=0x3b=00111011B，则 a&b、a | b、a^b、~a、a<<2、b>>2 分别为多少？

a&b=01010100B &00111011B=00010000B=0x10；

a | b =01010100B | 00111011B=01111111B =0x7F；

a^b = 01010100B | 00111011B = 01101111B = 0x6F;

a<<2 = 01010100B <<2 = 01010000B = 0x50;

b>>2 = 00111011B>>2 = 00001110B = 0x0E。

按位与运算通常用来对某些位清零或保留某些位。例如，要保留从 P3 端口的 P3.0 和 P3.1 读入的两位数据，可以执行“control = P3&0x03;”操作（0x03 的二进制数为 000011B），而要清除 P1 端口的 P1.4~P1.7 为 0，可以执行“P1 = P1&0x0f;”操作（0x0f 的二进制数为 00001111B）。

同样，按位或运算经常用于把指定的位设置为 1、其余的位不变的操作；按位异或运算经常用于把指定位取反、其余位不变的操作。

4.6　C51 程序函数

C51 语言采用函数作为子程序模块，将程序设计中经常用到的一些计算或操作编成通用的函数，随时可以调用。一个 C51 程序由一个主函数 main() 和若干模块化的子函数构成，有且只有一个主函数 main()。C51 程序总是由主函数开始执行，在主函数中调用其他函数。其他函数可以有多个。函数有库函数和自定义函数两类。

例如，程序：

```
#include <STC8H.h>   //单片机头文件，定义特殊功能寄存器
#define LED P2        //声明使用 LED 代替 P2 口
unsigned char k, temp;    //全局变量定义，定义 k，temp 为 uchar 类型(无符号字符型)，
                            其数值范围 0~255
void  delayms(unsigned int i) //12MHz 晶振时，1ms 软件延时函数，延时 i ms
  { unsigned int j;      //局部变量定义 j
    while(i--)
    {for(j=0; j<910; j++);}
  }
void main()
  {
    P2M1 = 0x00; P2M0 = 0xFF; //P2 推挽模式
    while(1)
    { k++; LED =k * k ; delayms(100);   }
}
```

本程序中使用了两个函数，一个 main() 函数和一个子函数 delayms()。C 语言程序是由一个或多个函数构成的，函数是 C 程序的基本模块，是构成结构化程序的基本单元。

注意：C 语言程序总是从 main() 函数开始执行，结束也是在 main() 函数。

4.6.1　函数分类

在 C 语言中，从用户使用的角度，函数可以分为两类：一类是标准库函数，是系统

提供的库函数，用户可直接使用；另一类是用户自定义函数，由用户根据需要自己定义，以解决特定问题。

从函数定义的形式上划分，函数有 3 种形式：无参函数、有参函数和空函数。函数定义的一般形式：

```
函数类型说明符 函数名([形式参数表])
  {
   函数体
  }
```

其中，函数类型说明符说明了自定义函数返回值的类型，函数类型说明符和形式参数的数据类型可为 C51 的基本数据类型。函数体为实现函数功能的一组语句，并包括在一对花括号{ }中，方括号[ ]代表可选。函数名后括号中有形式参数的函数称为有参函数，没有形式参数的函数称为无参函数。

以下针对无参函数、有参函数进行简要介绍：

1. 无参函数

无参函数的定义形式：

```
函数类型说明符函数名()
   {函数体语句}
```

例如：void main( ) {…}就是一个无参函数。注意：函数名后面的括号不能省略。

2. 有参函数

有参函数的定义形式：

```
函数类型说明符函数名(形式参数表)
   {函数体语句}
```

例如：void delayms(unsigned int i) {…}是一个有参函数。

4.6.2 C51 库函数

C51 的库函数由 C51 的编译器提供，每个库函数的原型放在头文件中。Keil C51 编译器提供了 100 多个标准库函数。常用的 C51 标准库函数包括一般 I/O 端口函数、访问 SFR 地址函数等。使用库函数时，必须用 #include 将相关的头文件包进来。

1. 标准函数库

标准函数库提供了数据类型转换以及存储器分配等操作函数。标准库函数的原型声明包含在头文件 stdlib.h 中，部分标准函数库如下：

```
extern int    abs  (int val);
extern long  labs  (long  val);
extern float atof (char *s1);
extern long  atol (char *s1);
extern int   atoi (char *s1);
extern int   rand ();
extern void  srand (int);
extern float strtod  (char *, char **);
```

```
extern long strtol  (char *, char **, unsigned char);
extern unsigned long strtoul (char *, char **, unsigned char);
```

例如程序中用到取绝对值运算，则必须用到“abs (int val);”，写法为“y=abs(a-b)”，程序还必须在“#include <STC8H.h>”下一行写上“#include <stdlib.h>”。其他函数可到网上搜索用法。

2. 内部函数库

内部函数库提供了循环移位和延时等操作函数，内部函数的原型声明包含在头文件 intrins.h 中，内部函数库的常用函数如下：

```
#ifndef  __INTRINS_H__  //宏定义的一种，如果__INTRINS_H__没有被定义，则执行下一句
                        //如果__INTRINS_H__已定义过，则执行下面#endif 后的语句
#define  __INTRINS_H__  //宏定义的一种，定义__INTRINS_H__
#pragma SAVE            //预处理指令
#if defined (__CX2__)     //宏定义的一部分，如果__CX2__被定义过
#pragma FUNCTIONS(STATIC)
/* intrinsic functions are reentrant, but need static attribute */注释
#endif
extern void          _nop_  (void);      //空操作
extern bit           _testbit_(bit);     //测试并清零位
extern unsigned char _cror_   (unsigned char, unsigned char);
                              //字符循环右移，8 位二进制数
extern unsigned int_iror_   (unsigned int,  unsigned char);
                              //整型循环右移，16 位二进制数
extern unsigned long _lror_   (unsigned long, unsigned char);
                              //长整数循环右移
extern unsigned char _crol_   (unsigned char, unsigned char);
                              //字符循环左移，8 位二进制数
extern unsigned int_irol_   (unsigned int,  unsigned char);
                              //整型循环左移，16 位二进制数
extern unsigned long _lrol_   (unsigned long, unsigned char);
                              //长整数循环左移
extern unsigned char _chkfloat_(float);
#if defined (__CX2__)
extern int           abs      (int);
extern void          _illop_  (void);
#endif
#if ! defined (__CX2__)
extern void          _push_   (unsigned char _sfr);
extern void          _pop_    (unsigned char _sfr);
#endif
#pragma RESTORE
#endif
```

其中的空操作、左移和右移等函数会经常用到。

3. 用户自定义函数库

用户自定义函数是用户根据需要自行编写的函数，由以下部分组成：

(1)函数定义：包括函数名、返回值数据类型、形式参数名、形式参数类型等。

(2)函数体：即大括号“{}”内的部分，包括定义函数使用的变量和实现函数功能的执行语句。函数定义的一般形式如下：

```
返回值数据类型  函数名(形式参数表)形式参数说明;
  {
   局部变量定义;
   函数体语句;
   return 语句;
}
```

如果一个函数被调用执行完后，向调用者返回一个执行结果，这时将这个结果称为“函数返回值”，而将具有函数返回值的函数称为有返回值函数。在定义函数和函数调用声明时，必须在函数名的前面说明这个函数返回值的数据类型。

如果函数没有返回值，则在定义函数和函数调用声明时，用关键字“void”说明函数没有返回值。例如，函数 delayms( )是无返回值函数，其定义格式为“void delayms(unsigned int i)”。

形式参数是用来定义函数被调用执行时接收由主调函数传递来的外部数据(称为实际参数)。函数 delayms( )的形式参数是 unsigned int i，函数 main( )调用函数 delayms(100)时传递的实际参数是 100。实际参数的数据类型就是形式参数的数据类型，如果定义的是无形式参数函数，可以没有形式参数表，但是圆括号不能省略。

return 语句用于返回函数的返回值。对于无返回值函数，这个语句可以省略。

按照 ANSI C 的编程要求，函数必须“先声明后调用”。在进行 C51 编程时，一般是先定义被调用函数，再定义调用函数。这样的源程序结构更加清晰，容易阅读，便于维护。

例如：

```
void  delayms()  //12MHz 晶振, 延时 100ms
{
 unsigned  int j , i=100;
 while(i--)
 {for(j=0; j<910; j++);}
}
```

这个延时值只能是固定的 100ms。

```
void  delayms(unsigned int i)  //12MHz 晶振, 延时 i ms
  {
   unsigned  int j=910 ;
   while(i--)
   while(j--) ;
}
```

上面延时值由 delayms(unsigned int i)的参数而定，如调用写“delayms(100);”则延时 100ms。

例如，计算圆的面积，半径为 r，单位 cm。

```
unsigned int  S_Round(unsigned int r)
  {
    unsigned long S ;
    S =314 * r * r;
    S =S/100;
    return S;
}
```

r=25cm 时要计算圆面积，可调用这个函数，可以写成“Srea= S_Round(25)”，Srea 为面积变量。上述三个函数都是通用的程序形式，包括其他的一些通用程序，要保存好，使用时拷贝就行，不需要每次都重写。

4.7　项目 7：库函数 LED 流水灯

对于 LED 流水灯，前一章已学过使用移位运算符对端口的值移位和对端口的值直接轮流赋值的方法，本节介绍使用移位函数对端口的值移位的方法。

4.7.1　项目任务

LED 流水灯，使 P2 端口的一只或两只 LED 移位发光，产生动态效果。在这一任务中需要解决的问题是移位函数的使用。

4.7.2　程序设计

移位函数对端口的值移位可以调用 intrins. h 的头文件，设计程序如下：

```
#include <STC8H.h>   //单片机头文件，定义特殊功能寄存器
#include <intrins.h>     //移位函数在该头文件中
#define  LED  P2    //声明使用 LED 代替 P2 口
unsigned char k;      //定义 k 为 unsigned char 类型(无符号字符型)，k 数值范围 0~255
void  delayms(unsigned int i)  //12MHz 晶振时，1ms 软件延时函数，延时 i ms
  { unsigned  int j;      //局部变量定义 j
    while(i--)
      { for(j=800; j>0; j--)
         { _nop_();   _nop_();}
      }
    }
void main()
  {//初始化程序写到这里，设置端口模式，00 双向，01 推挽，10 高阻，11 开漏
    P2M1 = 0x00; P2M0 = 0x00; //=0000 0000 //均为双向模式
    LED=0xFE; //=1111 1110 只点亮 P2.0 口的 LED
    while(1)
     {
```

```
        for(k=0; k<7; k++) //将 LED 灯连续左移 7 位
          { LED =_crol_(LED, 1); delayms(100); } //灯亮 100ms
        for(k=0; k<7; k++)  //将 LED 灯连续右移 7 位
          { LED=_cror_(LED, 1); delayms(100); }
      }
}
```

4.7.3 程序分析

1. 空操作_nop_()

在单片机中，通常需要延时函数，经常用到_nop_()函数，NOP 指令是单片机指令中的空操作。这个_nop_()等效于汇编里面的 NOP 指令，耗时一个机器周期。如果是传统 51 单片机的话，一个机器周期等于 12 个时钟周期，12MHz 晶振时刚好 1μs，AI8H 单片机为单周期指令，一个机器周期等于一个时钟周期，快 12 倍，12MHz 晶振时，一个机器周期耗时 1/12μs。不过在 C 语言中使用_nop_()时，经编译后实际还存在调用和返回情况，也是要消耗时间的。

2. _crol_()和_cror_()函数

举例说明：

for(k=0; k<7; k++)
{ LED =_crol_(LED, 1); }
如果 LED 初值为 0xFE=1111 1110B
则：
K=0, LED=1111 1101B
K=1, LED=1111 1011B
K=2, LED=1111 0111B
K=3, LED=1110 1111B
K=4, LED=1101 1111B
K=5, LED=1011 1111B
K=6, LED=0111 1111B
即 0 逐个向左移，灯向左移

for(k=0; k<7; k++)
{ LED =_crol_(LED, 1); }
如果 LED 初值为 0xFE=0111 1111B
则：
K=0, LED=1011 1111B
K=1, LED=1101 1111B
K=2, LED=1110 1111B
K=3, LED=1111 0111B
K=4, LED=1111 1011B
K=5, LED=1111 1101B
K=6, LED=1111 1110B
即 0 逐个向右移，灯向右移

4.8 C51 程序数组

在程序设计中，为了处理方便，需要把相同类型的若干数据项按有序的形式组织起来。数组是同类型数据的一个有序集合，它必须由具有相同数据类型的元素构成，这些元素的类型就是数组的基本类型。若数组中的所有元素都是整型，则该数组称为整型数组；若所有元素都是字符型，则该数组称为字符型数组。

数组必须先定义后使用，根据下标的多少，可将数组分为一维数组、二维数组和多维数组，它们的定义形式不同。

数组就是：在单片机 RAM 内存或 Flash 中划出一定空间来存放数据。如果 data 空间不足时，应该安排到 xdata 空间或 Flash 内。

4.8.1 一维数组

一维数组是指由只具有一个下标的数组元素组成的数组，这是最简单、最常用的数组。定义一维数组的一般形式如下：

类型说明符 数组名 [元素个数]

其中，数组名是一个标识符，元素个数是一个常数表达式，不能是含有变量的表达式，且元素个数是从 0 开始的。访问数组元素时可以用"数组名 [n]"的表示方式，n 称为数组下标，表示数组元素的排列顺序，n 的取值范围是 0~(数组长度-1)

例如：

```
unsigned char a[5]; //定义无符号字符型数组 a，有 5 个元素：a[0]，a[1]，…，a[4]，取值范围 0~255
```

意思是在 RAM 的 data 空间内划出 5 个字节空间，存放这 5 个数据，char 类型一个数占用一个字节。那么这 5 个数的值多少呢？没有赋值时则都为 0。即 a[0]=a[1]=a[2]=a[3]=a[4]=0。

如果要把数组第 4 个数据值设置为 9，则程序中写上一句"a[4]=9;"即可。

例如：

```
unsigned char xdata TMP[5]={3, 5, 6, 8}; //即 TMP [0]=3, TMP [1]=5, TMP [2]=6, TMP [3]=8, TMP [4]=0
```

数组内各元素的值，可以直接赋值，如果少写赋值则后面元素值为 0，如果多写赋值则后面的值作废。该 5 个数安排在 xdata 空间内。

例如：

```
unsigned char code SINTAB[5]={0, 1, 2, 3, 4};
```

其中，code 表示数组安排在 Flash 空间内，不占用 RAM 空间，且该数组 5 个值在程序运行时都不能更改。

例如：

```
unsigned int a[10]; //定义无符号整型数组 a，有 10 个元素：a[0]，a[1]，….a[9]，取值范围 0~65535
```

意思是在 RAM 的 data 空间内划出 20 个字节空间，存放这 10 个数据，int 类型一个数占用 2 个字节。

例如：

```
unsigned char SINTab [] = {0x7F, 0xBF, 0xDF, 0xEF, 0xF7, 0xFB};
```

在定义时不指明数组元素的个数，而根据赋值部分由编译器自动确定，有多少个值即有多少个元素。相当于"unsigned char SINTab [6] = {0x7F, 0xBF, 0xDF, 0xEF, 0xF7, 0xFB};"。

如要把数组第 0 个数取出赋值给变量 SIN_Val，则语句为"SIN_Val= SINTab [0]"

即可。

4.8.2 二维数组或多维数组

数组的下标具有两个或两个以上，则称为二维数组或多维数组。定义二维数组的一般形式为：

类型说明符 数组名［行数］［列数］

其中，数组名是一个标识符，行数和列数都是常量表达式。

例如：

```
unsigned char F5x8 [8][ 6];    //F5x8 数组有 8 行 6 列共 48 个实型元素 .
```

二维数组也可以在定义时进行整体初始化，也可以在定义后单个地进行赋值。

例如：

```
unsigned int S_Tab [3] [4] = {
    {11, 12, 1 3, 1 4 },
    {15, 16, 17, 18},
    {19, 20, 21, 22 }    };
```

4.8.3 字符数组

若一个数组的元素是字符型的，则该数组就是一个字符数组。

例如：

```
charXM_Tab[11] = { “WengKeYuang” };    //字符数组
charSS_Tab[3] [5] = { “Zhong”, “Guo    ”, “Qiang” }; //字符串数组
```

4.9 项目 8：数组播放生日快乐曲

利用蜂鸣器播放音乐主要需解决两个问题：一是播放频率；二是一个音符播放的时间。播放频率在前一章节已有描述。每个音符播放的时间需要根据乐曲音符次序排列成数据，使用时逐个调出完成各音符的播放时间。

4.9.1 项目任务

用蜂鸣器循环播放生日快乐曲，使用数组的方法。

4.9.2 程序设计

主程序“main. c”程序如下：

```
#include <STC8H.h>    //单片机头文件，定义特殊功能寄存器
typedef unsigned int uint;    //用 uint 替换 unsigned int，数值范围 0~65535
typedef unsigned char uchar;    //8 位二进制数据，数值范围 0~255
sbit Beel = P7^4;    //蜂鸣器引脚定义
uint n, m;           //全局变量定义，其数值范围 0~65535
uint KM;         //速度调节变量
```

```
uint xdata Loopn[ ] = {
  392, 20, 392, 880, 784, 1046, 1976,      392, 20, 392, 880, 784, 1174, 2092,
  392, 20, 292, 1567, 1318, 1047, 988, 880,   1396, 20, 1398, 1318, 1046, 1174,
2092, 500 };   //播放时间数组
uint xdata Timersn[ ] = {     //556517-   //556521-   //5553178   //443121-   曲调
   2551, 15, 2551, 2273, 2551, 1912, 2024,     2551, 15, 2551, 2273, 2551,
1704, 1912,
  2551, 15, 2551, 1276, 1517, 1912, 2014, 2273,   1433, 15, 1433, 1517, 1912,
1704, 1912, 00 };
void  delayus(uint i) //经测试 20MHz 晶振时，为 0.5μs 软件延时函数，延时 i/2 μs
  {while(i--); }
void main()
  {
    P7M1 = 0x00; // =0000 1111   //P73/P72/P71/P70 高阻模式 相当于断开
    P7M0 = 0x10; // =0001 0000   //P74 推挽模式，电流驱动较大
    Beel = 0;          //初始先关闭蜂鸣器
    KM = 7;          //速度调节 5~10
    while(1)
    {
      m++;
      for(n = 0; n<(KM * Loopn[m]/10); n++)    //播放时间数组调用
      {
        Beel = ~Beel;
        delayus(Timersn[m]);          //播放音调数组调用
      }
    if(m>=29) {m=0;}    //数组有 0~29 共 30 个
  }
}
```

4.9.3 程序分析

数组“uint xdata Timersn[ ]”内的值大于 255，数据类型须用 unsigned int，数组数据较多，应该定义到 xdata 空间内。数据“2551，15，2551，2273，2551，1912，2024，”中的 15 为基本不发声，用于两个相同音符发声之间的“静音”，该数组为发音的频率(音调)。

数组“uint xdata Loopn[ ]”内的值为一个音符播放维持的时间值，即“Beel = ~Beel;”发音的循环次数。

KM 是设置播放快慢，KM=10 时，KM * Loopn[m]/10= Loopn[m]，使用的是原数组的值，当 KM = 7 时，KM * Loopn[m]/10 = 7 * Loopn[m]/10 = 0.7 * Loopn[m] = Loopn[m] * 70%。由于是整数运算，需要先乘 KM 再除以 10。

例如：m=4 时，KM * Loopn[m]/10= KM * Loopn[4]/10=7 * 784/10=5488/10=548，余数消去；如先除再乘，则 KM *（Loopn[m]/10）= KM *（Loopn[4]/10）= 7 *

(784/10)= 7 * 78=546，误差变大了。

4. 10　初始配置头文件 config. h 的制作

在前述的项目例子，大家可以经常看到一些相同的语句，例如：“typedef unsigned int uint;”、“P2M1 = 0x00;”、延时 1ms 子函数“void delayms(unsigned int i)”等。这时我们可以制作一个 config. h 的头文件，把这些经常用到的子函数和定义都放在该文件中。在编程时，只需载入这个头文件，并调用需要的子函数即可，从而不必每次编程时都重写相同的内容，简化了程序，程序可读性变好，查错也更容易。

4. 10. 1　配置头文件 config. h 内容

1. config. h 文档建立

如图 4-13 所示，打开 Keil5 后，在左上角点击“New”(Ctrl+N)，新建空文档，再点击保存按钮“Save”(Ctrl+S)，如图 4-14 所示。出现保存界面，找到自己建立的文件夹，输入文件名“config. h”，再保存，如图 4-15 所示，在文件夹里就出现了 config. h 文件，如图 4-16 所示。要注意的是：在计算机中要把隐藏文件扩展名的勾选去掉，否则扩展名是不能显示的，会不太方便。

图 4-13　新建空文档

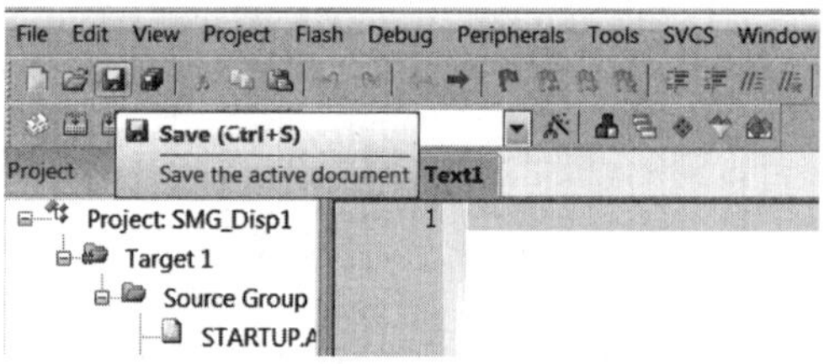

图 4-14　保存

图 4-15　保存为 config. h

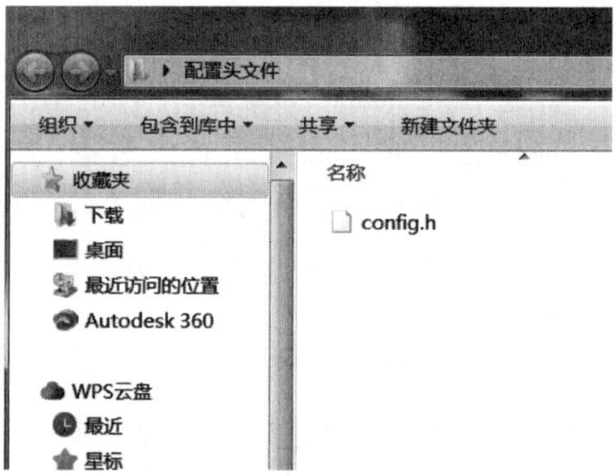

图 4-16　建立的 config. h 文件

2. config. h 内容

内容主要是声明、变量定义、引脚定义、延时函数、端口模式设置等，config. h 的内容可以根据自己的编程习惯写，以下内容仅作为参考。

```
#ifndef      __CONFIG_H
#define      __CONFIG_H
  //++++++++++++++++++++数据类型声明++++++++++++++++++++++
typedef bit BOOL;               //数值范围 0~1
   //==================下面三种方式可根据习惯选择一两种即可，其余可屏蔽//
typedef unsigned char BYTE;
typedef unsigned int WORD;
typedef unsigned long DWORD;
typedef unsigned char uchar;    //无符号字符型，数值范围 0~255
typedef unsigned int uint;      //无符号整型，数值范围 0~65535
typedef unsigned int ushort;
typedef unsigned long ulong;
//typedef unsigned char u8;
//typedef unsigned int u16;
//typedef unsigned long u32;
//++++++时钟选择+++软件延时主时钟定义 要与下载设置频率相同++++++++++
//#define MAIN_Fosc      5529600L
//#define MAIN_Fosc      11059200L
//#define MAIN_Fosc      12000000L
#define MAIN_Fosc     22118400L   //使用 22.1184MHz 频率时钟
//#define MAIN_Fosc      24000000L
//#define MAIN_Fosc      32000000L
//#define MAIN_Fosc      33177600L
//#define MAIN_Fosc      36000000L
//#define MAIN_Fosc      44236800L
//#define MAIN_Fosc      45000000L
//++++++全局变量定义写在这仅是举例，不用的可屏蔽，不足的在此增加++++
//bit    keybz;     //按键标志 ，数值范围 0 和 1
uchar   n;
//uchar   temp;         //
//uchar qian, bai, shi, ge;   //千、百、十、个
//uchar   dis_buf;    //显示缓存
//uint    num;
//uint xdata   Num_Dsp;    RAM 空间不足时，变量可放在 xdata 数据区
//+++++++++端口定义写在这，不用的可屏蔽，不足的在此增加//+++++++++++++++++++
//#define   LED P2   //P2 的 8 个端口的 LED，一起用 LED 定义替换
sbit LED0 = P2^0;      //LED0 定义端口 P2.0
//sbit LED1 = P2^1;      //LED1 定义端口 P2.1
```

```
//sbit LED7 = P2^7;       //LED7 定义端口 P2.7
sbit QianWei= P7^3;       //千位，四位数码管端口定义
sbit BaiWei = P7^2;       //百位
sbit ShiWei = P7^1;       //十位
sbit GeWei = P7^0;        //个位
//sbit ADD_1  = P3^2;     //4 个独立按钮端口
//sbit SUB_1  = P3^3;
//sbit ADD_10 = P3^4;
//sbit SUB_10 = P3^5;
    //+++++++++++++++++++1ms 软件延时+++++++++++++++++++++++
void  delayms(uint i)  //1ms 软件延时
  {
    uint j, k;           //j, k 局部变量定义
    k=MAIN_Fosc/13200;
    while(i--)
    {for(j=0; j<k; j++);}
}
//void  delay100us(uint i) //100μs 软件延时
//{
//uint j, k;
//k=MAIN_Fosc/20/6600;
//while(i--)
//{for(j=0; j<k; j++);}
//}
  //+++++++端口初始化----00 双向，01 推挽，10 高阻，11 开漏++++++++++
/*双向：内部有弱上拉电阻(阻值较大)，输出电流很小，吸入电流较大(不超 20mA)
  推挽：输出和吸入电流均较大，不超 20mA
  高阻：输出和吸入电流均极小(等效串联了阻值很大的电阻)，约为 0
  开漏：输出无电流，吸入电流较大(不超 20mA)     */
void Port_init()  //
    {     //上下行各取一个数合成 下面均为双向模式
    P0M1 = 0x00; //=0000 0000 对应 P07\\P06\\P05\\P04\\P03\\P02\\P01\\P00
    P0M0 = 0x00; //=0000 0000
    P1M1 = 0x18; //=0001 1000   //对应 P1.4、P1.3 用作 ADC 转换,应该高阻模式
    P1M0 = 0x00; //=0000 0000
    P2M1 = 0x00; //=0000 0000
    P2M0 = 0x00; //=0000 0000
    P3M1 = 0x00; //=0000 0000
    P3M0 = 0x00; //=0000 0000
    P4M1 = 0x00; //=0000 0000
    P4M0 = 0x00; //=0000 0000
    P5M1 = 0x00; //=0000 0000
```

```
    P5M0 = 0x00; //=0000 0000
    P6M1 = 0x00; //=0000 0000
    P6M0 = 0x00; //=0000 0000
    P6PU =0xFF; //=1111 1111   //P6 的 8 个端口均强上拉模式
    P7M1 = 0x10; //=0001 0000//P7.4 暂时高阻,蜂鸣器不能发声音
    P7M0 = 0x0F; //=0000 1111  //P7.0~P7.3 推挽模式
  }
#endif
```

4.10.2　config. h 内容分析

数据类型声明中，BYTE、uchar、u8 和都是一样的，这主要是不同程序员编程习惯不同而已，参考他人程序时，可以避免逐个修改声明的名称。

时钟选择定义，时钟定好后，下载程序时，单片机实际工作时钟频率要相同，否则，与 MAIN_Fosc 相关的计算都会错误，变大或变小。

全局变量定义，要根据程序用到的多少而定，可以多于但不能少于，一般是编程时用到一个变量，就在这里增加一个变量定义，并加变量注释，说明用作什么。

引脚定义也一样，程序用到多少就在这里添加多少。

这里的 1ms 延时函数 void delayms(uint i) {…}，在不同工作时钟时，延时时间都自动调整至约 1ms。语句“k=MAIN_Fosc/13200;”说明，时钟频率越高，k 值就越大，下一句“for(j=0; j<k; j++); }”时间仍约 1ms。不同的单片机 1ms 延时函数应以实测为准，不像用汇编语句编写那样，可以根据汇编程序算出时间。

端口模式定义，这里是全部写上了，实际应用中，没有用到的端口的那一组 P 口可以不写。如 P4 的端口一个都没用到，则 P4 那两句端口可不写，AI8H 单片机不写端口模式，则为高阻模式，无法输出和输入电流。P7. 4 是蜂鸣器，上面的写法 P7. 4 为高阻不能发声，如需发声音则“P7M1 = 0x10;”临时改为“P7M1 = 0x00;”，不用蜂鸣器，应该改回去。

config. h 头文件里，也可以把一些常用又容易“忘记”的内容写在里面并屏蔽，需要用到时去掉屏蔽。

习　　题

1. 定义变量“unsigned char i, j=15, k=258; ”，那么变量 i、j、k 的实际初值 i=____，j=____，k=____，它们的取值范围是__________。

2. 定义变量“char i;”，则 i 的取值范围是________。

3. 定义变量“bit Key ; ”，则变量 Key 的取值范围是______。

4. 定义引脚“sbit LED =P1^0 ;”，则表示的意思是______________，LED 的取值范围是__________。

5. 定义寄存器“sfr P0 = 0x80; ”，这语句的意思是____________。

6. 语句 “LED=LED>>2; ”中的符号“>>2”意思是__________。

7. 语句“ while(1) ; ”，后面的分号“ ; ”表示____________。

8. 语句“ P1=0xC5; ”，后面的分号“ ; ”表示________；“0x”表示________ 。

9. 如 a 和 b 的初值分别为 3 和 2，经语句“a * = b+ 5”后，a 的值为______，b 的值为________。

10. 如 mun 的初值为 123，则 a =num/10=________，a =num%10= ________ 。

11. 关系表达式“2==1”的值为________，表达式的值为____________ 。

12. 关系表达式“3>2”的值为________ ，表达式的值为____________ 。

13. 1110B&&0111B=______（二进制）；1110B&0111B= __________（二进制）。

14. 1001 1111B | 0111 0100B = __________（二进制）。

15. P0=11011010B，则！P0 = __________。

16. 如 P2=11111001B，经 P2=P2<<2 后，P2 =________________。

17. 写出延时 1ms 的子程序(写出两种方法)。

第 5 章　LED 数码管显示设计

本章学习 AI8H 单片机常用的 USB 下载方式，并从显示 0~9 入手，使读者对数码管有一个初步认识，然后学习数码管的内部结构和字符编码，并介绍数码管的静态显示和动态扫描显示。通过共阳极数码管动态扫描显示，让读者进一步了解数码管的灵活应用。

5.1　AI8H8K64U 单片机程序四种下载方式

前述项目的程序下载都是通过 P3.2 口开启单片机内部 USB 模式下载，除了这种方式，还有 USB/TTL 转换器、HID 和 CDC 等模式下载，后两种下载可以实现不停电下载，支持在线升级程序。

5.1.1　USB/TTL 转换器下载

对于开发板自带 USB/TTL 转换 CH340C 或 STC USB 2UART 芯片，只需将开发板左下角插针 J24/J23 短路 340C 侧，在 STC-ISP 中点击下载即可，如图 5-1 所示。开发板如没有 USB/TTL 转换的，则需要外置 USB/TTL 转换器下载，如图 5-2 所示。下载程序时，都是连接到单片机的 P3.0 和 P3.1 引脚。

图 5-1　开发板 CH340C 下载

图 5-2　外置 USB/TTL 转换器下载

优点：可以任意更改单片机工作频率，目前所有 STC 单片机均可使用此方法。缺点：必须有下载转换器(如 CH340)，不能在线升级程序。下载界面如图 5-3 所示。

下载步骤：①选芯片 AI8H8K64U；②必须要有 USB-CH340(COMx)；③晶振频率选择；④将“每次下载前都重新装载…”“当目标文件变化时自动装载…”两个选项打勾，当

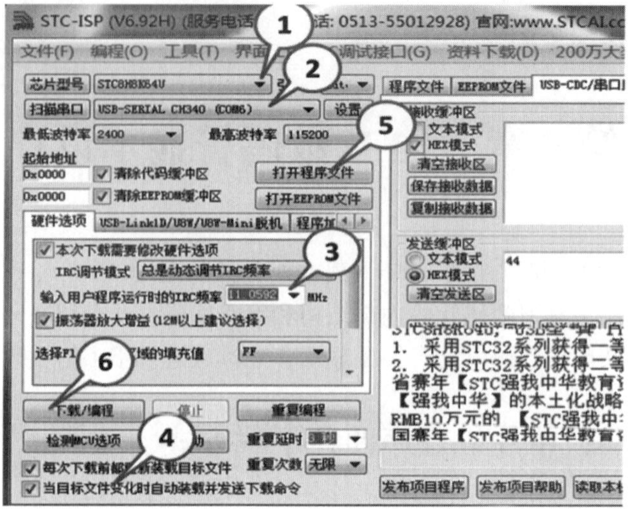

图 5-3　CH340C 下载界面

程序修改编译后会自动下载；⑤找到程序烧写文件 *.Hex；⑥点击下载。

5.1.2　按 P3.2 按键开启 USB 下载

开发板左下角插针 J24 和 J23 短路 USB 侧，如图 5-4 所示，USB 数据线直接连接到单片机的 P3.0 和 P3.1 引脚。操作详见第 2 章 2.4 节“项目 1：点亮两个 LED 灯”，这里不作重述。这种方法适合单片机首次下载，也适合任何情况下载。

缺点：每次要手动按两个按钮。

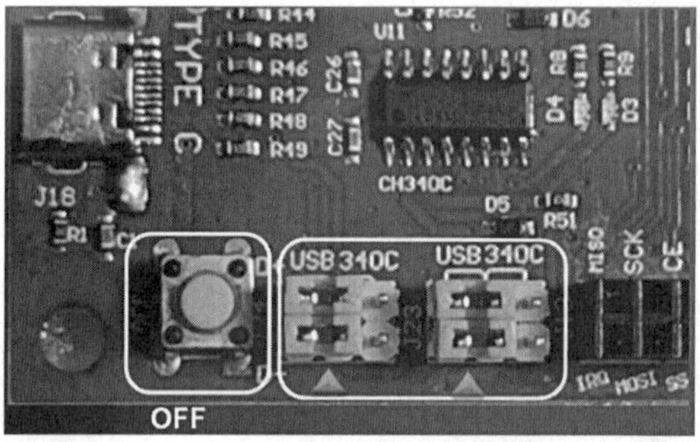

图 5-4　USB 下载切换

5.1.3　USB-HID 下载

在该模式下，相当于把 STC 当作类似键盘或鼠标使用，计算机也不用装驱动，能支持不断电下载，实现在线升级程序，使用很方便。下载界面如图 5-5 所示。

这种模式需要在单片机程序里加载 USB-HID 启动程序，如图 5-6 所示。stc_usb_hid_8h. LIB 是 USB-HID 通信的库函数，由 STC 芯片厂商编写并封装好，其官网上可以下载使用，用户不能更改，也无需更改，直接载入即可。加载 stc_usb_hid_8h. LIB 库函数，如图 5-7 和图 5-8 所示。

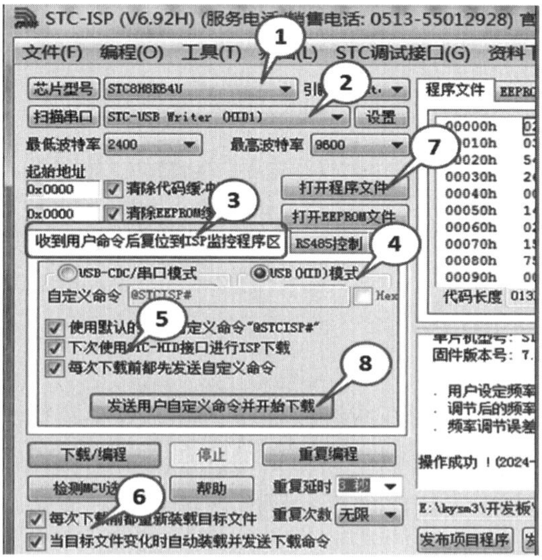

图 5-5　USB-HID 下载界面

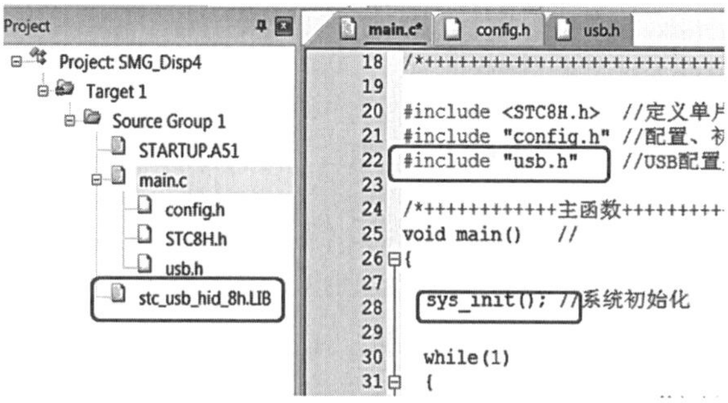

图 5-6　加载 USB-HID 启动程序

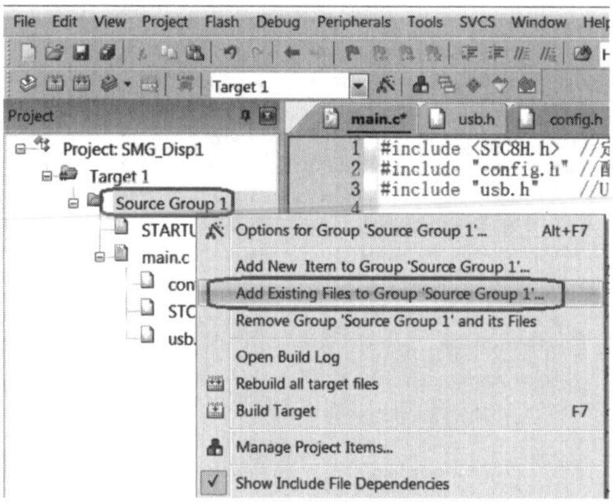

图 5-7　加载库

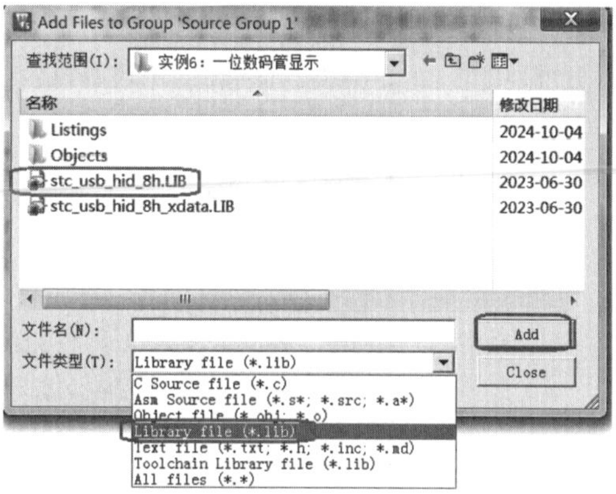

图 5-8　加载 stc_usb_hid_8h. LIB

加载后，在 Keil5 程序界面里的“魔术棒”(Options for Target...)还要进行设置，如图 5-9和图 5-10 所示，确认后，重新编译程序，会自动去掉未调用的函数，将不再提示。

加载 USB-HID 启动程序后，单片机与计算机直接实现了 USB 通信，上位机可按鼠标和键盘设备处理单片机数据。

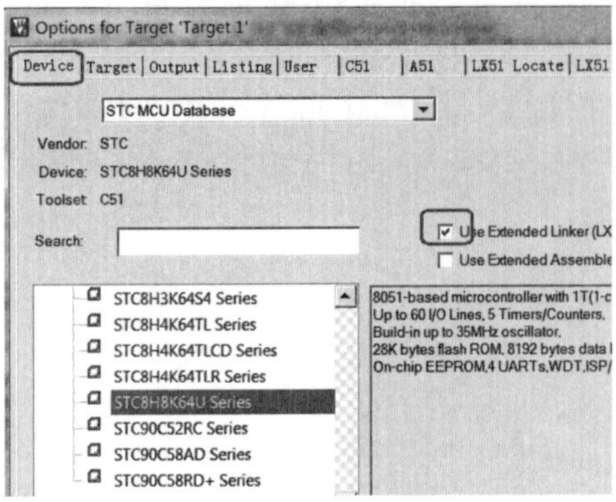

图 5-9　使用扩展连接器

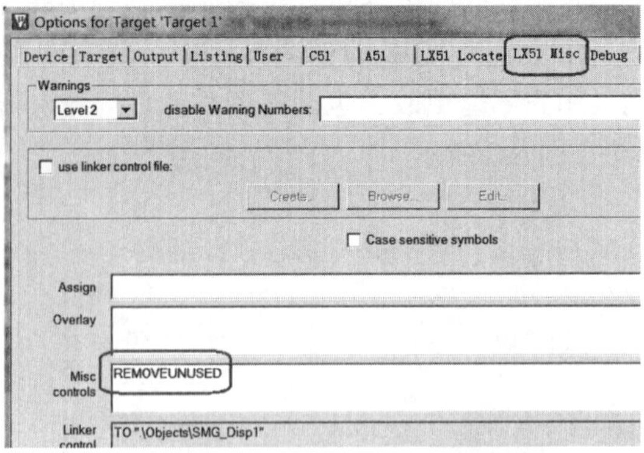

图 5-10　没有用到的子函数不提醒

5.1.4　USB-CDC 下载

该模式与 USB-HID 模式一样也支持不断电下载，实现在线升级程序。在 STC 单片机内部虚拟了一个“STC-USB-CDC”的串口。STC-USB-CDC 虚拟串口通信的优点是：不用设置波特率，均最高速运行。但需加载 stc_usb_cdc_8h. LIB 库函数，如图 5-11 所示，方法与 USB-HID 相同。

下载界面如图 5-12 所示，其中“2”的 USB-CDC 串口号首次下载后就会出现，以后 USB 一连上计算机就会出现虚拟串口，如图 5-13、图 5-14 所示。

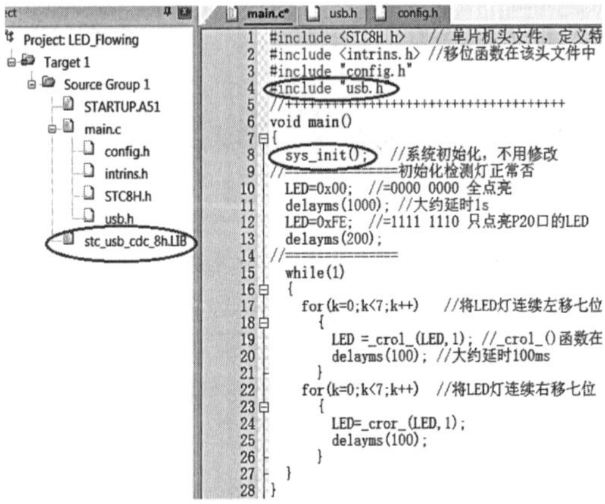

图 5-11　加载 USB-CDC 启动程序

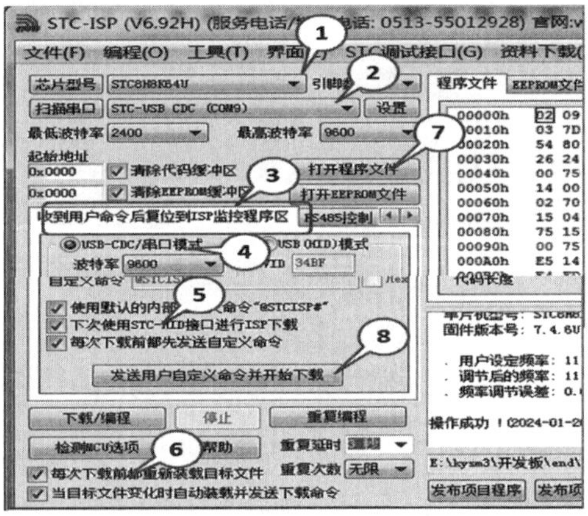

图 5-12　USB-CDC 下载界面

加载 USB-CDC 启动程序后，收串口数据时，数据在数组 UsbOutBuffer[ ]内，可存储 64 个数据。发送数据指令是“USB_SendData(UsbOutBuffer, x);”，其中，x 是发送数据的个数。

图 5-13 设备管理器出现新串口

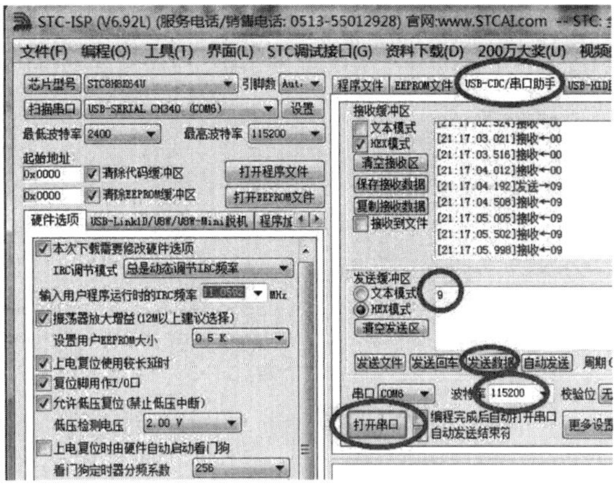

图 5-14 USB-CDC 通信数据

加载 USB-CDC 启动程序后，单片机与计算机也直接实现了 USB 通信，上位机按串口设备处理单片机数据，相当于把 CH340 芯片集成在单片机内了。

5.1.5 头文件 usb.h

该头文件在 STC 官网下载的例子里有，不过这里进行了少许修改，更方便使用，内容如下：

```
#ifndef __USB_H__
#define __USB_H__
//使用串口“printf”打印信息需屏蔽以下两个定义
//#define PRINTF_SEGLED          //printf 输出重定向到 ISP 下载软件中的 7 段数码管
//#define PRINTF_HID             //printf 输出直接重定向到 USB HID 接口
#ifndef NULL
#define NULL ((void *) 0)
#endif
  //++++++++++++++++USB 调试及复位所需定义
char *USER_DEVICEDESC = NULL;
char *USER_PRODUCTDESC = NULL;
char *USER_STCISPCMD = "@STCISP#";       //设置自动复位到 ISP 区的用户接口命令
  //+++++++++++++++++ 声明值
#define DEVSTATE_ATTACHED        0
#define DEVSTATE_POWERED         1
#define DEVSTATE_DEFAULT         2
#define DEVSTATE_ADDRESS         3
#define DEVSTATE_CONFIGURED      4
#define DEVSTATE_SUSPENDED       5
  //++++++++++++++++USB 初始化
void usb_init();
```

```
//void usb_IN();              //USB HID
void usb_IN(WORD size);     //USB CDC
void usb_OUT_done();
void USB_SendData(BYTE *dat, int size);
  //++++++++++++++++++++++
int printf_hid (const char * fmt, ...);
#if defined PRINTF_SEGLED
#define printf   SEG7_ShowString
#elif defined PRINTF_HID
#define printf   printf_hid
#endif
  //++++++++++++++++++++定义数组
extern BYTE xdata UsbFeatureBuffer[64];
extern BYTE xdata UsbInBuffer[64];
extern BYTE xdata UsbOutBuffer[64];   //USB 发送数据缓冲区
extern BOOL bUsbFeatureReady;
extern BOOL bUsbInBusy;
extern BOOL bUsbOutReady;
extern BYTE DeviceState;
extern BYTE OutNumber;
  //+++++++++++++++++系统初始化
void sys_init()   //系统初始化, 不用修改
  {
    P_SW2 |= 0x80;       //扩展寄存器(XFR)访问使能
    RSTFLAG |= 0x04;     //设置硬件复位后, 需要检测 P3.2 的状态, 选择运行区域, 否则硬
                           件复位后进入 USB 下载模式
    Port_init();   //端口初始化, 需根据用到的端口进入修改模式
    usb_init();    //USB 初始化, 不能修改
    IE2 |= 0x80;   //IE2 相关的中断位操作使能后, 需要重新设置 EUSB
    EA = 1;        //打开总中断
  }
   //+++++++++++++++++//USB 应答
 void USB_Response()  //  USB 通信时要用到
  {
    if (bUsbOutReady) //USB 调试及复位所需代码
      {
        //USB_SendData(UsbOutBuffer, 64);   //发送数据缓冲区, 长度(接收数据原样
                                              返回, 用于测试 HID)
        usb_OUT_done();
```

```
    }
}
    //++++++++++以下 STC-ISP 虚拟设备通信仿真使用
int SEG7_ShowString(const char *fmt, ...);
.....
void OLED12864_ShowPicture(BYTE x, BYTE y, BYTE cx, BYTE cy, BYTE *dat);
    //++++++++++以上 STC-ISP 虚拟设备通信仿真使用
#endif
```

对于 usb. h 的内容，初学者几乎没有可以修改的，也无需去修改，详细内容可去官网了解，本书不作介绍。其中，void sys_init( ) 系统初始化里的“Port_init( ); ”为端口初始化，该子函数在头文件 config. h 里。因此 config. h 和 usb. h 两个头文件在主程序 main. c 里的次序不能错。

实用中，有些用户会把 config. h 分成两个文件：config. h 和 config. c，config. h 中放置定义，config. c 中放置子函数。这样添加 c 文件时要添加 main. c 和 config. c 文件，对于大型程序常用此方法，本书为了简化操作不采用这种方法。

5.2　项目 9：一位数码管显示

一位数码管可以显示数字 0~9，包括小数点，也能显示一些简单的字符和特殊符号。数码管显示是单片机应用系统中的一个经典案例。电路如图 5-15 所示，单片机使用 STC15W 系列代换，基本相同。

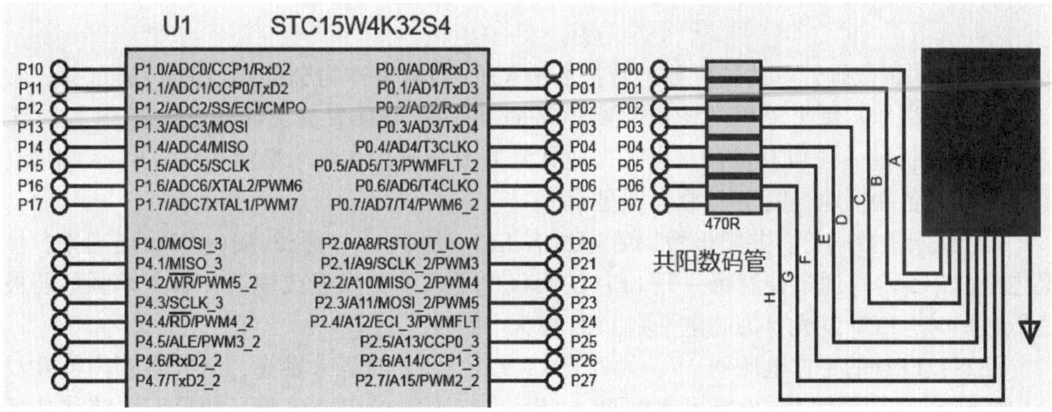

图 5-15　共阳一位数码管电路

可以看出，该数码管与单片机 P0 口的 8 个引脚有关，分别控制数码管的 7 个笔画和小数点。即单片机 P0 口的 P0. 0~P0. 6 的 7 个引脚，将其依次连接到这个共阳极 LED 数码管的 a~h7 个位段控制引脚上，数码管的公共端接 5V，编写程序使数码管循环显示数字和字符，P0. 7 控制小数点。

5.2.1 认识数码管

单片机应用系统中的显示器是人机交流的重要组成部分。常用的显示器有 LED 数码显示器和 LCD 显示器两种类型。

1. 数码管的结构和工作原理

图 5-16 为常用的 1~4 位的 LED 数码管外形，本节先学习一位数码管，其管脚结构如图 5-17 所示。数码管内部由 8 个 LED(简称位段)组成，其中有 7 个条形 LED 和 1 个小圆点 LED。当 LED 导通时，相应的 LED 发光，排成一定图形，常用来显示数字 0~9，字符 A~F、H、L、P、R、U、Y、符号“_”以及小数点“. ”等。LED 数码管可以分为共阴极和共阳极两种结构。

图 5-16 LED 数码管外形

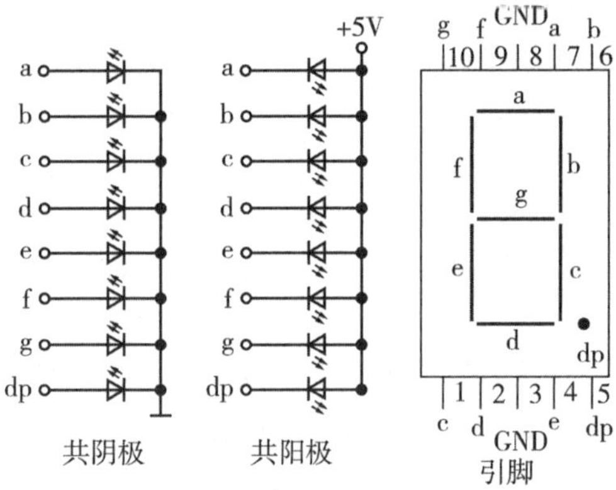

图 5-17 一位 LED 引脚图

(1)共阴极数码管：共阴极数码管把所有 LED 的阴极作为公共端(COM)连起来，接低电平，如接地。每个笔画的阳极接高电平时，对应 LED 发光，而接低电平则 LED 熄灭。通过控制每一只 LED 的阳极电平来使其发光或熄灭。如显示数字 1 时，b、c 端接高电平，其他各端接地，b、c 笔画亮即显示 1。

(2)共阳极数码管：共阳极数码管把所有 LED 的阳极作为公共端(COM)连起来，接高电平(如+5V)。通过控制每一只 LED 的阴极电平来使其发光或熄灭，每个笔画的阴极为低电平时，LED 发光，为高电平则 LED 熄灭。

注意：LED 的工作电压约 2V，如红光 LED 约 1.8V 即正常发光，而数码管内部并没有电阻限流，在使用时需外接限流电阻，如图 5-15 所示的串联电阻。如果不限流将造成 LED 或单片机引脚烧坏。限流电阻的取值一般使流经 LED 的电流为 5~10mA，高亮度数码管电流还可以更小一些。

2. 数码管的段码

以共阳极数码管为例：要使数码管上显示某个字符，必须在它的 8 个位段上加上相应的电平组合，即一个 8 位数据，这个 8 位数据就叫该字符的字形编码——段码，如图 5-18 所示。

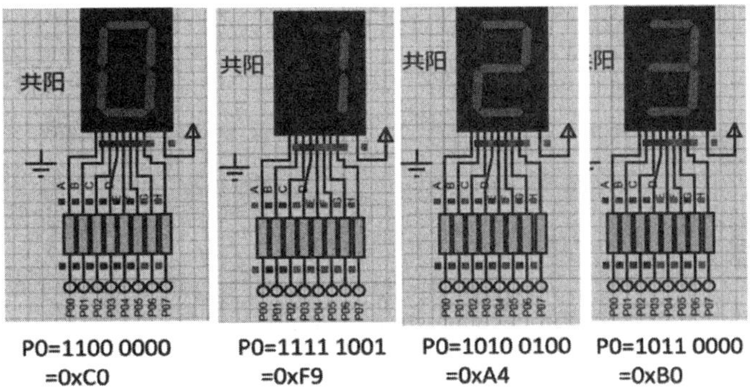

图 5-18　共阳数码管段码

例如，显示 0：则笔画 G 和小数点 H(dp)不亮，连接的 P0.6 和 P0.7 为高电平，其余均为低电平，则 P0 输出为 P0＝11000000B＝0xC0；

显示 1：笔画 B 和 C 亮，连接的 P0.1 和 P0.2 为低电平，其余均为高电平，P0＝11111001B＝0xF9；

其余类推。实际应用时，有专门的小软件如“LED 代码查询 V1.1”可以计算段码，如图 5-19 所示。点击“共阳”“生成 C 语言代码”，即可自动生成段码，也可在右上角点击生成特定图形符号的段码。

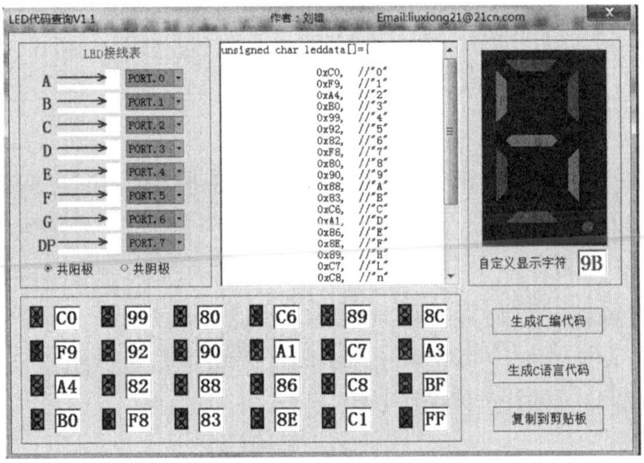

图 5-19　段码查询

5.2.2　项目任务

一位共阳数码管进行 0~9、A~F 和特殊字符的次序显示，半秒显示一个字符。

5.2.3　程序设计

半秒显示一个字符，则要用到“delayms(500)；”，该 1ms 延时函数在头文件 config.h，只要加载了#include "config. h"，在主程序里 1ms 延时函数就不用重复编写，精简了 main. c 的程序。

主程序 main. c：

```
#include <STC8H.h>  //定义单片机特殊功能寄存器
#include "config.h"  //配置、初始化头文件
#include "usb.h" //USB 配置头文件，初学者不用去修改
uchar code smgduan[23]={0xC0, 0xF9, 0xA4, 0xB0, 0x99, 0x92, 0x82, 0xF8, 0x80,
0x90, 0x88, 0x83, 0xC6, 0xA1, 0x86, 0x8E, 0x89, 0xC7, 0xC8, 0xC1, 0x8C, 0xA3,
0xBF}; //显示 0~F 等的值
void main()  //主函数
 {
   sys_init();    //系统初始化，初学者不用去修改
   //GeWei=0;     //只显示个位数
   n=0;         //从 0 开始显示
   while(1)
   {
     P0=smgduan[n];  //从数组 smgduan[23]中找出第 n 个数值段码，赋值给 P0 显示
     delayms(500);    //大约延时 500ms，即一个数字亮 0.5s
     n++;  if(n>=23) {n=0;}  //n 从 0~23 循环加 1
   }
}
```

5.2.4 程序分析

1. 程序下载

首先开发板左下角 J24/J23 短路 USB，直接 USB 通信。启用 STC 单片机 USB 下载 HID 模式下载，详见上节。

2. 主程序 main. c

从主程序里可以看到，数码管的段码是放在数组 smgduan[23]里的，并且不可以更改。本例是主循环的 n 加计数。“P0=smgduan[n];”意思是从数组 smgduan[n]里调出第 n 个数，并赋值给 P0 端口，输出点亮数码管。

5.2.5 拓展——两位数码管静态显示

若要显示两位数，比较简单的电路接法如图 5-20 所示，再加一个数码管接至 P2 口即可。

主程序 main. c 如下：

```
#include <STC8H.h>  //定义单片机特殊功能寄存器
#include "config.h"   //配置、初始化头文件
#include "usb.h"         //USB 配置头文件，初学者不用去修改
uchar code smgduan[23]={0xC0, 0xF9, 0xA4, 0xB0, 0x99, 0x92, 0x82, 0xF8, 0x80,
0x90, 0x88, 0x83, 0xC6, 0xA1, 0x86, 0x8E, 0x89, 0xC7, 0xC8, 0xC1, 0x8C, 0xA3,
```

```
0xBF}; //显示 0~F 等的值
  void main()     //主函数
   {
     sys_init();      //系统初始化，初学者不用去修改
     //GeWei=0; ShiWei =0; //显示个位和十位数
     n=0;           //从 0 开始显示
     while(1)
     {
       P0=smgduan[n/10];     //对 n 整除 10，得到十位数
       P2=smgduan[n%10];     //对 n 除 10 取余，得到个位数
       delayms(500);        //大约延时 500ms
       n++;
       if(n>=99) {n=0;}  //n 从 0~99 循环加 1
     }
  }
```

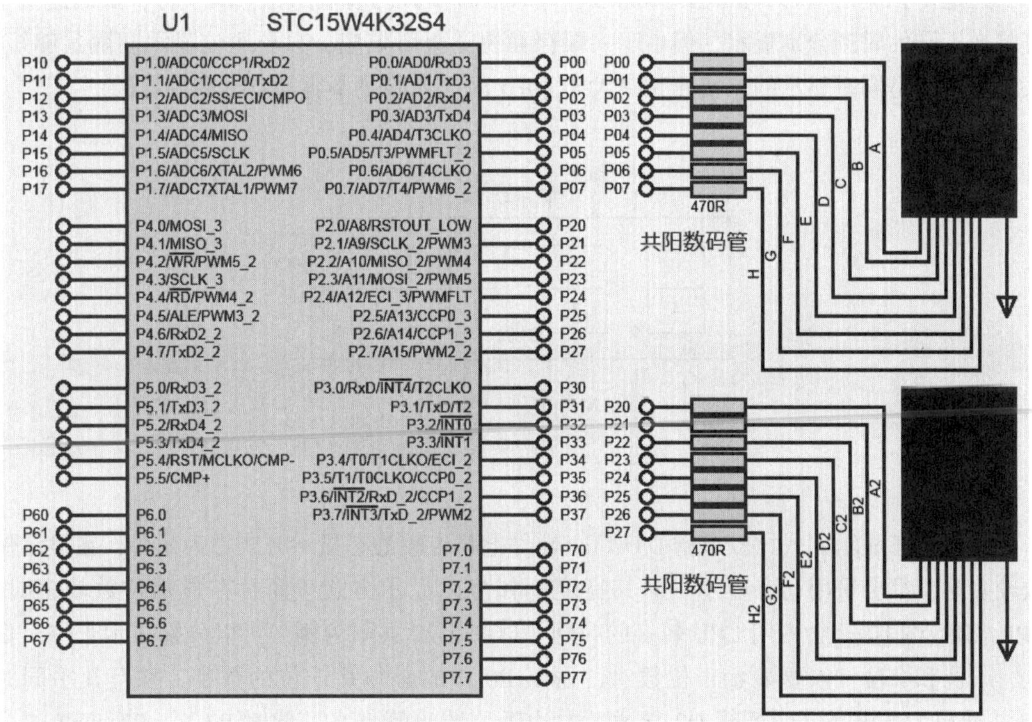

图 5-20　两位数码管

注意：新增加的变量和定义，在 config. h 里添加即可。

显然，这两数码管是独自显示各位数的，这种叫静态显示。静态显示每个数码管消耗掉单片机 8 只 I/O 引脚，图 5-20 共消耗 16 只 I/O 引脚，这种方法消耗单片机 I/O 资源比较多，特别是数码管位数多时，静态显示将难以实现。

5.3 项目 10：四位数码管动态显示

静态显示方式占用 CPU 时间少，编程简单，显示便于监测和控制，但其占用的端口多，硬件电路复杂，成本高，只适合于显示位数较少的场合。

多位数码管显示更适合采用动态显示，各位数码管是一位一位轮流点亮的，这种逐位点亮数码管的方式称为位扫描。通常，各位数码管的段选线应并联在一起，由一个 8 位的 I/O 口控制，各位的位选线(阴极或阳极)由另外的 I/O 端口控制。

5.3.1 多位数码管电路

多位数码管一般为一体化设计，如图 5-21 和图 5-22 所示。P7 口的 P7.0~P7.3 作为位选信号。动态方式显示时，各数码管分时轮流选通，要使其稳定显示必须采用扫描方式，即在某一时刻只选通一位数码管，并送出相应的段码，在下一时刻选通下一位数码管，并送出相应的段码，依此规律循环，即可使各位数码管显示相应的字符，虽然这些字符是在不同的时刻分别显示，但由于人眼存在视觉暂留效应，只要每位显示间隔足够短，人眼就认为是同时显示的。实测频率大于 40Hz 时，人眼是不容易看出有闪烁的。

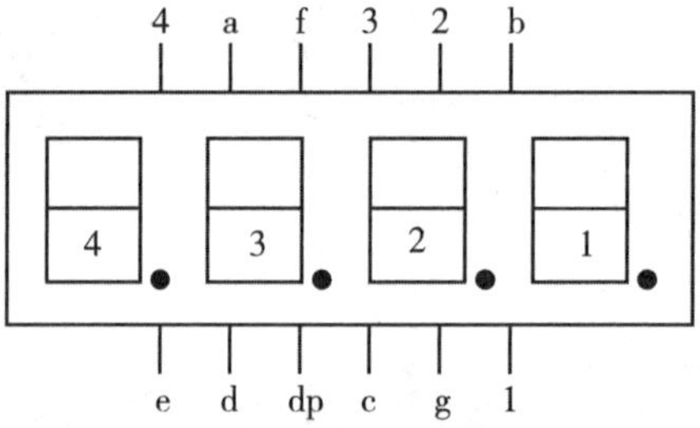

图 5-21　四位数码管引脚

采用动态显示方式比较节省 I/O 口，硬件电路也较静态显示方式更为简单，在显示位数较多时，都会采用动态显示。但其亮度不如静态显示方式，而且在显示位数较多时，CPU 需依次扫描，会占用 CPU 较多的时间。以图 5-22 共阳为例，可以分别显示千位、百位、十位和个位，当要显示千位数时，送至 P0 口的必须是千位的数字，并且几乎同时 P7.3 端口为低电平，三极管 Q2 导通，左边千位数码管点亮，此时 P7.2、P7.1 和 P7.0 端口为高电平，百位、十位和个位不能点亮。显示其他各位数依此类推。

5.3.2 项目任务

利用四位共阳数码管显示四位数的自动加减，加至 9999 后自动减计数，减至 0 后自动加计数。按 P3.2 按键停止计数，按 P3.3 按键启动计数。

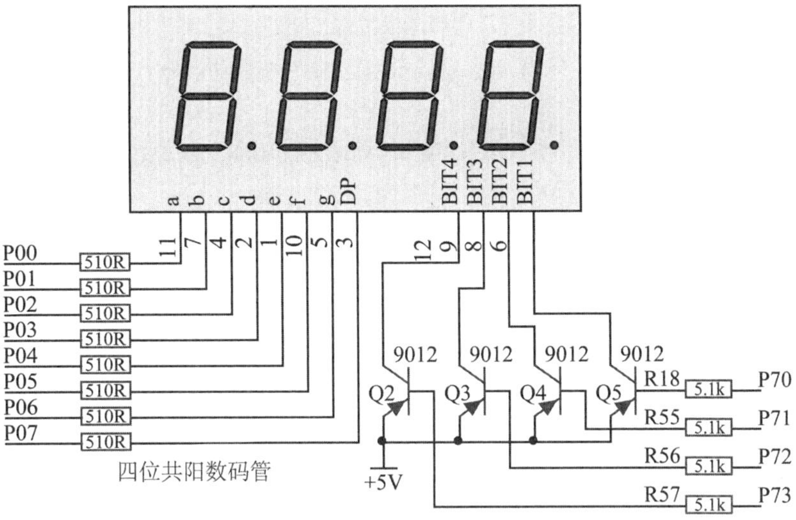

图 5-22　四位数码管电路

5.3.3　程序设计

主程序 main. c 如下：

```
#include <STC8H.h>  //定义单片机特殊功能寄存器
#include "config.h"  //配置、初始化头文件
#include "usb.h" //USB 配置头文件，初学者不用去修改
uchar code smgduan[23]={0xC0, 0xF9, 0xA4, 0xB0, 0x99, 0x92, 0x82, 0xF8, 0x80,
0x90, 0x88, 0x83, 0xC6, 0xA1, 0x86, 0x8E, 0x89, 0xC7, 0xC8, 0xC1, 0x8C, 0xA3,
0xBF}; //显示 0~F 等的值
void Key()      //按键检测
 {
   if(Stop==0) {keybz=0;}
   if(Start==0) {keybz=1;}
 }
void Data_Splt()   //数据拆分成千百十个位，例如 num=1234
 {
   qian=num/1000;     //=1234/1000=1
   bai =num/100%10;     //=1234/100%10=12%10=2
   shi =num%100/10;     //=1234%100/10=34/10=3
   ge =num%10;  //=1234%10=4
 }
void Smg_Display()
{
```

```
    P0 = 0xFF; QianWei = 0; BaiWei = 1; ShiWei = 1; GeWei = 1; P0 = smgduan[qian];
delayms(2);
    P0 = 0xFF; QianWei = 1; BaiWei = 0; ShiWei = 1; GeWei = 1; P0 = smgduan[bai];
delayms(2);
    P0 = 0xFF; QianWei = 1; BaiWei = 1; ShiWei = 0; GeWei = 1; P0 = smgduan[shi];
delayms(2);
    P0 = 0xFF; QianWei = 1; BaiWei = 1; ShiWei = 1; GeWei = 0; P0 = smgduan[ge];
delayms(2);}
  void main()   //主函数
   {
    sys_init();  //系统初始化
    P0=0x00;     //数码管所有笔画均显示, 测试数码管是否正常, 显示"8.8.8.8."
    QianWei=0; BaiWei=0; ShiWei=0; GeWei=0; delayms(1000); //四位数全显示
    num=1234;          //从1234开始显示加减
    Flag_Add_Sub=1;    //默认为加
    while(1)
    {
     Data_Splt();      //数据拆分成千百十个位
     Smg_Display();    //数码管显示千百十个位数
     Key();            //按键测试
     if(keybz==1)
    {
     if(Flag_Add_Sub==1)
     { num++; if(num>=9999) { Flag_Add_Sub=0;} } //加至9999后, 改为减
  else  //即 if(Flag_Add_Sub==0)
       { num--;  if(num==0)   { Flag_Add_Sub=1;} }   //减至0后, 改为加
     }
   }
  }
```

5.3.4 程序分析

子函数"void Smg_Display()"为千、百、十、个位数显示,"P0=0xFF; QianWei=0; BaiWei=1; ShiWei=1; GeWei=1; P0=smgduan[qian]; delayms(2);"的意思是:对端口P0数据先清除熄灭,共阳P0高电平为不亮,"QianWei = 0;"点亮千位,"P0 = smgduan[qian];"从数组里取出千位数送至P0口,"delayms(2);"为亮2ms延时。

在显示之前,可先把四位的千、百、十、个位数拆出,由"void Data_Splt()"函数完成。Flag_Add_Sub为加减标志,程序结果为0~9999之间自动加减。

config.h里的"sbit Stop = P3^2; sbit Start = P3^3;",要去掉屏蔽"// "。变量keybz也类似,config.h里如果没有,则会编译出错,在config.h里添加"bit keybz;"即可。

5.4　项目 11：LED8×8 点阵显示仿真

LED 点阵显示屏经历了从单色、双色图文显示到真彩图像显示的发展过程。LED 点阵显示制作简单，安装方便，可以用来显示温度、日期和文字图像信息等。双色 LED 点阵屏一般为红色和绿色，红色和绿色又可合成黄色，也叫伪彩，自从蓝色 LED 发明使用后，红色、绿色和蓝色则能混合出无限多种颜色，达到真彩效果，能播放彩色视频，如图 5-23 所示。本节主要介绍单色 8×8LED 点阵屏，从最简单的开始学习，如图 5-24 所示。

图 5-23　彩色 LED 点阵屏

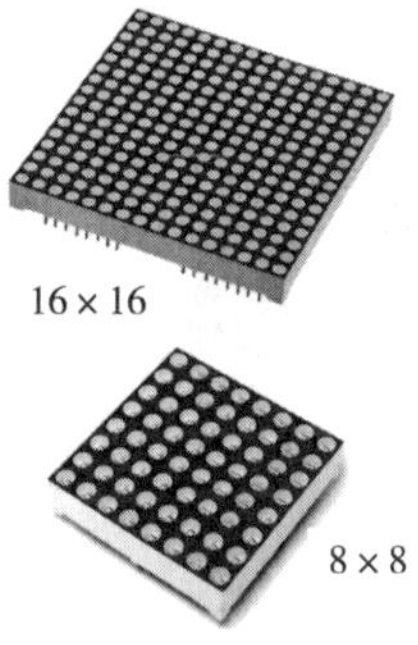

图 5-24　单色 LED 点阵屏

5.4.1　LED 点阵显示屏

LED 点阵显示屏是由高亮发光二极管点阵组成的矩阵模块，通过控制这个二极管矩阵达到在显示屏上显示符号、文字等信息的目的。目前，市场上常见的 LED 点阵显示屏主要有 5×7、8×8、16×16 等几种规格。若要显示阿拉伯数字、英文字母、特殊符号等，采用 5×7、8×8 点阵规格的显示屏即可。若要显示汉字，则需要采用 4 片 8×8 的点阵，组成 16×16 LED 点阵显示屏。其中，8×8 LED 点阵显示屏的原理如图 5-25 和图 5-26 所示，分共阳和共阴两种，共阳和共阴是指行 LED。

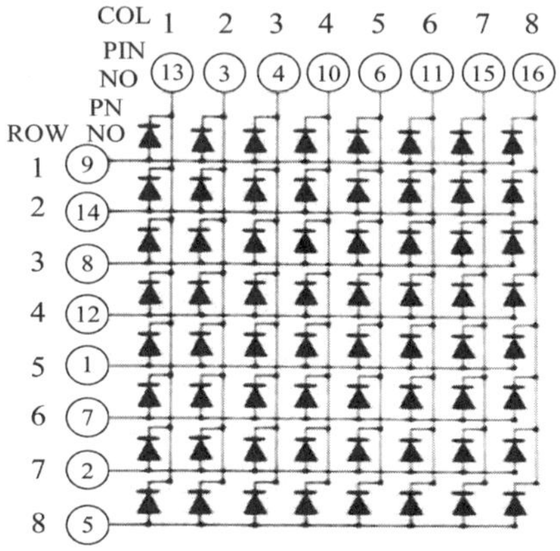

图 5-25　共阳 LED 点阵屏

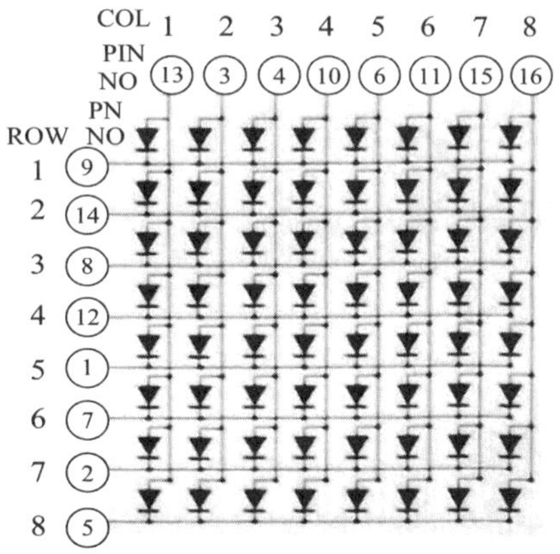

图 5-26　共阴 LED 点阵屏

可以看出，8×8 LED 显示模块的内部实际上是由 64 个发光二极管以矩阵形式排列而成，每个发光二极管放置在行线和列线的交叉点上。当对应二极管一端置“1”，另一端置“0”时，相应的二极管就点亮了。LED 点阵显示方式可分为静态显示和动态显示两种。

1. 静态显示方式

以共阴为例，8×8 点阵行列共有 16 只引脚，各端口加上高或低电平时，只能显示点、垂直线、水平线，长方形图形，但斜线、圆、中空的图形根本无法显示，如图 5-27 所示。在实际应用中，LED 点阵显示屏几乎都不采用这种静态显示，而采用动态显示方式。

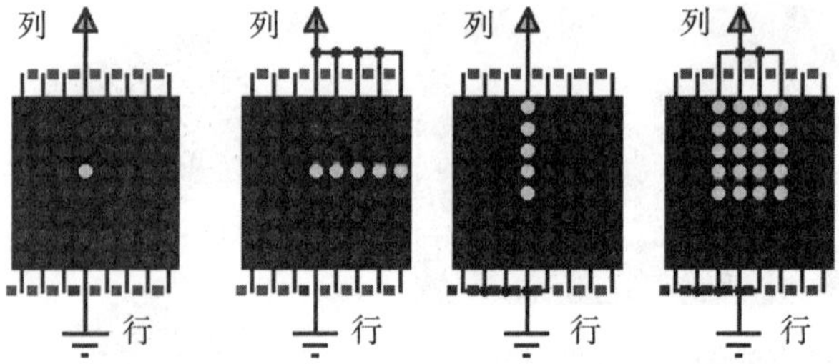

图 5-27　LED 静态显示

2. 动态显示方式

LED 点阵屏显示时，可以逐行显示(逐行扫描)，列为数据，也可以逐列扫描，行为数据。

本节仅学习共阴逐行扫描显示方法：先送出第 1 行的列数据(相当于段码，决定行上哪些 LED 亮)，即第 1 行 LED 亮灭的数据。然后送出第 1 行的行码(相当于位码，决定哪一行能亮)，选通第 1 行低电平，使其行点亮一定的时间，然后熄灭；再送出第 2 行的列数据，然后选通第 2 行低电平，使其第二行点亮相同的时间，然后熄灭……第 8 行之后，又重新点亮第 1 行，反复循环。由于人眼的视觉暂留现象，就能看到显示屏上呈现出稳定的图形。

换言之，先把字符按水平方向分割成 8 行，每行在列方向上按字符取码，形成列数据，对于行则逐行加上低电平即可。如图 5-28 所示，每行的列数据接 P0 的 8 只引脚，行控制接 P2 的 8 只引脚。

5.4.2　项目任务

共阴 8×8 点阵的列为段码数据，接至 P0 端口上，行为位码数据，接至 P2 端口上，显示数字、字符和笔画少的汉字。

5.4.3　程序设计

主程序 main.c 如下：

```
#include "STC8H.h"   //定义单片机特殊功能寄存器
#include <INTRINS.H>
```

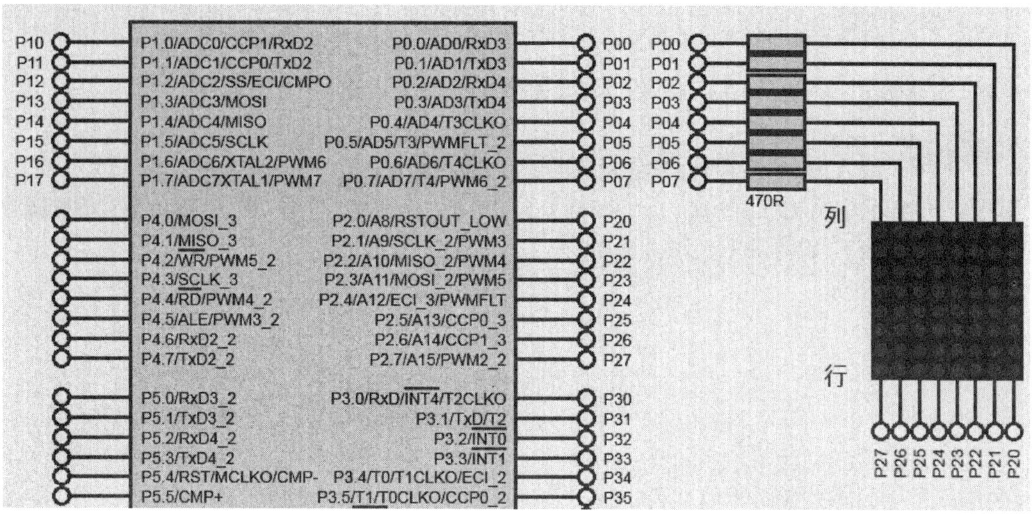

图 5-28　LED 动态显示

```
#include "config.h" //配置、初始化头文件
#include "usb.h"    //USB 配置头文件，不用修改
uchar code COLTab[22][8]={ //----字符二维数组，一个字符一行代码，代码由字模软件生成(列码)
    {0x3C, 0x42, 0x42, 0x42, 0x42, 0x42, 0x42, 0x3C}, /*"0", 0*/  //数字“0”的段码
    {0x10, 0x70, 0x10, 0x10, 0x10, 0x10, 0x10, 0x7C}, /*"1", 1*/
    {0x3C, 0x42, 0x42, 0x04, 0x08, 0x10, 0x62, 0x7E}, /*"2", 2*/
    {0x3C, 0x42, 0x02, 0x1C, 0x02, 0x02, 0x42, 0x3C}, /*"3", 3*/
    {0x0C, 0x14, 0x24, 0x44, 0x44, 0x7E, 0x04, 0x0E}, /*"4", 4*/
    {0x7E, 0x40, 0x40, 0x7C, 0x02, 0x02, 0x42, 0x3C}, /*"5", 5*/
    {0x3C, 0x42, 0x40, 0x5C, 0x62, 0x42, 0x42, 0x3C}, /*"6", 6*/
    {0x7E, 0x44, 0x08, 0x08, 0x10, 0x10, 0x10, 0x10}, /*"7", 7*/
    {0x3C, 0x42, 0x42, 0x3C, 0x24, 0x42, 0x42, 0x3C}, /*"8", 8*/
    {0x3C, 0x42, 0x42, 0x46, 0x3A, 0x02, 0x42, 0x3C}, /*"9", 9*/
    {0x18, 0x24, 0x42, 0x42, 0x42, 0x7E, 0x42, 0x42}, /*"A", 10*/
    {0x7E, 0x42, 0x7E, 0x42, 0x42, 0x7E, 0x42, 0x8E}, /*"月"*/
  };
uchar code ROWTab[8]={ 0x7F, 0xBF, 0xDF, 0xEF, 0xF7, 0xFB, 0xFD, 0xFE };  //行码，换成二进制，只有一个 0
void DianZhen_Disp()  //点阵显示函数
  {
    uchar i, j, k;
    for(j=0; j<12; j++) //大循环逐个显示 12 个数字和字符
  {
```

```
        for(k=0; k<20; k++)  //每个数字持续显示20次，以便有足够时间观察
        {
          for(i=0; i<8; i++) //小循环逐行显示每个字符，一个字符有8行
          {
            P0 =0x00; P2 =0xFF; //先关闭，不亮，仿真使用，实际可不用
            P0 = COLTab[j][i];   //逐行调用数组里的代码，j为第几行，i为第几个数值
            P2 = ROWTab[i]; delayms(2);
          }
        }
      }
  }
  void main()   //主函数
    {
      sys_init();    //系统初始化
      while(1)
      { DianZhen_Disp(); } //点阵显示
  }
```

5.4.4 程序分析

如果用于实际点阵时，端口高电平输出数据要有足够的电流才能点亮 LED，P0 端口模式要改为推挽模式，为“P0M1 = 0x00; P0M0 = 0xFF;”。仿真可以不用设置，仿真时为理想化模型。

字符是以点形式显示完成的，以显示“2”为例，取码如下：

```
//00111100//显示“2”的代码的二进制数据，把其中的“1”连起来看，就是“2”的字
//01000010
//01000010
//00000100
//00001000
//00010000
//01100010
//01111110
```

实际的 0~9 数字代码，可由专门的软件生成，如图 5-29 所示，注意生成时选择 C51 格式，点阵选择 8×8。这个软件还可生成任意图形符号和简单汉字的代码。

字模提取原理是：先把需要显示的点标黑，再水平逐行看，每行 8 点，空白的标“0”，黑色的标“1”，例如显示“3”，字模第一行写成二进制是“00111100”，即 0x3C，第二行为“01000010”，即 0x42，以此类推。

把 0~9 的数字代码建立一个二维数组，二维数组需要关注的是第几行的数组，每一行数组里第几个数字。调用时也要注意是第几行第几个数字。行的代码比较简单，将数组里的数换成二进制数，轮流逐个输出低电平即可，共阴点阵可用此方法。

但是，图 5-28 所示的电路方法单片机端口消耗比较多，8×8 就用了 16 只引脚，如果是 16×16 则需 32 只单片机引脚，这种方法实际应用并不多，但作为学习原理倒是一个很好的例子。

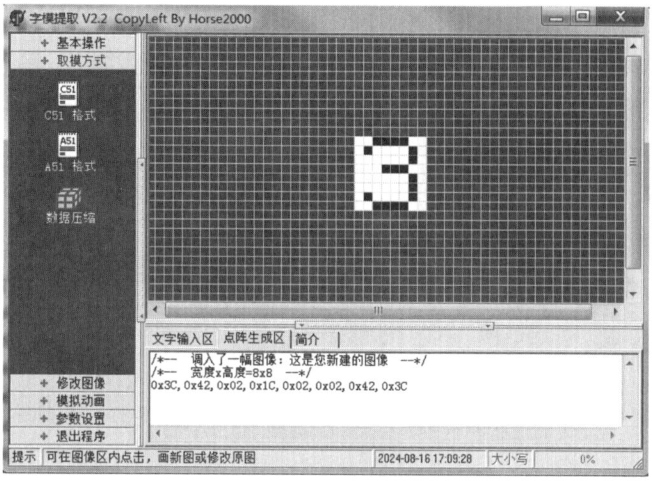

图 5-29 字模提取

5.5 项目 12：MAX7219 驱动点阵显示

上节学习了 8×8 点阵显示原理，但消耗单片机引脚资源较多，实际应用中，一般使用总线串行驱动，即把要显示的字符代码通过一根数据线以串行输出，同时还有一根时钟引线以控制数据的同步传输，再通过一片专用的驱动芯片译码，最后按照上节显示思路驱动点亮。总线驱动可以大大节约单片机引脚资源。

5.5.1 共阴数码管驱动芯片 MAX7219

点阵逐行显示的原理，实际上与前述的数码管动态扫描显示相同，所以数码管驱动和点阵驱动的芯片是基本相同的。MAX7219 有许多国产芯片替代。

MAX7219 是一种串行输入/输出共阴极数码管显示驱动芯片，一片 MAX7219 可驱动 8 个 7 段(包括小数点共 8 段)数字 LED、LED 条线图形显示器，或 64 个分立的点阵 LED 发光二级管。该芯片具有 10MHz 传输率的三线串行接口，可与任何微处理器相连，只需一个外接电阻即可设置所有 LED 的段电流。它的操作很简单，MCU 只需通过模拟 SPI 三线接口就可以将相关的指令写入 MAX7219 的内部指令和数据寄存器，同时它还允许用户选择多种译码方式和译码位。此外它还支持多片 7219 串联方式，可控制更多的数码管显示。如图 5-30 和图 5-31 所示。

各引脚的功能为：DIN——串行数据输入端；DOUT——串行数据输出端，用于级连扩展；LOAD——装载数据输入；CLK——串行时钟输入；DIG0 ~ DIG7——8 位 LED 位选线，从共阴极 LED 中吸入电流，本节例子用于行驱动；SEGA～SEG G DP——7 段驱动和小数点驱动，本节例子用于列驱动，列为段码；ISET——通过一个 47kΩ～75kΩ 电阻和 VCC 相连，设置段电流，决定点阵屏亮度。

图 5-30　贴片 SOP24 封装

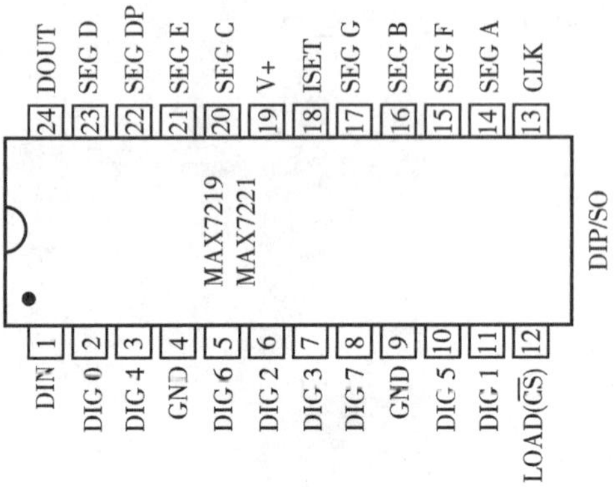

图 5-31　引脚图

1. 寄存器

MAX7219 内部的寄存器如表 5-1 所示，主要有译码控制寄存器、亮度控制寄存器、扫描界限寄存器、关断模式寄存器、测试控制寄存器。编程时只有正确操作这些寄存器，MAX7219 才能工作。

表 5-1　寄存器表

REGISTER	ADDRESS					HEX CODE	REGISTER	ADDRESS					HEX CODE
	D15-D12	D11	D10	D9	D8			D15-D12	D11	D10	D9	D8	
No-Op	X	0	0	0	0	0xX0	Digit 7	X	1	0	0	0	0xX8
Digit 0	X	0	0	0	1	0xX1	Decode Mode	X	1	0	0	1	0xX9
Digit 1	X	0	0	1	0	0xX2							
Digit 2	X	0	0	1	1	0xX3	Intensity	X	1	0	1	0	0xXA
Digit 3	X	0	1	0	0	0xX4	Scan Limit	X	1	0	1	1	0xXB
Digit 4	X	0	1	0	1	0xX5	Shutdown	X	1	1	0	0	0xXC
Digit 5	X	0	1	1	0	0xX6	Display Test	X	1	1	1	1	0xXF
Digit 6	X	0	1	1	1	0xX7							

（1）译码控制寄存器（X9H）：如表 5-2 所示，MAX7219 有两种译码方式：不译码方式和 B 译码方式。当选择不译码时，8 个数据为分别对应 7 个段和小数点位；B 译码方式是 BCD 译码，直接发送数据就可以显示。

表 5-2　译码控制寄存器表

DECODE MODE	REGISTER DATA								HEX CODE
	D7	D6	D5	D4	D3	D2	D1	D0	
No decode for digits 7-0	0	0	0	0	0	0	0	0	0x00
Code B decode for digit 0 No decode for digits 7-1	0	0	0	0	0	0	0	1	0x01
Code B decode for digits 3-0 No decode for digits 7-4	0	0	0	0	1	1	1	1	0x0F
Code B decode for digits 7-0	1	1	1	1	1	1	1	1	0xFF

(2)扫描界限寄存器(XBH)：如表 5-3 所示，此寄存器用于设置显示的 LED 的个数(1~8)。

表 5-3　扫描界限寄存器表

SCAN LIMIT	REGISTER DATA								HEX CODE
	D7	D6	D5	D4	D3	D2	D1	D0	
Display digit 0 only	X	X	X	X	X	0	0	0	X0
Display digits 0 & 1	X	X	X	X	X	0	0	1	X1
Display digits 0 1 2	X	X	X	X	X	0	1	0	X2
Display digits 0 1 2 3	X	X	X	X	X	0	1	1	X3
Display digits 0 1 2 3 4	X	X	X	X	X	1	0	0	X4
Display digits 0 1 2 3 4 5	X	X	X	X	X	1	0	1	X5
Display digits 0 1 2 3 4 5 6	X	X	X	X	X	1	1	0	X6
Display digits 0 1 2 3 4 5 6 7	X	X	X	X	X	1	1	1	X7

(3)亮度控制寄存器(XAH)：共有 16 级可选择，用于设置 LED 的显示亮度，从 0xX0~0xXF，共 16 个级亮度调节。

(4)关断模式寄存器(XCH)：共有两种模式选择，一是关断状态(最低位 D0=0)，二是正常工作状态(D0=1)。

(5)显示测试寄存器(XFH)：用于设置 LED 是否为测试状态，当测试时(最低位 D0=1)各位显示全亮，工作时 D0=0。

2. 读写时序

数据读写时序如图 5-32 所示，MAX7129 是 SPI 总线驱动。它不仅要向寄存器写入控制字，还需要读取相应寄存器的数据。要先了解 MAX7129 的控制字，MAX7129 的控制字格式如表 5-4 所示。

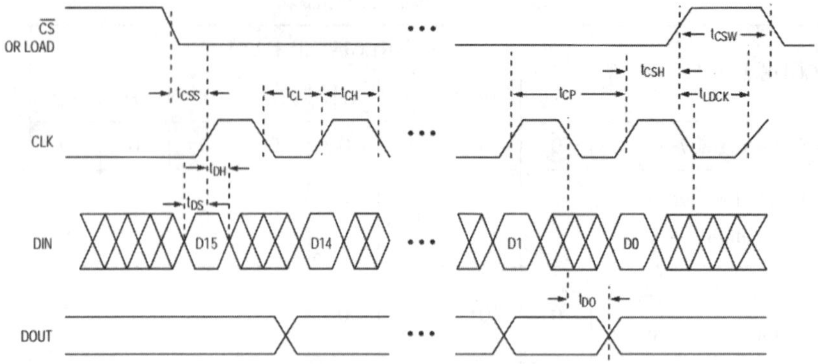

图 5-32　数据读写时序

工作时，MAX7219 规定一次接收 16 位数据，在接收的 16 位数据中：D15～D12 可以与操作无关，可以任意写入，D11～D8 决定所选通的内部寄存器地址，D7～D0 为待显示数据或初始化控制字。在 CLK 脉冲作用下，DIN 的数据以串行方式依次移入内部 16 位寄存器，然后在一个 LOAD 上升沿作用下，锁存到内部的寄存器中。注意在接收时，先接收最高位 D16，最后是 D0，因此，在程序发送时必须先送高位数据，再循环移位。

表 5-4　控制字格式表

D15	D14	D13	D12	D11	D10	D9	D8	D7	D6	D5	D4	D3	D2	D1	D0
X	X	X	X		ADDRESS				MSB		DATA			LSB	

3. 电路原理图

点阵驱动原理图如图 5-33 所示，DIG0～DIG7 为行驱动，SEGa～SEGp 为列驱动，接单片机为 P60、P61 和 P62 引脚，R33 是调节亮度电阻，C28 是电源滤波电容。

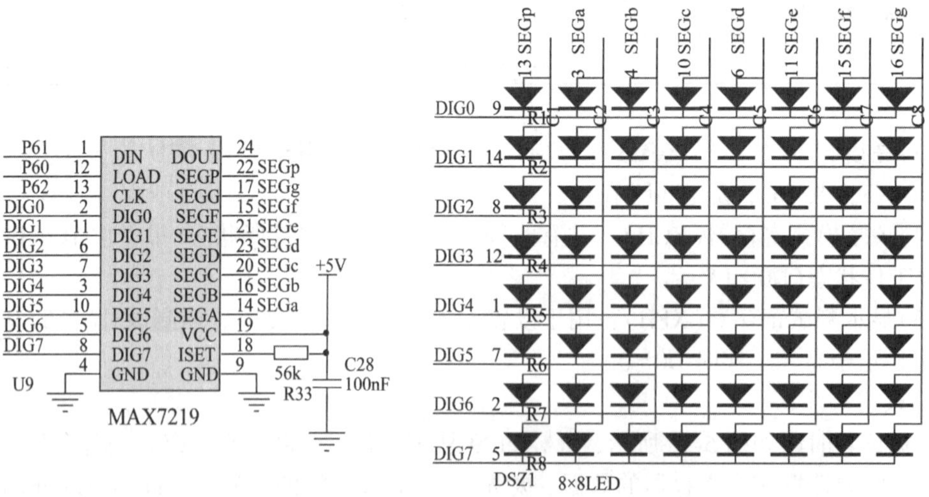

图 5-33　点阵驱动图

5.5.2　项目任务

驱动芯片 MAX7219 驱动 8×8 点阵屏，可以显示数字、字符和笔画少的汉字。

5.5.3　程序设计

1. 主程序 main. c

```
#include "STC8H.h"     //定义单片机特殊功能寄存器
#include <INTRINS.H>
#include "config.h"    //配置、初始化头文件
#include "usb.h"       //USB 配置头文件，不用修改
#include "Max7219.h"   //8×8 点阵显示头文件
void main()   //主函数
 {
    sys_init(); //系统初始化
    Init_MAX7219(); //点阵芯片初始化
    while(1)
    {     Max7219_Disp();    } //点阵显示
}
```

2. Max7219. h 头文件

```
#ifndef__Max7219_H
#define__Max7219_H
sbit Max7219_pinCLK = P6^2;    //时钟 定义 Max7219 端口
sbit Max7219_pinCS  = P6^0;    //片选
sbit Max7219_pinDIN = P6^1;     //数据
uchar code disp1[42][8]={
    {0x3C, 0x42, 0x42, 0x42, 0x42, 0x42, 0x42, 0x3C}, /*"0", 0*/
    {0x10, 0x70, 0x10, 0x10, 0x10, 0x10, 0x10, 0x7C}, /*"1", 1*/
    {0x3C, 0x42, 0x42, 0x04, 0x08, 0x10, 0x62, 0x7E}, /*"2", 2*/
    .....
    {0x3C, 0x42, 0x42, 0x46, 0x3A, 0x02, 0x42, 0x3C}, /*"9", 9*/
    {0x18, 0x24, 0x42, 0x42, 0x42, 0x7E, 0x42, 0x42}, /*"A", 10*/
    {0x7C, 0x42, 0x42, 0x7C, 0x42, 0x42, 0x42, 0x7C}, /*"B", 11*/
    .....
    {0x82, 0x44, 0x28, 0x10, 0x10, 0x10, 0x10, 0x10}, /*"Y", 34*/
    {0x7E, 0x04, 0x08, 0x08, 0x10, 0x10, 0x20, 0x7E}, /*"Z", 35*/
    {0x08, 0x7F, 0x49, 0x49, 0x7F, 0x08, 0x08, 0x08},      //中
    .....
    {0x3C, 0x00, 0xFE, 0x10, 0x20, 0x44, 0x82, 0xFE,}, /*"云"*/
};
void Write_Max7219_byte(uchar DATA) //向 MAX7219 写入字节，无须修改  如 DATA=0xA5
=1010 0101
```

```
{
    uchar i;
    Max7219_pinCS=0;
    for(i=8; i>=1; i--)     //循环输入 8 位的二进制数
    {
      Max7219_pinCLK=0;        //时钟低电平
      Max7219_pinDIN=DATA&0x80;   //输入最左位，1010 0101&1000 0000=1000 0000，
右边 7 位全为 0
      DATA=DATA<<1;   //左移一位，第二位放最左，准备下次输入第二位数据，=0100 1010
      Max7219_pinCLK=1;       //时钟高电平，
    }
  }
void Write_Max7219(uchar address, uchar dat)  //向 MAX7219 写入数据，无须修改
  {
    Max7219_pinCS=0;             //片选，低电平有效
    Write_Max7219_byte(address); //写入地址，即数码管编号
    Write_Max7219_byte(dat);       //写入数据，即数码管显示数字
    Max7219_pinCS=1;
  }
void Init_MAX7219(void)   //MAX7219 芯片初始化，可不用修改
  {
    Write_Max7219(0x09, 0x00);     //译码方式：BCD 码
    Write_Max7219(0x0a, 0x03);     //亮度
    Write_Max7219(0x0b, 0x07);     //扫描界限；8 行显示
    Write_Max7219(0x0c, 0x01);     //掉电模式：0，普通模式：1
    Write_Max7219(0x0f, 0x00);     //显示测试：1；测试结束，正常显示：0
  }
void Max7219_Disp()   //点阵显示函数
  {
    uchar i, j;
    for(j=0; j<42; j++)   //大循环逐个显示 42 个字符
    {
      for(i=1; i<9; i++)   //小循环逐行显示每个字符，一个字符有 8 行
      Write_Max7219(i, disp1[j][i-1]);   //逐行调用二维数组里的字符代码
      delayms(500);      //每 500ms 显示一个字符
    }
}
#endif
```

5.5.4 程序分析

字符代码数组“uchar code disp1[42][8]={…};”的值可由字模提取软件生成，也可

以网上搜索，有许多例子可复制。要理解向 MAX7219 芯片写入数据的函数“void Write_Max7219_byte(uchar DATA)”原理，需结合图 5-32 所示的时序图理解。“Write_Max7219(0x0b, 0x07);”的意思是向寄存器地址 0x0b 处，写入 0x07 的值，查表 5-3 可知，表示的意思是能够显示 0 行~7 行，共 8 行。

举个显示代码的例子：

当 j=2，i=3 时。则“Write_Max7219(i, disp1[j][i-1]);”为“Write_Max7219(3, disp1[2][2]);”，意思为向寄存器地址 3 的地方写入 disp1[2][2]的数据，disp1[2][2]为数组第 2 行第 2 个数，查数组值为 0x42，那么应该是显示“2”的代码的第 2 行(还有第 0 行，实际为第 3 行)。寄存器地址 3 处有什么用处呢？查表 5-1 发现：地址 3 处，即 D11/D10/D9/D8=0011B，对应 digit2，即第 2 行点亮。

显示结果如图 5-34 所示。

图 5-34　显示效果

习　　题

1. 数码管有________和________两种，显示方式有________和________两种。
2. 共阳极 LED 的 8 个 LED 的________连接在一起，作为公共端 com。
3. 共阳极和共阴级 LED 显示字符“3”的段码分别为________和________。
4. 利用一位 LED，设计轮流显示自己学号的程序。
5. 写出对变量 num 进行两位、三位和四位的数据拆分子函数。
6. 设计程序，在 8×8 点阵屏上轮流显示几个简单的汉字。

第 6 章　定时器和计数器

AI8H8K64U 单片机内部设置了 5 个 16 位的定时器/计数器(T0、T1、T2、T3 和 T4)，每个定时器均具有定时和计数的两种工作方式。各定时器均可设置成传统 12T 模式或者新型 1T 模式。16 位的最大计数范围为从 1~65536，等于 65536 时溢出产生中断。

T0 有 4 种工作模式：模式 0(16 位自动重装载模式)，模式 1(16 位不可重装载模式)，模式 2(8 位自动重装模式)，模式 3(不可屏蔽中断的 16 位自动重装载模式)，取消了不常用的 13 位模式。T1 除了无模式 3 外，其他工作模式与 T0 相同。T2、T3 和 T4 的工作模式均固定为 16 位自动重装载模式。T1、T2、T3 和 T4 可以当定时器使用，也可以当串口的波特率发生器和可编程时钟输出。

使用定时器前需对工作模式进行设置，设置时就是对相关控制定时器的寄存器的特定位填入数值 1 或 0，不同的值代表不同的功能，具体可查手册。

6.1　定时器 T0/T1

要理解定时器/计数器的工作原理和使用方法，必须先学习定时器/计数器的结构图和相关控制寄存器。

6.1.1　定时器/计数器结构和寄存器

1. 定时器/计数器结构

定时器/计数器 T0 和定时器/计数器 T1 的结构如图 6-1 所示，由 T0 定时器、T1 定时器、工作方式寄存器 TMOD 和控制寄存器 TCON 四个部分组成。

定时器 T0 和定时器 T1 都是独立的 16 位加法计数器，均由两个 8 位的寄存器拼接组成，当然也可分开 8 位使用。T0 由 TH0 和 TL0 构成，T1 由 TH1 和 TL1 构成，以便编程设置不同的计数位数。16 位使用最大计数为 65536，8 位使用最大计数为 256。TMOD 用于设置定时器工作模式；TCON 用于定时器的启动与停止。

2. 寄存器各位功能

1) TCON 控制寄存器

TCON 控制寄存器各位功能如图 6-2 所示。

TF1：T1 溢出中断标志。T1 被允许计数以后，从初值开始加 1 计数。当产生溢出时由硬件将 TF1 位置“1”，并向 CPU 请求中断，一直保持到 CPU 响应中断时，才由硬件清“0”(也可由查询软件清“0”)。例如，16 位计数时，且计数初值人为设置为 15536，则定时器 T1 将从初值 15536 开始加 1 计数，在计数时会消耗时间，一直数到 65536 时就“满

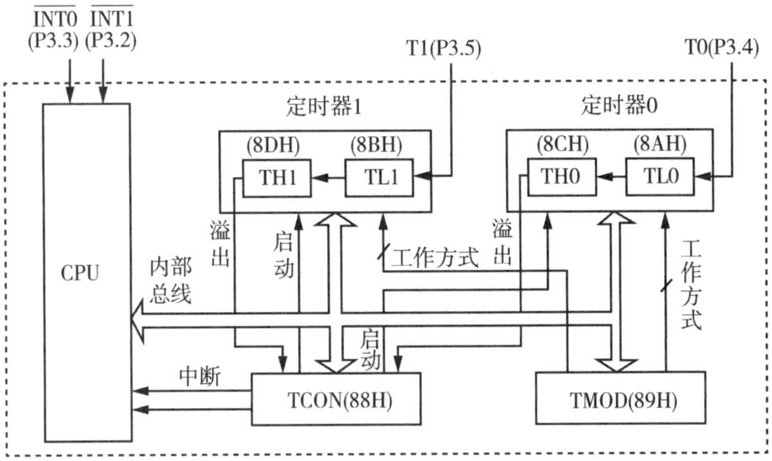

图 6-1　定时器/计数器结构

了”，即溢出，标志位 TF1 会自动置 1，并“告诉”CPU 定时到了，即中断。CPU 接收到这个中断后，会自动把这个标志清 0，以免一直中断。

寄存器	地址	B7	B6	B5	B4	B3	B2	B1	B0
TCON	88H	TF1	TR1	TF0	TR0	IE1	IT1	IE0	IT0

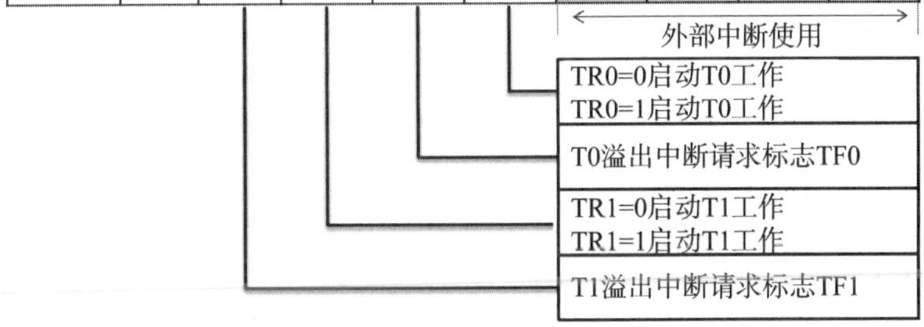

图 6-2　TCON 控制寄存器

TR1：定时器 T1 的运行控制位。该位由软件置位和清零。当 GATE(TMOD.7)=0，且 TR1=1 时才允许 T1 开始计数，TR1=0 时禁止 T1 计数。当 GATE(TMOD.7)=1，TR1=1 且 INT1 输入高电平时，才允许 T1 计数，由 P3.3 脚外部信号启动定时器。

TF0：T0 溢出中断标志，同 TF1。

TR0：定时器 T0 的运行控制位，同 TR1。当 GATE=0，且 TR0=1 时允许 T0 开始计数，TR0=0 时禁止 T0 计数。当 GATE=1，TR0=1 且 INT0 输入高电平时，才允许 T0 计数，由 P3.2 脚外部信号启动定时器。

举例：如果要启动 T1 和 T0 两个定时器，则配置时写“TCON=0x50;”，0x50 二进制为 01010000，对应 TCON，刚好是 TR1=1，TR0=1。

2)模式 TMOD 寄存器

TMOD 控制寄存器各位功能如图 6-3 所示。

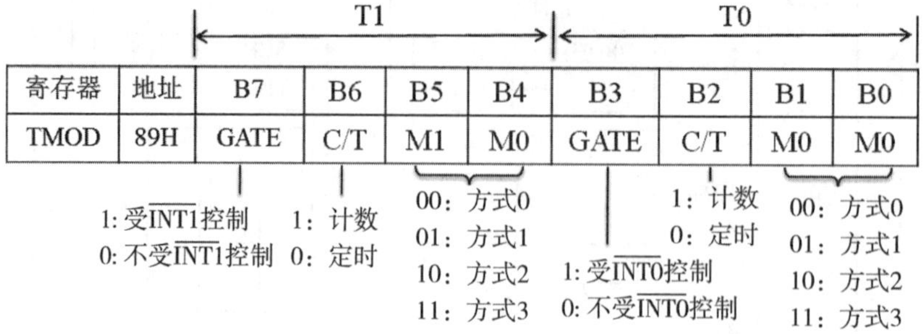

图 6-3　模式 TMOD 寄存器

以右边 T0 为例：

GATE：控制定时器 T0，GATE=0，且 TR0=1 时，可打开定时器/计数器 T0。

C/T：控制定时器 T0 用作定时器还是计数器，C/T=0 用作定时器，对内部系统时钟进行计数，C/T=1 用作计数器，对引脚 P3.4 外部脉冲进行计数。

M1M0：计数模式选择，如表 6-1 所示。

表 6-1　计数模式

M1	M0	定时器/计数器 0 工作模式
0	0	16 位自动重载模式：当[TH0，TL0]中的 16 位计数值溢出时，系统会自动将“备份值”重新载入[TH0，TL0]中，再次计数
0	1	16 位不自动重载模式：当[TH0，TL0]中的 16 位计数值溢出时，定时器 1 将从 0 开始计数
1	0	8 位自动重载模式：当 TL0 中的 8 位计数值溢出时，系统会自动将 TH0 中的值重载装入 TL0 中，再次计数
1	1	不可屏蔽中断的 16 位自动重载模式：与模式 0 相同，不可屏蔽中断，中断优先级最高，且不可关闭，可用作操作系统的系统节拍定时器，或系统监控定时

注意：对于 T1 定时器，M1M0=11B 时，停止计数。

16 位自动重载模式：只要初始化设定初值即可，另外内部有“备用”寄存器，用来存储这个初值。例如：TH0TL0 合成的初值设为 15536，则从 15536 加计数，直到 65536 溢出，又会从“备用”寄存器里调出初值 15536 并赋值给 TH0TL0，再自动从 15536 开始计数，每一轮计数均 50000 次。

16 位不自动重载模式：计数溢出后，程序里应该要有一句重新载入初值的语句。例如：TH0TL0 合成初值设为 15536，则第一次会从 15536 加计数，直到 65536 溢出，如果有重载 15536 这个初值的语句，又自动从 15536 开始计数，下一轮计数也是 50000 次。如果没有重载初值语句，则第二次计数从 0 开始加计数，至溢出时，共计数 65536 次，不是 50000 次，定时时间变化了。

举例：如果要启动 T1 和 T0 两个定时器，T1 为 8 位自动重载模式，T0 为 16 位自动重载模式，则配置时写“TMOD = 0x20;”，0x20 二进制为 00100000，对应 TMOD，T1 的 M1M0=10B，T0 的 M1M0=00B。

注意：对于传统 C51 单片机，M1M0 = 00B 时，为 13 位不自动重载模式，最大计数 8192。

3) AUXR 辅助寄存器 1

见表 6-2。

表 6-2　AUXR 辅助寄存器 1

寄存器	功能	B7	B6	B5	B4	B3	B2	B1	B0
AUXR	辅助寄存器 1	T0x12	T1x12	UART_M0x6	T2R	T2_C/T	T2x12	EXTRAM	S1ST2

T0x12：定时器 T0 速度控制位。T0x12=0 时，12T 模式，为传统定时器模式，即 CPU 时钟 12 分频(f_{SYSCLK}/12)，换成通俗的意思是：时钟振荡 12 次，计数才加一次。T0x12=1 时，1T 模式，即 CPU 时钟不分频(f_{SYSCLK}/1)，也就是：时钟振荡 1 次，计数即加一次。

例如：

时钟频率为 12MHz，12T 模式时，实际计数频率=12MHz/12=1MHz，1MHz 的周期时间为 1μs，那么定时计数加一次，消耗时间也为 1μs，最多定时时间为 65536μs = 65.536ms；而 1T 模式时，实际计数频率即为 12MHz，12MHz 的周期时间为 1/12μs，那么定时计数加一次，消耗时间为 1/12μs，最多定时时间为 65536/12μs≈5.461ms。

T1x12：定时器 1 速度控制位。T1x12=0 时为 12T 模式，T1x12=1 时为 1T 模式，类同 T0x12。

UART_M0x6：串口 1 模式 0 的通信速度控制，具体详见串口通信章节。

EXTRAM：扩展 RAM 访问控制。值为 0 时，访问内部扩展 RAM，值为 1 时，内部扩展 RAM 禁用。

S1ST2：串口 1 波特率发生器选择位，具体详见串口通信章节。

6.1.2　定时器/计数器工作方式

上述内容还可以用控制原理图分析，以进一步理解清楚，以下分各种模式学习，以定时器 T0 为例进行说明，定时器 T1 的前三个模式与定时器 T0 相同。

1. 定时器 0 模式 0(16 位自动重装载模式)

该模式如图 6-4 所示。定时器 0 有两个隐藏的寄存器 RL_TH0 和 RL_TL0。RL_TH0 与 TH0 共有同一个地址，RL_TL0 与 TL0 共有同一个地址。设置的计数初值不但载入 TH0 和 TL0 中，也会载入 RL_TH0 和 RL_TL0 中“备用”。当 TH0 和 TL0 计数溢出时，RL_TH0 和

RL_TL0 的初值重新赋值给 TH0 和 TL0，重新开始计数。计数溢出时，标志 TF0=1，并向 CPU 产生中断 Interrupt。

当 T0CLKO 的 INT_CLKO.0=1 时，P3.5/T1 管脚配置为定时器 T0 的时钟输出 T0CLKO。输出时钟频率为 T0 溢出率/2。

图中 control 逻辑开关控制线为 1 时，其上方的逻辑开关才闭合，右边的 TH0 和 TL0 才能得到脉冲计数。TR0 连接的是与门，则只有 TR0=1 时，control 逻辑开关才有可能闭合，TR0 下方的 GATE 连接的是非门，INT0 连接的是或门，GATE=0 或者 INT0=1，且 TR0=1 时，control 逻辑开关才是闭合的。这里 INT0 允许由外部输入 INT0 控制定时器 T0 的启动。

control 逻辑开关左边为时钟脉冲输入选择，C/T=1 时，选择 T0 引脚 P3.4 输入的脉冲进行计数，这时为计数器；C/T=0 时，则选择内部时钟脉冲 SYSCLK 计数，计数会消耗时间用作定时器。

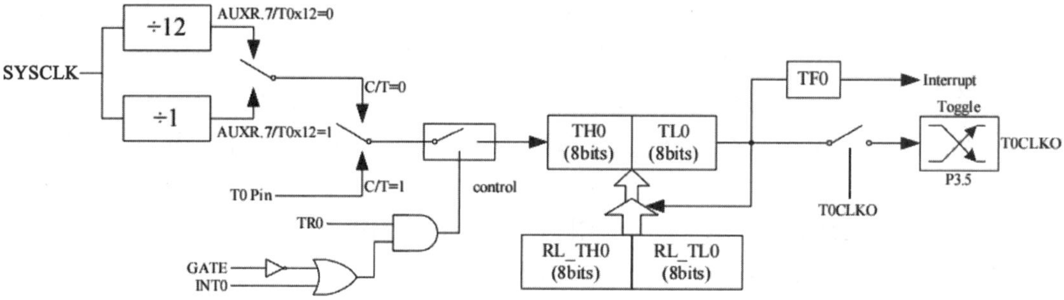

图 6-4　定时器 0 模式 0

寄存器 AUXR 的第 7 位 T0x12 为时钟分频选择，T0x12=1 时，1 个 SYSCLK 时钟计数 1 次，T0x12=0 时，12 个 SYSCLK 时钟计数 1 次。编写程序设置定时器模式时，常用的方法是建立一个定时器初始化函数，然后在主函数里调用即可。

举例：频率为 12MHz 时，定时器 T0 定时 50ms，定时器 T1 定时 5ms，写出定时器初始化函数。程序如下：

```
    void timer_init()   //定时器初始化程序
    {
      AUXR=0x40; //=0100 0000= T1 选用 1T 模式，T0 选用 12T 模式
        /* AUXR=T0x12 T1x12 U_M0x6 T2R   T2_C/T T2x12 EXTRAM S1ST2 */
      TMOD=0X00; //定时器 1 和定时器 0 均使用模式 0(16 位自动重载--1~65536);
    TH0=(65536-50000)/256;     //装初值 TH0TL0 初值为 65536-50000=15536=3CB0H
    TL0=(65536-50000)% 256;     //TH0TL0 从 15536 计数到 65536 须计数 50000 次，耗时
50000us=50ms
        /* 也可以写成 TH0=0x3C ; TL0=0xB0; 定时器 0 的定时时间为 50ms   */
```

```
ET0=1;       //定时器0中断允许
TR0=1;       //启动定时器0
TH1=(65536-5000*12)/256;   //装初值 TH0TL0 初值为 65536-5000*12=5536=15A0H
TL1=(65536-5000*12)% 256; //TH0TL0 从 5536 计数到 65536 须计数 60000 次, 耗时
60000*(1/12)us=5ms
    /*也可以写成 TH1=0x15 ; TL0=0xA0;    */
ET1=1;       //定时器1中断允许
TR1=1;       //启动定时器1
EA=1;        //开总中断
}
```

2. 定时器0模式1(16位不可重装载模式)

与模式0的主要区别是没有了 RL_TH0 和 RL_TL0，如图6-5所示。此模式下，定时器/计数器0配置为16位不可重装载模式。计数溢出时，置位 TCON 中的 TF0=1。

举例：频率为22.1184MHz时，定时器T0定时1ms，定时器T1定时100μs，写出定时器初始化函数。程序如下：

```
void timer_init()  //定时器初始化程序
{
  AUXR=0xC0; //=1100 0000=T0 选用 1T 模式, T1 选用 1T 模式
    /*AUXR=T0x12 T1x12 U_M0x6 T2R  T2_C/T T2x12 EXTRAM S1ST2*/
  TMOD=0X11; //定时器1和定时器0均使用模式1(16位--1~65536);
  TH0=(65536-22118)/256;   //(65536-1000μs*22.118)/256=(65536-22118)/256
  TL0=(65536-22118)%256;
  ET0=1;  TR0=1;       //定时器0中断允许, 启动定时器0
  TH1=(65536-2212)/256;    //(65536-100μs*22.118)/256=(65536-2212)/256
  TL1=(65536-2212)%256;
  ET1=1;  TR1=1;     //定时器1中断允许, 启动定时器1
  EA=1;       //开总中断
}
```

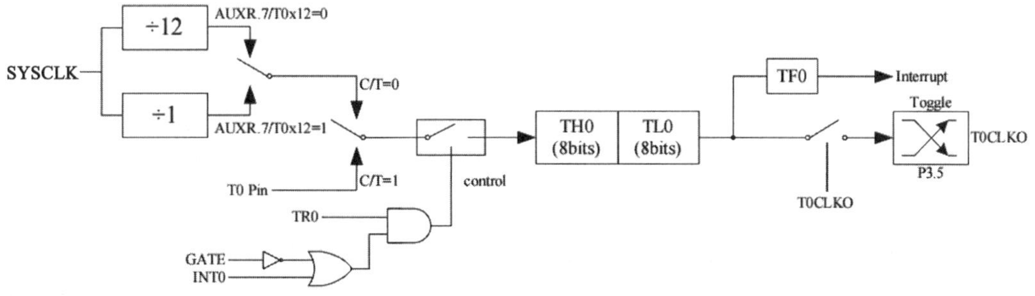

图6-5　定时器0模式1

3. 定时器 0 模式 2(8 位自动重装载模式)

与模式 0 的主要区别是 TH0 用作了设置初值的“备份”，TL0 用作计数，8 位最多计数 256，如图 6-6 所示。TL0 的溢出不仅置位 TF0=1，而且将 TH0 的内容重新装入 TL0 计数。

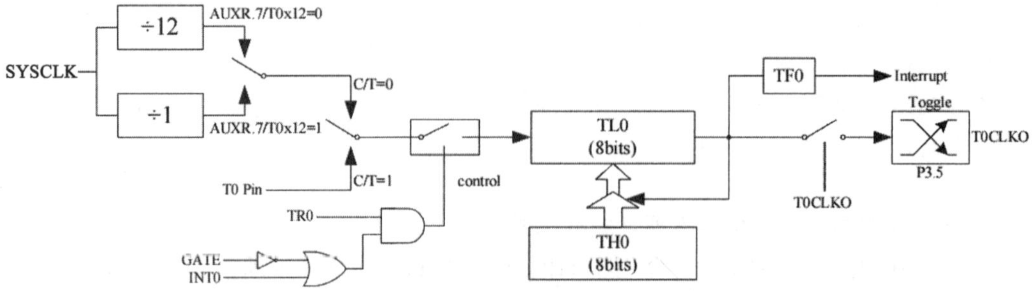

图 6-6　定时器 0 模式 2

举例：频率为 24MHz 时，定时器 T0 定时 50μs，定时器 T1 定时 10μs，写出定时器初始化函数。

```
void timer_init()  //定时器初始化程序
{
  AUXR=0x40; //=0100 0000=T0 选用 12T 模式，T1 选用 1T 模式
    /* AUXR=T0x12 T1x12 U_M0x6 T2R  T2_C/T T2x12 EXTRAM S1ST2 */
  TMOD=0X22;   //定时器 1 和定时器 0 均使用模式 2(8 位重载--1~256);
  TH0=256-50*2;   //24MHz 为 12MHz 的 2 倍
  TL0=256-50*2;
  ET0=1;  TR0=1;    //定时器 0 中断允许，启动定时器 0
  TH1=256-10*24;    //24MHz 的 1T 模式为 12MHz 的 12T 模式快 24 倍
  TL1=256-10*24;   //12MHz 的 12T 模式相当于 1MHz
  ET1=1;  TR1=1;    //定时器 1 中断允许，启动定时器 1
  EA=1;      //开总中断
}
```

4. 定时器 0 模式 3(不可屏蔽中断 16 位自动重装载，实时操作系统节拍器)

对定时器/计数器 T0，其工作模式 3 与工作模式 0 是一样的，如图 6-7 所示。唯一不同的是：当定时器/计数器 T0 工作在模式 3 时，只需允许 ET0/IE.1(定时器/计数器 0 中断允许位)，不需要允许 EA/IE.7(总中断使能位)就能打开定时器/计数器 0 的中断，此模式下的定时器/计数器 0 中断与总中断使能位 EA 无关，一旦工作在模式下的定时器/计数器 0 中断被打开(ET0=1)，那么该中断是不可屏蔽的，该中断的优先级是最高的，即该中断不能被任何中断所打断，而且该中断打开后既不受 EA/IE.7 控制也不再受 ET0 控制，当 EA=0 或 ET0=0 时都不能屏蔽此中断。故将此模式称为不可屏蔽中断的 16 位自动重装载模式。

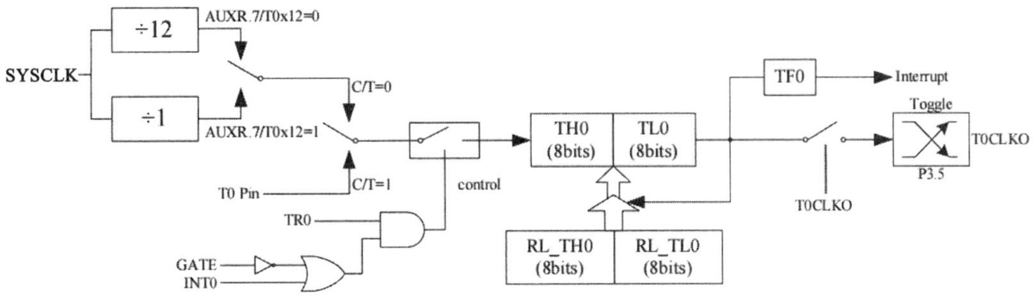

图 6-7　定时器 0 模式 3

注意：对于初学者来说，模式 3 很少用到。

以上学习了定时器 T1 和 T0 的大部分知识，还有一部分知识是：定时时间到了，即溢出，向 CPU 产生中断，那要做什么呢？通常还要写一个中断服务程序，即定时中断了要做什么任务的程序，将在下一节学习。打个比喻：晚上用手机定时明天早上 7：00 起床叫醒。那么现在的时间就是初值，往后到明早 7：00 间就是要计数的值，明早 7：00 定时到了，手机叫醒（中断 TF0＝1）人（CPU），起床（中断服务程序），同时手工清除叫醒音乐（清除 TF0＝0）。

6.1.3　定时器时间的计算

总结上述知识，可得出定时器各种工作方式的定时计算公式。

1. 16 位重载 12T 模式：

$$定时时间=\frac{65536-[THx,\ TLx]}{f_{SYSCLK}}\times 12$$

式中，f_{SYSCLK}为单片机时钟频率，[THx，TLx]为定时器初值。

2. 16 位重载 1T 模式：

$$定时时间=\frac{65536-[THx,\ TLx]}{f_{SYSCLK}}$$

3. 8 位重载 12T 模式：

$$定时时间=\frac{256-[THx]}{f_{SYSCLK}}\times 12$$

4. 8 位重载 1T 模式：

$$定时时间=\frac{256-[THx]}{f_{SYSCLK}}$$

6.2　项目 13：PWM 呼吸 LED 灯

学习定时器的用法，可先从控制 LED 灯入手，利用定时中断控制 LED 灯，虽然前文讲过利用软件延时函数实现 LED 灯的闪烁，当程序进入延时函数时，如果另外有中断到来，则 CPU 必须先去执行中断服务程序，执行完了才回来执行延时函数，显然软件延时的时间就不准了。

6.2.1 项目任务

P2.0 口 LED0 灯采用软件延时方法，进行秒闪烁。P2.3 口 LED3 灯采用定时器 0 定时方法秒闪烁，定时时间 50ms；P2.7 口 LED7 灯采用定时器 1 产生 PWM 调光的方法，可以控制灯的亮暗，PWM 频率 100Hz，时钟频率 12MHz。

6.2.2 程序设计

1. LED7 闪烁软件延时法

直接调用头文件 config.h 里的 delayms( ) 函数即可。语句为：

LED0 = ~LED0;　　delayms(500);

2. LED1 闪烁定时器法

根据前节分析，各种定时器最大定时时间如表 6-3 所示。

表 6-3　最大定时时间

时钟频率	分频	重装方式	最大定时时间(μs)
12MHz	12T 模式	16 位重装	65536
		8 位重装	256
	1T 模式	16 位重装	65536/12 = 5461
		8 位重装	256/12 = 21

LED3 秒闪烁是指亮半秒暗半秒，即 0.5s =500ms，由上表可看到，各定时器的时间远小于 500ms，一般还需要重复多次定时才能完成。另外，项目任务限定了定时时间，那么定时器的定时选择必须小于上表的最大定时时间。因此，50ms 的定时可选择 12T 模式 16 位自动重装方式或不可自动重装。

3. PWM 控制 LED2 亮度

PWM 波频率 100Hz，则周期 = 1s/100Hz = 1000ms/100Hz = 10ms，如图 6-8 所示。由于 LED 是低电平点亮的，P2.2 端口输出的 PWM 波的占比越小，LED2 灯越亮。

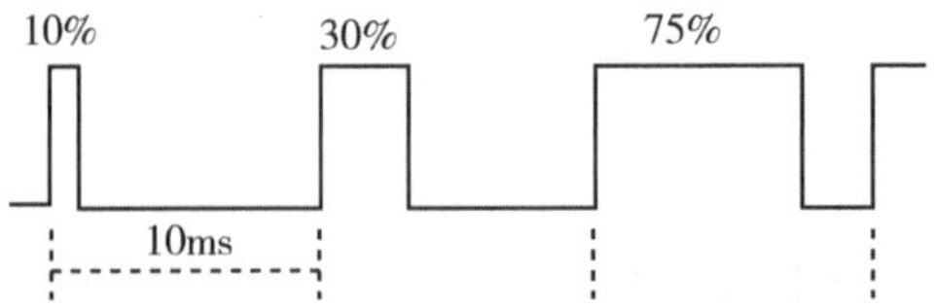

图 6-8　PWM 波

PWM 调节范围是 0～100%，如果精度是 1%，则亮度有 100 级变化，1% 占空比的 PMW 波时间 = 10ms/100 = 100μs，那么定时器 1 的定时时间为 100μs。

4. 主程序 main. c

```
#include <STC8H.h>  //定义单片机特殊功能寄存器
#include <INTRINS.H>
#include "config.h"  //配置、初始化头文件
#include "usb.h" //USB 配置头文件，不用修改
#include "Timer_Set.h" //定时器设置头文件
void main()   //主函数
  {
    sys_init(); //系统初始化
    timer_init(); //定时器初始化
    LED0 = 0;    //亮
    while(1)
    { LED0 = ~LED0;   delayms(500); }   //500ms, LED0 状态取反，即闪烁
  }
```

5. 定时器设置头文件 Timer_Set. h

```
#ifndef__Timer_Set_H
#define__Timer_Set_H
void timer_init()  //定时器初始化程序，一般在主程序的 void main()后 while(1)前要
调用
  {
   AUXR = 0x40;    // = 0100 0000 = T0 选用 12T 模式，T1 选用 1T 模式，
     /* AUXR = T0x12 T1x12 U_M0x6 T2R   T2_C/T T2x12 EXTRAM S1ST2 */
   TMOD = 0X01; //定时器 0 使用模式 1(16 位)，定时器 1 使用了模式 0(16)
   TH0 = (65536-50000)/256;    //装初值 TH0TL0 初值为 65536-50000 = 3CB0 = 15536
   TL0 = (65536-50000)% 256;    //TH0TL0 从初值 15536 计数到 65536 需计数 50000 次，耗
时 50000us = 50ms
   ET0 = 1; TR0 = 1;      //定时器 0 中断允许   //启动定时器 0
   TH1 = (65536-12 * 100)/256;;    //100us 定时
   TL1 = (65536-12 * 100)% 256;
   ET1 = 1;   TR1 = 1;    //定时器 1 中断允许    //启动定时器 1
   EA = 1;              //开总中断
  }
void timer0() interrupt 1  //定时器 0 中断服务程序，每 50ms 进入一次，定时器 0 必须对
应 interrupt 1
    {        //16 位定时器
     TH0 = (65536-50000)/256;   //计数溢出后须重装初值，再从 15536 开始计数到 65536
     TL0 = (65536-50000)% 256;                      //再次耗时 50000us = 50ms
     /* 定时时间 50ms 到了做什么，写在下面   */
     n++;
```

```
      if(n>=10)  //定时 10 次总时间=50ms*10=0.5s, //不同时间值, 修改 n 或 50000 的值即可
        { n=0; LED3=~LED3;   } //秒闪烁
    }
  void timer1() interrupt 3   //定时器 1 中断服务程序, 每 100us 进入一次, 定时器 1 必须对应 interrupt 3
    {  /* 为 16 位自动重载模式, 无须再次载初值 */
      /* 定时时间 100us 到了做什么, 写在下面   */
    m++;
    if(m>=100)  //产生 PWM 波, 周期=100×100us=10ms, 频率=100Hz。
     {
      m=0; mm++;
      if(mm>=2) //决定 PWM 变化快慢
        {
          mm=0;
          if(Flag_Add_Sub==1)     //加减计数标志为 1=加
           {
            PWM_D++;
            if(PWM_D>=99)  {Flag_Add_Sub=0;}
        }
      if(Flag_Add_Sub==0)
        {
          PWM_D--;
          if(PWM_D<=1)  {Flag_Add_Sub=1;}
        }
       }
     }
    if(m>PWM_D)  { LED7=1; }  //LED7 逐渐变亮和变暗
    else {  LED7=0; }
  }
  #endif
```

6.2.3 程序分析

主程序“main.c”里，主要是添加了定时器头文件“Timer_Set.h”，这种写法的好处是：自己写程序时，直接将“Timer_Set.h”载入而无需重复编写，只需修改即可。

“Timer_Set.h”头文件里主要是两项内容：定时器的初始化函数 void timer_init( )和定时器中断服务程序。初始化内容有时钟分频设置 AUXR、模式设置 TMOD、加载计数初值、允许启动等。当然，也可少写，留一部分在其他程序中写，执行逻辑上不要有错误就行。

本例子的 AUXR 主要是 12T 和 1T 模式选择设置，如果 AUXR 这行不写，则默认

AUXR = 0x00，全部为 12T 模式。TMOD 决定定时计数是 8 位还是 16 位，是自动重装还是不自动重装。在实际应用编程时，定时时间是根据项目要求分析得出的，定时时间一般应该尽量选长一些。例如本例子 LED3 灯闪烁时间长达 500ms，则定时时间就可以选择 50ms，且为整数倍。

当选用不自动重装模式时，在中断服务程序 interrupt 里，第一句应该先写 TH0 和 TL0 的赋值语句，定时器就能在溢出中断后立即又开始计数。如果 TH0 和 TL0 的赋值语句写在最后，则溢出中断后先执行 if 语句，执行 if 语句也是要消耗时间的，等 if 语句执行完了，才到 TH0 和 TL0 的赋值，所以实际定时时间会比 50ms 多一点(微秒级)。

因此，定时的时间必须要大于中断服务程序里语句执行消耗的时间。例如上例的定时器 T1 定时时间如改为 0. 2μs，则“void timer1( ) interrupt 3”内的语句没有执行完，下一个中断又到来，又要重新执行 void timer1( ) interrupt 3 内的语句，就会造成中断服务程序无法有执行结果的情况或者程序“假死”。

PWM 是靠改变一个周期内的波形转折时间点，进行占空比变化。如果移植至其他程序，只需抓住变量 PWM_D 就行。改变 PWM_D 就能改变占空比。例如把 PWM_D 值按正弦波规律变化，就能产生 SPWM 波，可用于正弦波逆变器的控制信号。

本例子执行的结果是：LED0 使用软件延时，精度差，会逐渐与 LED3 不同步闪烁。LED7 则逐渐循环亮暗变化。

6. 3　AI8H8K64U 单片机定时器 T2/T3/T4

AI8H8K64U 单片机的定时器比 AT89S52 单片机多了定时器 T2/T3/T4，共 5 个，更方便使用，T2/T3/T4 还有预时钟分频器。

6. 3. 1　定时器工作模式

T2/T3/T4 的工作模式是相同的，以 T2 为例，工作模式如图 6-9 所示。

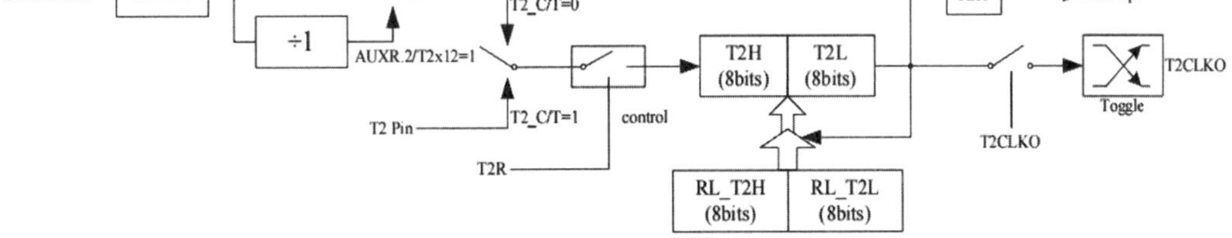

图 6-9　T2 工作模式

控制逻辑开关“control”只需定时器启动 T2R = 1 即可闭合，计数脉冲 T2Pin 为 P5. 4 引脚。TM2PS 为 T2 的预分频器，这样定时的值选择范围会更多。

6.3.2 与 T2/T3/T4 相关的寄存器

与 T2/T3/T4 相关的寄存器如表 6-4 所示。

表 6-4 T2/T3/T4 相关寄存器(部分)

寄存器	功能	位地址与符号(1 个寄存器有八位二进制)							
		B7	B6	B5	B4	B3	B2	B1	B0
AUXR	辅助寄存器 1	T0x12	T1x12	UART_M0x6	T2R	T2_C/T	T2x12	EXTRAM	S1ST2
INTCLKO	中断/输出控制	—	EX4	EX3	EX2	—	T2CLKO	T1CLKO	T0CLKO
T4T3M	定时器 4/3 控制	T4R	T4_C/T	T4x12	T4CLKO	T3R	T3_C/T	T3x12	T3CLKO
IE2	中断使能 2	EUSB	ET4	ET3	ES4	ES3	ET2	ESPI	ES2
TxH	定时器×高 8 位	(可人为填入计数初值)							
TxL	定时器×低 8 位	(可人为填入计数初值)							
TMxPS	定时器×预分频	(可人为填入预分频值 0~255)							

1. 辅助寄存器 1 AUXR

T2R：定时器 2 的运行控制位。T2R=0 时，定时器 T2 停止计数，T2R=1 时，定时器 T2 开始计数。

T2_C/T：控制定时器 T2 用作定时器或计数器。T2_C/T=0 则用作定时器，对内部系统时钟进行计数，T2_C/T=1 用作计数器，对引脚 T2/P5.4 外部脉冲进行计数。

T2x12：定时器 2 速度控制位。T2x12 = 0 为 12T 模式，T2x12 = 1 为 1T 模式，类同 T0x12。

2. 中断与时钟输出控制寄存器 INTCLKO

T2CLKO：定时器 2 时钟输出控制。T2CLKO=0 关闭时钟输出；T2CLKO=1 使能 P1.3 口定时器 2 时钟输出功能，定时器 2 计数发生溢出时，P1.3 口的电平自动发生翻转。

3. 定时器 4/3 控制寄存器 T4T3M

T4R：定时器 4 的运行控制位。T4R =0，定时器 4 停止计数；T4R=1，定时器 4 开始计数。

T4_C/T：控制定时器 4 用作定时器或计数器。T4_C/T =0 则用作定时器，对内部系统时钟进行计数；T4_C/T =1 用作计数器，对引脚 T4/P0.6 外部脉冲进行计数。

T4x12：定时器 4 速度控制位。T4x12=0，12T 模式；T4x12=1，1T 模式。

T4CLKO：定时器 4 时钟输出控制。T4CLKO=0，关闭时钟输出；T4CLKO=1，使能 P0.7 口的定时器 4 时钟输出功能，当定时器 4 计数发生溢出时，P0.7 口的电平自动发生翻转。

T3R：定时器 3 的运行控制位。T3R=0，定时器 3 停止计数；T3R=1，定时器 3 开始计数。

T3_C/T：控制定时器 3 用作定时器或计数器。T3_C/T =0 则作定时器；T3_C/T =1 用作计数器，对引脚 T3/P0.4 外部脉冲进行计数。

T3x12：定时器 3 速度控制位。T3x120，12T 模式；T3x12=1，1T 模式。

T3CLKO：定时器 3 时钟输出控制。T3CLKO=0，关闭时钟输出；T3CLKO=1，使能 P0.5 口的定时器 3 时钟输出功能，当定时器 3 计数发生溢出时，P0.5 口的电平自动发生翻转。

4. 中断使能 2 寄存器 IE2

EUSB：USB 中断允许位。EUSB =0，禁止 USB 中断；EUSB=1，允许 USB 中断。

ET2、ET3、ET4：分别为定时/计数器 T2、T3、T4 的溢出中断允许位。值为 0 时，禁止定时器中断；值为 1 时，则允许中断。

6.3.3 定时器时间的计算

1. 16 位重载 12T 模式

$$定时时间=\frac{65536-[THx,\ TLx]}{f_{SYSCLK}/(TMxPS+1)}\times 12$$

式中，f_{SYSCLK}为单片机时钟频率，[THx，TLx]为定时器初值。

2. 16 位重载 1T 模式

$$定时时间=\frac{65536-[THx,\ TLx]}{f_{SYSCLK}/(TMxPS+1)}$$

如果 TMxPS=0，那么就与 T0 和 T1 的 16 位定时时间相同。使用 TMxPS 的好处是可以设置更长的定时时间。例如前述的定时器 T1 和 T0，当时钟频率f_{SYSCLK}=12MHz 时，最大定时时间为 65536μs。而定时器 T2/T3/T4 有了预分频寄存器 TMxPS，TMxPS 的取值范围为 0~255。

设 SYSCLK=12MHz，以定时器 T2 为例，当 TM2PS=255、[TH2，TL2]=0 时，有最长定时时间，根据 16 位重载 12T 模式计算式，有

$$T_{max}=\frac{65536-0}{12000000/(255+1)}\times 12=\frac{65536\times 256}{1000000}=16.777216(s)$$

因此，利用 T2/T3/T4 的 TMxPS，理论上 16.777216s 内的定时一次即可完成，无需像上节的例子，定时 500ms 须定时 50ms 再循环 10 次才能完成。

举例：12MHz 时，定时器 T2 定时 250ms，定时器 T3 定时 2.5ms，定时器 T4 定时 25μs，写出定时器初始化函数。

```
void timer_init()  //定时器 T2/T3/T4 初始化程序
{
   AUXR=0x10;    //=0001 0000=T2 启动，T2 选用 12T 模式
     /* AUXR=T0x12 T1x12 U_M0x6 T2R  T2_C/T T2x12 EXTRAM S1ST2 */
  IE2 |=0x64; //=0110 0100=T4/T3/T2 定时中断允许
```

```
    /* IE2=EUSB ET4 ET3 ES4  ES3 ET2 ESPI ES2，USB 模式下载时的 EUSB 为 USB 中断允许必须=1 */
  T2H=(65536-50000)/256;;      //50ms 定时计算式
  T2L=(65536-50000)%256;;     //
  TM2PS = 4;                 //(TM2PS+1)=5，对 50ms 增大 5 倍=250ms
  T4T3M=0xAA; //1010 1010 =T4/T3 启动，均 1T 模式
    /* T4T3M=T4R T4_C/T T4x12 T4CLKO T3R T3_C/T T3x12 T4CLKO  */
  T3H=0x5A;      //2.5ms=2500us 定时
  T3L=0xD0;      //65536-2500*12=65536-30000=35536=0x8AD0
  T4H=0xFE;    //25μs 定时
  T4L=0xD4; //65536-25*12=65536-300=65236 =0xFED4
  EA=1;   }  //开总中断
```

6.4 项目 14：数码管时钟

定时器的定时时间精度取决于单片机系统时钟，如果系统时钟精度比较高，则可以用于制作简单的时钟时间显示。本例是用四位的数码管显示分和秒，数码管最好是用中间带“:”，带“:”的数码管如图 6-10 和图 6-11 所示。

图 6-10　数码管外形

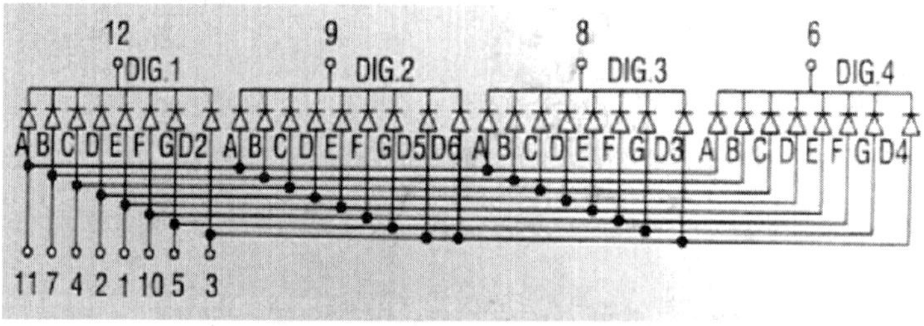

图 6-11　数码管原理图

带“:”的数码管的右边 3 个数码的小数点是没有改动的，最左边的小数点移到了左边第二个数的小数点上了，这样最左边的小数点是不亮的。

6.4.1　项目任务

利用定时器 2 设计数码管时钟，两位数码管显示分，还有两位数码管显示秒，已知 $f_{SYSCLK}=12MHz$。

6.4.2　程序设计

数码管总共显示四位，左边两位显示分，右边两位显示秒。定时器设计时可先设置成 50ms 的定时，再通过 TM2PS 寄存器，更改系统预分频值，1s 与 50ms 倍数为 20 倍，则

TM2PS＝19 即可，定时值就会增长 20 倍至 1s。50ms 定时比较长，可以使用 12T 模式。

1. 主程序 main. c

```
#include <STC8H.h>  //定义单片机特殊功能寄存器
#include "config.h"  //配置、初始化头文件
#include "usb.h" //USB 配置头文件，初学者不用去修改
#include "Timer_Set.h"  //定时器头文件
#include "Smg_Display.h" //数码管显示头文件
void main()  //主函数
  {
    sys_init();      //系统初始化
    timer_init();    //定时器初始化
    while(1)
    {
      Smg_Display();   //数码管显示
    }
}
```

2. 定时器设置头文件“Timer_Set. h”

```
#ifndef__Timer_Set_H
#define__Timer_Set_H
  //定时 50ms=50000us 计算载入 T2H/T2L 的初值，先计算好再载入*/
  /*65536 必须要>=(50000*(MAIN_Fosc/1200))/10000，改变 50000 的值即改变定时
值*/
#define  TimerSetH  (65536-(50000*(MAIN_Fosc/1200))/10000)/256
#define  TimerSetL  (65536-(50000*(MAIN_Fosc/1200))/10000)%256
void timer_init()  //定时器初始化程序，开启 T2/T3/T4 定时器
  {
    AUXR=0x10;   //=0001 0000=T2 启动，T2 选用 12T 模式
      /*AUXR=T0x12 T1x12 U_M0x6 T2R  T2_C/T T2x12 EXTRAM S1ST2*/
    IE2 |=0x04;   //=0000 0100=T2 定时中断允许
      /*IE2=EUSB ET4 ET3 ES4  ES3 ET2 ESPI ES2*/
    T2H=TimerSetH;     //50ms 定时值
    T2L=TimerSetL;     //
    TM2PS = 19;       //(TM2PS+1)=20，对 50ms 增大 20 倍=1000ms=1s
    EA=1;             //开总中断
  }
void timer2() interrupt 12  //定时器 2 中断服务程序，每 1s 进入一次
  {      //定时器 T2 中断必须对应 interrupt 12
    num++;      //秒加 1 计数
    if(num>=60)
      {
```

```
            num=0; fen++; //分加 1 计数
            if(fen>=60) { fen=0; }//60 分后分清零
          }
        LED0 =~LED0; //LED 灯闪烁，表示有工作
    }
    #endif
```

3. 数码管头文件"Smg_Display. h"

```
    #ifndef __Smg_Display_h___
    #define __Smg_Display_h___
    uchar code smgduan[23]={0xC0, 0xF9, 0xA4, 0xB0, 0x99, 0x92, 0x82, 0xF8, 0x80,
0x90,}; //0~9
    void Smg_Display()  //显示函数
      {
        P0=0xFF; QianWei=0, BaiWei=1, ShiWei=1, GeWei=1; P0=smgduan[fen/10] -
0x80; delayms(2);
        P0=0xFF; QianWei=1, BaiWei=0, ShiWei=1, GeWei=1; P0=smgduan[fen% 10];
delayms(2);
        P0=0xFF; QianWei=1, BaiWei=1, ShiWei=0, GeWei=1; P0=smgduan[num/10];
delayms(2);
        P0=0xFF; QianWei=1, BaiWei=1, ShiWei=1, GeWei=0; P0=smgduan[num% 10];
delayms(2);
      }
    #endif
```

6.4.3 程序分析

主程序"main. c"里，主要是调用了 Timer_Set. h 里的定时器初始化函数"timer_init();"，数码管显示头文件的数码管显示函数"Smg_Display();"。数码管显示在前述章节里有相应内容，不再重复。

语句"#define TimerSetH (65536-(50000 * (MAIN_Fosc/1200))/10000)/ 256"等效于 TimerSetH=(65536-(50000 * (MAIN_Fosc/1200))/10000)/ 256，MAIN_Fosc 为时钟频率，不同时钟频率定时值不会改变，会自动更改计数的初值。50000 即为 50000μs，更改这个值可以得出任意的定时值，使用非常方便。

这里只启用了 T2，则 T3 和 T4 的相关控制位全部为 0 即可。采用 USB 通信时，需要注意 IE2 的 EUSB 位不能为 0，如果写成"IE2 =0x04;"，则 EUSB 位会为 0，USB 通信无法进行，下载程序后，计算机将无法识别单片机的 USB 功能，USB 线只能当作供电使用。因在系统初始化"sys_init();"后，EUSB 位已经置 1，而写成"IE2 | =0x04;"为或运算，不会对 EUSB 位影响。

秒变量为 num，秒进位分时为 60 进制，num=60 时，分变量 fen 须加 1。全部程序执行时，主程序不断刷新显示数字，而定时器也不断地在"后台"每秒加 1 计数。

6.5　项目 15：单片机计数器

单片机定时器也可设置成计数器，计数时，外部脉冲须从对应的引脚输入，T0、T1、T2、T3 和 T4 用作计数器时分别对应输入的脉冲默认引脚为 P34、P35、P54、P04 和 P06。

计数器在实际中可用于生产上的产品计数，应用也较多。

6.5.1　项目任务

利用定时器 1 设计计数器，计数脉冲使用 P35 引脚上的按钮，显示用四位数码管，对按钮的按下次数进行计数，当计数达到 15 时，LED 灯亮 1s，然后又开始重新计数。

6.5.2　程序设计

定时器 1 用作计数器时，计数脉冲对应 P35 引脚上的按钮。另外又有要求 LED 亮 1s，还需要一个定时器，这里使用定时器 T0。

主程序 main. c：

```
#include <STC8H.h>  //定义单片机特殊功能寄存器
#include "config.h"  //配置、初始化头文件
#include "usb.h" //USB 配置头文件，初学者不用去修改
#define  TimerSetH  (65536-(50000*(MAIN_Fosc/1200))/10000)/256
#define  TimerSetL  (65536-(50000*(MAIN_Fosc/1200))/10000)%256
bit  LEDBz=0;   //亮灯标志
uchar code smgduan[10]={0xC0, 0xF9, 0xA4, 0xB0, 0x99, 0x92, 0x82, 0xF8, 0x80,
0x90,}; //0~9
void timer_init()  //定时器初始化程序，开启 T0/T1 定时器
 {
   TMOD=0X60; //T1 为 8 位自动重载计数器，T0 为 16 位自动重载；//GATEC/TM1M0
   TH0=TimerSetH; //50ms 定时
   TL0=TimerSetL;
   ET0=1; //定时器 0 中断允许
     //TR0=1;     //不启动定时器 0
   TH1=0; TL1=0;    //从 0 开始计数
   ET1=1;        //定时器 1 中断允许
   TR1=1;        //启动定时器 1
   EA=1;         //开总中断
 }
void main()  //主函数
 {
   sys_init();      //系统初始化
   timer_init();    //定时器初始化
```

```
    while(1)
   {
    if(LEDBz==0) { num = TL1; } //如果灯不亮，num 取出 TL1 里的计数值
    if(TL1>=15)
      {
        LEDO=0; TR0=1;     //灯亮，启动定时器
        TL1 =0; LEDBz=1; //计数清零，标志置 1
      }
    P0=0xFF; ShiWei=0, GeWei=1; P0=smgduan[num/10]; delayms(2);
    P0=0xFF; ShiWei=1, GeWei=0; P0=smgduan[num% 10]; delayms(2);
   }
}
void timer0() interrupt 1  //定时器 1 中断服务程序
{
  n++;        //50ms 定时计数
  if(n>=20)  //1s
    {
      n=0;   LED0=1; TL1 =0; //灭灯，计数清零
      TR0=0; LEDBz=0; //关定时器，标志清零
    }
}
```

6.5.3 程序分析

上述的程序把定时器和数码管显示程序都写在了主程序 main. c 里。当定时器 1 对外部按钮计数时，如果次数小于 15 次，定时器 0 是不工作的，即 TR0=0，当计数次数达到 num=15 次时，TR0=1，开启定时器 0，并点亮 LED 灯，亮灯标志 LEDBz=1。

在定时器 0 工作时，如时间未达到 1s，即 n<20，因 LEDBz=1，显示值 num 不能变化，仍有 num=15，只有 n=20 达到 1s 时，LED0=1 灭灯，TL1 =0 计数清零，TR0=0 关定时器，LEDBz=0 标志清零，TL1 又可从 0 开始计数，如此往复工作。由上述工作可看出，定时器 0 并不是一直在工作。

注意：按钮接触触头有弹性，按钮按下时，可能会产生弹跳，实际中按一次按钮，结果并不一定是一次，可能是多次，还需用硬件或软件方法解决这个问题，后述章节有详细介绍。

习　题

1. 决定定时器工作方式的寄存器是__________。
2. 决定定时器的启动、停止、溢出、中断情况的寄存器的是__________。
3. 决定定时器允许的寄存器是__________。
4. 寄存器 TMOD 的 D6 的 C/T=1，D2 的 C/T=0，表示____________________。

5. 寄存器 TMOD 的 D5D4 的 M1M0=10，D1D0 的 M1M0=01，表示______________。

6. 寄存器 TCON 的 D6 的 TR1=0，位置 D4 的 TR0=1，表示____________________。

7. 中断允许寄存器 IE 中，如果要使定时器 1 允许中断开启，则________________。

8. 写出用定时器 0 做一个 25ms 的定时初始化程序。

9. P2^0 接 LED 灯，每秒闪烁 4 次，即周期 0. 25s=250ms(其中亮 125ms，暗 125ms)，要求用定时器 1，16 位定时器方式，写出 LED 灯闪烁程序，单片机时钟 12MHz。

10. 要求 P2^0 输出频率为 50Hz 的方波，即周期 20ms(其中高电平 10ms，低电平 10ms)，要求用定时器 1，16 位自动重载定时器方式，写出 50Hz 的方波程序，单片机时钟 12MHz。

第7章　AI8H8K64U单片机中断系统

中断系统是为了使CPU具有对外界紧急事件的实时处理能力而设置的。当CPU正在处理某件事的时候，发生了其他紧急事件请求(中断)，要求CPU暂停当前的工作，转而去处理这个紧急事件(中断服务)，处理完以后，再回到原来被中断的地方，继续原来的工作，这样的过程称为中断。

实现这种功能的部件称为中断系统，请示CPU中断的请求源称为中断源。微型机的中断系统一般允许多个中断源，当几个中断源同时向CPU请求中断时，就存在CPU优先响应哪一个中断源请求的问题。通常根据中断源的轻重缓急排队，优先处理最紧急事件的中断请求源，即规定每一个中断源有一个优先级别，CPU总是先响应优先级别最高的中断请求。

7.1　AI8H单片机中断

AI8H8K64U单片机有22个中断源，上一章的5个定时器中断就是其中的5个。

7.1.1　常用中断表

部分常用中断如表7-1所示，包括5个外部中断INT0~INT4、5个定时中断Timer0~Timer4和4个串口中断UART1~UART4。外部中断可以这么理解：当中断对应的引脚电平变化时，产生中断，程序必须立即应付此中断，应付的内容为表7-1中所示的中断服务程序"void INTx_Routine(void) interrupt y {…}"中的内容，INT0和INT1支持上升沿和下降沿中断，也可同时支持上升沿和下降沿中断。定时中断可理解为：当定时时间到时，产生中断，程序必须立即应付此中断，应付的内容为表中所示的中断服务程序"void TMx_Rountine(void) interrupt y {…}"中的内容。串口中断可理解为：对应串口引脚收到数据时，产生中断，程序必须立即应付此中断，应付的内容为表中所示的中断服务程序"void UARTx_Routine(void) interrupt y{…}"中的内容，串口引脚发送数据时，也会产生中断。

表7-1　部分常用中断表

中断源	次序	优先级设置	中断请求	中断允许	声明中断服务程序
外部中断0中断(INT0)	0	PX0/PX0H	IE0	EX0	void INT0_Routine(void) interrupt 0;

续表

中断源	次序	优先级设置	中断请求	中断允许	声明中断服务程序
外部中断 1 中断(INT1)	2	PX1/PX1H	IE1	EX1	void INT1 _ Routine (void) interrupt 2;
外部中断 2 中断(INT2)	10		INT2IF	EX2	void INT2 _ Routine (void) interrupt 10;
外部中断 3 中断(INT3)	11		INT3IF	EX3	void INT3 _ Routine (void) interrupt 11;
外部中断 4 中断(INT4)	16	PX4/PX4H	INT4IF	EX4	void INT4 _ Routine (void) interrupt 16;
定时器 0 中断(Timer0)	1	PT0/PT0H	TF0	ET0	void TM0 _ Rountine (void) interrupt 1;
定时器 1 中断(Timer1)	3	PT1/PT1H	TF1	ET1	void TM1 _ Rountine (void) interrupt 3;
定时器 2 中断(Timer2)	12		T2IF	ET2	void TM2 _ Routine (void) interrupt 12;
定时器 3 中断(Timer3)	19		T3IF	ET3	void TM3 _ Routine (void) interrupt 19;
定时器 4 中断(Timer4)	20		T4IF	ET4	void TM4 _ Routine (void) interrupt 20;
串口 1 中断(UART1)	4	PS/PSH	RI ‖ TI	ES	void UART1 _ Routine (void) interrupt 4;
串口 2 中断(UART2)	8	PS2/PS2H	S2RI ‖ S2TI	ES2	void UART2 _ Routine (void) interrupt 8;
串口 3 中断(UART3)	17	PS3/PS3H	S3RI ‖ S3TI	ES3	void UART3 _ Routine (void) interrupt 17;
串口 4 中断(UART4)	18	PS4/PS4H	S4RI ‖ S4TI	ES4	void UART4 _ Routine (void) interrupt 18;
比较器中断(CMP)	21	PCMP/PCMPH	CMPIF	PIE ∣ NIE	void CMP _ Routine (void) interrupt 21;

7.1.2 中断结构图

中断结构如图 7-1 所示。该图中的中断很多，但初学者只需暂时掌握上部的 9 个即可，即 INT0、INT1、INT2、INT3、Timer0、Timer1、Timer2、UART1、UART2。

图中 EA 是总中断开关，如 EA=0，则所有中断被断开，即所有中断失效，因此使用中断时要根据程序要求在适当位置写上 EA=1，中断总开关闭合。

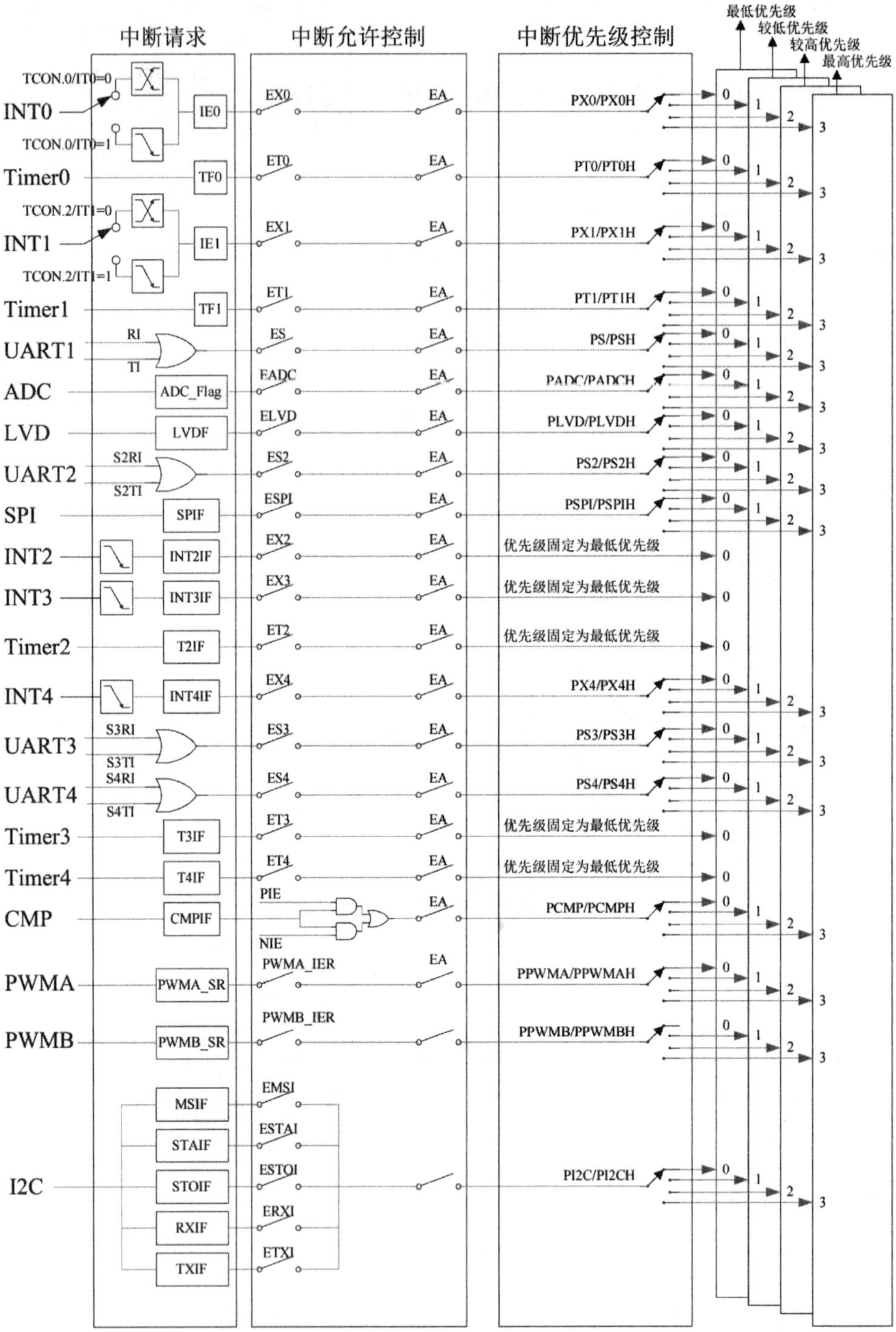

最低优先级
较低优先级
较高优先级
最高优先级
中断请求
中断允许控制
中断优先级控制
TCON.0/IT0=0
INT0
TCON.0/IT0=1
IE0
Timer0
TF0
TCON.2/IT1=0
INT1
TCON.2/IT1=1
IE1
Timer1
TF1
UART1
RI
TI
ADC
ADC_Flag
LVD
LVDF
UART2
S2RI
S2TI
SPI
SPIF
INT2
INT2IF
INT3
INT3IF
Timer2
T2IF
INT4
INT4IF
UART3
S3RI
S3TI
UART4
S4RI
S4TI
Timer3
T3IF
Timer4
T4IF
CMP
CMPIF
PWMA
PWMA_SR
PWMB
PWMB_SR
I2C
MSIF
STAIF
STOIF
RXIF
TXIF
EX0
ET0
EX1
ET1
ES
EADC
ELVD
ES2
ESPI
EX2
EX3
ET2
EX4
ES3
ES4
ET3
ET4
PIE
NIE
PWMA_IER
PWMB_IER
EMSI
ESTAI
ESTOI
ERXI
ETXI
EA
PX0/PX0H
PT0/PT0H
PX1/PX1H
PT1/PT1H
PS/PSH
PADC/PADCH
PLVD/PLVDH
PS2/PS2H
PSPI/PSPIH
优先级固定为最低优先级
PX4/PX4H
PS3/PS3H
PS4/PS4H
PCMP/PCMPH
PPWMA/PPWMAH
PPWMB/PPWMBH
PI2C/PI2CH
0
1
2
3

图 7-1　中断结构图

7.1.3 部分中断源分析

EA 左边还有各中断开关，需要的中断对应的中断允许必须置 1。

1. Timer0 中断

要使用 Timer0 中断，则 ET0=1，才能接通 Timer0 中断。ET0 左边是定时标志位 TF0，当 Timer0 定时到时(T0 溢出)，TF0 会自动置为 1，这个 TF0=1，可通过 ET0 和 EA 开关一直向右到达 CPU(中断请求)，CPU 即可收到这个 TF0=1 的中断信息，从而产生中断响应。

2. Timer1 中断

要使用 Timer1 中断，则必须有 ET1=1，类同 Timer0 中断。

3. INT0 中断

INT0：外部中断请求 0。由 P32 引脚输入，IT0 位(TCON.0)决定是低电平有效还是下降沿有效。IT0=1 时，低电平有效，即 P32 引脚由高电平突变为低电平时，立即产生外部中断 0，中断标志位 IE0 自动置 1，向 CPU 申请中断。IT0=0 时，P32 引脚由低电平突变高电平或者高电平突变低电平时，均能产生外部中断 0。

4. INT1 中断

INT1：外部中断请求 1。由 P33 引脚输入，IT1 位(TCON.2)决定是低电平有效还是下降沿有效。IT1=1 时，低电平有效，类同 INT0 中断。

INT2、INT3 和 INT4 只支持下降沿有效。

5. 串口收发中断

UART1 串口对应引脚为 P30 和 P31，P30 为接收数据，当接收完一帧串行数据(有效一个字节)时，串行口接收标志 RI 自动置 1，产生中断请求，“告诉”CPU 接收到了一帧串行数据。相反，P31 为发送数据，当发送完一帧串行数据(有效一个字节)时，串行口发送标志 TI 也自动置 1，产生中断请求，“告诉”CPU 发送完了一帧串行数据。串口收发内容详见串口通信章节。

注意：表 7-1 中的中断服务程序(函数)名称仅是参考，可以更改，但后面的“interrupt x”是不能更改的。

7.1.4 常用中断相关寄存器

见表 7-2。

表 7-2 部分常用中断相关寄存器

符号	功能	位地址与符号							
		B7	B6	B5	B4	B3	B2	B1	B0
IE	中断允许寄存器	EA	ELVD	EADC	ES	ET1	EX1	ET0	EX0
IE2	中断允许寄存器 2	EUSB	ET4	ET3	ES4	ES3	ET2	ESPI	ES2
INTCLKO	中断时钟输出寄存器	—	EX4	EX3	EX2	—	T2CLKO	T1CLKO	T0CLKO

续表

符号	功能	位地址与符号							
		B7	B6	B5	B4	B3	B2	B1	B0
IP	中断优先寄存器	—	PLVD	PADC	PS	PT1	PX1	PT0	PX0
IPH	高中断优先寄存器	—	PLVDH	PADCH	PSH	PT1H	PX1H	PT0H	PX0H
IP2	中断优先寄存器 2	PUSB	PI2C	PCMP	PX4	PPWMB	PPWMA	PSPI	PS2
IP2H	高中断优先存器 2	PUSBH	PI2CH	PCMPH	PX4H	PPWMBH	PPWMAH	PSPIH	PS2H
TCON	定时器控制寄存器	TF1	TR1	TF0	TR0	IE1	IT1	IE0	IT0
SCON	串口 1 控制寄存器	SM0/FE	SM1	SM2	REN	TB8	RB8	TI	RI
PCON	电源控制寄存器	SMOD	SMOD0	LVDF	POF	GF1	GF0	PD	IDL

1. 中断使能寄存器(IE)

EA：总中断允许控制位。EA 作用是使中断允许形成多级控制。所有中断源均受 EA 控制；其次还受各中断源自己的中断允许控制位控制。EA=0，CPU 屏蔽所有中断申请；EA=1，CPU 开放中断。

ELVD：低压检测中断允许位。ELVD =0，禁止低压检测中断；ELVD=1，允许低压检测中断。

EADC：A/D 转换中断允许位。EADC =0，禁止 A/D 转换中断；EADC=1，允许 A/D 转换中断。

ES：串行口 1 中断允许位。ES=0，禁止串行口 1 中断；ES=1，允许串行口 1 中断。ES 在串口通信中允许接收时用到，详见串口通信章节。

ET1：定时/计数器 T1 的溢出中断允许位。ET1=0，禁止 T1 中断；ET1=1，允许 T1 中断。

EX1：外部中断 1 中断允许位。EX1=0，禁止 INT1 中断；EX1=1，允许 INT1 中断。

ET0：定时/计数器 T0 的溢出中断允许位。ET0=0，禁止 T0 中断；ET0=1，允许 T0 中断。

EX0：外部中断 0 中断允许位。EX0=0，禁止 INT0 中断；EX0=1，允许 INT0 中断。

2. 外部中断与时钟输出寄存器(INTCLKO)

EX4：外部中断 4 中断允许位。EX4=0，禁止 INT4 中断；EX4=1，允许 INT4 中断。

EX3：外部中断 3 中断允许位。EX3=0，禁止 INT3 中断；EX3=1，允许 INT3 中断。

EX2：外部中断 2 中断允许位。EX2=0，禁止 INT2 中断；EX2=1，允许 INT2 中断。

3. 中断优先级寄存器

PX0H，PX0：外部中断 0 中断优先级控制位。

00，INT0 中断优先级为 0 级(最低级)；01，INT0 中断优先级为 1 级(较低级)；

10，INT0 中断优先级为 2 级(较高级)；11，INT0 中断优先级为 3 级(最高级)。

PT0H，PT0：定时器 0 中断优先级控制位。

00，定时器 0 中断优先级为 0 级(最低级)；01，定时器 0 中断优先级为 1 级(较低级)；

10，定时器 0 中断优先级为 2 级(较高级)；11，定时器 0 中断优先级为 3 级(最高级)。

PX1H，PX1：外部中断 1 中断优先级控制位。

00，INT1 中断优先级为 0 级(最低级)；01，INT1 中断优先级为 1 级(较低级)；

10，INT1 中断优先级为 2 级(较高级)；11，INT1 中断优先级为 3 级(最高级)。

PT1H，PT1：定时器 1 中断优先级控制位。

00，定时器 1 中断优先级为 0 级(最低级)；01，定时器 1 中断优先级为 1 级(较低级)；

10，定时器 1 中断优先级为 2 级(较高级)；11，定时器 1 中断优先级为 3 级(最高级)。

PSH，PS：串口 1 中断优先级控制位。

00，串口 1 中断优先级为 0 级(最低级)；01，串口 1 中断优先级为 1 级(较低级)；

10，串口 1 中断优先级为 2 级(较高级)；11，串口 1 中断优先级为 3 级(最高级)。

举例：24MHz 时，定时器 T0 定时 1ms，定时器 T1 定时 10μs，T1 为优先，写出定时器初始化函数。

在实际编写程序时，如果定时时间比较短，并用于产生方波，那该定时器一般可以选择优先，定时时间比较长的可以选择次优先，定时器初始化程序如下：

```
void timer_init()  //定时器初始化程序
{
  AUXR=0xC0; //=1100 0000=T0 选用 1T 模式，T1 选用 1T 模式
    /* AUXR=T0x12 T1x12 U_M0x6 T2R   T2_C/T T2x12 EXTRAM S1ST2 */
  TMOD=0X20;    //定时器 1 为 8 位自动重载，定时器 0 使用 16 位自动重载；
TH0=(65536-1000*24)/256; TL0=(65536-1000*24)%256;
ET0=1;   TR0=1;    //定时器 0 中断允许，启动定时器 0
TH1=256-10*24;    //24MHz 的 1T 模式为 12MHz 的 12T 模式快 24 倍
TL1=256-10*24;    //
ET1=1;   TR1=1;    //定时器 1 中断允许，启动定时器 1
IPH =0x0A;    //=0000 1010  PT1H=1 PT0H=1   T1 最优先，T0 次优先
IP =0x80;    //=0000 1000  PT1
    //IPH = - PLVDH  PADCH  PSH  PT1H  PX1H  PT0H  PX0H
    //IP  =- PLVD   PADC   PS   PT1   PX1   PT0   PX0
  EA=1;       //开总中断
}
```

7.2　项目 16：外部按钮中断控制花样灯

外部中断可用于检测外部开关指令或反馈脉冲，以便系统及时做出响应或计数。

7.2.1 项目任务

P2 端口的 8 个 LED 灯，有 4 种点亮花样模式，分别对应端口 P3.2、P3.3、P3.4 和 P3.5 上 4 个按键，即，按下其中一个按键，对应一种流水灯模式。体验外部中断按钮和非外部中断按钮按下时灯的响应区别。

7.2.2 程序设计

端口 P3.2、P3.3 按键对应外部中断 INT0 和 INT1，而端口 P3.4、P3.5 按键没有外部中断。

1. 主程序 main.c

```
#include <STC8H.h>  //定义单片机特殊功能寄存器
#include <INTRINS.H>
#include "config.h"  //配置、初始化头文件
#include "usb.h" //USB 配置头文件
#include "INT_init.h" //外部中断头文件
sbit LEDSet3 = P3^4;    //引脚定义
sbit LEDSet4 = P3^5;
uchar x;
void Key_4()
  {
    if (LEDSet3 == 0) { INT_Flag=0; }   //样式 1 值为 0
    if (LEDSet4 == 0) { INT_Flag=1; }   //样式 2 值为 1
  }
  void main()   //主函数
  {
    sys_init();    //系统初始化
    INT_init();    //外部中断初始化
    INT_Flag=0;    //开机默认值
    while(1)
      {
        Key_4();    //按键扫描 P34 P35
        if(INT_Flag==0) //样式 1
          {
            P2=0x00; delayms(250);    //全亮
            P2=0xFF; delayms(250);    //全灭
          }
        if(INT_Flag==1) //样式 2
        { P2=0x0F; delayms(250); P2=0xF0; delayms(250); }
      if(INT_Flag==2) //P32 低电平时 INT0( 按钮按下)做什么
        {
          P2=0x7F;    //0111 1111 设置右移流水灯初值
```

```
        for(x=0; x<8; x++)    //设置 8 次循环次数 //样式 3
          { P2=_cror_(P2, 1); delayms(200); }    //P2 右移 1 位控制流水灯效果
      }
   if(INT_Flag==3)//P33 低电平时 INT1( 按钮按下)做什么
     {
       P2=0xFC;    //1111 1100 设置左移流水灯初值
       for(x=0; x<6; x++)    //设置 8 次循环次数 //样式 4
         { P2=_crol_(P2, 1); delayms(200); } //P2 右移 1 位控制流水灯效果
     }
   }
}
```

2. 外部中断头文件“INT_init. h”

```
#ifndef__INT_init_H
#define__INT_init_H
void INT_init()
  {
    EX0=1; //外部中断 0 允许位   P32
    IT0=1; //设置外部中断 0 为下降沿触发方式
    EX1=1; //外部中断 1 允许位   P33
    IT1=1; //设置外部中断 1 为下降沿触发方式按下响应
    INTCLKO=0x30;
      /* =0011 0000, 开启外部中断 2(EX2/P3.6)和外部中断 3(EX3/P3.7)
      INTCLKO=-EX4 EX3 EX2  -T2CLKO T1CLKO T0CLKO   */
    EA=1;        //开总中断
  }
void  INT0_Run() interrupt 0   //外部中断 0 服务程序 P32 低电平时(按钮按下)做什么
  {   INT_Flag =2;}
void  INT1_Run() interrupt 2   //外部中断 1 服务程序 P33 低电平时(按钮按下)做什么
  {   INT_Flag =3;}
void  INT2_Run() interrupt 10   //外部中断 2 服务程序 P36 低电平时做什么
  {INT_Flag =0;}
void  INT3_Run() interrupt 11   //外部中断 3 服务程序 P37 低电平时做什么
  {INT_Flag =1;}
#endif
```

7.2.3 程序分析

程序中，P3.4、P3.5 按键没有外部中断，按键要定义，如语句“sbit LEDSet3 = P3^4;”。使用外部中断的按键可不用定义，中断开启就行。例如：当按下 P3.5 按键时，如果程序刚好运行到“Key_4( );”，则 INT_Flag 的值会变 1，主循环里得到 INT_Flag=1 后，自动进入样式 2 闪亮。但是，如果程序运行到其他处，按下 P3.5 按键时，还没到“Key_4( );”，则此时按钮是无效的，但可增加按下时间加以解决。

主循环里，通过判断变量 INT_Flag 的值，进入不同的 LED 灯闪亮模式。部分 INT_Flag 的值在头文件 INT_init. h 中得到。INT_init. h 里开启了四个外部中断 INT0 ~ INT3。中断开启后，按下按键得到低电平，会立即进入对应的中断服务程序“interrupt x”中执行。例如：P3. 3 的按键按下，由于“IT1 = 1”，表示按下低电平中断，则立即进入“void INT1_Run( ) interrupt 2 {…}”中，执行“INT_Flag = 3;”的语句。结果就是按下 P3. 3 按键，INT_Flag 的值必然等于 3。主循环里得到 INT_Flag = 3 后，自动进入样式 4 闪亮。

最后运行结果是：启用外部中断的 P3. 2、P3. 3 按钮按下必响应，没有外部中断功能的 P3. 4、P3. 5 按钮按下不一定立即响应，只有程序刚好运行到 Key_4( ) 子函数时才会响应。

7. 3　项目 17：EC11 编码器设定倒计时

7. 3. 1　EC11 旋转编码器知识

EC11 旋转编码器如图 7-2 和图 7-3 所示，旋转时分别输出 A、B 两个相差 90 度的信号，转动一格会输出半个脉冲。静止时，A、B 触点开关是断开的，A、B 都是高电平，转动一格就输出从高电平到低电平的下降沿，随后一直输出高电平，对应于 EC11 旋转编码器内部 A、B 两个触电开关的动作为断开和闭合，如图 7-4 所示。D 和 E 脚是确认开关，按下旋转柄时，D 和 E 脚短路。

图 7-2　EC11 旋转编码器

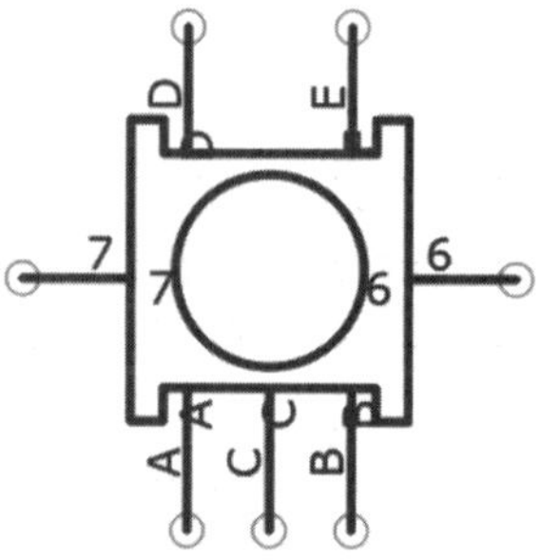

图 7-3　EC11 引脚

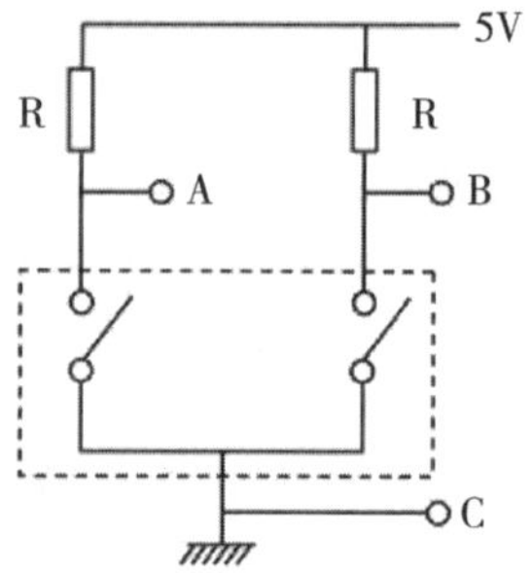

图 7-4　EC11 原理

一般 EC11 编码器有 15 挡和 20 挡等，转动一圈，开关内部闭合与打开多少次，由原理图可知，编码器的内部实际上是一个单刀开关，转动一次之后，开关改变一次状态，A 与 B 的电平就发生翻转。产生波形如图 7-5 所示。

区分编码器转动的方向是正转还是反转，可以检测 A 和 B 的波形相位。正转时 A 相位早于 B，反转时 B 相位早于 A，这样就可以通过 A 的跳变沿结合 B 的电平来确定正转与反转了。EC11 可以不停地旋转，只有发生旋转的时候，A、B 波形才会发生改变。如图 7-6 所示的 EC11 电路，A 和 B 信号分别接 P3. 6 和 P3. 7，对应单片机外部中断的 INT2 和

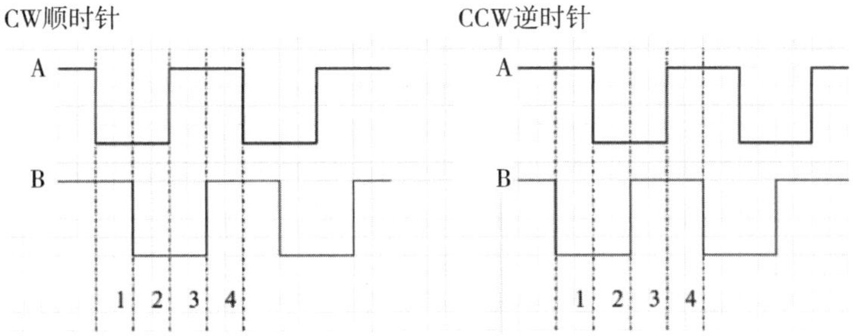

图 7-5　EC11 旋转波形

INT3。EC11 接 P3.5 引脚还有独立按键作用，一般用于旋转后确认，这在实际中也有应用，例如调节温度，调节后按一下确认温度。

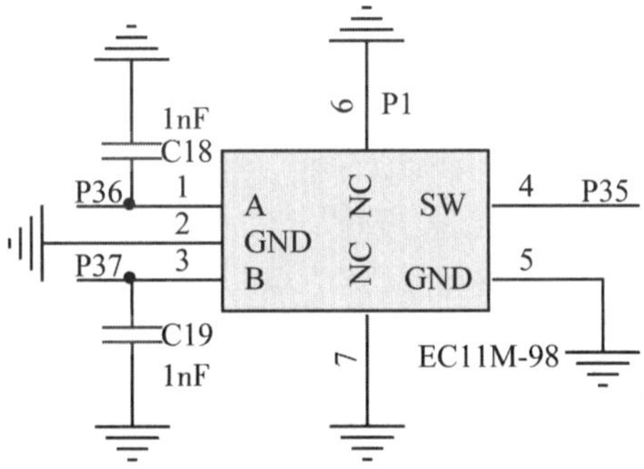

图 7-6　EC11 电路

7.3.2　项目任务

利用 EC11 编码器旋转设置定时值，以秒为单位，时间 0~999s 之间，按确认后，开始倒计时，直至 0 秒结束，并点亮 P2 口的 LED 灯。按 P3.2 按键时间清零，P3.3 按键时间最大 999s，时钟 12MHz。

7.3.3　程序设计

旋转 EC11 编码器设定时间数值，可以用 P3.6 和 P3.7 的外部中断加减计数，也可以启用定时器，定时器时间 1~2ms，频繁观察 P3.6 和 P3.7 的状态也可以实现加减计数。

1. 主程序 main.c：

```
#include <STC8H.h>  //定义单片机特殊功能寄存器
#include "config.h"   //配置、初始化头文件
#include "usb.h" //USB 配置头文件，初学者不用去修改
#include "INT_init.h" //外部中断
#include "Timer_Set.h" //定时器
uchar code smgduan[10]={0xC0, 0xF9, 0xA4, 0xB0, 0x99, 0x92, 0x82, 0xF8, 0x80,
```

```
0x90}; //显示 0~9 等的值
    void Smg_Display()  //显示函数
      {
        P0=0xFF; QianWei=1, BaiWei=0, ShiWei=1, GeWei=1; P0=smgduan[num/100];
  delayms(2);
        P0=0xFF; QianWei=1, BaiWei=1, ShiWei=0, GeWei=1; P0=smgduan[num%100/
10];   delayms(2);
        P0=0xFF; QianWei=1, BaiWei=1, ShiWei=1, GeWei=0; P0=smgduan[num%10];
   delayms(2);
      }
    void main()   //主函数+
      {
      sys_init();    //系统初始化
      timer_init(); //定时器初始化
      INT_init();    //外部中断初始化
      num=123;    //从 123 开始显示加减
      keybz=0;
      while(1)
      {
        if(ADD_1==0) {num=0; }        //数据清零,对应 P3.2 按下
        if(SUB_1==0) {num=999;    }//数据最大,对应 P3.3 按下
        if(Enter==0)  //  sbit Enter =P3^5; 如果 P3.5 按下
          {
            delayms(25);
            while(! Enter); //等待放开
            keybz =~keybz; //状态取反
          }
        Smg_Display();   //数码管显示
        if(num==0)   { P2 &=0xC1;   }  //亮灯,不影响 P2.0 P2.6 P2.7 的灯 1100 0001
        else   {P2 |=0x3E;}          //灭灯,不影响 P2.0 P2.6 P2.7 的灯 0011 1110
        }
  }
```

2. 外部中断头文件“INT_init. h”

```
    #ifndef__INT_init_H
    #define__INT_init_H
    sbit EC11_A=P3^6;
    sbit EC11_B=P3^7;
    void INT_init()   //外部中断初始化
      {
        INTCLKO=0x30; /* =0011 0000,开启外部中断 2(EX2/P3.6)和外部中断 3(EX3/P3.7)
        INTCLKO= - EX4 EX3 EX2   - T2CLKO T1CLKO T0CLKO   */
```

```
    EA=1;         //开总中断
  }
void  INT2_Run() interrupt 10 //A 信号 外部中断 2 服务程序 P36 低电平时 做什么
  {
    LED6 =~LED6 ;    //检测中断
    if(EC11_B==1)
      {
        num++; //旋转的值+1
        if(num>999) {num=999;}
      }
  }
void  INT3_Run() interrupt 11   //B 信号 外部中断 3 服务程序 P37 低电平时 做什么
  {
    LED7 =~LED7 ;
    if(EC11_A==1)
    {
        if(num<1) {num=0; }   //值为 0 了不能再减
        else { num--;    }     //旋转减 1 计数
    }
}
#endif
```

3. 定时器头文件“Timer_Set. h”

```
#ifndef__Timer_Set_H
#define__Timer_Set_H
#define  TimerSetH  (65536-(50000*(MAIN_Fosc/1200))/10000)/256
#define  TimerSetL  (65536-(50000*(MAIN_Fosc/1200))/10000)%256
void timer_init()  //定时器初始化程序
  {
    AUXR=0x10;   //=0001 0000=T2 启动, T2 选用 12T 模式
      /*AUXR=T0x12 T1x12 U_M0x6 T2R  T2_C/T T2x12 EXTRAM S1ST2*/
    IE2 |=0x04;   //=0000 0100=T2 定时中断允许
      /*IE2=EUSB ET4 ET3 ES4  ES3 ET2 ESPI ES2*/
    T2H=TimerSetH;     //50ms 定时值
    T2L=TimerSetL;     //
    TM2PS = 19;        //(TM2PS+1)=20, 对 50ms 增大 20 倍=1000ms=1s 定时
    EA=1;              //开总中断
  }
void timer2() interrupt 12  //定时器 2 中断服务程序, 每 1s 进入一次
  {       //定时器 T2 中断必须对应 interrupt 12
    if(keybz==1)  //可以倒计时
     {
      if(num<1) {num=0; } //值为 0 了不能再减
```

```
        else { num--;   }   //秒减 1 计数
      }
      LED0 =~LED0; //LED 灯闪烁，表示有工作
  }
```

7.3.4 程序分析

程序初始时间值是 123 秒，旋转编码器后，可以对该值进行加减，确认后，时间开始倒计时。A 信号为低电平中断时，如果发现 B 信号为高电平，说明 B 信号落后，即 A 早于 B 为正转，时间应该加计数。相反，A 信号为低电平中断时，如果发现 B 信号也为低电平，说明 B 信号更早，A 信号中断不处理。由另一个 B 信号中断处理，为时间减计数。

P3.5 的 Enter 确认比较简单，每按一次标志 keybz 取反即可，外部中断服务程序里，当该标志 keybz=1 时才能加减计数。

习　题

1. AI8H8K64U 有________个中断源，默认优先级中断，前五个分别为________，________，________，________，_________。
2. 外部中断请求有________触发和________触发两种方式。
3. 设计程序，利用外部中断测试脉冲的宽度。

第 8 章　按键控制设计与实现

键盘是单片机与用户交互的设备之一，用户通过键盘输入数据或命令到单片机。在单片机的外围电路中，经常用到按键开关，当用户按下按键时，按键闭合，用户松开按键后，按键断开，单片机检测按键状态得到数据或命令。

8.1　独立按键原理与设计

按键可以是机械轻触开关，也可以是薄膜导电按钮，在电器控制中应用很多。

8.1.1　独立按键与单片机接口

按键在设计上，常有以下几种方案。

1. 按键单片机接地方式

按键的一端连接单片机 I/O 口，另一端接地，与按键连接的 I/O 端口一般默认为高电平，单片机键盘检测程序会持续检测该 I/O 端口的电平，若检测到该端口由高电平变为低电平，说明与该端口连接的按键被按下，因为按键闭合后，相当于 I/O 端口通过按键与地直接连接，导致该 I/O 端口变为低电平。

单个按键电路如图 8-1 所示，该电路增加了上拉电阻和滤波电容，I/O 端口为 P3. 2，适合传统 C51 单片机，AI8H 单片机内可配置 4. 7kΩ 强上拉电阻，上拉电阻可省去，滤波电容在开发产品时应该加上，实验时可不加滤波电容。四个按键电路如图 8-2 所示，去掉了上拉电阻和滤波电容，简化了电路，I/O 端口为 P3. 2、P3. 3、P3. 4、P3. 5。

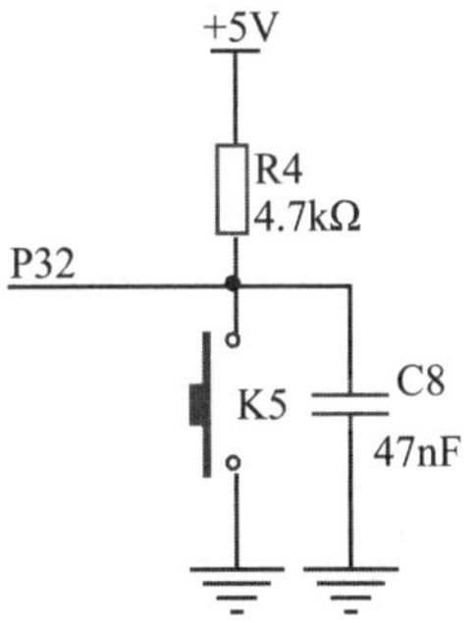

图 8-1　单个按键电路

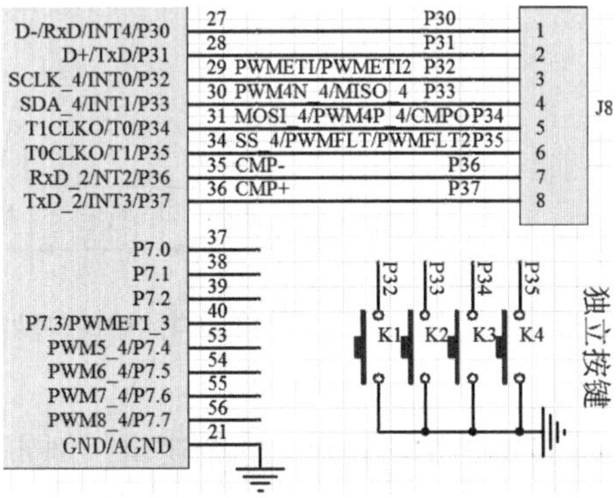

图 8-2　四个按键电路

使用普通 I/O 端口的特点是：须在主循环程序里不断地检测按键是否按下(低电平)，按键按住的时间应大于主循环一次的时间，否则可能会检测不到按键状态，也就是按键按住的时间要长一些。还有一种方法是按键接到有外部中断功能的 I/O 端口，如图 8-2 的 K1 和 K2，对应端口 P3. 2、P3. 3 有外部中断功能，外部中断开启后，不用随时判断，详见前文。

2. 按键电阻分压式

按键电阻分压电路如图 8-3 所示，单片机 I/O 端口只需一个，节约了 I/O 端口资源，不同按键按下时，P1. 4 处会得到不同的电压，AI8H 单片机的 P1. 4 口具有 ADC 功能，可以对 P1. 4 端口电压进行 ADC4 电压测量，得到电压数据，就能根据理论电压范围分析出哪个按键被按下。按键电阻分压式在家用电器里用得比较多，该方式简化了布线，缩小了 PCB 板尺寸。ADC 内容详见第 10 章。

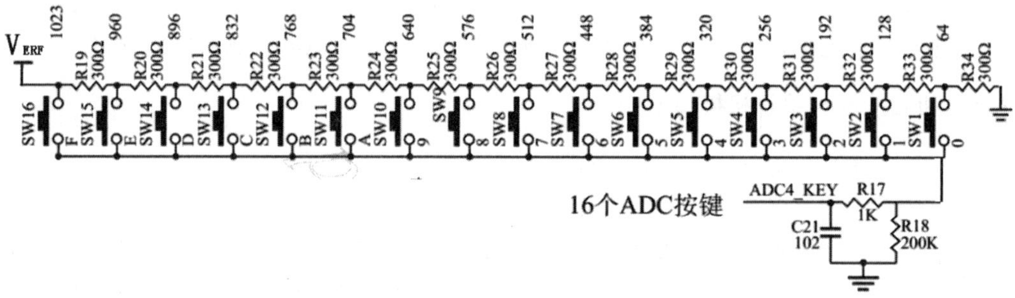

图 8-3　按键电阻分压电路

8. 1. 2　按键的防抖动

机械轻触按键的触头存在固体固有的弹性，按键按下时触头会弹跳几下，相当于连续按了好几下，一般在 20ms 内弹跳结束，这种现象叫按键抖动，按键所连的单片机 I/O 端口波形如图 8-4 所示。实际应用时须根据不同情况决定是否要消除抖动。

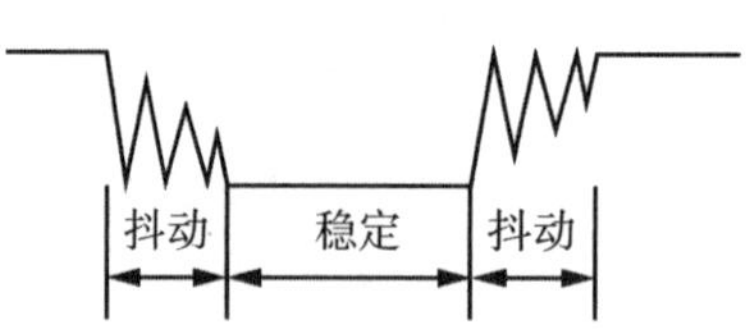

图 8-4　按键抖动波形

如果是两个按键控制同一对象两个逻辑，例如一个按键按下电机正转，另一个按键按下电机反转，像这种情况按键抖动可以不用关心。如果一个按键控制同一对象两个相反的逻辑，例如一个按钮按下电机正转，再按该按键一次电机反转；或者用于计数按键按下的次数。这两种情形必须要消除按键抖动，有硬件消抖和软件消抖两种方法。

硬件消抖如图 8-1 所示，通过并联消抖电容实现。软件消抖是指在检测到有按键闭合时，延时一小段时间之后再次检测，如果仍然检测到按键闭合，则认为按键真正闭合，延时时间 15~25ms。

8.1.3　按键扫描程序

检测按键状态，用按键扫描程序，常有两种方法：一种方法是读入所有按键端口值的方法；另一种方法是逐个判断按键端口值的方法。

1. 读入键值方法

这种方法需要一次读入一组 P 口上 8 个端口上的状态值，对没有接按键的端口要屏蔽或强制高电平，当按下任一按键时，端口的值会变化，不同的按键按下会得到不同的端口值，从而判断哪个按键按下了。以 P3.2、P3.3、P3.4 和 P3.5 的 4 个按键加减数 num 为例，按键扫描子程序如下：

```
void Key_4()
{
    Keyval=P3 | 0xC3;    //0xC3=1100 0011=P37/P36/P31/P30 强制为 1
    if(Keyval! =0xFF)   //Keyval 不等于 0xFF，说明有按键按下，按键未按下时默认均为
高电平，0xFF
      {
      while(Keyval==(P3 | 0xC3)); //等待按键放开
      Keyval=~Keyval;
      switch(Keyval)
      {
        case 4: if (num<1)      {num=0;}     else {num--;}   break;    //减 1 跳出
switch 语句
        case 8: if (num>=9999) {num=9999;} else {num++;}   break;    //加 1
        case 16: if (num<10)     {num=0;}     else {num -=10;}   break;    //减 10
        case 32: if (num>=9990) {num=9999;} else {num+=10;}   break;    //加 10
      }
    }
}
```

在语句“while(Keyval==(P3 | 0xC3));”中，Keyval 值是刚按下时的值，(P3 | 0xC3))是当前按键值，如果相等，说明按键为按下，为真，等效于“while(1);”，则程序会停止在此处。这种方法的缺点是：按键按住时，程序会暂停，这种情况有时是不允许的。如果删除该语句，则按住按键时，计数会不停地加或减，这要根据实际项目情况来确定是否允许。

2. 逐个判断按键端口值的方法

以其中两个按键加减为例，子程序如下：

```
sbit SUB_1  = P3^2;   //减 1 按键
sbit ADD_1  = P3^3;   //加 1 按键
void Key_4()  //键盘扫描函数
```

```
    {
      if (ADD_1 == 0)   //如果加 1 键按下
    {
      delayms(25); //延时，消除按键抖动
      while (ADD_1 == 0); //如果按键一直按住，执行后面";"(空语句)，程序执行暂停在这一句，
                              //按键放开才能执行后面语句 num++;
      num++; //按键功能处理
      if (num>9999)     {num=9999;}   //数据封顶 9999
    }
  if (SUB_1 == 0)  //减 1 键按下
    {
      delayms(25); while(SUB_1 == 0);
      if (num<1)  { num=0;}   //已经是 0 了不能再减了，uint 类型时，0-1=65536-1=65535，没有-1
      else       {num--;}   //自减 1
     }
  }
```

程序中，数据有封顶值 9999，另外，数据已经减至 0 时，就不能再减了。有消除按键抖动延时语句。同样的，语句“while (ADD_1 == 0);”表示在按键按下时，程序也会暂停在此处。因此，实用的程序可能还需要修改。

8.2 项目 18：独立按键加减

独立按键常用于计数和判断，按下按键执行开启或关闭程序功能。

8.2.1 项目任务

利用 P3.2、P3.3、P3.4 和 P3.5 的 4 个按键进行 4 位数字的加减，用 LED 数码管显示，P3.2 和 P3.3 按键加减 1，P3.4 和 P3.5 按键加减 10，P3.2 和 P3.3 按键同时按下时，数字清零，P3.4 和 P3.5 按键同时按下时，数字最大 9999。

8.2.2 程序设计

1. 主程序 main.c

```
#include <STC8H.h>        //定义单片机特殊功能寄存器
#include "config.h"   //配置、初始化头文件
#include "usb.h"   //USB 配置头文件 不用修改
#include "Smg_Display.h"   //数码管显示头文件
#include "Key4.h"          //按键头文件
void main()   //
  {
```

```
    sys_init();    //系统初始化
    num=1234; //从1234开始显示加减
    SUB_1n=0;   ADD_1n=0; SUB_10n=0; ADD_10n=0;   //计数清零
    while(1)
    {
      Key_4();            //调用按键函数，是否有按键按下
      if((SUB_1==0)&(ADD_1==0))    { num=0; }  //P3.2和P3.3按键同时按下
      if((SUB_10==0)&(ADD_10==0)) { num=9999; } //P3.4和P3.5按键同时按下
      Smg_Display();    //数码管显示
    }
}
```

2. 按键头文件“Key4. h”

```
#ifndef __Key4_h___
#define __Key4_h___
uchar  SUB_1n, ADD_1n, SUB_10n, ADD_10n;   //按键计数用
void Key_4()  //键盘扫描函数，按键按下低电平判断方法
{
  if (ADD_1 == 0)  //如果加1键按下
    {
      ADD_1n++; SUB_1n=0; SUB_10n=0; ADD_10n=0; //ADD_1n=0;   ADD_1n计数，其他清零
      if(ADD_1n==1)  {num++;}  //按键按住不放时ADD_1n值只能一次等于1，num加1
      if (num>9999)  {num=9999;}   //数据封顶9999
      if(ADD_1n>=2)  { ADD_1n=2;}   //按键按住时，ADD_1n只能等于2或3
    }
  else { ADD_1n=0; }  //按键放开了，ADD_1n计数清零，下次加1准备
  if (ADD_10 == 0)  //如果加10键按下
    {
      ADD_10n++; SUB_1n=0; ADD_1n=0; SUB_10n=0; //ADD_10n=0;
      if(ADD_10n==1)  {num+= 10;}      //按键功能处理//num加10
      if (num>9999)   {num=9999;}
      if(ADD_10n>=2)  { ADD_10n=2;}
    }
  else {ADD_10n=0; }
  if (SUB_1 == 0)  //减1键按下
    {
      SUB_1n++;   ADD_1n=0; SUB_10n=0; ADD_10n=0;   //SUB_1n=0;
      if(SUB_1n==1)
        {
          if (num<1) { num=0;} //已经是0了不能再减了
          else  {num--;}  //自减1
        }
```

```
        if(SUB_1n>=2)  { SUB_1n=2;}
      }
    else { SUB_1n=0; }
    if (SUB_10 == 0)  //减 10 键按下
      {
        SUB_10n++; SUB_1n=0; ADD_1n=0; ADD_10n=0;   //SUB_10n=0;
        if(SUB_10n==1)
          {
            if (num<10) { num=0;}   //已经小于 10 了不能再减 10 了
            else   {num -=10;}  //减 10
          }
        if(SUB_10n>=2)  { SUB_10n=2;}
      }
      else { SUB_10n=0; }
    }
```

8.2.3 程序分析

在主循环里，有同时判断两个按键的程序，因此上节的按键扫描程序中的"等待按键放开"语句在本例就不好用了。两个按键按下时，总会有先有后，用上节的"等待按键放开"语句时，程序就会暂停在先按下的按键处，从而无法判断另一个按键。

主循环调用按键头文件"Key4.h"里的"Key_4( )"子程序时，如按键按下时，只能加减一次数，里面用了计数变量，如 ADD_1n，ADD_1n 加 1 后 ADD_1n=1，这里可以加一次数，如果按键还按住，则 ADD_1n 再加 1，ADD_1n=2 了，并且 ADD_1n 封顶到 2，不能再加了。主循环返回执行显示子函数"Smg_Display( );"会消耗一定的时间，该时间刚好可用于消抖动延时。下一次主循环再到按键"Key_4( )"子程序时，如果按键放开了，则运行"else { ADD_1n=0; }"，ADD_1n 计数清零，下次做加 1 准备。

8.3 矩阵按键原理与设计

实验常用矩阵按键 4×4 类型，共 16 个按键，图 8-5 所示为实验用矩阵按键，按键功能由用户定义，而图 8-6 所示为薄膜按键，按键位置功能已定义好。由图可知：按键数=行数×列数，相比独立按键，节约了许多端口资源。

单片机矩阵按键是一种常用的输入设备，它可以让用户通过按下不同的按键来控制单片机的功能。矩阵按键的原理是利用了电路的开关特性，将多个按键排列成一个矩阵，每个按键都连接了一行和一列的电路。当用户按下某个按键时，就会使得对应的行和列的电路导通，从而产生一个唯一的信号，单片机可以识别这个信号并执行相应的操作。

图 8-5　轻触开关矩阵键盘

图 8-6　薄膜导电矩阵键盘

8.3.1　矩阵键盘扫描原理

矩阵键盘扫描有一种方法是行列扫描法，电路如图 8-7 所示，分 4 行和 4 列，对应 P6 端口。

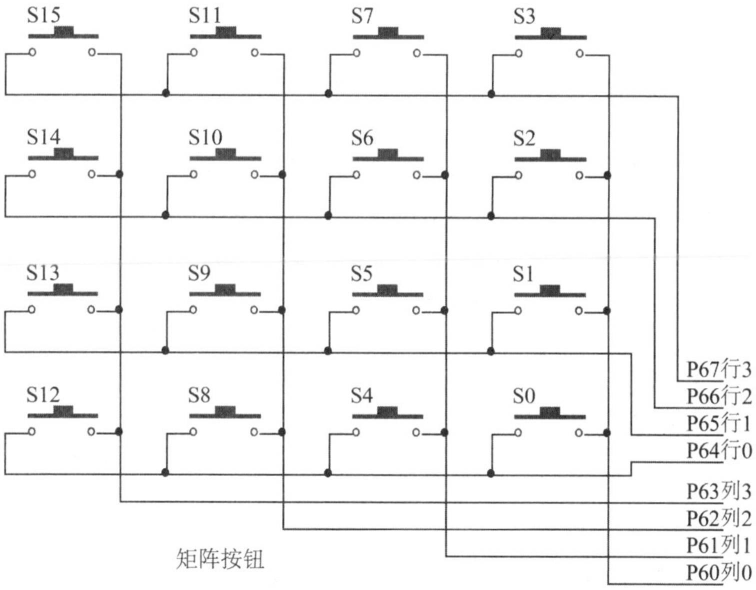

图 8-7　矩阵按键电路

基本思想：P6 口高四位行全部输出低电平，低四位列全部输出高电平，当按键按下时，高电平会被低电平短路。单片机上拉双向模式时，低电平吸入电流能力大于高电平输出电流能力，该按键的列由高电平变为低电平。P6 口接收到数据时，低四位不全为高电平时，说明有按键按下，通过接收的数据值，判断是哪一列有按键按下。然后再反过来，高四位行输出高电平，低四位列输出低电平，然后根据接收到的高四位行的值判断是哪一行有按键按下。综合行列，就能够确定是哪一个按键被按下了。

8.3.2 矩阵键盘扫描值计算

1. 行为高电平，列为低电平

按键未按下时，P6 = 0xF0 = 1111 0000B。如果 S0 按下，则 P6.4 行高电平被短路拉低，P6=1110 0000B，得到键值 0xe0H。S0、S4、S8、S12 按下键值是一样的，无法判断列。

如果 S1、S5、S9、S13 按下，则 P6.5 高电平被短路拉低，P6 = 1101 0000B，键值 0xd0H。

如果 S2、S6、S10、S14 按下，P6=1011 0000B，键值 0xb0H。

如果 S3、S7、S11、S15 按下，P6=0111 0000B，键值 0x70H

2. 行为低电平，列为高电平

按键未按下时，P6=0x0F=0000 1111B。如果 S0 按下，则 P6.0 高电平被短路拉低，P6=0000 1110B，键值 0x0eH。S0、S1、S2、S3 按下键值是一样的，无法判断行。

如果 S4、S5、S6、S7 按下，则 P6.1 高电平被短路拉低，P6 = 0000 1101B，键值 0x0dH。

如果 S8、S9、S10、S11 按下，P6=0000 1011B，键值 0x0bH。

如果 S12、S13、S14、S15 按下，P6=0000 0111B，键值 0x07H

3. 键值计算

对上面行列反转共两次的键值进行相加，可得到最终键值，对应位置如图 8-8 所示。那么程序中只需对键值进行判断计算，查出对应按键即可。

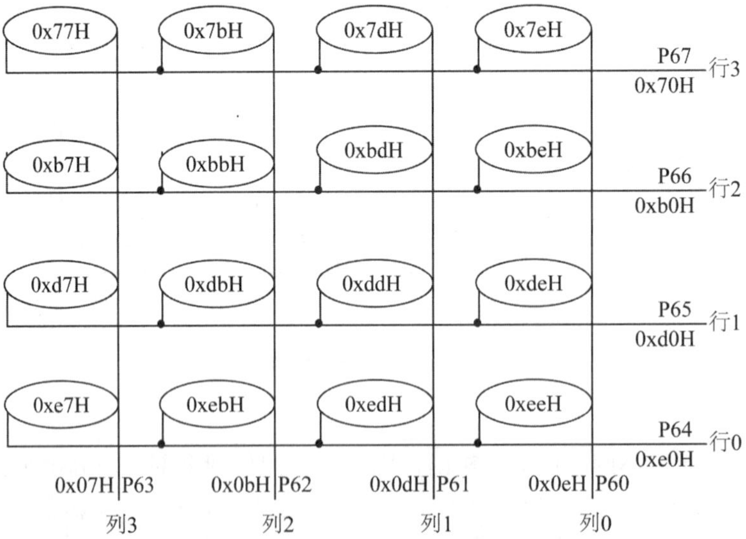

图 8-8 矩阵按键键值

8.4　项目 19：数字矩阵按键

数字矩阵键盘在实际应用中比较多，通过矩阵输入相应数字和命令，达到控制电子设备的目的。依上节叙述，通过行列扫描可以得到键盘原始按键数值。

8.4.1　项目任务

根据图 8-7 所示键盘功能分布，按相应按键，数码管上显示相应的键值。

8.4.2　程序设计

1. 主程序 main.c

```
#include <STC8H.h>  //定义单片机特殊功能寄存器
#include "config.h"  //配置、初始化头文件
#include "usb.h"    //USB 配置头文件，不用修改
#include "Key44.h"         //按钮头文件
uchar code smgduan[10]={0xC0, 0xF9, 0xA4, 0xB0, 0x99, 0x92, 0x82, 0xF8, 0x80,
0x90}; //显示 0~9
Smg_Display();   //数码管显示
  {
    P0=0xFF; QianWei=1, BaiWei=1, ShiWei=0, GeWei=1; P0=smgduan[dis_buf/
10];  delayms(2);
    P0=0xFF; QianWei=1, BaiWei=1, ShiWei=1, GeWei=0; P0=smgduan[dis_buf%
10];  delayms(2);
  }
void main()  //主函数
  {
    sys_init();    //系统初始化不用修改
    Smg_Test(); //数码管测试是否正常
      while(1)
      {
        keydown();       //调用按钮函数，计算按键值
        Smg_Display();    //数码管显示
      }
}
```

2. 按键头文件 Key44.h

```
#ifndef __key44_h___
#define __key44_h___
void  keyscan()  ///* P6.7 P6.6 P6.5 P6.4 为行   P6.3 P6.2 P6.1 P6.0 为列  */
  {              //以 S5 按下短路为例 P6.1
    tempV =0; tempH =0;     //清零
    P6=0xF0; delayms(1);     //=1111 0000, 行为高电平，列为低电平
    tempH=P6; //读 P6 口值=1101 0000=0xd0
```

```
    P6=0x0F; delayms(1);    //=0000 1111, 行为低电平, 列为高电平, 行列反转
    tempV=P6; //读 P2 口值=0000 1101=0x0d
    temp=tempV+tempH;       //==0xdd
    switch(temp)
   {
    case(0xee): dis_buf = 0; break;    //键值赋值给显示缓存
    case(0xde): dis_buf = 1; break;
    case(0xbe): dis_buf = 2; break;
    case(0x7e): dis_buf = 3; break;
    case(0xed): dis_buf = 4; break;
    case(0xdd): dis_buf = 5; break;
    case(0xbd): dis_buf = 6; break;
    case(0x7d): dis_buf = 7; break;
    case(0xeb): dis_buf = 8; break;
    case(0xdb): dis_buf = 9; break;
    case(0xbb): dis_buf = 10; break;
    case(0x7b): dis_buf = 11; break;
    case(0xe7): dis_buf = 12; break;
    case(0xd7): dis_buf = 13; break;
    case(0xb7): dis_buf = 14; break;
    case(0x77): dis_buf = 15; break;
   }
  }
  void  keydown()  //判断键是否按下
  {
    P6=0xF0;
    if(P6! =0xF0){ keyscan(); }  //判断按键按下 按下 P6 值会不等于 0xF0//调用按键
扫描程序
   }
  #endif
```

8.4.3 程序分析

本例采用行列反转法得到行按键值和列按键值，再相加得到总按键，使用 switch 语句判断总按键值，对应按键赋值给显示变量 dis_buf，即可分辨出哪个按键被按下。

习　题

1. 按键开关去抖动方法有__________和__________。
2. 通常按键开关按下时，对应的单片机端口电压为____________。
3. 设计程序，四个按键按下可连续加减，数字用 LED 数码管显示。
4. 设计矩阵程序，对应按键值为 0~9、A~F。

第 9 章　LCD 显示屏设计与实现

液晶显示屏，即 LCD(Liquid Crystal Display)，为平面较薄的显示设备，它由一定数量的彩色或单色像素组成，放置于光源或者反射面前方，本章主要学习单色像素类型。LCD 有体积小、重量轻、功耗低、显示内容丰富等优点，应用日益广泛。

9.1　LCD1602 显示原理

LCD 按控制方式可分为笔段式和点阵式。笔段式 LCD 显示器类似于 LED 数码管显示器，每个显示器的段电极包括 a、b、c、d、e、f、g 7 个笔段和一个背电极 BP (COM)，可以显示数字和定制的字符，如图 9-1 所示，这种 LCD 液晶屏显示往往需要定制。

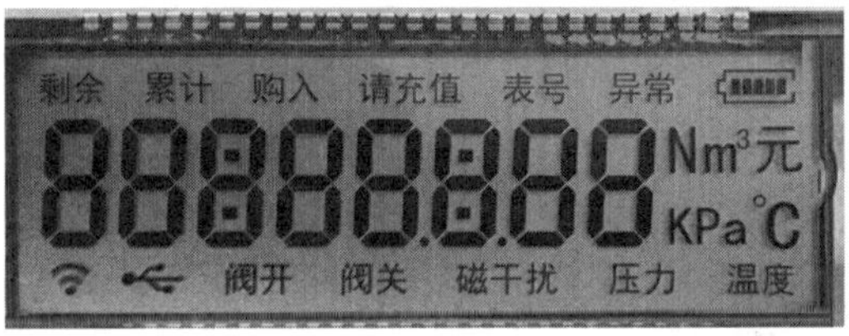

图 9-1　笔段式 LCD

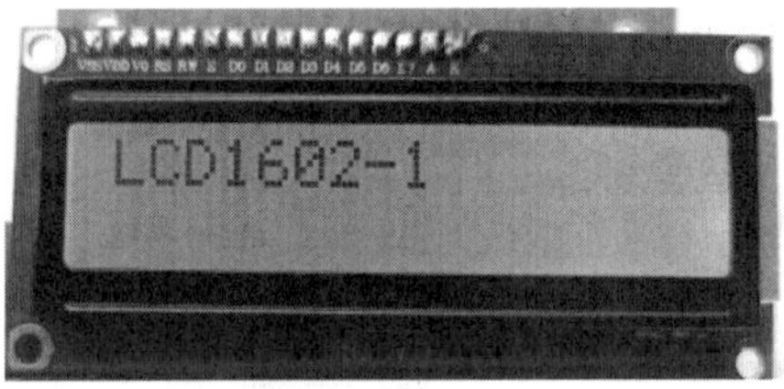

图 9-2　点阵型 LCD1602

点阵式 LCD 显示器，段电极与背电极呈正交带状分布，液晶位于正交的带状电极间。点阵式 LCD 的控制一般采用行或列扫描方式，如图 9-2 所示，显示的字符是逐点组成的。点阵式 LCD 可以显示任何形状的图形或字符。

9.1.1　字符点阵式 LCD1602 液晶屏

字符型液晶显示模块是一种专门用于显示字母、数字、符号等内容的点阵式 LCD，目前常用有 16×1、16×2、16×4、20×2 和 40×2 等多种型号，图 9-3 所示为 LCD1602 的引脚图。

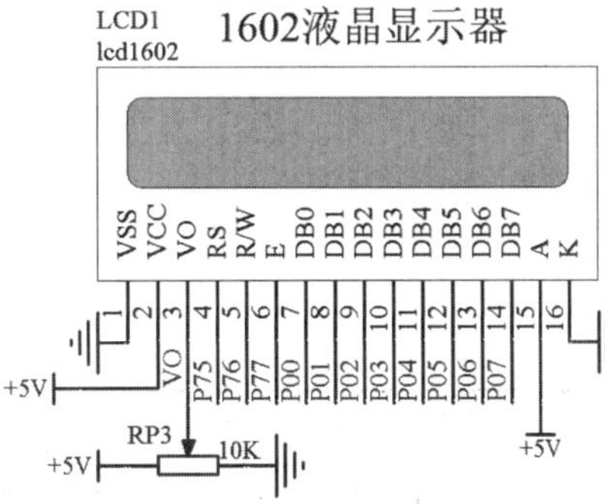

图 9-3　LCD1602 引脚图

1. LCD1602 主要技术参数

显示容量 16×2 个字符，芯片工作电压为 4.5~5.5V，工作电流约为 2mA，模块最佳工作电压为 5.0V；字符尺寸为 2.95mm×4.35mm（W×H）。

2. 引脚功能说明

各引脚功能如表 9-1 所示。

表 9-1 引脚功能

引脚号	功能	说明
1	VSS	电源地 GND
2	VDD	电源正极+5V
3	VO	液晶显示偏压信号(字亮度)
4	RS	数据/命令选择端；RS=0 时，命令/状态；RS=1 时，数据
5	R/W	读/写选择端；R/W=0 时，写操作；R/W=1 时，读操作
6	E	使能信号
7~14	DB0~DB7	数据线，可 8 位传输或 4 位传输
15	A	背光源正极，背光电源可 PWM 高光控制背光亮度省电
16	K	背光源负极

3. LCD1602 内部结构

DDRAM(Data Display Random Access Memory)为数据显示存储器，可读取，可写入。如图 9-4 所示，可显示位置为 40×2，共计 80 个字符。即第一行 00H~27H，第二行 40H~67H，见表 9-2。

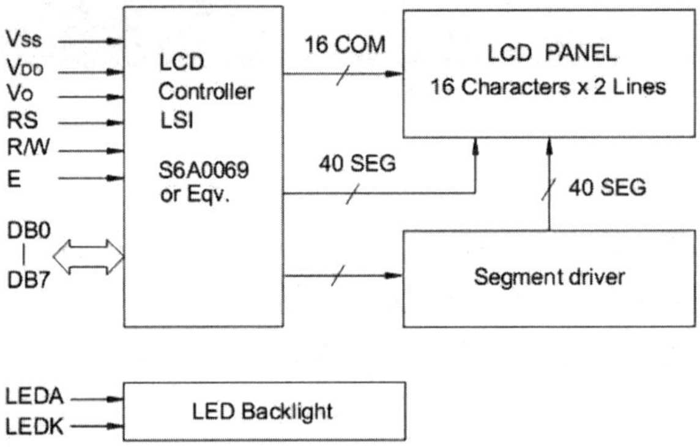

图 9-4 LCD1602 内部框图

表 9-2 DDRAM

	显示位置	0	1	2	3	4	5	6	7	……	40
DDRAM 地址	第一行	00H	01H	02H	03H	04H	05H	06H	07H	……	27H
	第二行	40H	41H	42H	43H	44H	45H	46H	47H	……	67H

CGRAM(Character Generation Random Access Memory)为用户字符发生器，可以自定义用户的字模库，最多 8 个字符，用户可以做 8 个自己想要的字符或图形。

CGROM(Character Generation Read Only Memory)为字符发生器，出厂默认设置的字模库与标准 ASCII 码基本一致，并在此基础上加入片假名和部分特殊符号，用户只需调出这些字符，就可以显示到屏幕上。具体支持范围如表 9-3 所示。

表 9-3　LCD1602 字库表

←	0000	0001	0010	0011	0100	0101	0110	0111	1000	1001	1010	1011	1100	1101	1110	1111
xxxx0000	CG RAM (1)			0	@	P	`	p				ー	タ	ミ	α	p
xxxx0001	(2)		!	1	A	Q	a	q			。	ア	チ	ム	ä	q
xxxx0010	(3)		"	2	B	R	b	r			「	イ	ツ	メ	β	θ
xxxx0011	(4)		#	3	C	S	c	s			」	ウ	テ	モ	ε	∞
xxxx0100	(5)		$	4	D	T	d	t			、	エ	ト	ヤ	μ	Ω
xxxx0101	(6)		%	5	E	U	e	u			・	オ	ナ	ユ	σ	ü
xxxx0110	(7)		&	6	F	V	f	v			ヲ	カ	ニ	ヨ	ρ	Σ
xxxx0111	(8)		'	7	G	W	g	w			ァ	キ	ヌ	ラ	g	π
xxxx1000	(1)		(	8	H	X	h	x			ィ	ク	ネ	リ	√	x̄
xxxx1001	(2)		)	9	I	Y	i	y			ゥ	ケ	ノ	ル	⁻¹	y
xxxx1010	(3)		*	:	J	Z	j	z			ェ	コ	ハ	レ	j	千
xxxx1011	(4)		+	;	K	[	k	{			ォ	サ	ヒ	ロ	ˣ	万
xxxx1100	(5)		,	<	L	¥	l	|			ャ	シ	フ	ワ	¢	円
xxxx1101	(6)		-	=	M	]	m	}			ュ	ス	ヘ	ン	£	÷
xxxx1110	(7)		.	>	N	^	n	→			ョ	セ	ホ	゛	ñ	
xxxx1111	(8)		/	?	O	_	o	←			ッ	ソ	マ	゜	ö	█

读取时，只需找到要显示的字符的地址，再把该地址的字符调出写入就可显示字符，例如，想获得“A”在字模库中的位置，由表 9-3 可知，向上地址为 0100B，向左地址为 0001B，合成二进制位置为 0100 0001B，转换为 16 进制是 41H。意思是去地址 0x41 的字库里可调出“A”的字符。

4. LCD1602 显示地址

表 9-2 中，不是所有的地址都可以直接用来显示字符数据，只有第一行中的 00～0F(左边 16 个)，第二行中的 40～4F 才能显示，其他地址只能用于存储。

显示字符时要先输入显示字符地址，也就是告诉模块在哪里显示字符，例如，第二行第一个字符的地址是 0x40，那么是否直接写入地址 0x40 就可以将光标定位在第二行第一个字符显示呢？不是的，因为写入显示地址时要求最高位 D7 恒定为高电平 1，所以实际写入的数据应该是 01000000B(0x40)+10000000B(0x80)= 11000000B=0xC0，并非 0x41，而是增大了 0x80。

增大 0x80 后的 LCD1602 显示命令字如表 9-4 所示。

表 9-4　屏幕显示地址

显示位置	0	1	2	3	4	5	6	7	8	9	10	11	12	13	14	15
第一行(H)	80	81	82	83	84	85	86	87	88	89	8A	8B	8C	8D	8E	8F
第二行(H)	C0	C1	C2	C3	C4	C5	C6	C7	C8	C9	CA	CB	CC	CD	CE	CF

5. LCD1602 指令

LCD1602 指令如表 9-5 所示。例如：写入命令 0x01，就表示清屏，光标归位，将光标撤回液晶显示屏的左上方，将地址计数器(AC)的值设为 0。

表 9-5　LCD1602 指令

指令	RS	R/W	DB7	DB6	DB5	DB4	DB3	DB2	DB1	DB0	功能
1. 清屏	0	0	0	0	0	0	0	0	0	1	清除，光标复位
2. 归位	0	0	0	0	0	0	0	0	1	*	AC=0，光标复位
3. 输入方式设置	0	0	0	0	0	0	0	1	1	1	读、写，AC 自动加一；平移
									1	0	读、写，AC 自动加一；不动
									0	1	读、写，AC 自动减一；平移
									0	0	读、写，AC 自动减一；不动
4. 显示开关控制	0	0	0	0	0	0	1	0	0	0	显示关，光标关，闪烁关
								0	0	1	显示关，光标关，闪烁开
								0	1	0	显示关，光标开，闪烁关
								0	1	1	显示关，光标开，闪烁开
								1	0	0	显示开，光标关，闪烁关
								1	0	1	显示开，光标关，闪烁开
								1	1	0	显示开，光标开，闪烁关
								1	1	1	显示开，光标开，闪烁开
5. 光标、画面位移	0	0	0	0	0	1	0	0	*	*	光标向左平移一个字符位
							0	1	*	*	光标向右平移一个字符位
							1	0	*	*	画面向左平移一个字符位
							1	1	*	*	画面向右平移一个字符位

续表

指令	RS	R/W	DB7	DB6	DB5	DB4	DB3	DB2	DB1	DB0	功能
6. 功能设置	0	0	0	0	1	0	0	0	*	*	四位数据接口，一行 5×7 点阵
						0	0	1	*	*	四位数据接口，一行 5×10 点阵
						0	1	0	*	*	四位数据接口，两行 5×7 点阵
						0	1	1	*	*	四位数据接口，两行 5×10 点阵
						1	0	0	*	*	八位数据接口，一行 5×7 点阵
						1	0	1	*	*	八位数据接口，一行 5×10 点阵
						1	1	0	*	*	八位数据接口，两行 5×7 点阵
						1	1	1	*	*	八位数据接口，两行 5×10 点阵
7. CGRAM 地址设置	0	0	0	1	A5	A4	A3	A2	A1	A0	设置 CGRAM 地址。A5 ~ A0 = 0 ~ 3FH
8. DDRAM 地址设置	0	0	1	A6	A5	A4	A3	A2	A1	A0	设定下一个要存入数据的 DDRAM 的地址。
9. 读 BF 及 AC 值	0	1	BF	AC6	AC5	AC4	AC3	AC2	AC1	AC0	BF = 1：忙；BF = 0：准备好。
10. 写数据	1	0	数据								数据写入 DDRAM 或 CGRAM 内。
11. 读数据	1	1	数据								读取 DDRAM 或 CGRAM 钟的内容。

9.1.2　LCD1602 的使用

要使用 LCD1602，首先需要对其初始化，即通过写入一些特定的指令实现。然后选择要在 LCD1602 的哪个位置显示，并将所要显示的数据发送到 LCD 的 DDRAM。LCD1602 通常都是用于写数据进去，很少使用读功能。LCD1602 初始化函数如下：

```
void LCD_init(void)    //LCD1602 初起始化，可不修改
{
  delayms(10);
  Writecmd(0x38);    //八位数据接口，两行显示，5×7 点阵一字符
  Writecmd(0x08); //显示关，光标关，闪烁关
  Writecmd(0x01); //清除 DDRAM 和 AC 值，光标复位
  Writecmd(0x06); //数据读、写操作后，AC 自动加一；画面不动
  Writecmd(0x0C); //显示开，光标关，闪烁关
    //Writecmd(0x0F); //显示开，光标开，闪烁开
}
```

上面的"Writecmd(...);"为写命令函数，写命令函数须根据图 9-5 所示时序图和表 9-6 写出，写命令函数如下：

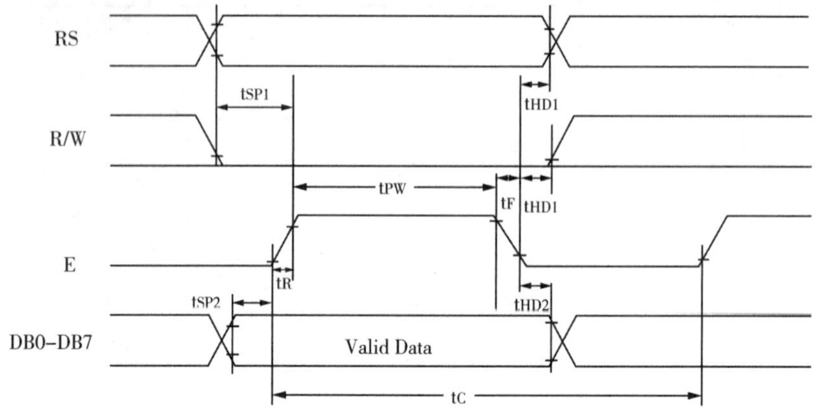

图 9-5　读写时序图

```
void Writecmd(uchar com)  //写命令函数，可不用修改
{
  En=0;   RS=0;   RW=0;
  P0=com;      //com 为命令的值，通过 P0 口送到 LCD1602 的 DB7~DB0 引脚。
delayms(2);   //延时 2ms
En=1;   delayms(2);   En=0;
}
```

表 9-6　LCD1602 控制时序表

RS	R/W	E	D0~D7	功　能
0	0	高脉冲	输入	写命令，初始化、清屏、光标定位等
0	1	1	输出	读状态，读忙标志
1	0	高脉冲	输入	写显示数据，写入要显示的内容
1	1	1	输出	读显示数据，将显示存储区中的数据反读出来

从读写时序图可以看出，该图分为 4 行：RS、R/W、E 和 DB0~DB7。读写时序图中 RS 引脚既可以是高电平也可以是低电平，如果 RS 由高变为低，则表示读出的结果是 LCD1602 的状态，这个时序图上看不出来，可通过表 9-5 的读状态那一行看出，反之 RS 由低变为高，则表示读出的结果是 LCD1602 上显示的数据，读写时序图中 R/W 引脚必须由低变为高，读写时序图中 E 引脚必须为高电平，即当 E 由低变为高时还需等待 t_D时间后 DB0~DB7 上的数据才有效。DB0~DB7 为读取到的数据，，前面 3 个引脚的电平必须符

合时序图要求，单片机才能读取 LCD1602 上的信息。

由时序图还可得出写数据函数，如下：

```
void Writedata(uchar dat)  //写数据函数，可不修改
{
  En=0;   RS=1;   RW=0;
  P0=dat;      //dat 为显示数据的值
  delayms(2);
  En=1;     delayms(2);   En=0;
}
```

9.2　项目 20：LCD1602 显示字符

LCD1602 显示字符的主要过程是：液晶初始化，显示背景初始化，字符写入等。

9.2.1　项目任务

LCD1602 上行中间显示自己名字的拼音，下行左边显示自己八位学号，下行右边显示按钮加减的四位带小数点单位的数字值，初始值 220.0V。

9.2.2　程序设计

LCD1602 每行能显示 16 个字符，如姓名为王小小，则拼音 WangXiaoxiao，共 12 个字符，居中显示应从第三个地址位置 0x82 开始显示，直到 0x8D 为止。学号显示在第二行最左边，初始显示地址为 0xC0。220.0V 在第二行最右边，显示地址从 0xCA 至 0xCF。

1. 主程序 main.c

```
#include <STC8H.h>   //定义单片机特殊功能寄存器
#include "config.h"   //配置、初始化头文件
#include "usb.h"     //USB 配置头文件
#include "LCD1602.h" //LCD1602 头文件
#include "Key4.h"     //按键头文件
void main()   //主函数
  {
    sys_init();      //系统初始化
    LCD_init();    //液晶初始化
    Disp_Bco();     //显示背景字符姓名学号
    num=2200 ;     //初始值
    while(1)
  {
    Key_4();     //按键判断
    Disp_num();       //显示函数;
  }
}
```

2. 液晶显示 LCD1602.h

```
#ifndef __LCD1602_h__
#define __LCD1602_h__
sbit En =P7^7;            //1602 使能
sbit RW=P7^6;             //1602 读写
sbit RS =P7^5;            //1602 清零
uchar tab1[]="WangXiaoxiao";   //直接显示字母，共 12 个字符
uchar tab2[]="12345678";   //直接显示数字
void Writecmd(uchar com) //写命令函数，可不修改
{…}见上节内容
void Writedata(uchar dat)  //写数据函数，可不修改
{…}见上节内容
void LCD_init(void)   //初起始化，可不修改
{…}见上节内容
void Disp_Bco()
{
  uchar j; //局部变量 j
  Writecmd(0x82);    //设置显示地址//从 82 地址处开始逐个显示
  for(j=0; j<12; j++)   //有几个字符，循环几次，  //表 tab1[j]中数据逐个调出向
1602 写入显示
     { Writedata(tab1[j]);      delayms(2);   }  //显示姓名
  Writecmd(0xC0);    //设置显示地址//从 C0 地址处开始逐个显示(左下角)
  for(j=0; j<8; j++)    //有几个字符，循环几次  //表 tab1[j]中数据逐个调出向 1602
写入显示
     { Writedata(tab2[j]);      delayms(2);   }  //显示学号
}
void Disp_num()     //显示函数，num=2200
{
    qian=num/1000;          //=2
    bai =num%1000/100;      //=3
    shi =num%100/10;        //=0
    ge  =num%10;            //=0
    Writecmd(0xCA);         //从 CA 地址处开始逐个显示
    Writedata(0x30+qian);  //千位数据显示
    /*例如 qian=2, Writedata(0x30+2)=Writedata(0x32)
      =Writedata(0011 0010), 表示从 1602 字库里 0011 0100 的地方调出数据
      =1602 字库里 0011 0010 的地方刚好是存着"2"数据代码，结果显示"2" */
    Writedata(0x30+bai); Writedata(0x30+shi);
    Writedata(0x2E);      //显示小数点"."
    Writedata(0x30+ge);
    Writedata(0x56);      //显示"V"
}
#endif
```

9.2.3　程序分析

本例子 LCD1602 程序做成了一个“LCD1602.h”，方便了程序的移植，液晶显示时要注意，如果已经显示了字符，后续如果没有在该位置处更换显示新的内容，则原内容会一直显示，不会消失。因此显示不变的背景内容时，该部分内容应写在初始化程序处，不要写在主循环“while(1) {...}”内，主循环内写需要更新显示的内容。

显示字符时，先要写地址命令，表示从何处开始显示，如“Writecmd(0x82);”。显示字符时，要写入字符在表 9-3 的 LCD1602 字库表中的地址，如“Writedata(0x30+qian);”，当 qian=2 时，为“Writedata(0x32);”，0x32 刚好是字符“2”的地址，可以调出显示“2”。

同理，显示标点和字母时，只需找到该字符的地址即可，如“Writedata(0x2E);”，显示标点“.”。

显示结果如图 9-6 所示。

图 9-6　显示结果

9.3　项目 21：18B20 测量温度

传统的温度检测大多以热敏电阻为传感器，采用模拟式热敏电阻，可满足一定的测量范围。而 18B20 为数字式温度传感器，可直接与单片机通信数据，从而测出温度。

9.3.1　18B20 原理

1. 18B20 基本认识

18B20 为单总线(1-Wire Bus)，采用单根信号线，可以双向传输数据，占用微处理器的端口较少，可节省引线和逻辑电路。单总线只有一根数据线，系统中的数据交换和控制都由这根线完成。主机或从机通过一个漏极开路或三态端口连至数据线，以允许设备在不发送数据时能够释放总线，而让其他设备使用总线。单总线通常要求外接一个 4.7kΩ~10kΩ 的上拉电阻。

18B20 引脚如图 9-7 所示，其中 DQ 为单线总线数据传输，VDD 为正电源，应用电路见图 9-8 所示，接有上拉 10kΩ 的电阻。

2. 18B20 内部结构

DS18B20 内部结构如图 9-9 所示，主要由四部分组成：64 位光刻 ROM、温度传感器、非挥发的温度报警触发器 TH 和 TL、配置寄存器。

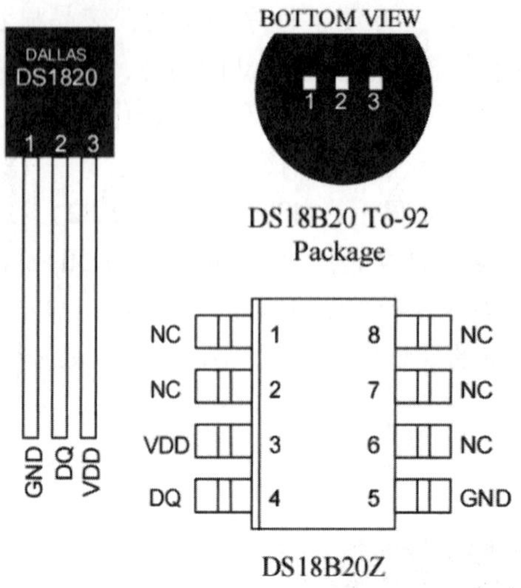

图 9-7　18B20 引脚

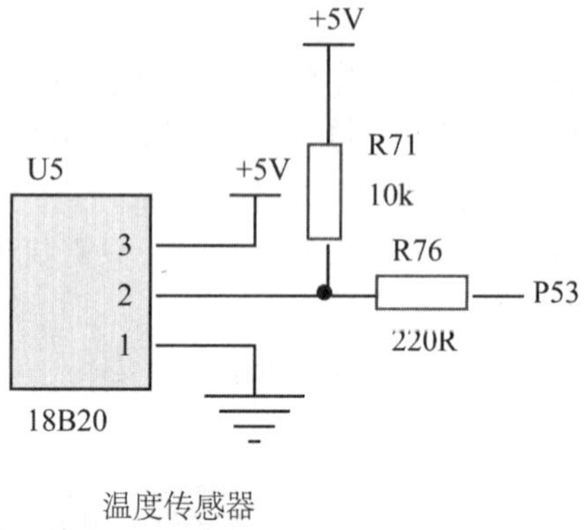

图 9-8　18B20 接线

ROM 中的 64 位序列号是出厂前被光刻好的，它可以看作是该 DS18B20 的地址序列码。ROM 的排列是：开始 8 位，地址 28H，是产品类型标号，接着的 48 位是该 DS18B20 自身的序列号，并且每个 DS18B20 的序列号都不相同，因此它可以看作是该 DS18B20 的地址序列码。8 位则是前面 56 位的循环冗余校验码（ CRC＝X8+X5+X4+1 ），见图 9-10。由于每一个 DS18B20 的 ROM 数据都各不相同，因此微控制器就可以通过单总线对多个 DS18B20 进行寻址，从而实现一根总线上挂接多个 DS18B20。

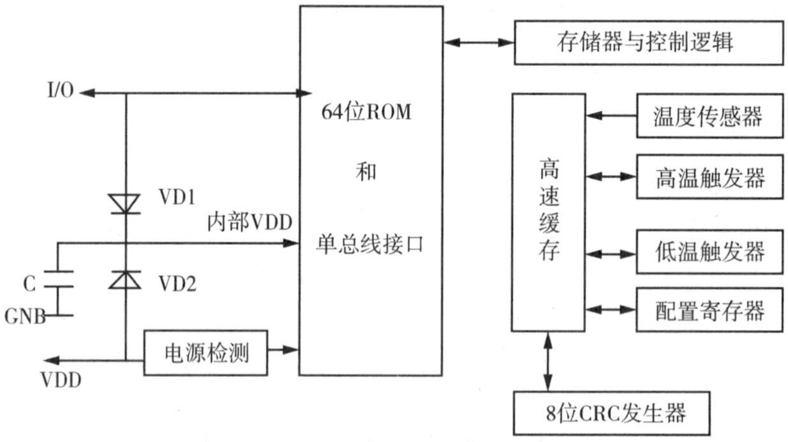

图 9-9　18B20 内部结构

DS18B20 中的温度传感器用于完成对温度的测量，它的测量精度可以配置成 9 位、10

8-BIT CRC CODE	48-BIT SERIAL NUMBER	8-BIT FAMILY CODE (28h)
MSB　　LSB	MSB　　LSB	MSB　　LSB

图 9-10　64B 闪烁 ROM

位、11 位或 12 位四种状态。温度传感器在测量完成后将测量的结果存储在 DS18B20 的两个 8 比特的 RAM 中，读取时低位在前，高位在后。数据的存储格式见表 9-7(以 12 位转化为例)。

表 9-7　温度信号寄存器格式

LSB								MSB							
B15	B14	B13	B12	B11	B10	B9	B8	B7	B6	B5	B4	B3	B2	B1	B0
S	S	S	S	S	2^6	2^5	2^4	2^3	2^2	2^1	2^0	2^{-1}	2^{-2}	2^{-3}	2^{-4}

结果存储在 18B20 的两个 8 比特的 RAM 中，二进制中的前面 5 位是符号位，如果测得的温度大于 0，这 5 位为 0，只要将测到的数值乘以 0.0625 即可得到实际温度；如果温度小于 0，这 5 位为 1，测到的数值需要取反加 1 再乘以 0.0625 即可得到实际温度，具体如表 9-8 所示。

表 9-8　温度和数据转换关系

温度	数据输出(二进制)	数据输出(十六进制)
+125℃	0000 0111 1101 0000	07D0H
+85℃	0000 0101 0101 0000	0550H
+25.0625℃	0000 0001 1001 0001	0191H
+10.125℃	0000 0000 1010 0010	00A2H
+0.5℃	0000 0000 0000 1000	0008H
0℃	0000 0000 0000 0000	0000H
-0.5℃	1111 1111 1111 1000	FFF8H
-10.125℃	1111 1111 0101 1110	FF5EH
-25.0625℃	1111 1110 0110 1111	FF6FH
-55℃	1111 1100 1001 0000	FC90H

例如：+85℃的数字输出为 0550H，+25.0625℃的数字输出为 0191H，-25.0625℃的数字输出为 FF6FH，-55℃的数字输出为 FC90H。

3. DS18B20 存储器

DS18B20 温度传感器的内部存储器包括一个高速暂存 RAM 和一个非易失性的可电擦除的 EEPROM，后者存放高温度触发器 TH、低温度触发器 TL 和结构寄存器。数据先写入 RAM，经校验后再传给 EEPROM。

暂存存储器包含了 8 个连续字节，前两个字节是测得的温度信息，第一个字节的内容是温度的低八位 TL，第二个字节是温度的高八位 TH。第三个和第四个字节是 TH、TL 的易失性拷贝，第五个字节是结构寄存器的易失性拷贝，这三个字节的内容在每次上电复位时被刷新。第六、七、八个字节用于内部计算。第九个字节是冗余检验字节，可用来保证通信正确。DS18B20 的分布如图 9-11 所示。

在 64B 的 ROM 的有效字节中存储有循环冗余校验码(CRC)。主机根据 ROM 的前 56 位来计算 CRC 值，并和存入 DS18B20 中的 CRC 值做比较，以判断主机收到的 ROM 数据是否正确。

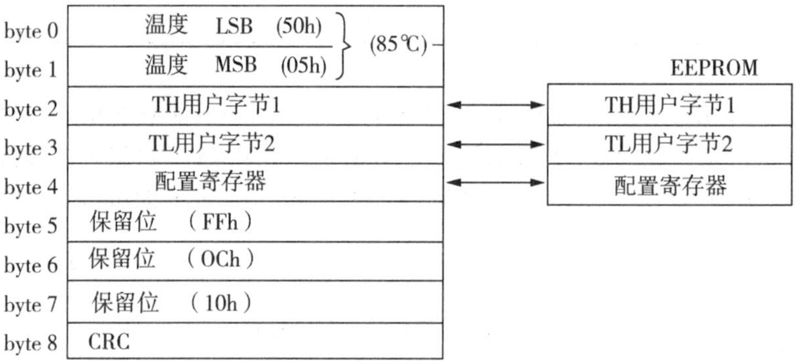

图 9-11　DS18B20 存储器

4. DS18B20 读写时序

1)初始化时序

DS18B20 所有的通信都是由初始化序列开始的，该序列包括从主设备发出的复位脉冲及从 DS18B20 响应的存在脉冲。如图 9-12 所示。当 DS18B20 响应复位信号的存在脉冲后，则向主设备表明其在该总线上，并且已经准备好接收操作命令。

在初始化序列期间，总线上的主设备通过拉低 1-Wire 总线超过 480μs 来发送(TX)复位脉冲。之后主设备释放总线并进入接收模式(RX)。当总线释放后，5kΩ 左右的上拉电阻将 1-Wire 总线拉至高电平。当 DS18B20 检测到该上升边沿信号后，其等待 15μs 至 60μs 后通过将 1-Wire 总线拉低 60μs 至 240μs 来实现发送一个存在脉冲。

2)写时序

写时序有两种情况："写 1"时序和"写 0"时序。主设备通过写 1 时序向 DS18B20 中写入逻辑 1 以及通过写 0 时序向 DS18B20 中写入逻辑 0。每个写时序最少必须有 60μs 的持续时间且独立的写时序之间至少有 1μs 的恢复时间。两个写时序都是由主设备通过将 1-Wire总线拉低来进行初始化，如图 9-13 所示。

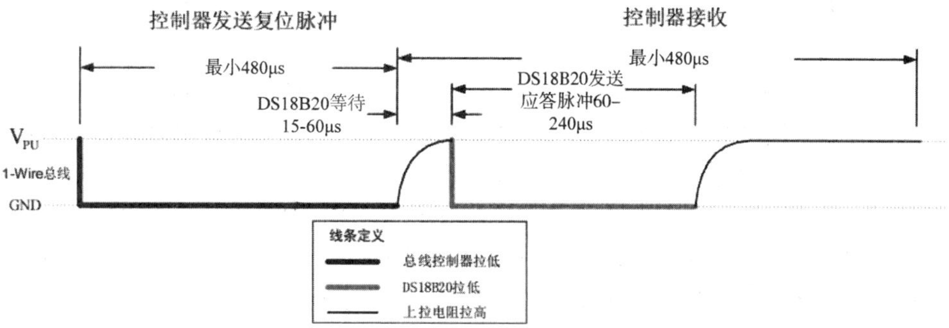

图 9-12 初始化时序

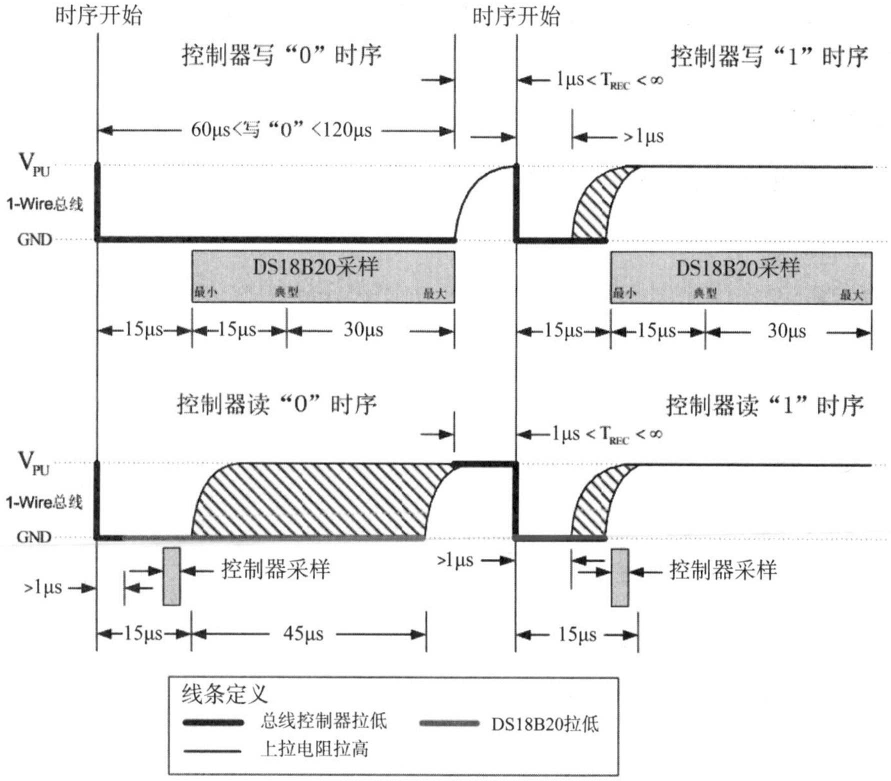

图 9-13 读写时序

为了形成写 1 时序，在将 1-Wire 总线拉低后，主设备必须在 15μs 内释放总线。当总线释放后，5kΩ 的上拉电阻将总线拉至高电平。为了形成写 0 时段，在将 1-Wire 总线拉低后，在整个时段期间主设备必须一直拉低总线(至少 60μs)。

在主设备初始化写时段后，DS18B20 将会在 15~60μs 的时间窗口内对总线进行采样。如果总线在采样窗口期间是高电平，则逻辑 1 被写入 DS18B20；若总线是低电平，则逻辑

0 被写入 DS18B20。

3)读时序

仅在读时段期间 DS18B20 才能向主设备传送数据。因此，主设备在执行完读暂存寄存器[B8h]或读取供电模式[B4h]后，必须及时地生成读时段，这样 DS18B20 才能提供所需的数据。此外，主设备可以在执行完转换温度[44h]或拷贝 EEPROM[B8h]命令后生成读时段。

每个读时段最小必须有 60μs 的持续时间且独立的写时段之间至少有 1μs 的恢复时间。读时段通过主设备将总线拉低超过 1μs，再释放总线来实现初始化。当主设备初始化完读时段后，DS18B20 会向总线发送 0 或者 1。DS18B20 通过将总线拉至高电平来发送逻辑 1，将总线拉至低电平来发送逻辑 0。当发送完 0 后，DS18B20 将会释放总线，则通过上拉电阻该总线将会恢复到高电平的闲置状态。从 DS18B20 中输出的数据在初始化读时序后仅有 15μs 的有效时间。因此，主设备在开始改读时段后的 15μs 之内必须释放总线，并且对总线进行采样。

9.3.2 项目任务

用数字式温度传感器 18B20 测量温度，并把温度显示在 LCD1602 显示屏上。

9.3.3 程序设计

1. 主程序 main. c

```
/*注意晶振=12.000MHz*/
#include <STC8H.H>
#include "config.h"
#include "usb.h"
#include "Ds18B20.h"
#include "LCD1602.h"
void main(void)
{
  sys_init();     //系统初始化
  DS18B20_RST();     //18B20 复位
  LCD_init();       //液晶初始化
  Disp_Bco();       //显示背景字符
  number=0;
    while(1)
    {
      number++;    //计数
      if(number>=5)   //减慢数据更新速度
        {
          number=0;
          DS18B20ReadTemPer(); //读取温度
          Disp_ORI_Temper();     //显示原始温度数据
```

```
            TemPer_Process();              //温度处理
            Disp_PRO_Temper();    //显示处理后的温度数据
        }
    }
}
```

2. 温度头文件 Ds18B20.h

```
#ifndef __Ds18B20_H_
#define __Ds18B20_H_
#include <intrins.h>
sbit DSIO = P5^3;           //DS18B20 的数据接 P5.3
BYTE TemH;                  //存放温度值的高字节
BYTE TemL;                  //存放温度值的低字节
uint  Temper;               //原始温度数据变量
long   PTemper;             //需要处理的温度数据变量
uint  PRTemper;             //处理完成的温度数据变量
void Delayus(uchar i)
{
  uchar j;
  for(j=0; j<i; j++)
     { _nop_(); _nop_();   }
}
void   delayBus(uint i)   //100us 软件延时
  {
    uint j, k;               //j, k 局部变量定义
    k=MAIN_Fosc/10/13200;
    while(i--)   {for(j=0; j<k; j++);}
  }
void DS18B20_RST()    //DS18B20 复位
  {
    Flag = 1;
    while (Flag)
  {
    DSIO= 0;    delayBus(6);    //送出低电平复位信号, 延时 600μs
    DSIO= 1;    delayBus(1);    //释放数据线, 等待 100μs
    Flag=DSIO; delayBus(5);   //检测 0 脉冲, 否则重新复位
  }
}
uchar DS18B20_ReadByte()   //DS18B20 读 1 字节数据
  {
    uchar i, date=0;
    for (i=0; i<8; i++)       //8 位数逐位读出
  {
```

```
        date >>=1;                //低位数读入的数从高位塞入
        DSIO=0; Delayus(1); DSIO = 1; Delayus(1); //开始、延时等待 //准备接收、接收延时
        if(DSIO) {date |= 0x80;}     //读取数据
        Delayus(60);                 //延时结束
      }
    return date;
  }
  void DS18B20_WriteByte(uchar date)   //DS18B20 写 1 字节数据
    {
      uchar i, x;
      for (i=0; i<8; i++)
        {
          DSIO = 0;   Delayus(1);       //开始、延时等待
          x = date; x <<=7; Flag=x;
          date >>=1;                    //送出数据
          DSIO =Flag;   Delayus(60);       //等待时间片结束
          DSIO = 1; Delayus(1);         //恢复数据线//恢复延时
        }
  }
  void DS18B20ReadTemPer()          //读取温度
    {
        DS18B20_RST();                     //设备复位
        DS18B20_WriteByte(0xCC);           //跳过 ROM 命令
        DS18B20_WriteByte(0x44);           //开始转换命令
        while (! DSIO);                    //等待转换完成
        DS18B20_RST(); DS18B20_WriteByte(0xCC);   //设备复位 //跳过 ROM 命令
        DS18B20_WriteByte(0xBE);            //读暂存存储器命令
        TemL = DS18B20_ReadByte();          //读温度低 8 位字节
        TemH = DS18B20_ReadByte();          //读温度高 8 位字节
        PTemper =TemH*256+TemL; Temper=PTemper;    //合成 16 位数
    }
  void TemPer_Process()             //温度处理
    {
      ulong tep=0;          //局部变量
      if(PTemper>0)       //正温度
       { tep=(PTemper*625+50)/100; PRTemper=tep;}
    }
  #endif
```

3. 头文件 LCD1602. h

```
  .....
  void Disp_ORI_Temper()  //显示原始温度数据
    {
```

```
        Writecmd(0xC0);
        Writedata(0x30+Temper/10000);
        //Writedata(0x30+Temper%10000/1000); Writedata(0x30+Temper%1000/100);
        Writedata(0x30+Temper%100/10); Writedata(0x30+Temper%10);
      }
    void Disp_PRO_Temper()  //显示处理后的温度数据
      {
        Writecmd(0xC8);
        Writedata(0x30+PRTemper/10000);
        Writedata(0x30+PRTemper%10000/1000); Writedata(0x30+PRTemper%1000/
100);
        Writedata(0x2e); Writedata(0x30+PRTemper%100/10); Writedata(0x30+
PRTemper%10);
      }
    #endif
```

9.3.4 程序分析

在主程序中，检测和显示温度的程序在主循环中，由于程序不多，循环较快，用了"number"的变量，循环5次才检测和显示1次。

主循环里显示两个数据，一个是原始测量数据，方便数据比较，还有一个是经折算后的摄氏度值。

DS18B20工作时序对时间有要求，时间在工作时序的范围内才能工作。因此，下载程序时的时钟频率需满足要求。当时钟与例子所用的12MHz相差大时，延时函数"void Delayus(uchar i) {…}""void delayBus(uint i) {…}"须重新校准。

9.4 LCD12864显示原理

LCD12864液晶显示模块是128×64点阵的汉字图形型液晶显示模块，可显示汉字及图形，ST9720控制器的内置有8192个中文汉字，汉字为16×16点阵，可以显示128个字符8×16点阵的字符GDRAM。可直接与单片机的接口相连，提供两种界面来连接微处理机：8位并行及串行两种连接方式。其具有多种功能：光标显示、画面移位、睡眠模式等。

9.4.1 字符点阵式LCD12864(ST9720)液晶屏

LCD12864屏如图9-14所示，引脚和应用如图9-15所示。

1. LCD12864主要技术参数

逻辑工作电压VDD：4.5~5.5V，也有3.3V的低电压版本；背光源电压为4.5~5.5V；与MCU接口有8位或3位串行的模式。

图 9-14　LCD12864 屏

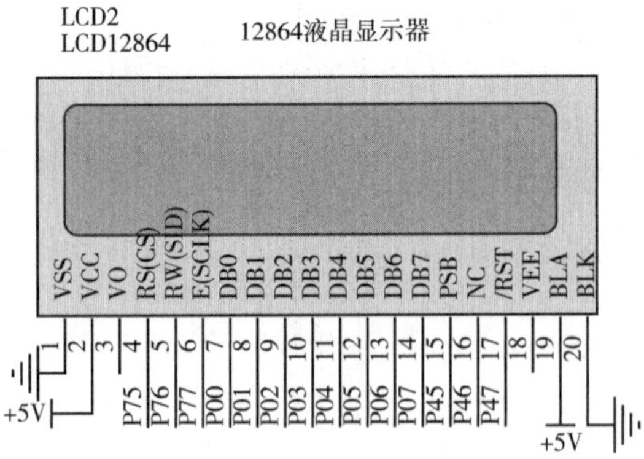

图 9-15　LCD12864 引脚

2. 引脚功能说明

各引脚功能如表 9-9 所示。

表 9-9　引脚功能

引脚号	功能	说　明
1	GND	电源地
2	VCC	电源正极
3	V0	驱动电压(对比度)
4	RS(CS)	数据和指令选择，串行片选 RS=1，选择数据，指向数据寄存器；RS=0，选择指令，指向指令寄存器
5	R/W(SID)	R/W=1，读操作；R/W=0，写操作使能信号
6	E(CLK)	当 R/W=1 时，E 为高电平时读操作有效；当 R/W=0 时，E 为下降沿时写操作有效
7~14	DB0~DB7	数据线
15	PSB	PSB=1 时，并行数据传输；PSB=0 时，串行数据传输
16	NC	空脚
17	/RST	复位，低电平复位
18	VEE	LCD 负电压驱动输出
19	LEDA	背光正级+5V
20	LEDK	背光负极 0V

3. 控制指令

控制指令与 LCD1602 有一定的相似，有基本控制指令和扩展指令，其中的基本控制指令见表 9-10。

表 9-10　基本控制指令

指令	指令码										说　明	执行时间（540KHz）
	RS	RW	DB7	DB6	DB5	DB4	DB3	DB2	DB1	DB0		
清除显示	0	0	0	0	0	0	0	0	0	1	将 DDRAM 填满“20H”，并且设定 DDRAM 的地址计数器（AC）到“00H”	4.6ms
地址归位	0	0	0	0	0	0	0	0	1	X	设定 DDRAM 的地址计数器（AC）到“00H”，并将游标移到开头原点位置，该指令并不改变 DDRAM 的内容	4.6ms
进入点设定	0	0	0	0	0	0	0	1	I/D	S	指定在资料的读取与写入时，设定游标移动方向及指定显示的移位	72μs
显示状态开/关	0	0	0	0	0	0	1	D	C	B	D＝1：整体显示 ON C＝1：游标 ON B＝1：游标位置 ON	72μs
游标或显示移位控制	0	0	0	0	0	1	S/C	R/L	X	X	设定游标的移动与显示的移位控制位元；这个指令并不改变 DDRAM 的内容	72μs
功能设定	0	0	0	0	1	DL	X	0 RE	X	X	DL＝1（必须设为 1） RE＝1：扩充指令集动作 RE＝0：基本指令集动作	72μs
设定 CGRAM 地址	0	0	0	1	AC5	AC4	AC3	AC2	AC1	AC0	设定 CGRAM 地址到地址计数器（AC）	72μs
设定 DDRAM 地址	0	0	1	AC6	AC5	AC4	AC3	AC2	AC1	AC0	设定 DDRAM 地址到地址计数器（AC）	72μs
读取忙碌标志（BF）和地址	0	1	BF	AC6	AC5	AC4	AC3	AC2	AC1	AC0	读取忙碌标志（BF）可以确认内部动作是否完成，同时可以读出地址计数器（AC）的值	0μs
写资料到 RAM	1	0	D7	D6	D5	D4	D3	D2	D1	D0	写入资料到内部的 RAM（DDRAM/CGRAM/IRAM/GDRAM）	72μs
读取 RAM 的值	1	1	D7	D6	D5	D4	D3	D2	D1	D0	从内部 RAM 读取资料（DDRAM/CGRAM/IRAM/GDRAM）	72μs

4. 字符表

字符表如图 9-16 所示，与 LCD1602 类似。

5. 汉字显示地址编排

汉字字符显示时，需要 16×16 点阵，故一行最多显示 8 个汉字，而显示字符时，点阵为 8×8 点阵，一行最多显示 16 个字符。

用左半屏(或上半屏)前两行 DDRAM 内存地址(即 80H～87H 与 90H～97H)和右半屏(或下半屏)前两行 DDRAM 内存地址(即 88H～8FH 与 98H～9FH)作为 LCD12864 点阵型液晶显示器显示数据的 DDRAM 内存地址，汉字显示地址编排如表 9-11 所示。

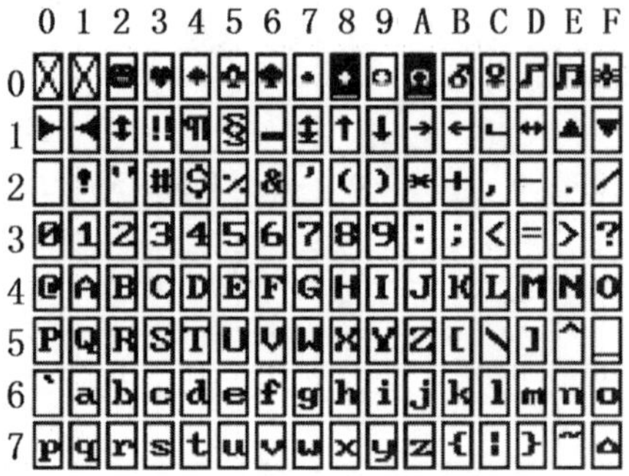

图 9-16　字符表图

表 9-11　汉字显示地址编排

第一大行	80H	81H	82H	83H	84H	85H	86H	87H	上半屏
第二大行	90H	91H	92H	93H	94H	95H	96H	97H	
第三大行	88H	89H	8AH	8BH	8CH	8DH	8EH	8FH	下半屏
第四大行	98H	99H	9AH	9BH	9CH	9DH	9EH	9FH	

6. 读写操作时序

1)读操作时序，如图 9-17 所示。

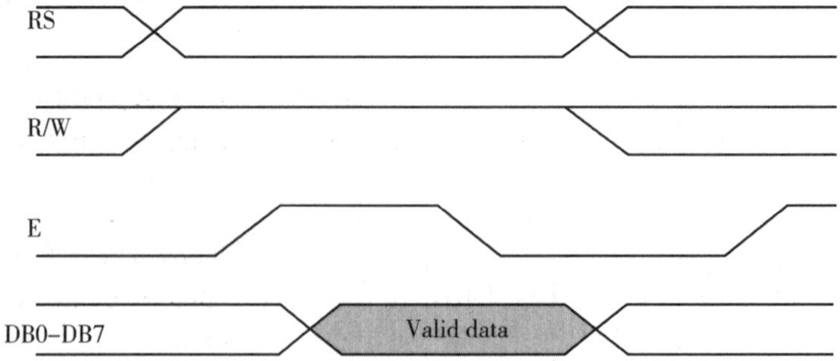

图 9-17　读时序

2）写操作时序，如图 9-18 所示。

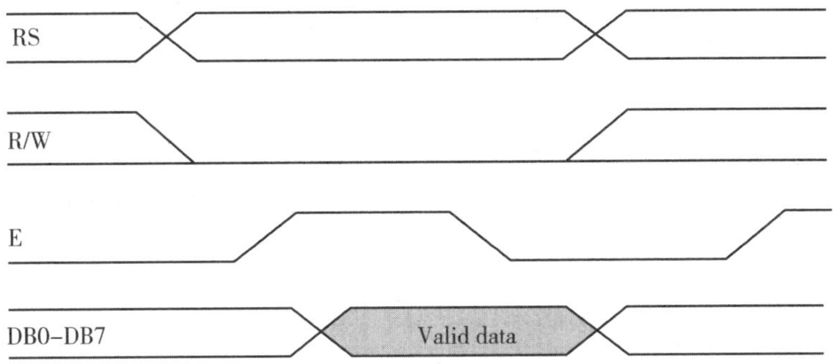

图 9-18　写时序

9.4.2　字符点阵式 LCD12864（KS0108）液晶屏

KS0107/KS0108 的 LCD12864 屏是没有字库的，显示的字符、汉字和图形均需要进行取模，以生成点阵代码。如图 9-19 和图 9-20 所示。

1. 引脚功能说明

该 LCD 屏是由左右两屏组成，每半屏点阵 64×64，合成共 128×64。左右半屏分别由片选 CS1 和 CS2 决定，低电平有效。其他与前述 ST9720 屏类似。

2. 内部模块结构

KS0108 一共有 7 条指令，模块结构如图 9-21 所示，指令见表 9-12。

（1）显示开/关指令：当 DB0 ＝1 时，LCD 显示 RAM 中的内容；DB0＝ 0 时，关闭显示。

（2）显示起始行（ROW）设置指令：该指令设置了对应液晶屏最上一行的显示 RAM 的行号，有规律地改变显示起始行，可以使 LCD 实现显示滚屏的效果。

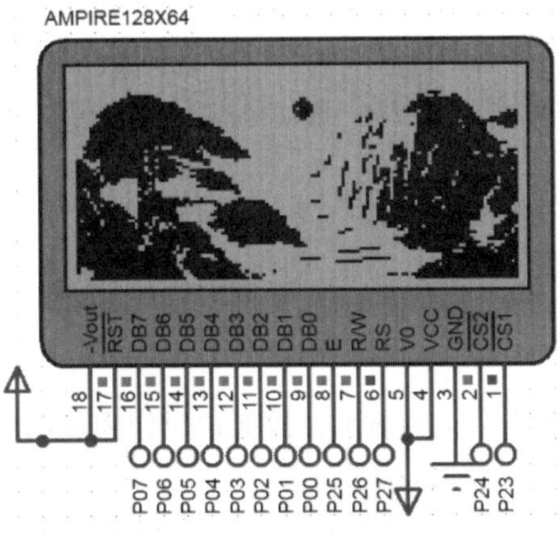

图 9-19　显示风景图片

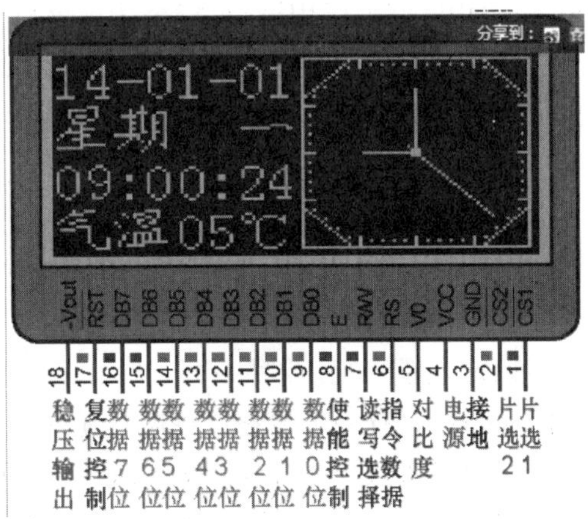

图 9-20　引脚功能

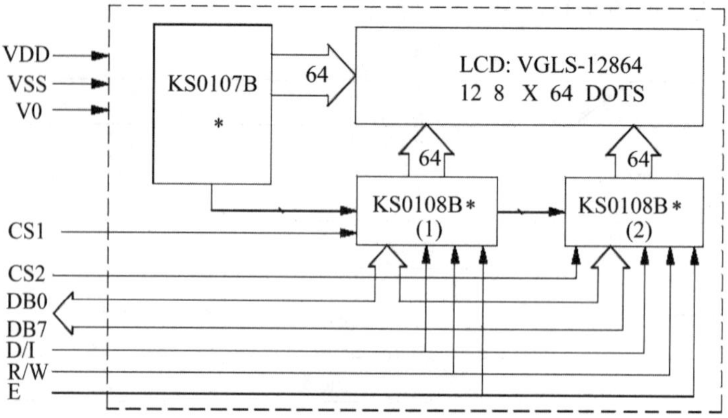

图 9-21 内部模块结构

表 9-12 指 令 表

指令	R/W	RS	DB7	DB6	DB5	DB4	DB3	DB2	DB1	DB0
开关	0	0	0	0	1	1	1	1	1	1/0
起始行	0	0	1	1	显示起始行(0~63)					
页 X 地址	0	0	1	0	1	1	1	页号(0~7)		
列 Y 地址	0	0	0	1	显示列地址(0~63)					
读状态	1	0	BUSY	0	ON/OFF	RESET	0	0	0	0
写数据	0	1	写入的数据							
读显示	1	1	读显示数据							

(3)页(X 地址)设置指令：显示 RAM 共 64 行，分 8 页，每页 8 行。

(4)列地址(Y 地址)设置指令：设置了页和列地址，就唯一确定了显示 RAM 中的一个单元，MPU 就可以用读/写指令读出该单元中的内容或向该单元写入一个字节数据。

(5)读状态指令：用来查询液晶显示模块内部控制器的状态。如 BUSY=1，内部正在工作；BUSY=0，正常状态。ON/OFF=1，关闭显示；ON/OFF=0，打开显示。RESET=1 为复位，RESET=0 为正常状态。

(6)写数据指令：显示 RAM 共 64 行，分 8 页，每页 8 行。

(7)读显示数据指令：读写数据指令每执行完一次读写，列(Y)地址自动加 1。

3. 显示原理

1)确定在哪一行(或哪一页)

因为一行只有一个像素点高度，无法完成汉字或字符的显示，故通常只作为显示起始定位。而“页”在汉字或字符的显示中，使用更为常见。12864 共有 8 页。每页有 8 行(点阵行)，8 页就是 64 行。每个汉字或字符的高度为 16 行，占 2 页，一个字符由上半字的一页和下半字的一页组成。

2)确定在哪一列

全屏共 128 列(0~127)，左、右两个半屏各有 64 列(0~63)。一个字符(数字、字母、符号)宽度为 1 字节，占 8 列；而一个汉字宽度为 2 字节，占 16 列，每半屏各有 8 页(地址 0xb8~0xbf 分别指定 0~7 页，用 0xb8 | page 设定)。每页占 64 列(地址 0x40~0x7F 分别指定 0~63 列，用 0x40 | column 设定)。

数据在屏上为纵向显示，如在指定 1 页第 8 列位置显示 12H：write_command(0xb8+1)；指定第 1 页；write_command(0x40+8)；指定第 8 列：write_data(0x12)；送入数据，该数据的最高位对应“该页该列”最下端的点。

5. 读写操作时序

读写操作时序，如图 9-22 和图 9-23 所示。

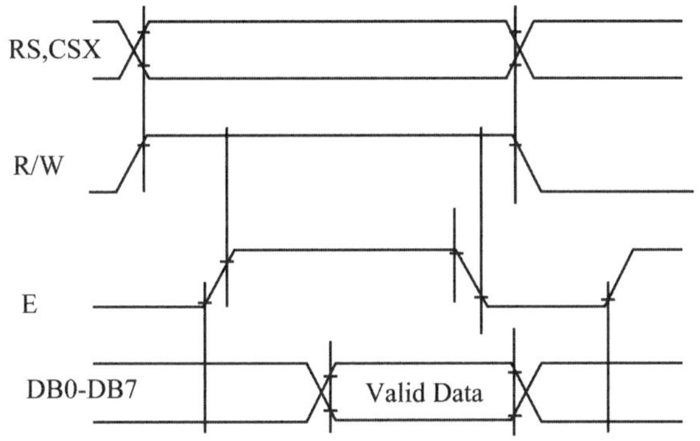

图 9-22　读时序

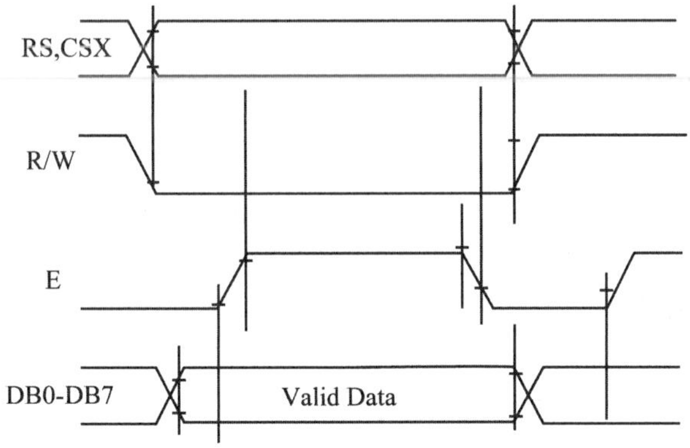

图 9-23　写时序

9.5　项目 22：LCD12864-ST9720 菜单设计

LCD12864 控制器是 ST9720 是有汉字库的，而控制器 K0107 是没有汉字库的。

9.5.1 项目任务

用 LCD12864 显示汉字菜单和特殊字符。

9.5.2 程序设计

本例子是显示四行汉字："设置电压""当前电压""当前电流""角度="，以及显示的值和特殊字符。可以用作项目测试的菜单。

1. 主程序 main. c

```
#include <STC8H.h>
#include <intrins.h>
#include "config.h"       //配置、初始化头文件
#include "usb.h"          //USB 配置头文件
#include "12864_9720.h"  //12864 头文件
void main()
{
    sys_init();   //系统初始化
    LCD12864_init(); //lcd 初始化
    while(1)
   {
      curr++;   //计数
      num_dis(); temp_dis();      //显示数字   //显示电压
      cur_dis(); angle_dis(); //显示电流 //显示角度
   }
}
```

2. 显示头文件 12864_9720. h

```
#ifndef__12864_9720_H
#define__12864_9720_H
sbit LcdEn=P7^7;        //定义 LCD 使能端
sbit LcdRs=P7^5;        //定义 LCD 数据命令选择端
sbit LcdWr=P7^6;        //定义 LCD 读写选择端
  //sbit LcdPSB=P4^5;        //定义并串选择端
uchar a, d3, d2, d1, d0;          //范围 0~255
uint num=2345, curr=666;      //范围 0~65535
ulong temp, temp11, volt=2048, angle=678;
uchar code line1[]="设置电压:";
uchar code line2[]="当前电压:";    //定义无符号单字节字符型代码表，表的位置在代码段
uchar code line3[]="0.000V";
uchar code line5[]="当前电流:";
uchar code line6[]="角度=";
uchar code line7[]="0000 ";
uchar code line8[]="000 °";
```

```
void Wr_cmd(uchar cmd)  //+++++++LCD 写命令函数+++++++++
  {
   LcdEn=0; LcdRs=0;
   P0=cmd;  delayms(1);
   LcdEn=1; delayms(1); LcdEn=0;
  }
void Wr_dat(uchar dat)  //+++++++LCD 写数据函数+++++++++
  {
   LcdEn=0; LcdRs=1;
   P0=dat;  delayms(1);
   LcdEn=1; delayms(1); LcdEn=0;
  }
 void Face_dis() //开机初始化界面显示函数* * * * * * * * * * * * * * * * * * /
   { //第一行，80H~87H，第二行 90H~97H；第三行 88H~8FH，第四行 98H~9FH；
   Wr_cmd(0x80);        //设置行起始位，第一行第 0 字开始显示
   for(a=0; a<9; a++) {Wr_dat(line1[a]);} //显示 9 个字符，一个汉字占两个字符//
显示 line1[]内的内容
   Wr_cmd(0x85);            //第一行第 5 字开始显示
   for(a=0; a<6; a++)  {Wr_dat(line3[a]);}   //显示 6 个字符(不是 6 个汉字)
   Wr_cmd(0x90);          //第二行第 0 字开始显示
   for(a=0; a<10; a++)  {Wr_dat(line2[a]);}
   Wr_cmd(0x95); for(a=0; a<6; a++)  {Wr_dat(line3[a]);}
   Wr_cmd(0x88); for(a=0; a<10; a++) {Wr_dat(line5[a]);}
   Wr_cmd(0x8D); for(a=0; a<6; a++)  {Wr_dat(line7[a]);}
   Wr_cmd(0x98); for(a=0; a<6; a++)  {Wr_dat(line6[a]);}
   Wr_cmd(0x9D); for(a=0; a<6; a++)  {Wr_dat(line8[a]);}
  }
 void LCD12864_init()  //初始化函数* *
  {
   delayms(20);   //等待液晶输入电源稳定
   //LcdPSB=1;    //选定 LCD 与单片机并行连接
   LcdWr=0;      //
   Wr_cmd(0x30);   //选择功能: 8 位数据基本指令操作
   Wr_cmd(0x0c);   //整体显示开，不显示光标
   Wr_cmd(0x01);   //LCD 清屏
   Wr_cmd(0x02);   //游标归原点
   Face_dis();    //显示初始化界面
  }
 void num_dis()  //数据显示函数*显示 num 的值
  {  //先数据拆分，例如 num=2345  //再各位数据逐个显示
   qian=num/1000; bai=num%1000/100;   //千位=2 //百位=3
   shi=num%100/10; ge =num%10;       //十位=4   //个位=5
```

```
        Wr_cmd(0x85);
        Wr_dat(0x30+qian); //把字库里地址 0x32 的地方存着"2"的数字代码调出显示
        Wr_dat(0x2e);      //写入“.”，小数点是人为添加的，字库 0x2e 的地方存着“.”的代码
        Wr_dat(0x30+bai); //把字库里地址 0x33 的地方存着"3"的数字代码调出显示
        Wr_dat(0x30+shi); Wr_dat(0x30+ge);
    }
    void temp_dis()     //显示 volt 的折算电压值
    {
        temp11=volt*5000/4096; //例如 volt=2048, 0~5V 对应 0~4096
        d3=temp11/1000;     //显示数据: 千位
        d2=temp11%1000/100;    //显示数据: 百位
        d1-temp11%100/10;      //显示数据: 十位
        d0=temp11%10;      //显示数据: 个位
        Wr_cmd(0x95);      //第二行第 5 字开始显示
        Wr_dat(0x30+d3); Wr_dat(0x2e);         //写入“.”号
        Wr_dat(0x30+d2);  Wr_dat(0x30+d1);   Wr_dat(0x30+d0);
    }
    void cur_dis()//直接显示 curr 的值
    {
        Wr_cmd(0x8D);    //第三行第 5 字开始显示
        Wr_dat(0x30+curr/1000); Wr_dat(0x30+curr%1000/100);
        Wr_dat(0x30+curr%100/10); Wr_dat(0x30+curr%10);
    }
    void angle_dis()//显示 angle 的折算角度值
    { //例如 angle=678, 0~180 度 对应 0~1024
        temp=angle*1800/1024;
        Wr_cmd(0x9A);    //
        Wr_dat(0x0F); Wr_dat(0x02); Wr_dat(0x26); Wr_dat(0x0E);
        Wr_dat(0x3D);
        Wr_dat(0x30+temp/1000); Wr_dat(0x30+temp%1000/100); Wr_dat(0x30+temp%
100/10);
        Wr_dat(0x2e); Wr_dat(0x30+temp%10);
    }
    #endif
```

9.5.3 程序分析

LCD12864 显示屏显示背景的内容应该放在初始化程序里，放在字符串数组里调用即可。显示字符或汉字时，与 LCD1602 类似，先写入显示命令，再写入字符数据。显示结果如图 9-24 所示。

显示字符，可以从上节图 9-16 的字符表里选择，例如显示小数点“.”“.”在字符表里左边对应是 2，向上对应是 E，则写入“Wr_dat(0x2e);”语句即可，特殊字符也同理。

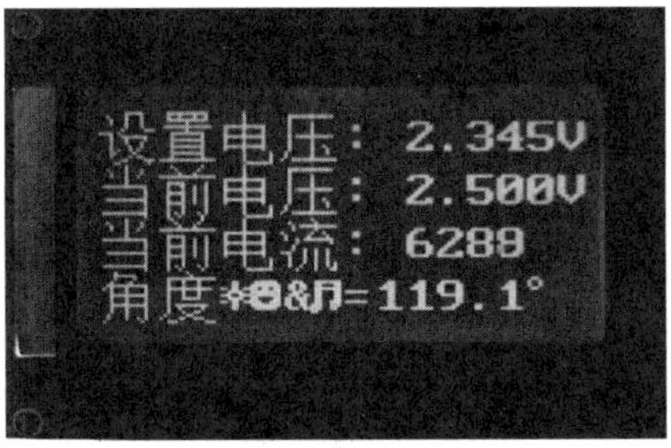

图 9-24　显示结果

9.6　项目 23：LCD12864-KS0108 显示设计

KS0108 控制器的 LCD12864 的字符、汉字和图形均须先用工具取模，如 PCtoLCD2002。

9.6.1　项目任务

用 LCD12864(KS0108)显示字符、汉字和图形。

9.6.2　程序设计

本例子左屏显示 64×64 点阵的小猫图片，右屏显示汉字“温科院”和数字，按键可加减数字。64×64 点阵图片须先制作好 64×64 像素的单色 BMP 格式图片文件。

1. 主程序 main.c

```
#include  <STC8H.h>
#include "config.h"
#include "LCD128640108.h"
#include "key4.h"
void main()
{
  Port_init(); //端口初始化
  init_lcd();   //初始化
  clr_lcd();    //清屏
  while(1)
  {
    key_4();      //按键改变数字 n///////////////////////////////////
    RCS=0; LCS=1; delay_us(5);      //右半屏//延时 5μs
     //------------显示汉字-------
    hz_dis16(0, 8, Wen);    //(第几行, 位置第几像素, 每字 16, 显示什么字)
    hz_dis16(0, 24, Ke);     //第一行 0, 第二行 2, 第三行 4, 第四行 6
    hz_dis16(0, 40, Yuan);
```

```
        hz_dis8 (6, 24, bo  ); hz_dis8 (6, 32, sha); hz_dis8 (6, 40, bo);
        //------------显示数字-------
        hz_dis8(2, 8, num[n/100]);      //第几行, 第几像素, 每字 8, 显示什么数
        hz_dis8(2, 16, num[n%100/10]);      //第一行 0, 第二行 2, 第三行 4, 第四行 6
        hz_dis8(2, 24, num[n%10]);    //
        RCS=1; LCS=0;  delay_us(5);    //左半屏/////////////////////////////
        hz_dis64(0, 0, XiaoMao);   //------------显示图形-------
    }
}
```

2. 显示头文件 LCD128640108.h

```
#ifndef __LCD128640108_h__
#define __LCD128640108_h
#define com 0
#define dat 1
#define col_add 0x40
#define page_add 0xb8
uchar code Wen[]={   //文字-温-, 大小 16×16
  0x10, 0x60, 0x02, 0x8C, 0x00, 0x00, 0xFE, 0x92, 0x92, 0x92, 0x92, 0x92,
0xFE, 0x00, 0x00, 0x00,
  0x04, 0x04, 0x7E, 0x01, 0x40, 0x7E, 0x42, 0x42, 0x7E, 0x42, 0x7E, 0x42,
0x42, 0x7E, 0x40, 0x00}; /*"温", 0*/
uchar code Ke[]={   //文字-科-, 大小 16×16
  0x24, 0x24, 0xA4, 0xFE, 0xA3, 0x22, 0x00, 0x22, 0xCC, 0x00, 0x00, 0xFF,
0x00, 0x00, 0x00, 0x00,
  0x08, 0x06, 0x01, 0xFF, 0x00, 0x01, 0x04, 0x04, 0x04, 0x04, 0x04, 0xFF,
0x02, 0x02, 0x02, 0x00}; /*"科", 1*/
uchar code Yuan[]={  //文字-院-, 大小 16×16
  0x00, 0xFE, 0x22, 0x5A, 0x86, 0x10, 0x0C, 0x24, 0x24, 0x25, 0x26, 0x24,
0x24, 0x14, 0x0C, 0x00,
  0x00, 0xFF, 0x04, 0x08, 0x07, 0x80, 0x41, 0x31, 0x0F, 0x01, 0x01, 0x3F,
0x41, 0x41, 0x71, 0x00}; /*"院", 2*/
char code bo[]={ //横线———-, 大小 8×16
  0x00, 0x00, 0x00, 0x00, 0x00, 0x00, 0x00, 0x00, 0x00, 0x01, 0x01, 0x01,
0x01, 0x01, 0x01, 0x01};
char code sha[]={ //横线———-, 大小 8×16
  0x00, 0x00, 0x00, 0x00, 0x00, 0x00, 0x00, 0x00, 0x80, 0x80, 0x80, 0x80,
0x80, 0x80, 0x80, 0x80};
uchar code num[][16]=//数字取码库, 大小 8×16
{
  0xFF, 0x1F, 0xEF, 0xF7, 0xF7, 0xEF, 0x1F, 0xFF, 0xFF, 0xF0, 0xEF, 0xDF,
0xDF, 0xEF, 0xF0, 0xFF, //0, 0
  0xFF, 0xEF, 0xEF, 0x07, 0xFF, 0xFF, 0xFF, 0xFF, 0xFF, 0xDF, 0xDF, 0xC0,
```

```
0xDF, 0xDF, 0xFF, 0xFF, //1, 1
   .....}
  uchar code XiaoMao[]=   //图片取码库，大小64×64
   {.....}
  void chk_busy()
   {
   P0 = 0xff;  RS = 0;  RW = 1;  E = 1;
   delay_us(9);  E = 0;
   }
  void wr_lcd(uchar com_dat, uchar content)//选择指令还是数据。写内容
   {
   chk_busy();
   if(com_dat){ RS = 1; RW = 0; } //data write
   else { RS = 0; RW = 0; } //command write
   delay_us(9);  P0=content;  E=1; delay_us(9);  E=0;
   }
  void clr_lcd()//清屏程序
   {
   uchar i, j;
   RCS=1; LCS=1;  wr_lcd(com, page_add+0);  wr_lcd(com, col_add+0);
   for(i=0; i<8; i++)
    {
     wr_lcd(com, page_add+i);
     for(j=0; j<64; j++)wr_lcd(dat, 0x00); //8页64列
    }
   RCS=0; LCS=0;
  }
  void init_lcd()  //屏初始化
  {
   delay_us(1000);  RCS=1;  LCS=1;  delay_us(1000);
   wr_lcd(com, 0x3e); //关显示
   wr_lcd(com, 0xc0); //设置显示初始行0xc0
   wr_lcd(com, page_add+0); //设置地址页指针0xb8+(0~7)
   wr_lcd(com, col_add+0); //设置地址列指针0x40+(0~63)
   wr_lcd(com, 0x3f); //开显示
  }
  void hz_dis8(uchar pag, uchar col, uchar code *hzk)  //指定位置显示数字8×8程序
  {
   uchar i=0, j=0;
   for(i=0; i<2; i++)
   {
     wr_lcd(com, page_add+pag+i);  wr_lcd(com, col_add+col);
```

```
    for(j=0; j<8; j++)   wr_lcd(dat, hzk[8*i+j]);
  }}
void hz_dis16(uchar pag, uchar col, uchar code *hzk)  //指定位置显示数字 16×16 程序
  {
    uchar i=0, j=0;
    for(i=0; i<2; i++)
  {
    wr_lcd(com, page_add+pag+i);   wr_lcd(com, col_add+col);
    for(j=0; j<16; j++)    wr_lcd(dat, hzk[16*i+j]);
  }}
void hz_dis64(uchar pag, uchar col, uchar code *hzk)  //指定位置显示数字 64×64 程序
  {
    uchar i=0, j=0;
    for(i=0; i<8; i++)
     {
      wr_lcd(com, page_add+pag+i); wr_lcd(com, col_add+col);
      for(j=0; j<64; j++)   wr_lcd(dat, hzk[64*i+j]);
  }}
#endif
```

9.6.3 程序分析

LCD12864(KS0108)主循环显示程序里，分左右屏显示，根据 LCD128640108.h 的显示函数，调用显示函数时，弄清楚显示在哪几行、哪几个像素和显示什么内容即可。显示结果如图 9-25 所示。

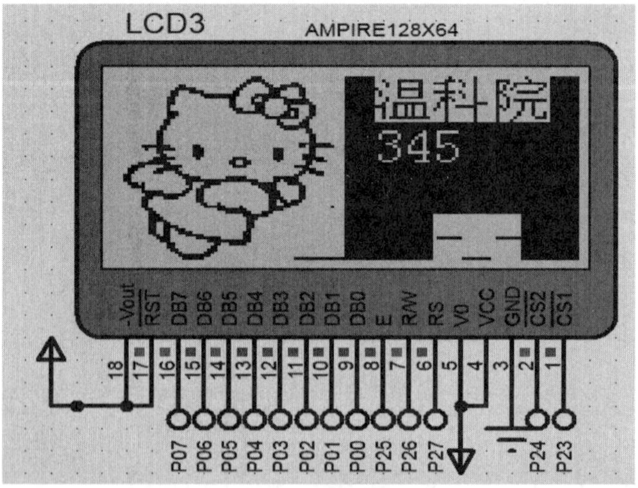

图 9-25　显示结果

显示结果的字符行共有 8 行，为 0~7 行，这里的字符行，即显示原理里的页，图9-25 显示每行汉字占用了两字符行(两页)。

水平字符显示位置选择比较简单，每半屏水平方向共 64 个像素(0~63)，可根据要求或美观，更改显示像素位置。注意左半屏像素位置为 0～63，右半屏的像素位置也是 0~63。

9.7　项目 24：DS1302 电子时钟

DS1302 是由 DALLAS 公司推出的低功耗实时时钟 RTC 芯片。它可以对年、月、日、周、时、分、秒进行计时，且具有闰年补偿功能。时钟可以是 24 小时格式或者 12 小时格式，有 31 字节 RAM，断电数据会丢失，因此，DS1302 采用两组供电，一组主电，由外部供电，一组备电，一般由纽扣电池供电。当主电存在时，由主电供电，当主电不存在时由备电供电，从而保证数据不会丢失。

9.7.1　DS1302 功能解析

DS1302 通过外部晶振自动对时间进行计数，对月末日期进行调整，以及闰年校正。MCU 可对其时间日期进行设置及读取，显示正确的当前时间。同时可用 31 字节的 RAM 临时保存重要数据。

1. DS1302 认识

DS1302 有 8 脚 DIP 和贴片 SOP 两种，有时会做成一个时钟模块，如图 9-26 所示，常用电路如图 9-27 所示。VCC1 主电源，VCC2 备用电源，GND 接地，CE 芯片使能，I/O 数据输入/输出，SCLK 串行时钟，X1、X2 为 32768Hz 晶振。

图 9-26　DS1302 时钟模块

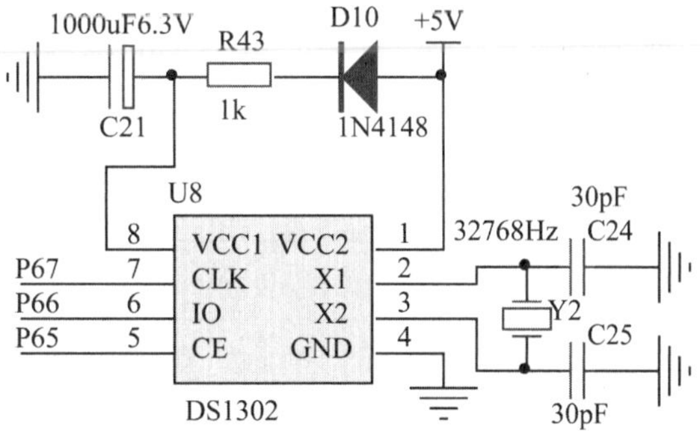

图 9-27　DS1302 时钟电路

DS1302 内部结构框图如图 9-28 所示。DS1302 与 MCU 连接只需要 3 个普通 I/O 口即可，DS1302 芯片的通信方式接近于 SPI，其中将 SPI 的 MISO 和 MOSI 合并为 I/O 引脚。但是并不需要使用 SPI 复用引脚进行连接，只需要普通 I/O 引脚即可。

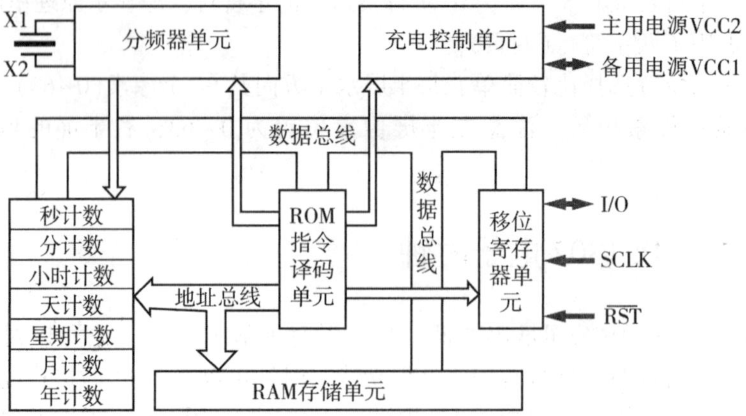

图 9-28　DS1302 内部结构框图

2. DS1302 寄存器

DS302 的寄存器如表 9-13 所示，从上到下依次是秒、分、小时、日、月、星期、年寄存器和写保护寄存器(WP 给 1 时，写入操作无效)和存储涓流充电寄存器。

表 9-13　寄 存 器 表

READ	WRITE	BIT 7	BIT 6	BIT 5	BIT 4	BIT 3	BIT 2	BIT 1	BIT 0	RANGE
81h	80h	CH	10 Seconds			Seconds				00-59
83h	82h		10 Minutes			Minutes				00-59
85h	84h	12 √24	0	10 AM/PM	Hour	Hour				1-12/ 0-23
87h	86h	0	0	10 Date		Date				1-31
89h	88h	0	0	0	10 Month	Month				1-12
8Bh	8Ah	0	0	0	0	0	Day			1-7
8Dh	8Ch	10 Year				Year				00-99
8Fh	8Eh	WP	0	0	0	0	0	0	0	—
91h	90h	TCS	TCS	TCS	TCS	DS	DS	RS	RS	—

表中前两列是命令字，地址/命令字组成如表 9-14 所示。总共 8 位，最高位默认为 1，第 6 位是决定操作 RAM 还是时钟，A4~A0 是地址，最后一位是读写位。以秒寄存器为例：秒寄存器地址是 00000，读操作时，8 位为 1000 0001，刚好是 81H，写操作时，8 位为 1000 0000，刚好是 80H。

表 9-14　地址/命令字表

<table>
<tr><th>B7</th><th>B6</th><th>B5</th><th>B4</th><th>B3</th><th>B2</th><th>B1</th><th>B0</th></tr>
<tr><td rowspan="2">1</td><td>RAM(=1)</td><td rowspan="2">A4</td><td rowspan="2">A3</td><td rowspan="2">A2</td><td rowspan="2">A1</td><td rowspan="2">A0</td><td>RD(=1)</td></tr>
<tr><td>CLK(=0)</td><td>WR(=0)</td></tr>
</table>

3. DS1302 工作时序

工作时序如图 9-29 所示。CE=1 时，使能 RTC，SCLK 是时钟线，每来一个上升沿，单片机将地址/数据写入 DS1302，每来一个下降沿时，单片机从 DS1302 里读数据，DS1302 自动将时间数据发送给单片机，前 8 位为地址命令字，低位在前，后 8 位为时间数据。

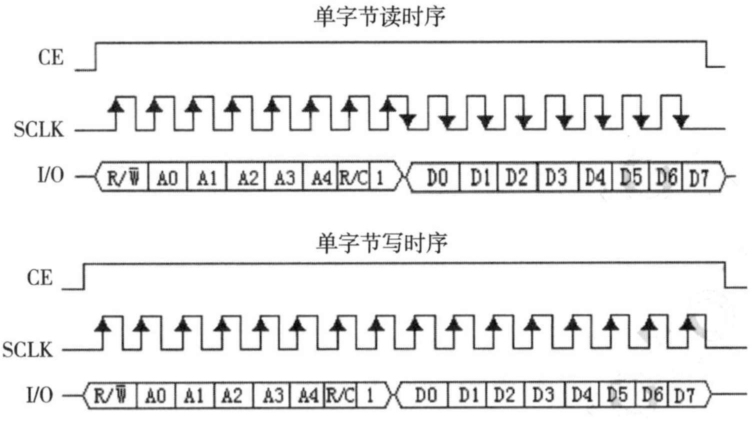

图 9-29　工作时序

单字节读：CE=1 后，SCLK 每来一个上升沿，单片机向 DS1302 发送地址命令字，确定在哪个地方读；每来一个下降沿，DS1302 自动把时间数据放在 I/O 线上，给单片机读时间数据。

单字节写：CE=1 后，SCLK 每来一个上升沿，单片机向 DS1302 发送地址命令字，确定在哪个地方写；继续每来一个上升沿，单片机向 DS1302 发送时间数据，用以设置时间。

9.7.2　项目任务

利用 LCD12864 和时钟芯片 DS1302 制作时钟，显示年月日和时分秒时间。

9.7.3　程序设计

LCD1602 每行可显示 16 个字符，第一行显示年月日，第 2 行显示时分秒。

1. 主程序 main. c

```
#include <STC8H.H>
```

```
#include "config.h"
#include "usb.h"
#include "Ds1302.h"
#include "LCD1602.h"
void Hz_Init()  //自创汉字图形函数
  {
    uchar i;
    Writecmd(0x40);   //开始写入你要显示的自定义字符、汉字代码
    for(i=0; i<64; i++)  {Writedata(table[i]); delayms(2);}  //写入自创的字符
    Writecmd(0x80);
    for(i=0; i<8; i++)  {Writedata(table1[i]); delayms(2);}  //写入自创的字符
  }
void main(void)
  {
    sys_init();    //系统初始化
    Ds1302_Init();    //时钟初始化
    LCD_init();    //液晶初始化
    Hz_Init();     //载入自创的汉字
    Disp_Bco();    //显示背景字符
    number=0;
    while(1)
  {
    number++;   //计数
    if(number>=5)  //减慢数据更新速度
      {
        number=0;
        Ds1302ReadTime();   //读取时间
        Disp_YMDay();       //显示年月日
        Disp_HMSecond();    //显示时分秒
      }
}}
```

2. 时钟头文件 Ds1302.h

```
#ifndef __DS1302_H_
#define __DS1302_H_
#include <intrins.h>
sbit DSIO=P6^6;    //定义 ds1302 的 IO 口
sbit RST =P6^5;
sbit SCLK=P6^7;
  /*-DS1302 写入和读取时间的地址命令-*//*-秒分时日月周年 最低位读写位; --*/
uchar code Read_RTC_ADD[7] = {0x81, 0x83, 0x85, 0x87, 0x89, 0x8B, 0x8D};
uchar code Write_RTC_ADD[7]= {0x80, 0x82, 0x84, 0x86, 0x88, 0x8A, 0x8C};
uchar Time[7] = {0, 0, 0x12, 0x07, 0x05, 0x06, 0x25}; /*---存储顺序为秒分时日月周
```

年，存储格式为 BCD 码---*/

//初始时间数组，分别为 25 年、5 月、7 日、12 时、0 分、0 秒、星期 6，有符号数便于<0 的判断

```
char DS1302_Time[]={24, 9, 30, 12, 25, 15, 6};
void Ds1302Write(uchar addr, uchar dat)  //写函数
  {
    uchar i;
    RST = 0;    _nop_();
    SCLK = 0;   _nop_();    //SCLK 置低电平
    RST = 1;    _nop_();    //RST 置高电平
    for (i=0; i<8; i++)  //传送八位地址命令
      {
        DSIO = addr & 0x01;    //数据从低位开始传送
        addr >>= 1; SCLK = 1; _nop_();     //数据在上升沿时，DS1302 读取数据
        SCLK = 0; _nop_();
      }
   for (i=0; i<8; i++)        //写入 8 位数据
     {
      DSIO = dat&0x01;
      dat>>= 1; SCLK = 1;   _nop_();    //DS1302 读取数据
      SCLK = 0;    _nop_();
     }
   RST = 0; _nop_();          //数据结束
  }
uchar Ds1302Read(uchar addr)  //读函数
  {
    uchar i, dat, datt;
    RST = 0;    _nop_();
    SCLK = 0; _nop_();    //SCLK 置低电平
    RST = 1;    _nop_();    //将 RST 置高电平。
    for(i=0; i<8; i++)  //传送八位地址命令
      {
        DSIO = addr & 0x01;    //数据从低位开始传送
        addr >>= 1; SCLK = 1;    _nop_();    //数据上升沿时，DS1302 读取数据
        SCLK = 0;    _nop_(); _nop_(); //DS1302 下降沿，放置数据
      }
    for(i=0; i<8; i++)         //读取 8 位数据
      {
        datt = DSIO;           //从最低位开始接收
        dat = (dat>>1) | (datt<<7);
        SCLK = 1; _nop_();
        SCLK = 0; _nop_();    //DS1302 下降沿时，放置数据
```

```
    }
    RST = 0;   _nop_(); //DS1302 复位稳定时间。
    SCLK = 1; _nop_(); DSIO = 0; _nop_(); DSIO = 1; _nop_();
    return dat;
  }
void Ds1302_Init()  //时钟初始化，数据会清零
  {
    uchar i;
    Ds1302Write(0x8E, 0X00); //禁止写保护，关闭写保护
    for (i=0; i<7; i++)       //写入7个字节的时钟信号=秒分时日月周年
      { Ds1302Write(Write_RTC_ADD[i], Time[i]); }
    Ds1302Write(0x8E, 0x80); //打开写保护
  }
void Ds1302ReadTime()  //读取时间函数
  {
    uchar i;
    for (i=0; i<7; i++)  //读取7个字节的时钟信号：年周月日时分秒
      { Time[i] = Ds1302Read(Read_RTC_ADD[i]);}
    }
#endif
```

3. 显示头文件 LCD1602.h

```
…
uchar tab1[]="Date:";   //直接显示字母，共10个字符
uchar code table[]=  //自创汉字代码表
  {
    0x08, 0x0F, 0x14, 0x0F, 0x0C, 0x1F, 0x04, 0x04, //年
    0x0F, 0x09, 0x0F, 0x09, 0x0F, 0x09, 0x1B, 0x13, //月
    0x0F, 0x09, 0x09, 0x0F, 0x09, 0x09, 0x0F, 0x00, //日
    0x03, 0x02, 0x02, 0x0F, 0x1F, 0x1F, 0x0A, 0x00,
    0x0A, 0x0E, 0x1F, 0x0E, 0x1F, 0x1F, 0x0A, 0x00,
    0x0E, 0x04, 0x1F, 0x04, 0x04, 0x0E, 0x0A, 0x00,
    0x10, 0x06, 0x09, 0x08, 0x08, 0x09, 0x06, 0x00
  };
uchar code table1[]={0x00, 0x01, 0x02, 0x03, 0x04, 0x05, 0x06, 0x07};   //自定义字符数据地址
…
void Disp_YMDay()    //显示 年月日
  {
    Writecmd(0x85);     //从85地址处开始逐个显示
    Writedata(0x30+Time[6]/16); Writedata(0x30+Time[6]%16);   //显示年数据
    Writedata(0x00);        //显示自创的"年"字符
    Writedata(0x30+Time[4]/16); Writedata(0x30+Time[4]%16); //显示月数据
```

```
    Writedata(0x01);        //显示自创的"月"字符
    Writedata(0x30+Time[3]/16); Writedata(0x30+Time[3]%16);   //显示日数据
    Writedata(0x02);        //显示自创的"日"字符
    Writedata(0x20); Writedata(0x04);
  }
void Disp_HMSecond()    //显示 时分秒
  {…}
#endif
```

9.7.4 程序分析

在主程序中，语句"Ds1302_Init();"会清除全部时间，并恢复出厂时间值，语句"DS1302_SetTime();"则载入初始时间值，实际使用时，这两个语句只能载入使用一次，否则每次开机会被初始化，应该结合后面的 EEPROM 知识，开机后只能使用一次。

主循环里，使用了5次循环读写一次 DS1302，5次时间不能大于1秒，这里加入闪烁语句"LED0 =~LED0 ;"，该语句也用于设置时间闪烁，方便判别设置哪个时间值。

显示结果如图9-30所示，程序中一部分内容需要读者自行理解和添加。

图9-30　显示结果

习　题

1. 逐句解释 LCD1602 初始化程序的意思。

2. 把自己的名字最后一个字的拼音，显示在 LCD1602 的第一行最右边，把自己的学号末四位显示在 LCD1602 的第二行正中间，要求：用字库的方法，写出子程序。

3. 设计程序，把自己照片、名字和学号显示在 LCD12864(KS0108)屏上。

4. 设计程序，利用 LCD12864(S9720)屏显示日历时钟等信息。

第 10 章　ADC 和 DAC 设计与实现

ADC(Analog to Digital Converter，ADC)，即模数转换器，作用是把模拟量转换为数字量；DAC(Digital to Analog Converter，DAC)，即数模转换器，是 ADC 的反向转换。ADC 和 DAC 是单片机在测量和控制中经常要用到的，也是必须掌握的内容。

10.1　ADC 相关的寄存器与设计

ADC 用于实现模拟信号向数字信号的转换。ADC 是将时间连续、幅值也连续的模拟信号转换为时间离散、幅值也离散的数字信号(二进制 0 和 1 信号)。ADC 过程一般要经过取样、保持、量化和编码 4 个过程。

10.1.1　ADC 基本原理

在 ADC 时，需要对输入的模拟信号进行取样，如图 10-1 所示，在取样开关函数 $S(t)$ 作用下，接入信号，接入信号的维持时间为 T_d，T_d由芯片 ADC 转换时间决定。

图 10-2 所示为三位 ADC 的原理示意图，由图可看出，按输入信号的电压等级编码成三位的二进制数字信号。

通过分析可以看到，取样开关函数 $S(t)$ 的频率愈高，所取得信号经低通滤波器后愈能真实地复现输入信号。但带来的问题是数据量增大，为保证有合适的取样频率，它必须满足取样定理。

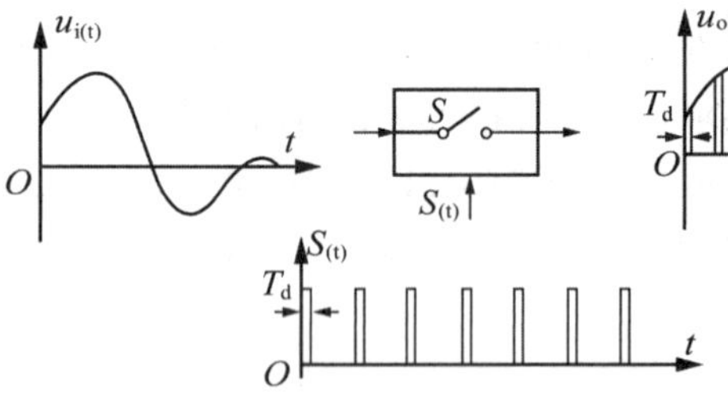

图 10-1　ADC 采样过程原理

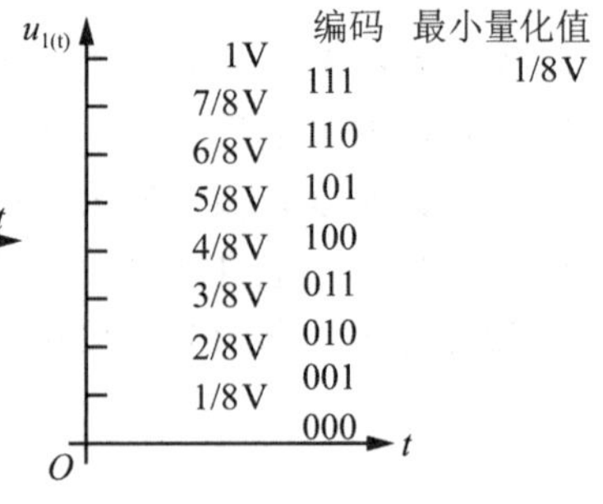

图 10-2　三位 ADC 数字量化原理

取样定理：设取样开关函数 $S(t)$ 的频率为 f_S，输入模拟信号 $u_i(t)$ 的最高频率分量为 f_{imax}，则 f_S 与 f_{imax} 必须满足 $f_S \geqslant 2f_{imax}$，工程上一般至少取 $f_S>(3\sim5)f_{imax}$，甚至更高。

将取样电路每次取得的模拟信号转换为数字信号都需要一定时间，为了给后续的量化编码过程提供一个稳定值，每次取得的模拟信号必须通过保持电路保持一段时间。

ADC 主要技术参数有：

(1)分辨率。ADC 转换器的分辨率以输出二进制(或十进制)数的位数来表示。它说明 ADC 转换器对输入信号的分辨能力。从理论上讲，n 位输出的 ADC 转换器能区分 2^n 个不同等级的输入模拟电压，能区分输入电压的最小值为满量程输入的 $1/2^n$。在最大输入电压一定时，输出位数愈多，分辨率愈高。

(2)转换误差。转换误差通常以输出误差的最大值形式给出。它表示 ADC 转换器实际输出的数字量和理论上的输出数字量之间的差别。常用最低有效位的倍数表示。

(3)转换时间。转换时间是指 ADC 转换器从转换控制信号到来开始，到输出端得到稳定的数字信号所经过的时间。不同类型的转换器转换速度相差甚远。其中并行比较 ADC 转换器的转换速度最高，8 位二进制输出的单片集成 A/D 转换器转换时间可控制在 50ns 以内，逐次比较型 ADC 转换器次之，它们多数转换时间在 10~50μs。间接 ADC 转换器的速度最慢，如双积分 A/D 转换器的转换时间大多在几十毫秒至几百毫秒之间。在实际应用中，应综合考虑 ADC 转换器的选用，不一定追求速度最快。

10.1.2　STC8H 单片机 ADC 基准和相关寄存器

STC8H 系列单片机内部集成了一个 10 位或 12 位的高速 ADC 转换器。ADC 的时钟频率为系统频率 2 分频再经过用户设置的分频系数进行再次分频，ADC 的工作时钟频率范围为 $f_{SYS}/2/1$ 到 $f_{SYS}/2/16$。STC8H 系列的 ADC 最快速度：10 位 ADC 为 800K/s，12 位 ADC 为 500K/s。

1. ADC 转换的基准电压 V_{REF}

ADC 转换必需要有参考基准电压 V_{REF}，如图 10-3 所示，ADC 转换的数字量值 Z_D 为

$$Z_D = \frac{V_{IN}}{V_{REF}} \times 2^k$$

式中，k 为 ADC 转换位数，V_{IN} 为被转换电压。

例如：ADC 位数 k 为 12 位，$V_{REF}=4.096V$，如 $V_{IN}=2.048V$，则算得 ADC 转换得到的数据值 $Z_D=2048=0x0800$，这个数值是比较巧的例子，$2^{12}=4096$，V_{REF} 又刚好等于 4.096V，意思就是把 4.096V 的电压分成 4096 等份，一等份是 0.001V=1mV，1mV 的数据刚好为 1，则 2.048V=2048mV，ADC 转换后数据就刚好是 2048。

又例如：ADC 位数 k 为 10 位，$V_{REF}=4.096V$，如 $V_{IN}=2.5V$，则算得 ADC 转换得到的数据值 $Z_D=625=0x0271$，$2^{10}=1024$，意思就是把 4.096V 的电压分成 1024 等份，一等份是 0.004V=4mV，4mV 的数据为 1，则 2.5V/4mV=2500mV/4mV=625。

2. ADC 控制寄存器 ADC_CONTR

寄存器 ADC_CONTR 主要涉及 ADC 电源开启、转换标志和通道选择，如表 10-1 所示。

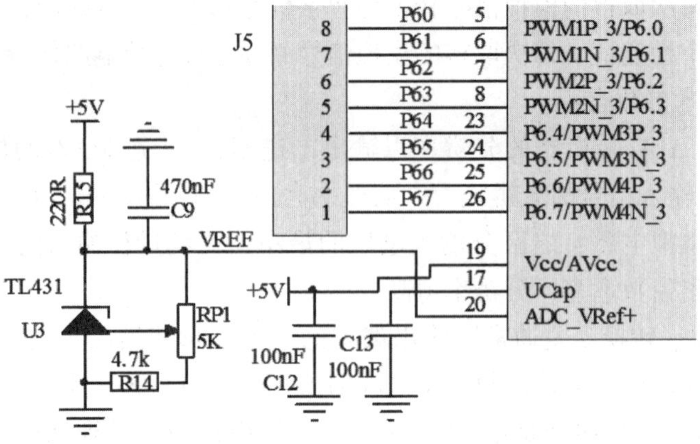

图 10-3　ADC 基准电压 V_{REF}

表 10-1　ADC 控制寄存器 ADC_CONTR

符号	地址	B7	B6	B5	B4	B3	B2	B1	B0
ADC_CONTR	BCH	ADC_POWER	ADC_START	ADC_FLAG	ADC_EPWMT	ADC_CHS[3：0]			

ADC_POWER：ADC 电源控制位。ADC_POWER =0，关闭 ADC 电源；ADC_POWER =1，打开 ADC 电源。如果程序进入空闲模式和掉电模式，则可将 ADC 电源关闭，以降低功耗。打开单片机内部的 ADC 模块电源后，需等待约 1ms，等 MCU 内部的 ADC 电源稳定后再让 ADC 工作。如果 ADC 电源一直开启，则不用关心此问题。

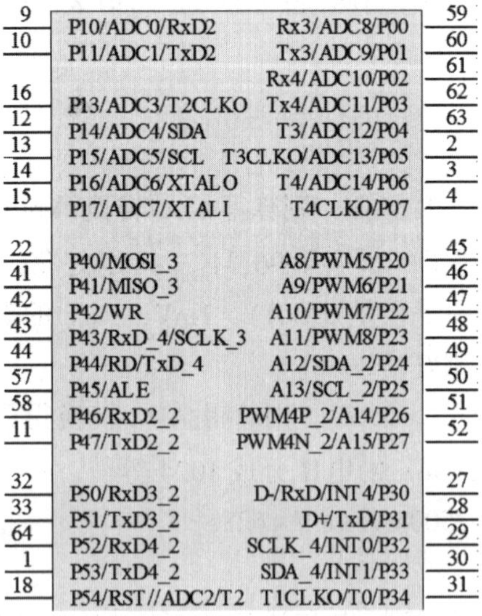

图 10-4　ADC 输入引脚分布

ADC_START：ADC 转换启动控制位。ADC_START=1 后开始 ADC 转换，转换完成后硬件自动将此位清零；ADC_START=0，无影响。当 ADC 已经开始转换后，则必须转换完毕。

ADC_FLAG：ADC 转换结束标志位。当 ADC 完成一次转换后，硬件会自动将此位置 1，并向 CPU 提出中断请求，此标志位必须软件清零。

ADC_EPWMT：使能 PWM 实时触发 ADC 功能。

ADC_CHS[3：0]：ADC 模拟通道选择位，选择 ADC 输入通道，如图 10-4 所示，ADC 通道有 ADC0～ADC14 共 15 个，具体选择见表 10-2。

表 10-2　ADC 模拟通道选择

ADC_CHS	ADC 通道	引脚	ADC_CHS	ADC 通道	引脚	ADC_CHS	ADC 通道	引脚
0000	ADC0	P1.0	0110	ADC6	P1.6	1100	ADC12	P0.4
0001	ADC1	P1.1	0111	ADC7	P1.7	1101	ADC13	P0.5
0010	ADC2	P5.4	1000	ADC8	P0.0	1110	ADC13	P0.6
0011	ADC3	P1.3	1001	ADC9	P0.1	1111	内部 1.19V	
0100	ADC4	P1.4	1010	ADC10	P0.2			
0101	ADC5	P1.5	1011	ADC11	P0.3			

注意：被选择为 ADC 输入通道的 I/O 口，必须设置 PxM1/PxM0 寄存器，将对应 I/O 口模式设置为高阻输入模式。

ADC_CHS＝1111 时，只测量内部 1.19V 的基准电压。当 V_{REF} 选择电源电压，则 V_{REF}＝5V，但这个 5V 电源电压一般有一定波动，那么 ADC 转换完成的数据也跟着波动，同样 ADC 测量内部 1.19V 基准电压的数据也跟着波动，波动趋势是相同的，则可以把 ADC 内部 1.19V 的波动量经折算，去中和到外部电压 ADC 数据波动量，即可以提高 ADC 转换精度，公式如下：

$$Z_{D实} = Z_{DIN}\frac{(1.19/5)\times 2^{k}}{Z_{D1.19}}$$

式中，$Z_{D实}$为折算校正后的数据值，Z_{DIN}为当前测得的数据值，$Z_{D1.19}$为当前测得 1.19V 的数据值。

3. ADC 配置寄存器 ADCCFG

寄存器 ADCCFG 主要调整 ADC 数据格式和转换速度，如表 10-3 所示。

表 10-3　ADC 配置寄存器 ADCCFG

符号	地址	B7	B6	B5	B4	B3	B2	B1	B0
ADCCFG	DEH	—	—	RESFMT	—	SPEED[3：0]			

RESFMT：ADC 转换结果格式控制位。RESFMT＝0：转换结果左对齐，如图 10-5 所示。RESFMT＝1：转换结果右对齐，如图 10-6 所示。

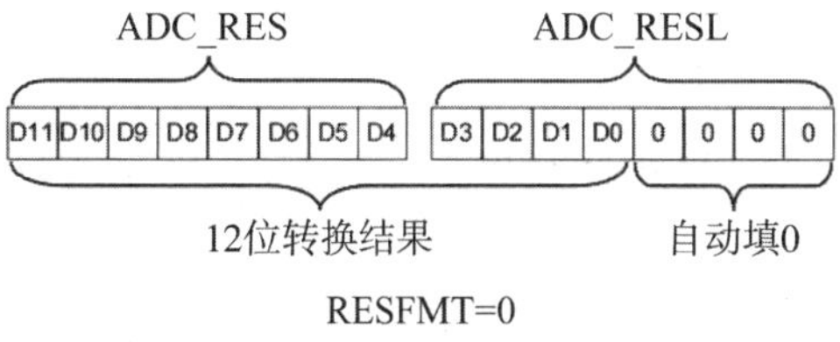

图 10-5　左对齐

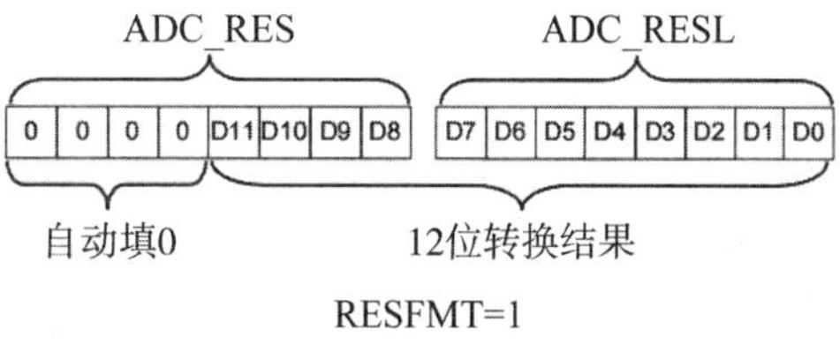

图 10-6　右对齐

AI8H8K64U 单片机 ADC 为 12 位，转换完成后有 12 位二进制，一个字节为 8 位，显然是放不下的，而两个字节共 16 位又多了 4 位，因此数据放入时有选择左靠还是右靠的问题。

有时 ADC 转换精度要求不高，8 位就够了，则应该左对齐，把左边 ADC_RES 内的高 8 位数据取出即可，丢弃 ADC_RESL 的低 4 位。如选择 12 位 ADC，则应右对齐，并把左边 ADC_RES 内的高 4 位数据和 ADC_RESL 的低 8 位数据合成 12 位数据。

SPEED[3：0]：设置 ADC 工作时钟频率f_{ADCSCL}。

$$f_{ADCSCL}=\frac{f_{SYSCLK}}{2(SPEED+1)}$$

SPEED[3：0]与f_{ADC}对应关系如表 10-4 所示。

表 10-4　时钟选择

SPEED	时钟频率	SPEED	时钟频率	SPEED	时钟频率	SPEED	时钟频率
0000	$f_{SYSCLK}/2/1$	0100	$f_{SYSCLK}/2/5$	1000	$f_{SYSCLK}/2/9$	1100	$f_{SYSCLK}/2/13$
0001	$f_{SYSCLK}/2/2$	0101	$f_{SYSCLK}/2/6$	1001	$f_{SYSCLK}/2/10$	1101	$f_{SYSCLK}/2/14$
0010	$f_{SYSCLK}/2/3$	0110	$f_{SYSCLK}/2/7$	1010	$f_{SYSCLK}/2/11$	1110	$f_{SYSCLK}/2/15$
0011	$f_{SYSCLK}/2/4$	0111	$f_{SYSCLK}/2/8$	1011	$f_{SYSCLK}/2/12$	1111	$f_{SYSCLK}/2/16$

如果对 ADC 速度没有特别要求，可以选择中间值 SPEED[3：0]=1000B。

4. ADC 时序控制寄存器 ADCTIM

时序控制寄存器 ADCTIM 主要是 ADC 转换选择多少个时钟，见表 10-5。

表 10-5　时序控制寄存器 ADCTIM

符号	地址	B7	B6	B5	B4	B3	B2	B1	B0
ADCTIM	FEA8H	CSSETUP	CSHOLD[1：0]			SMPDUTY[4：0]			

CSSETUP：ADC 通道选择时间控制 T_{setup}；CSHOLD[1：0]：ADC 通道选择保持时间控制 T_{hold}，SMPDUTY[4：0]：ADC 模拟信号采样时间控制 T_{duty}。具体时序控制如表 10-6 所示。

表 10-6　时钟控制

CSSETUP	工作时钟数	SMPDUTY[4：0]	工作时钟数	SMPDUTY[4：0]	工作时钟数
0	1(默认)	00000	1	11001	26
1	2	00001	2	11010	27
CSHOLD[1：0]	工作时钟数	00010	3	11011	28

续表

CSSETUP	工作时钟数	SMPDUTY[4：0]	工作时钟数	SMPDUTY[4：0]	工作时钟数
00	1	…	…	11100	29
01	2(默认)	01010(默认)	11	11101	30
10	3	01011	12	11110	31
11	4	…	…	11111	32

注意：ADC 模拟信号采样时间控制 T_{duty}，SMPDUTY 设置一定不能小于 01010B。

5. ADC 转换结果寄存器 ADC_RES 和 ADC_RESL

ADC 转换结果保存在 ADC_RES 和 ADC_RESL 里，ADC_RES 为高位，ADC_RESL 为低位。

10.1.3　ADC 速度计算公式

ADC 的转换速度由 ADCCFG 寄存器中的 SPEED 和 ADCTIM 寄存器共同控制。12 位 ADC 转换速度的计算公式如下

$$f_{ADC}=\frac{f_{SYSCLK}}{2(SPEED+1)\times[(CSSETUP+1)+(CSHOLD+1)+(SMPDUTY+1)+12]}$$

注意：SMPDUTY 的值不能小于 10，建议设置为 15，CSSETUP 可使用上电默认值 0，CHOLD 可使用上电默认值 1，ADCTIM 建议设置为 0x3F。

10.1.4　ADC 初始化函数

ADC 初始化函数需要对前述的 ADC 相关寄存器进行如下设置：

```
void ADC_init()
{
  P_SW2 | = 0x80;        //扩展 RAM 访问，下列有些寄存器在扩展 RAM 处
  ADC_RES=0;        //清理结果寄存器的值
  ADC_RESL=0;        //清理结果寄存器的值
  ADCTIM=0x37;        //0011 0111  工作时钟数 24  =CSSETUP  CSHOLD[1：0]  SMPDUTY
[4：0]
  ADCCFG = 0x27;        //ADC0010 0111  右对齐 时钟频率 SYSCLK/2/8 = --RESFMT-
SPEED[3：0]
  ADC_CONTR =0x80; // =ADC_POWER/ADC_START/ADC_FLAG/ADC_EPWMT// /ADC_CHS[3：0]
  delayms(5);        //初次打开 ADC 电源时要适当延时}
}
```

10.1.5　ADC 转换函数

ADC 转换函数主要内容为选择通道、启动转换、等待转换完成、转换完成标志清零、赋值等，函数如下：

```
uint Get_ADCResult(char portt)      //portt 为通道
  {
    uint d=0;
    ADC_CONTR =0x80+portt;     //打开 ADC_POWER，选择 ADC 通道，
    delayms(1);
    ADC_CONTR |=0x40;          //启动 adc，ADC_START=1
    _nop_(); _nop_(); _nop_();
    while(! (ADC_CONTR&0x20)); //等待转换完成
    ADC_CONTR &=~0x60;        //1001 1111 关闭 ADC，并清除 adc 的 ADC_FLAG 标志
    d =ADC_RES;          //转换结果的高 4 位
    d<<=8;          //移至高位
    d |=ADC_RESL;         //将高位和低位 ADC_RESL 相或，组成 12 位的 ADC 值
    return d;              //值返回
}
```

10.2 项目 25：数字电压表

利用 ADC 转换可以测量电路的电压，测量时要注意：被测量电压要小于等于 ADC 的基准电压 V_{REF}，如果高于 VCC，则需要进行电阻分压降压，否则可能会烧坏单片机 ADC 引脚。

10.2.1 项目任务

开发板的 ADC 电压测量如图 10-7 所示，ADC 选择了 ADC3 和 ADC4 通道，对应测量电位器模拟 RP2 电压和光敏电路的电压，测量数值在 LCD1602 显示屏上显示。

10.2.2 程序设计

1. 主程序 main. c

```
#include <STC8H.H>
#include "config.h"
#include "usb.h"
#include "ADC_STC8.h"     //ADC 转换头文件
#include "LCD1602.h"     //显示头文件
void main(void)
  {
    sys_init();     //系统初始化
    ADC_init();     //ADC 初始化
    LCD_init();     //液晶初始化
    Disp_Bco();     //显示背景字符
    while(1)
      {
```

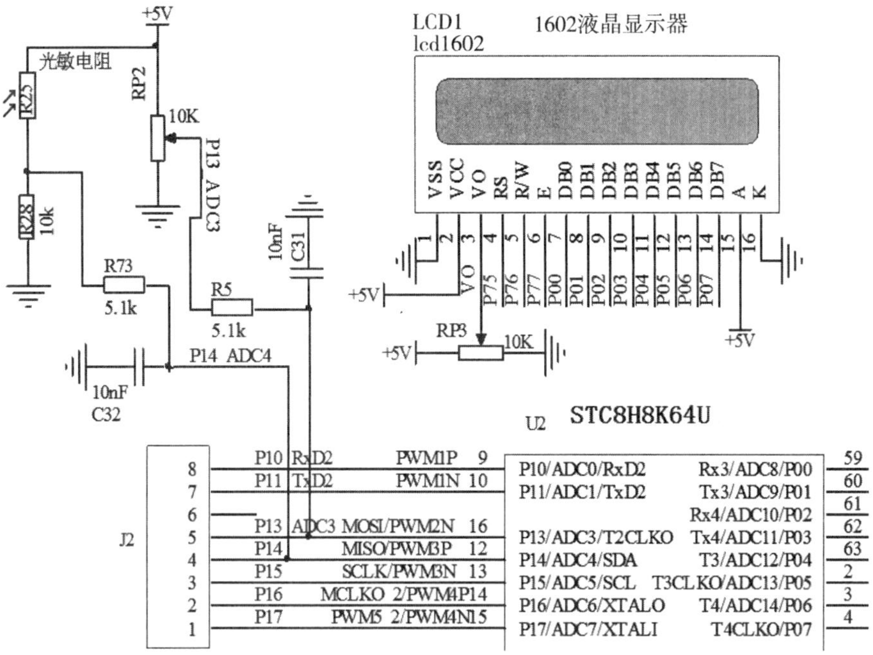

图 10-7　ADC 测电压

```
        number++;       //ADC 计数
        Voltage15+= Get_ADCResult(3);     //ADC 值累加，ADC3 通道
        Bright15  += Get_ADCResult(4);    //ADC4 通道
        if(number>=15)    //15 次累加
          {
            number=0;
            VoltageP =Voltage15/150; Voltage15=0;    //求平均值再除以 10
            BrightP  =Bright15/15;   Bright15 =0;
            VoltageP = 100*VoltageP/101;     //电压校正折算
            Disp_Voltage();       //显示电压
            Disp_Bright();        //显示亮度原始数据
          }
      }
}
```

2. ADC 转换头文件 ADC_STC8. h

```
#ifndef __ADC_STC8__
#define __ADC_STC8__
#include <STC8H.H>
#include <intrins.h>
```

```
void ADC_init()
{…}  //见上一节内容
uint Get_ADCResult(char portt)     //portt 为通道
{…}  //见上一节内容
#endif
```

3. 显示头文件 LCD1602. h

```
#ifndef __LCD1602_h__
#define __LCD1602_h__
…
uchar tab1[]="ADC-Test";   //直接显示字母，共 10 个字符
…
void Disp_Voltage()    //显示电压函数
  {
    bai =VoltageP/100;
    shi =VoltageP%100/10;
    ge  =VoltageP%10;
    Writecmd(0x89);     //从 89 地址处开始逐个显示
    Writedata(0x55);Writedata(0x3D);     //显示"U="
    Writedata(0x30+bai);   //显示百位
    Writedata(0x2E);       //显示"."
    Writedata(0x30+shi);
    Writedata(0x30+ge);
    Writedata(0x56);       //显示"V"
  }
void Disp_Bright()    //显示亮度原始数据
{…}
#endif
```

10.2.3 程序分析

主程序里初始化有：系统初始化、ADC 和液晶初始化，为提高数据稳定性，采用了 15 次累加再取平均值的方法。由于 ADC 为 12 位，最大转换数据值为 4095，15 次累加后为 61425，如果累加值大于 65535，Voltage15 和 Bright15 的数据类型应该为 ulong。

本例子的 V_{REF} 可通过图 10-3 的电位器 RP1 尽量调节至 4.096V，但实际总是相差一点，因此这里用语句“VoltageP = 100 * VoltageP/101;”进行校正计算。最后结果是 RP2 可调端用万用表测量的值和 LCD1602 的值基本相等。另一路光敏电阻 ADC 数值是原始测量数据，没有经过折算。

选用的 ADC 通道应该为高阻模式，而且输入还应接上滤波电容，以稳定 ADC 输入电压，如图 10-7 中的 C31 和 C32。

由于单片机没有浮点运算，都是整数运算，显示屏显示小数点时要采用人工加入小数点的方法，如语句“Writedata(0x2E);”，实际是把数值放大了，小数点就没了，显示时在合适位置插入小数点就可以了。

10.2.4　拓展应用——测量 220V 交流电电压

利用 ADC 测量交流电压，一种方法是先将交流电经整流滤波得到直流电压，再测量，这种测量比较简单，缺点是由于有电容滤波，电压反应比较慢，另一种方法是将交流电经整流不滤波得到脉动直流电，交流电半波内定时密集采集电压，取最大值再折算有效值，或者取平均值再折算有效值，优点是能快速反应电压值，缺点是程序算法有些复杂，还要分析丢弃偏离值较大的数据，否则，数据会有一定的晃动。

硬件电路如图 10-8 所示，该电路是与电网直接相连的，调试必须注意防触电！可以用 1∶1 的隔离变压器得到隔离的 220V 电压，与电网没有电气上的连通。

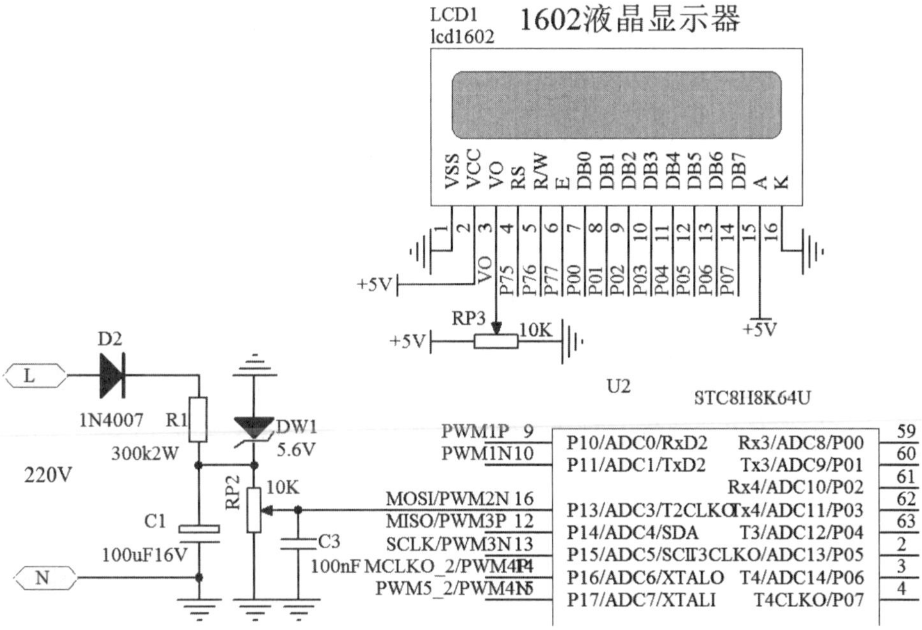

图 10-8　测量 220V 交流电压

由于电网电压有时会高于 220V，以上限 280V 为例，280V 的交流整流滤波后，最大能得到约 280×1.414= 395.92V，近 400V 的直流电压。检测电路功耗比较小，可用半波整流，经 D2 整流、R1 降压，C1 滤波，得到不超过 5.6V 的直流电压，经 RP2 电位器调节，最后得到不超过 4.096V 的理论电压。最后的结果是约 280V 的交流电对应约 4V 的 ADC 检测直流电压，倍率 280V/4V=70 倍。

主程序“main.c”里的“VoltageP =Voltage15/150; Voltage15=0;”改为“VoltageP =70 *

Voltage15/150；Voltage15=0；”，即“VoltageP =7 * Voltage15/15；Voltage15=0；”，相当于把平均值放大 70 倍。

如果显示值与标准电压表测量值有偏差，可以微调 RP2，或者将语句“VoltageP = 100 * VoltageP/101；”的系数进行微调。

10.3 DAC 基本原理

数模转换器(DAC)是一种常见的电子器件，可以将数字信号转换为模拟信号。在音视频、通信、工业控制系统等各种电子设备中得到了广泛的应用。

10.3.1 DAC 基本原理

DAC 转换器输入的是数字量，经转换后输出的是模拟量，原理框图如图 10-9 所示。

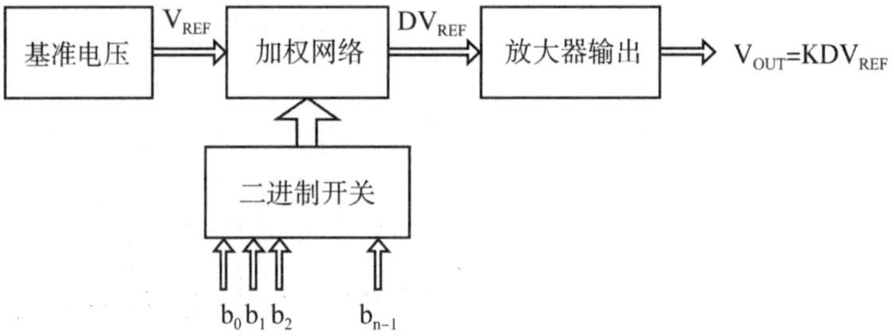

图 10-9 DAC 基本原理

上图中 D 是分辨率，为 $1/2^k$，k 为转换位数，K 为 DAC 输入转换的数据值。DAC 有几个常用的指标。由于数据值 K 是不连续的，则 DAC 输出电压是阶梯形的，如图 10-10 所示，转换位数据越多，阶梯越细，也更接近理想模拟电压。

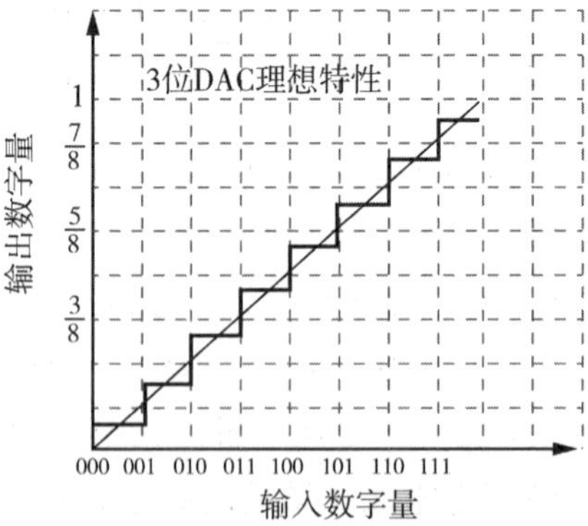

图 10-10 DAC 输出电压波形

1. 分辨率

分辨率反映 DAC 对输入量变化的敏感程度，与输入数字量的位数有关。如果数字量的位数为 k，则 DAC 的分辨率为 $1/2^k$。例如：8 位 DAC 的分辨率为 1/256，10 位数的分辨率为 1/1024。所以，数字量位数越多，分辨率也就越高。但位数越高的 DAC 芯片价格明显高许多，做产品时并不一定是优先选择。DAC 常有 8 位、10 位、12 位、16 位等几种。

2. 建立时间

建立时间是衡量 DAC 速度快慢的一个参数，指从输入数字量变化到输出，达到终值误差±(1/2)LSB(最低有效位)时所需的时间。通常以建立时间来表示转换速度。转换器的输出形式为电流时，建立时间较短；而输出形式为电压时，因为还要加上运算放大器的延迟时间，所以建立时间要长些。同样，选择转换速度也要根据实际要求而定。

10.3.2　DAC 分类

D/A 转换器按照转换原理分为 R-2R 电阻网络分压式、权电阻电流式、R-2R 电阻网络电流式等值电阻分压式、PWM 积分式等多种类型。

1. R-2R 电阻网络分压式

R-2R 电阻网络分压式为较常见的 DAC 构建模块结构之一，如图 10-11 所示。它仅使用两种不同值的电阻，阻值比为 2 : 1。N 位 DAC 需要 $2N$ 个电阻，调整比较简单，而且要调整的电阻数量相对较少。

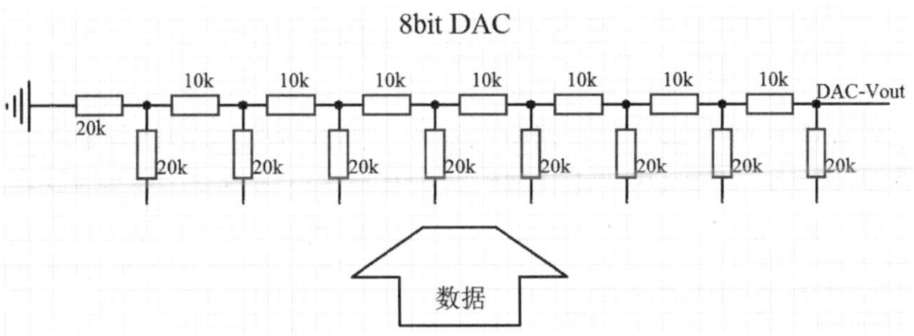

图 10-11　8 位 R-2R 电阻网络 DAC

上图为电压模式 R-2R 电阻 DAC，如果数据“1”电压等于 V_{REF}，数据“0”电压等于 0，则 DAC 输出电压 V_{out} 为

$$V_{out} = \frac{Z_D}{2^k} V_{REF}$$

图 10-11 的仿真电路如图 10-12 所示，用开关模拟数据，为了说明方便，这里 V_{REF} = 2.56V，8 位的 DAC 相当于把 2.56V 等分成 256 份，每份 0.01V，下图开关数据二进制为 01111111B = 127，则 DAC 输出电压 V_{out} 为 1.27V。

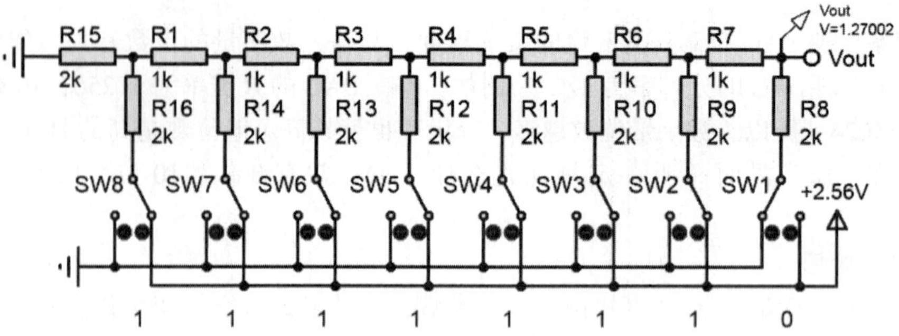

图 10-12　R-2R 电阻 DAC 仿真电路

2. PWM 积分式

PWM 积分式电路如图 10-13 所示，左边为 RC 电路，右边 U7 为电压跟随电路，以放大 DAC 输出电流，便于后级匹配。

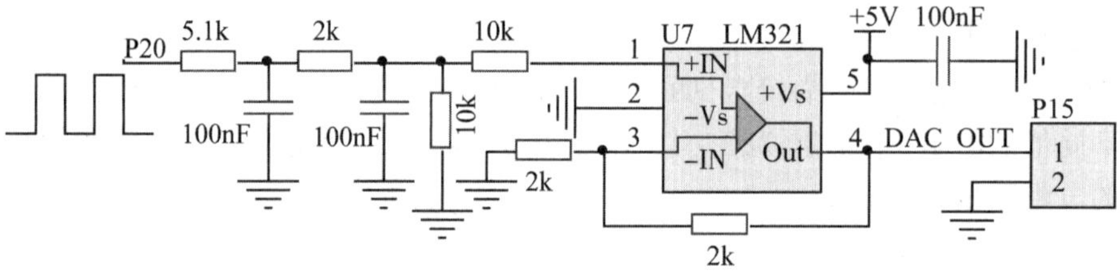

图 10-13　PWM 积分式电路

左边 P20 处输出 PWM 波，经过图中二阶 RC 滤波电路，成为比较平滑的直流电压，即得到 DAC 转换电压，PWM 波占空比越大，DAC 输出电压越高。这种方法的 DAC 具有电路简单、成本低等优点，缺点是 DAC 反应比较慢，提高 PWM 频率可以提高 DAC 转换速度。

10.4　项目 26：100Hz~45kHz 正弦波发生器

正弦波是比较常用的信号发生器，正弦波的产生有硬件模拟电路、DAC 转换和专用芯片等方法，硬件模拟电路和专用芯片的方法输出正弦波频率可以达到很高，很容易达到 100kHz 以上。但硬件模拟电路有调节不易的缺点。如果项目要求正弦波频率不太高，也可用 DAC 转换的方法。

常规的 DAC 转换芯片速度并不太高，正弦波频率难以做得较高。而上节图 10-11 中的 8 位 R-2R 电阻网络 DAC 没有芯片，显然其转换速度取决于单片机端口的数据刷新速度，STC8H 单片机工作频率调至最高时，端口的数据刷新速度可以达到 1μs 以下，以 1μs 为例，当正弦波周期数据以 32 点计算，正弦波频率 $f_{sin}=1s/1\mu s/32=31.25kHz$。

10.4.1　项目任务

使用 R-2R 电阻网络 DAC 产生 100Hz~45kHz 的正弦波，正弦波频率使用 EC11 编码器调节，调节的频率数据显示在数码管上。

10.4.2　程序设计

1 R-2R 电阻网络 DAC 电路

电路如图 10-14 所示，由三部分组成：数据缓冲、R-2R 网络和跟随电路。DAC 需要基准电压，即数据缓冲供电，这样高电平数据电压与基准电压相等。跟随电路起阻抗匹配作用，增大输出电流，提高负载能力，精度要求高时，应该选用轨至轨高精度运放芯片。

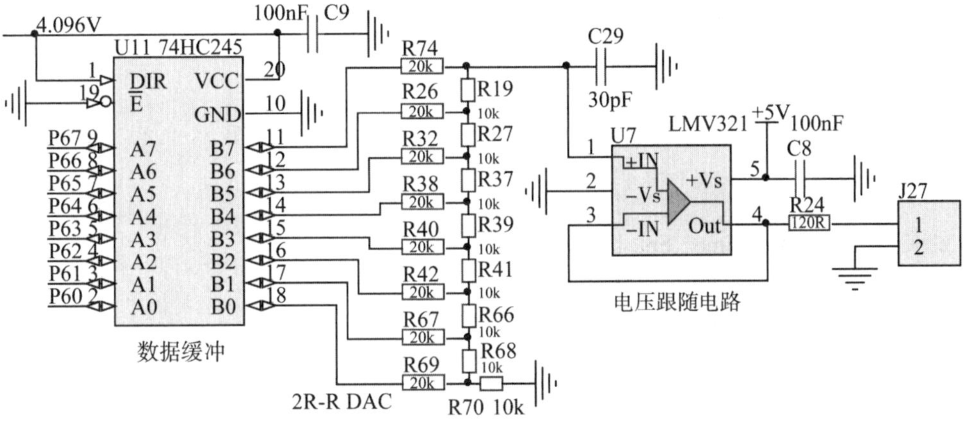

图 10-14　8 位 R-2R 网络 DAC

R-2R 电阻网络 DAC 编程很简单，无需考虑工作时序问题，只需定时向 P6 端口输送数据就行，数据按正弦波规律变化，数据公式如下：

$$\mathrm{Data}_n = 127.5(K\sin(2\pi n/M)+1)$$

式中，Data_n为第 n 点的数据，值在 0~255 之间，为 8 位；M 为采集点数，可取 32、64、128、255 等，点数越多，正弦波越精细，频率也越低；K 为正弦波幅度，K≤1。数据要四舍五入取整。

2. 主程序 main. c

```
#include <STC8H.h>  //定义单片机特殊功能寄存器
#include <INTRINS.H>
#include "config.h"   //配置、初始化头文件
#include "usb.h"  //USB 配置头文件，不用修改，开启内部 USB 通信
#include "Timer_Set.h" //定时器设置头文件
#include "Smg_Display.h" //数码管头文件
void main()   //主函数
  {
```

```
    sys_init();    //系统初始化
    timer_init(); //定时器初始化
    num=20;       //定时初值
    while(1)
  { //+++主程序中，只要改变 num 的值即可改变 T0 的定时值，改变频率
    Speat++;
    if(Speat>10)   //变化快慢
      {
        Speat=0;
        TH1 = (65536-(num*(MAIN_Fosc/3000))/10000)/256 ;   //重赋值定时值，改变
                                                             频率
        TL1 = (65536-(num*(MAIN_Fosc/3000))/10000)%256 ;
        numm =3000000/32/num;        //折算显示频率值 numm 用于数码管显示频率
      }
    Data_Splt();      //数据拆分成千百十个位
    Smg_Display();   //数码管显示
  }
}
```

3. 定时器头文件“Timer_Set. h”

```
#ifndef__Timer_Set_H
#define__Timer_Set_H
#define  TimerSetH0  (65536-(1000*(MAIN_Fosc/100))/10000)/256 //T0 定时 1ms
#define  TimerSetL0  (65536-(1000*(MAIN_Fosc/100))/10000)%256
#define  TimerSetH1  (65536-(2*(MAIN_Fosc/300))/10000)/256    //T1 定时 2/3μs,
                                                                实际无用
#define  TimerSetL1  (65536-(2*(MAIN_Fosc/300))/10000)%256     //会被主循环
                                                                  赋值
sbit EC11_A=P3^6;   //EC11 引脚
sbit EC11_B=P3^7;
bit  EC11Bz;
void timer_init()  //定时器初始化程序
  {
    AUXR=0xC0;    //开定时器 0 和 1，1T 模式
      /*AUXR=T0x12 T1x12 U_M0x6 T2R   T2_C/T T2x12 EXTRAM S1ST2*/
    TMOD=0X00; //定时器 1 定时器 0 使用模式 0(16 位自动重载--0~65535);
    TH0=TimerSetH0; //定时器 0 装初值 1ms 定时
    TL0=TimerSetL0; //
    ET0=1;    TR0=1;       //定时器 0 中断允许       //启动定时器 0
    TH1=TimerSetH1; //定时器 1 装初值 0.67μs 定时，实际无用会被主循环赋值
    TL1=TimerSetL1; //
```

```
    ET1=1;   TR1=1;      //定时器 1 中断允许//启动定时器 1
    IPH =0x0A; //0000 1010//-  PLVDH PADCH PSH  PT1H PX1H PT0H PX0H
    IP  =0x08; //0000 1000//-  PLVD  PADC  PS   PT1  PX1  PT0  PX0
   /* 定时器 T1 为优先最高级, 定时器 T0 为优先次高级, */
   /* 由于定时器 T1 用于产生正弦波, 应为最高级, 否则正弦波会抖动, 周期不够稳定 */
    EA=1;       //开总中断
   }
  void timer0() interrupt 1  //定时器 0 中断服务程序, 每 1ms 进入一次, 用于 EC11 旋转
计数
   { //自动重载模式, 无须再次载初值
    n0++;
    if(n0>=500)  //定时 500 次总时间=1ms*500=0.5s, 不同时间值 修改 n 或前面 1000
的值即可
     { n0=0; LED0=~LED0; }  //LED0 灯秒闪烁, 表示定时器正常
    if((EC11_A==1)&(EC11_B==1))  //曾经都放开过
     {EC11Bz=1;}  //记下标志
    if(EC11Bz==1)
     {
       if(EC11_A==0)
        {
          if(EC11_B==1)
           {
            if(num<9999) //数据封顶 9999
             {
              if(num>50) { num =num+(num/50)*2; }
              else  {  num++;   }
             }
          EC11Bz=0;           //清除标志
        }
       }
    if(EC11_B==0)
     {
       if(EC11_A==1)
        {
          if(num>21)  //数据封底 20
           {
            if(num>50) { num =num-(num/50)*2; }
            else  {num--;  }
           }
```

```
        EC11Bz=0;
      }}}}
void timer1() interrupt 3   //定时器 1 中断服务程序
  {
    LED1=~LED1;    //P2.1 输出方波，表示定时器正常
    m++;   P6=  ZXB32_code[m];    //查正弦波表对 P6 口赋值  DAC 转换
  }
#endif
```

4. 正弦波数组

```
unsigned char const xdata ZXB32_code[256]={ //32 点 正弦波数据 八个重复正弦波数据
    128,152,176,198,218,234,245,253,255,253, 245,234,218,198,176,
    152,128,103, 79, 57,  37, 21, 10,  2,  0,   2, 10, 21, 37, 57,  79,103,  //1
    128,152,176,198,218,234,245,253,255,253, 245,234,218,198,176,
    152,128,103, 79, 57,  37, 21, 10,  2,  0,   2, 10, 21, 37, 57,  79,103,  //2
    128,152,176,198,218,234,245,253,255,253, 245,234,218,198,176,
    …//  重复 共 8 组
};
```

10.4.3 程序分析

程序使用了定时器 1 来定时向 P6 口输出 DAC 数据，定时值决定输出正弦波频率，在主程序里，改变变量 num 就可能达到改变 T1 的定时值。num 的初始值为 20，由语句“65536-(num*(MAIN_Fosc / 3000))/10000”可算得 T1 定时值为 0.67μs，经实验测量，T1 定时值不能小于该值，如小于，则 T1 中断服务程序里的程序执行无法在 0.67μs 里执行完毕。

变量 numm 为频率折算值，相当于“65536-(num*(MAIN_Fosc / 3000))/10000”颠倒计算，32 表示正弦波一个周期是 32 点。在显示里人工加上小数点，频率单位为 kHz。

调节 EC11，数据原本是逐 1 加减的，显然由 TH1 和 TL1 赋值语句可知：调节频率高时调节非常快，频率越低，调节越慢，使用显然不方便，所以用了语句“if(num>50) {num =num+(num/ 50)*2; }”，如果调节值超过 50，就会以倍率方式调节，这样调节频率快慢相差就不大了，但缺点是不能精细调节频率，读者可自行修改精细一些。

在定时器里放入语句“LED0=~LED0;”，即 LED0 闪烁，以检测定时器是否工作，或者定时器定时值是否正常。这种方法在编程测试时经常会用到。

产生正弦波，对 P6 端口直接赋值即可，例子用了定时器 T1，但调用的正弦波数据只有 32 个，按理正弦波数组只需要 32 个，但变量 m 为 uchar 类型，范围是 0~255，这时 m 大于 32，就要重新从 0 开始，即语句“if(m>32) {m=0,…}”，但 if 语句也消耗时间，会造成 T1 定时器最小能定时的时间变长。正弦波频率无法升得更高，256/32=8，所以这里使用了 8 个重复的 32 数组的值，直接调用以节约时间。

正弦波数组可以放在 config. h 里，也可以放在 Timer_Set. h 里。波形结果如图 10-15 和图 10-16 所示，频率 20. 38kHz。

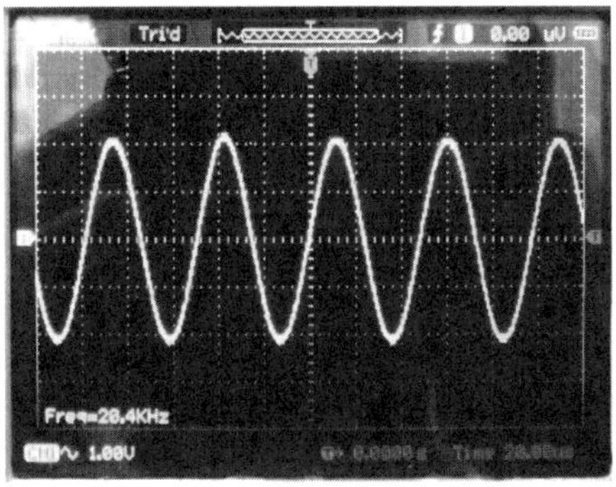

图 10-15　输出波形

图 10-16　显示频率

10. 5　项目 27：恒压源、恒流源设计 TLC5615 方案

恒压源即直流稳压电源，是一种非常常用的电子设备，直流稳压电源可分为线性稳压电源和开关稳压电源，其中线性稳压电源具有输出纹波小、干扰少等优点，在一些要求高的场合比较适合，但缺点是笨重、效率低等，而开关稳压电源刚好相反。

10. 5. 1　恒压源电路

电路如图 10-17 所示，使用 DAC 芯片 TLC5615 输出稳压电源的基准电压 U_Z，LM293 是电压比较器，用于比较放大，输出电压为

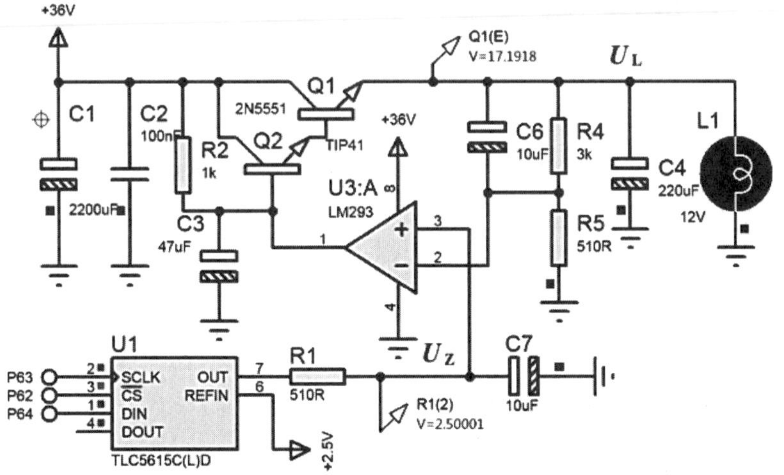

图 10-17　恒压源电路

$$U_L = (1 + \frac{R_4}{R_5}) U_Z$$

U_Z来自 TLC5615 输出，其电压范围为 0~5V，以制作输出电压 0~32V 为例，则

$$\frac{R_4}{R_5} = \frac{U_L}{U_Z} - 1 = \frac{32}{5} - 1 = 5.4(\text{倍})$$

TLC5615 输入控制引脚为 P6.2、P6.3 和 P6.4。TLC5615 为 10 位 DAC，数据范围 0~1023。

10.5.2 恒流源电路

恒流源电路指负载阻值小于一定值时，无论负载怎么变化，输出电流都是恒流，基本不变，电路如图 10-18 所示。

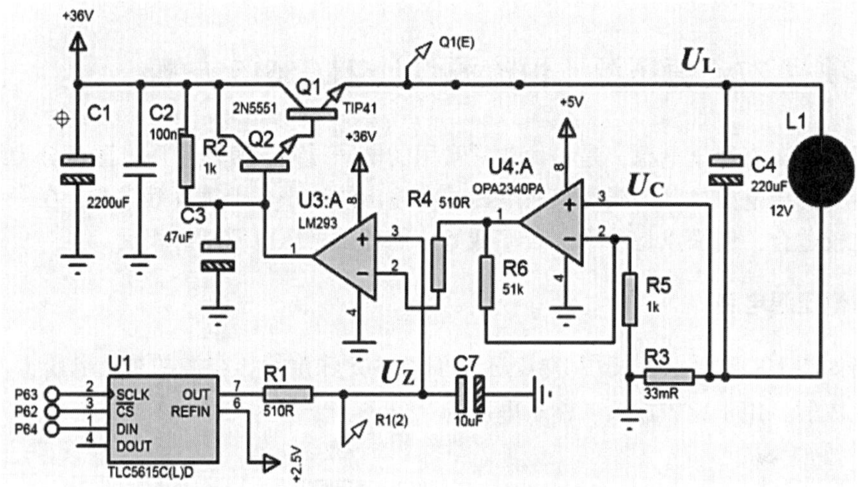

图 10-18　恒流源电路

恒流源电路与恒压源电路区别是增加了一级电流检测放大电路 U4A，注意 U4A 必须是轨至轨运算放大器，不能用 LM358，LM358 的输入阈值电压高，零点几伏以下的输入电压是无效的。U_Z的电压范围为 0~5V，则检测电压为

$$U_C = \frac{U_Z}{(R6/R5 + 1)} = 0 \sim 96.2\text{mV}$$

那么能调节的电流范围为 $U_C/R3$=0~2.91A。

10.5.3 TLC5615 原理

TLC5615 是串行外设接口总线(Serial Peripheral Interface，SPI)的 10 位 DAC 转换器芯片，其性价比高，通过三根串行总线即可完成 10 位数据的串行输入。10 位 CMOS 电压输

出，5 V 单电源供电；最大输出电压可达基准电压的 2 倍，输出电压和基准电压极性相同；DAC 转换器的建立时间为 12. 5μs，内部上电复位。外形引脚如图 10-19 所示。

图 10-19　外形引脚

TLC5615 工作在非级联方式(单片工作)时，只需从 DIN 端向 16 位移位寄存器输入 12 位数，其中，前 10 位为待转换有效数据位，且输入时高位在前，低位在后；后 2 位为填充位，填充位的数据可以为任意值(一般填入 0)。由于增加了高 4 位虚拟位，需要 16 个时钟脉冲。输出电压为

$$V_{OUT}=\frac{\text{Data}}{1024}V_{REF}\times 2$$

Data 为转换数据。

其工作时序如图 10-20 所示。可以看出，只有当片选 CS 为低电平时，串行输入数据才能被移入 16 位移位寄存器。当 CS 为低电平时，在每一个 SCLK 时钟的上升沿将 DIN 的一位数据移入 16 位移位寄存器。二进制最高有效位被导前移入，接着，CS 的上升沿将 16 位移位寄存器的 10 位有效数据锁存于 10 位 DAC 寄存器，供 DAC 电路进行转换；当片选 CS 为高电平时，串行输入数据不能被移入 16 位移位寄存器。注意：CS 的上升和下降都必须发生在 SCLK 为低电平期间。

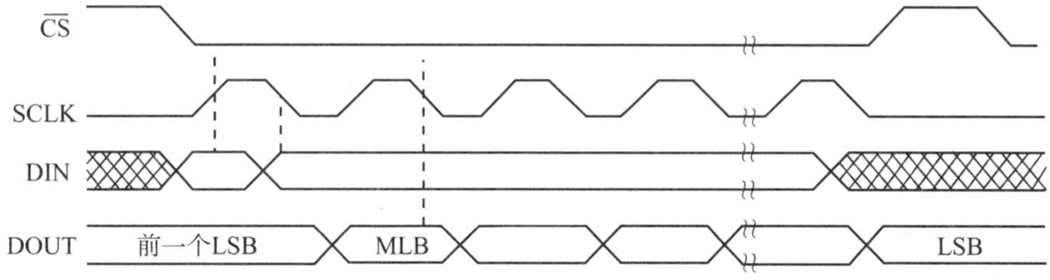

图 10-20　工作时序

10. 5. 4　项目任务

设计一个直流电压源，输出电压 0~32V，使用 EC11 编码器调节输出电压。

10.5.5 程序设计

1. 主程序 main. c

```
#include <STC8H.h>      //定义单片机特殊功能寄存器
#include <INTRINS.H>
#include <math.h>       //数学公式
#include "config.h" //配置、初始化头文件
#include "usb.h"        //USB 配置头文件,不用修改,开启内部 USB 通信
#include "Timer_Set.h" //定时器设置头文件,包含 EC11 编码器
#include "TLC5615DAC.h"  //DAC 芯片头文件
uchar code smgduan[23]={0xC0, 0xF9, 0xA4, 0xB0, 0x99, 0x92, 0x82, 0xF8, 0x80,
0x90,}; //显示 0~9 等的值
void Smg_Display()  //数码管显示函数
{…}
void main()  //主函数
{
  sys_init(); //系统初始化
  timer_init(); //定时器初始化
  num=120;       //初值 12.0V
  while(1)
   {
    Speat++;
    if(Speat>10) //变化快慢
      {
        Speat=0;
        Write_5615(abs(32*num/10-1));    //数据折算,再 DAC,abs 为取绝对值
      }
        Smg_Display();   //数码管显示
    }
}
```

2. DAC 转换头文件 TLC5615DAC. h

```
#ifndef __TLC5615DAC_h__
#define __TLC5615DAC_h__
sbit CS =P6^2; //CS 的跳变发生在 CLK 输入低电平
sbit CLK=P6^3;    //CLK 的上升沿把数据移入输入寄存器
sbit DIN=P6^4; //CS 的上升沿把数据从输入寄存器存入 Dac,寄存器开始转化
void Write_5615(uint da)   //向 TLC5615 写入数据
  {
    uchar i;
```

```
    CS=1; CLK=0; CS=0;    da=da&0x03FF;        //
    for(i=0; i<12; i++)
  {
    if((bit)(da&0x0200)==1)  {DIN=1;}
    else  { DIN=0;    }
    CLK=1; da<<=1; CLK=0;
  }
  CLK=0; CS=1;
}
#endif
```

10.5.6 程序分析

由上面的程序可以看出，DAC 转换是比较简单的，在主程序里只需调用 DAC 转换函数“Write_5615(Data);”即可。该函数 DAC 转换过程原理，需结合时序图理解。

电压输出范围是 0~32V，那么 EC11 编码器数字调节范围为 0~320，但 DAC 是 10 位，折算数据范围 0~1024，需要把 320 扩大到 1024，正好是 3.2 倍，为避免小数点运算，改为先乘以 32 再除以 10，因为是整数运算，计算速度变快。

当数据旋到最大 320 时，DAC 折算数据为 1024，对于 10 位，1024 是等于 0 的，输出没有电压了，所以这里“abs(32 * num/10-1)”要减 1。但是当旋至最低 0 时，就变成 0-1 了，而 0-1=65535(uint 类型)= 1024 * 63+1023(10 位 DAC)，输出电压最高，因此要取绝对值，绝对函数为 abs，在数学公式头文件“math. h”里。显示结果如图 10-21 所示。

图 10-21　电压显示

从电压精度调节上说，本例子是有一定损失的，10 位 DAC 有效数据范围 0~1023，而调节又是 0~320，相当于把 10 位的精度降了 3.2 倍。如果把调节数据改到 0~1023，就不会损失精度，把显示折算到 0~3200 就行，最大显示 32.00V。

习　　题

1. ADC 的精度由__________决定。

2. 8 位 DAC，当输入数字量 1 时，DAC 输出电压 0.02V，则当输入数字量 0x80 时，

DAC 输出电压为________V。

3. 12 位的 ADC，精度为_________。

4. ADC 的两个最重要的指标为_________ 和_________。

5. 设计程序，把光敏电阻产生的电压经 ADC 转换后，把电压数据显示到 LCD12864 屏上。

6. 设计程序，利用 TLC5615 产生 50Hz 的正弦波，正弦波幅度可由 EC11 调节。

第 11 章　串行通信设计与实现

单片机串口通信是很重要的内容之一，是单片机与外部其他单片机、计算机、芯片、显示屏、物联网部件、互联网等通信的必需条件。一般认为单片机上的"串口"大多是指 UART。可以全双工通信，导线数也比较少。数据是异步传输的，对双方的时序要求比较严格，通信速度也不是很快。但 UART 是较简单的协议，是一个起始位一个终止位中间八个数据位，应用广泛。

11.1　串行通信基本原理

在实际的生产控制中，有很多控制电路部分和执行电路部分采取分开设计，如控制电路在集中控制间，而执行电路在生产现场。它们之间如果采用并行接口连接，将耗费很多接口连线。如果将并行数据一位一位依次通过一对传输线，就可以解决上述问题，这就是串行通信。串行通信是单片机之间以及单片机与 PC 机之间通信的常见方式。

11.1.1　并行通信和串行通信

计算机与外界进行信息交换称为通信，通信的基本方式可分为并行通信和串行通信，如图 11-1 和图 11-2 所示。

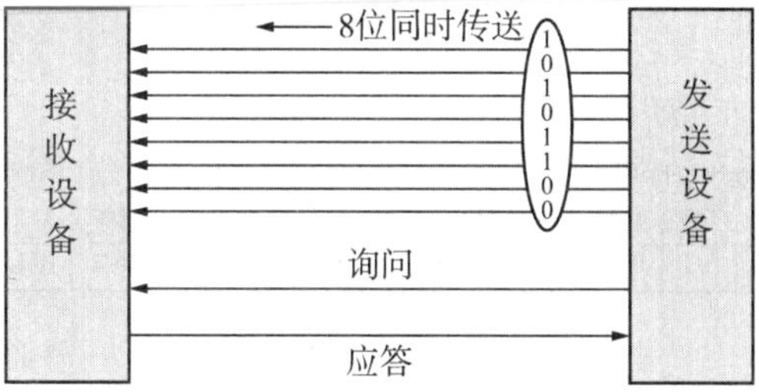

图 11-1　并行通信

1. 并行通信

在数据传输时，如果一个数据编码字符的所有各位都同时发送、并排传输，又同时被接收，则将这种传送方式称为并行通信方式。并行通信使用多条数据线，传输速度快。但由于传输线较多、成本高，不适于长距离通信，一般只适用于实时性要求强，传送速率较高的系统中。

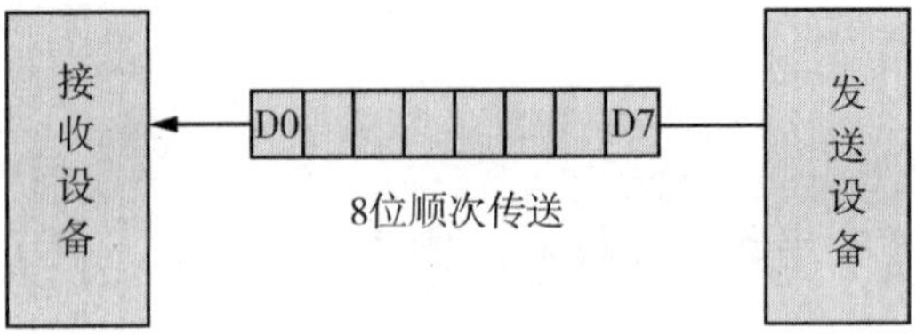

图 11-2　串口通信

2. 串行通信

在数据传输时，如果一个数据编码字符的所有各位不是同时发送，而是按一定顺序，一位接着一位地被发送或接收，则将这种传送方式称为串行通信方式。在长距离通信中，出于通信线路和中继设备成本的考虑，常常采用这种串行通信方式，串行通信广泛应用在单片机系统与系统和外围设备之间的数据传输过程中。

11.1.2　异步通信和同步通信

按照串行数据的时钟控制方式，串行通信又可以分为异步通信和同步通信。

1. 异步通信

在异步通信中，数据通常是以字节为单位组成字符帧传送的。字符帧由发送端一帧一帧地发送，每一帧数据低位在前高位在后，通过传输线被接收端一帧一帧地接收。发送端和接收端则可以由各自独立的时钟来控制数据的发送和接收，这两个时钟彼此独立、互不同步，如图 11-3 所示。

在异步通信中，接收端是依靠字符帧格式来判断发送端是何时开始发送和何时结束发送的。字符帧格式是异步通信的一个重要指标。

(1)字符帧。字符帧也叫数据帧，由起始位、数据位、奇偶校验位和停止位 4 部分组成。

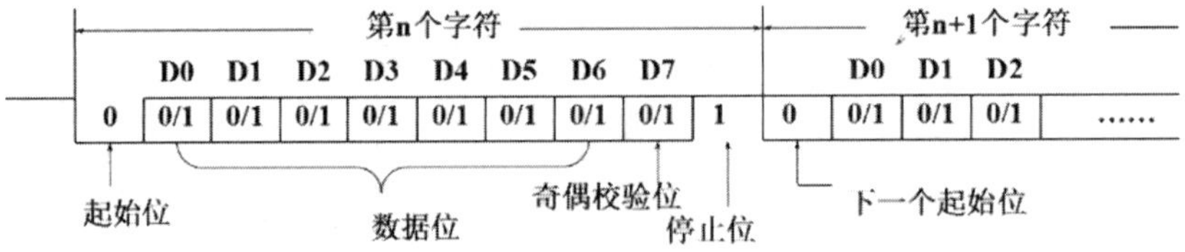

图 11-3　串行异步通信方式

起始位：位于字符帧开头，只占 1 位，为逻辑 0(低电平)，用于向接收设备表示发送端开始发送一帧信息。

数据位：紧跟起始位之后，根据情况可取 5 位、6 位、7 位或 8 位，低位在前，高位在后。

奇偶校验位：位于数据位之后，仅占 1 位，用来表征串行通信中是采用奇校验还是偶校验，由用户决定。

停止位：位于字符帧最后，为逻辑 1(高电平)。通常可取 1 位、1.5 位或 2 位，用于向接收端表示一帧字符信息已经发送完，正为发送下一帧做准备。在串行通信中，两个相邻字符帧之间可以没有空闲位，也可以有若干空闲位，可由用户来决定。

(2)波特率。异步通信的另一个重要指标。

波特率为每秒钟传送二进制数码的位数，也叫比特数，单位为 b/s，即位/秒。波特率用于表征数据传输的速度，波特率越高，数据传输速度越快。但波特率和字节的实际传输速率不同，字节的实际传输速率是每秒内所传字符帧的帧数，和字符帧格式有关。通常，异步通信常见的波特率有 4800b/s、9600b/s、19200b/s、38400b/s、57600b/s、115200b/s 等。

异步通信的优点是不需要传送同步时钟，字符帧长度不受限制，故设备简单；缺点是字符帧中因包含起始位和停止位而降低了有效数据的传输速率。

2. 同步通信

同步通信是一种连续串行传送数据的通信方式，一次通信只传输一帧信息。这里的信息帧和异步通信的字符帧不同，通常有若干个数据字符，如图 11-4 所示。

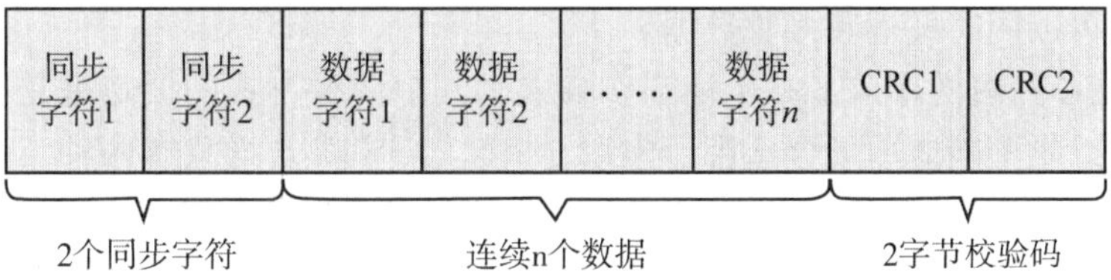

图 11-4　同步通信字符格式

11.1.3　串行通信的方式

在串行通信中，数据是在两机之间进行传送的。按照数据传送的方向，串行通信可以分为单工方式、半双工方式和全双工方式。如图 11-5、图 11-6、图 11-7 所示。不管哪种形式的串行通信，两机之间均应有公共地线。

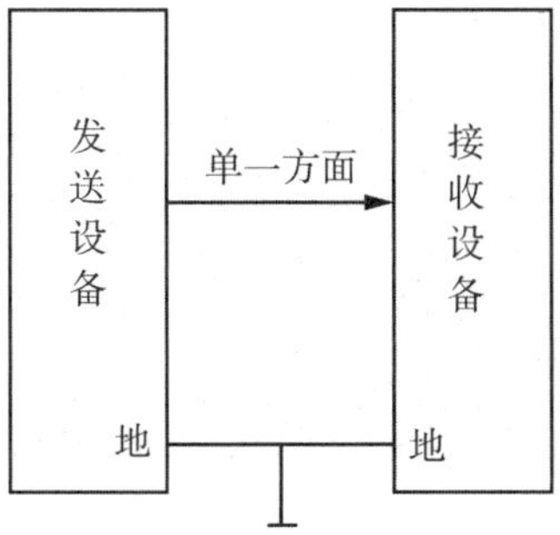

图 11-5　单工

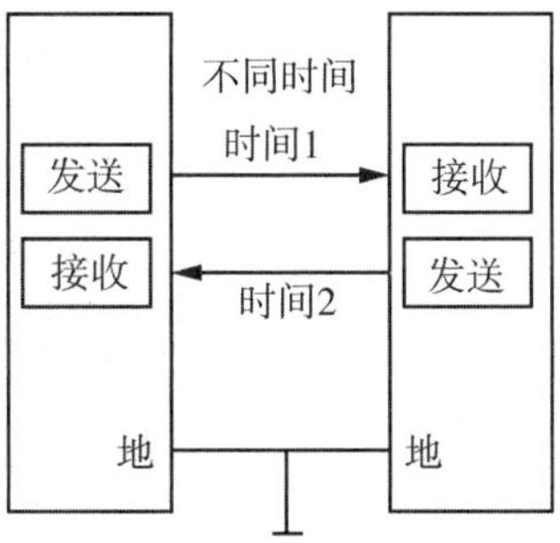

图 11-6　半双工

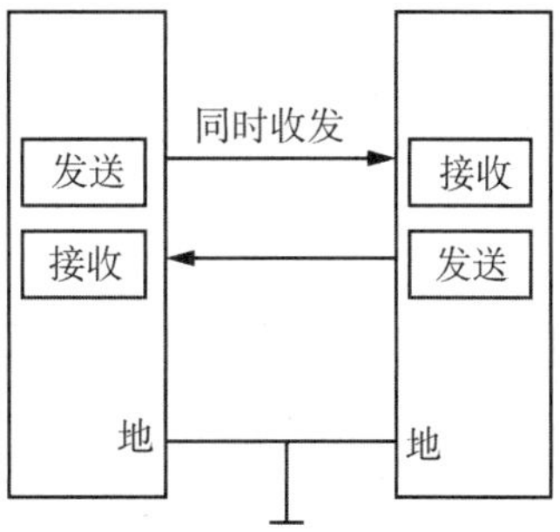

图 11-7　全双工

1. 单工方式

单工方式的数据传送是单向的。通信双方中一方固定为发送端，另一方固定为接收端。单工方式的串行通信，只需要一条数据线。

2. 半双工方式

在半双工制式下，甲乙两机之间只有一个通信回路，接收和发送不能同时进行，只能分时接收和发送，即在任一时刻只能由两机中的一方发送数据，另一方接收数据。因而两机之间只需一条数据线即可。

3. 全双工方式

在全双工制式下，甲乙两机之间的数据发送和接收可以同时进行，全双工制式的串行通信必须使用两根数据线。

11.2 AI8H 单片机串行通信

AI8H 系列单片机具有 4 个全双工异步串行通信接口，传统 C51 单片机只有 1 个全双工异步串行通信接口。每个串行口由 2 个数据缓冲器、一个移位寄存器、一个串行控制寄存器和一个波特率发生器等组成。每个串行口的数据缓冲器由 2 个互相独立的接收、发送缓冲器构成，可以同时发送和接收数据。

AI8H 系列单片机的串口 1 有 4 种工作方式，其中两种方式的波特率是可变的，另两种是固定的，以供不同应用场合选用。串口 2/串口 3/串口 4 均只有两种工作方式，这两种方式的波特率都是可变的。用户可用软件设置不同的波特率和选择不同的工作方式。主机可通过查询或中断方式对接收/发送进行程序处理，使用十分灵活。串口 1、串口 2、串口 3、串口 4 的通信口均可以通过功能管脚的切换功能切换到多组端口，从而可以将一个通信口分时复用为多个通信口。

11.2.1 串口功能脚切换

AI8H 单片机串口 1 在 P30 和 P31 脚，即接收脚 RxD 和发送脚 TxD，不过该两脚还有 USB 通信 D-和 D+的第二功能，默认是串口通信，如图 11-8 所示。图 11-9 所示为计算机的 RS232 串口座，可以连接其他的串口设备。

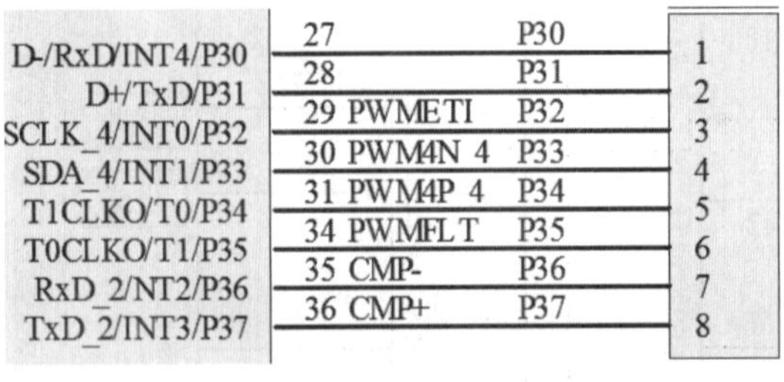

图 11-8 单片机串口引脚

图 11-9 计算机的串口座

AI8H 单片机有 4 组串口，可以通过寄存器修改输出口的位置。图 11-8 的 RxD_2 和 TxD_2 就是串口 1 的备用串口引脚。更改串口寄存器如表 11-1 和表 11-2 所示。

表 11-1　串口功能脚寄存器

符号	地址	B7	B6	B5	B4	B3	B2	B1	B0
P_SW1	A2H	S1_S[1：0]		—	—	SPI_S[1：0]		0	—
P_SW2	BAH	EAXFR	—	I2C_S[1：0]		CMPO_S	S4_S	S3_S	S2_S

表 11-2　串口功能脚切换

S1_S[1：0]	RxD	TxD	S4_S	RxD4	TxD4	S3_S	RxD3	TxD3	S2_S	RxD2	TxD2
00	P3.0	P3.1	0	P0.2	P0.3	0	P0.0	P0.1	0	P1.0	P1.1
01	P3.6	P3.7	1	P5.2	P5.3	1	P5.0	P5.1	1	P4.6	P4.7
10	P1.6	P1.7	—	—	—	—	—	—	—	—	—
11	P4.3	P4.4	—	—	—	—	—	—	—	—	—

例如：P_SW1 = 01000000B = 0x20，则 RxD 和 TxD 将从 P3.0 和 P3.1 切换至 P3.6 和 P3.7。

11.2.2　单片机串行口结构

C51 系列单片机内部含有一个可编程全双工串行通信接口，具有 UART 的全部功能。该接口电路不仅能同时进行数据的发送和接收，也可作为一个同步移位寄存器使用。该串行口具有 4 种工作方式，帧格式有 8 位、10 位和 11 位，并能设置各种波特率。C51 内部有两个独立的接收、发送缓冲器 SBUF。SBUF 属于特殊功能寄存器。发送缓冲器只能写入，不能读出，接收缓冲器只能读出，不能写入，二者共用一个字节地址(99H)。串行口的结构如图 11-10 所示。

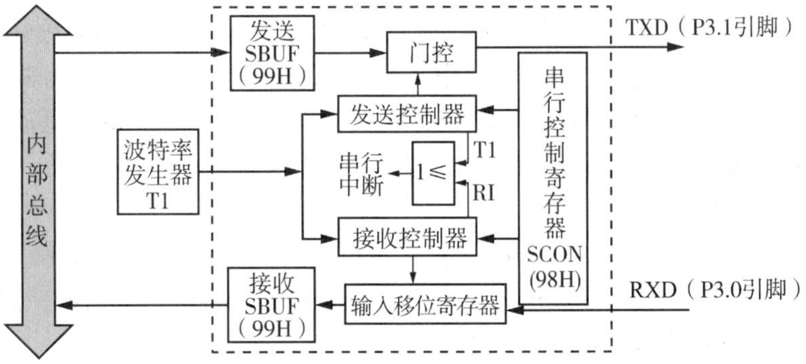

图 11-10　串行口结构

1. 串行口数据缓冲器 SBUF

CPU 在写 SBUF 时，就是修改发送缓冲器；读 SBUF 时，就是读接收缓冲器。

例如：SBUF=My_Data; // 数据 My_Data 赋值给发送缓冲器 SBUF 发送

例如：Buffer=SBUF;　　// 从接收缓冲器 SBUF 读出数据赋值给变量 Buffer

2. 串行口控制寄存器 SCON

SCON 用来控制串行口的工作方式和状态，字地址为 98H，其格式如表 11-3 所示。

表 11-3　串口 1 控制寄存器(SCON)

符号	地址	B7	B6	B5	B4	B3	B2	B1	B0
SCON	98H	SM0/FE	SM1	SM2	REN	TB8	RB8	TI	RI

SM0/FE：当 PCON 寄存器中的 SMOD0 位为 1 时，该位为帧错误检测标志位。当 UART 在接收过程中检测到一个无效停止位时，通过 UART 接收器将该位置 1，必须由软件清零。当 PCON 寄存器中的 SMOD0 位为 0 时，该位和 SM1 一起指定串口 1 通信工作模式，为传统模式，如表 11-4 所示，其中模式 1 是比较常用的。

表 11-4　串口 1 工作模式

SM0	SM1	串口 1 工作模式	功能说明
0	0	模式 0	同步移位串行方式
0	1	模式 1	可变波特率 8 位数据方式
1	0	模式 2	固定波特率 9 位数据方式
1	1	模式 3	可变波特率 9 位数据方式

SM2：允许模式 2 或模式 3 多机通信控制位。当串口 1 使用模式 2 或模式 3 时，如果 SM2 位为 1 且 REN 位为 1，则接收机处于地址帧筛选状态。此时可以利用接收到的第 9 位(即 RB8)来筛选地址帧，若 RB8=1，说明该帧是地址帧，地址信息可以进入 SBUF，并使 RI 为 1，进而在中断服务程序中再进行地址号比较；若 RB8=0，说明该帧不是地址帧，应丢掉且保持 RI=0。在模式 2 或模式 3 中，如果 SM2 位为 0 且 REN 位为 1，接收机处于地址帧筛选被禁止状态，不论收到的 RB8 为 0 或 1，均可使接收到的信息进入 SBUF，并使 RI=1，此时 RB8 通常为校验位。模式 1 和模式 0 为非多机通信方式，在这两种方式下，SM2 应设置为 0。

REN：允许/禁止串口接收控制位。0：禁止串口接收数据；1：允许串口接收数据。

TB8：当串口 1 使用模式 2 或模式 3 时，TB8 为要发送的第 9 位数据，需要由软件置位或清 0。在模式 0 和模式 1 中，该位未用。

RB8：当串口 1 使用模式 2 或模式 3 时，RB8 为接收到的第 9 位数据，一般用作校验位或者地址帧/数据帧标志位。在模式 0 和模式 1 中，该位未用。

TI：串口 1 发送中断请求标志位。在模式 0 中，当串口发送数据第 8 位结束时，由硬件自动将 TI 置 1，向主机请求中断，响应中断后 TI 必须用软件清零。简单地说是发送一个字节后，TI 自动为 1。

RI：串口 1 接收中断请求标志位。在模式 0 中，当串口接收第 8 位数据结束时，由硬件自动将 RI 置 1，向主机请求中断，响应中断后 RI 必须用软件清零。简单地说是收到一个字节后，RI 自动为 1。

3. 电源管理寄存器 PCON

表 11-5　电源管理寄存器 PCON

符号	地址	B7	B6	B5	B4	B3	B2	B1	B0
PCON	87H	SMOD	SMOD0	LVDF	POF	GF1	GF0	PD	IDL

SMOD：串口 1 波特率控制位。SMOD ＝0：串口 1 的各个模式的波特率都不加倍；SMOD ＝1：串口 1 模式 1 的波特率加倍。

SMOD0：帧错误检测控制位。SMOD0＝0：无帧错检测功能；SMOD0＝1：使能帧错误检测功能。此时 SCON 的 SM0/FE 为 FE 功能，即为帧错误检测标志位。

例如，如果波特的速度加倍，则 PCON＝10000000B＝0x80。

4. 辅助寄存器 1(AUXR)

表 11-6　辅助寄存器 1(AUXR)

符号	地址	B7	B6	B5	B4	B3	B2	B1	B0
AUXR	8EH	T0x12	T1x12	UART_M0x6	T2R	T2_C/T	T2x12	EXTRAM	S1ST2

UART_M0x6：串口 1 模式 0 的通信速度控制。UART_M0x6＝0：串口 1 模式 0 的波特率不加倍，固定为 Fosc/12。UART_M0x6＝1：串口 1 模式 0 的波特率为 6 倍速，即固定为 Fosc/12 * 6＝Fosc/2。

S1ST2：串口 1 波特率发生器选择位。S1ST2＝0：选择定时器 1 作为波特率发生器。S1ST2＝1：选择定时器 2 作为波特率发生器。

11.2.3　串行通信波特率设置

串行口的波特率即串行传输数据的速率。波特率的选用，不仅和所选通信设备、传输距离有关，还受传输线状况所制约。用户应根据实际需要正确选用。

1. 模式 0 的波特率

模式为模式 0 时，串行通信接口工作在同步移位寄存器模式，当串行口模式 0 的通信速度设置位 UART_M0x6＝0 时，其波特率固定为系统时钟的 12 分频；当设置 UART_M0x6＝1 时，其波特率固定为系统时钟频率的 2 分频。TxD 为同步移位脉冲输出脚发送、接收的是 8 位数据，低位在先。

模式 0 的发送过程：当主机执行将数据写入发送缓冲器 SBUF 指令时启动发送，串行口即将 8 位数据以 $f_{SYS}/12$ 或 $f_{SYS}/2$ 的波特率从 RxD 管脚输出(从低位到高位)，发送完中断标志 TI 置 1，TxD 管脚输出同步移位脉冲信号。当写信号有效后，相隔一个时钟，发送控制端 SEND 有效(高电平)，允许 RxD 发送数据，同时允许 TxD 输出同步移位脉冲。一帧(8 位)数据发送完毕后，各控制端均恢复原状态，只有 TI 保持高电平，呈中断申请状态。在再次发送数据前，必须用软件将 TI 清零。

模式 0 的接收过程：首先将接收中断请求标志 RI 清零并置位允许接收控制位 REN，然后启动模式 0 接收过程。启动接收过程后，RxD 为串行数据输入端，TxD 为同步脉冲输出端。串行接收的波特率为 $f_{SYS}/12$ 或 $f_{SYS}/2$。当接收完成一帧数据(8 位)后，控制信号复位，中断标志 RI 被置 1，呈中断申请状态。当再次接收时，必须通过软件将 RI 清零。工作时序图如图 11-11 所示。

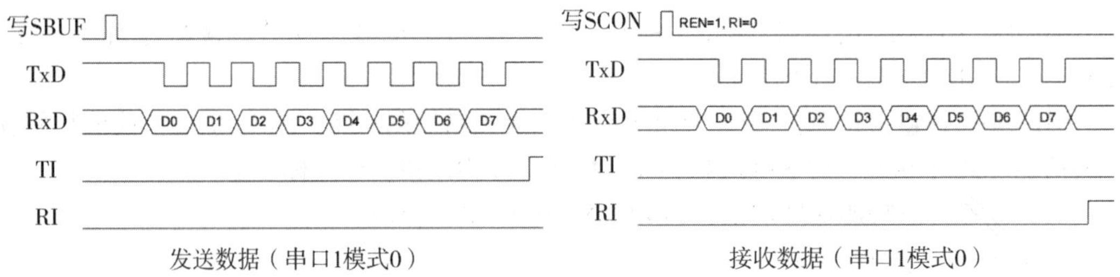

图 11-11　模式 0 收发时序图

工作于模式 0 时，必须清零多机通信控制位 SM2，使之不影响 TB8 位和 RB8 位。波特率计算公式如下：

UART_M0x6 = 0：波特率 = SYSCLK/12；

UART_M0x6 = 1：波特率 = SYSCLK/2；

2. 模式 1 的波特率

在模式 1 下，波特率可更改。用户可以根据 PCON 中的 SMOD 位来选择串行口工作波特率。当 SCON 的 SM0、SM1 为“01”时，串行口 1 则以模式 1 进行工作。此模式为 8 位 UART 格式，一帧信息为 10 位：1 位起始位，8 位数据位(低位在先)和 1 位停止位。TxD 为数据发送口，RxD 为数据接收口，串行口全双工接收/发送。

模式 1 的发送过程：串行通信模式发送时，数据由串行发送端 TxD 输出。当主机执行一条写 SBUF 的指令就启动串行通信的发送，写“SBUF”信号还把“1”装入发送移位寄存器的第 9 位，并通知 TX 控制单元开始发送。移位寄存器将数据不断右移，通过 TxD 端口发送，在数据的左边不断移入“0”作补充。当数据的最高位移到移位寄存器的输出位置，紧跟其后的是第 9 位“1”，在它的左边各位全为“0”，这个状态条件，使 TX 控制单元做最后一次移位输出，然后使允许发送信号“SEND”失效，完成一帧信息的发送，并置位中断请求位 TI，即 TI = 1，向主机请求中断处理。

模式 1 的接收过程：当软件置位接收允许标志位 REN = 1 时，接收器便对 RxD 端口的信号进行检测，当检测到 RxD 端口发送从“1”→“0”的下降沿跳变时就启动接收器准备接收数据，并立即复位波特率发生器的接收计数器，将 1FFH 装入移位寄存器。接收的数据从接收移位寄存器的右边移入，已装入的 1FFH 向左边移出，当起始位"0"移到移位寄存器的最左边时，使 RX 控制器做最后一次移位，完成一帧的接收。

若同时满足以下两个条件：RI=0；SM2=0 或接收到的停止位为 1。则接收到的数据有效，实现装载入 SBUF，停止位进入 RB8，RI 标志位被置 1，向主机请求中断，若上述两个条件不能同时满足，则接收到的数据作废并丢失，无论条件满足与否，接收器重新开始检测 RxD 端口上的"1"→"0"的跳变，继续下一帧的接收。接收有效，在响应中断后，RI 标志位必须由软件清零。

通常情况下，串行通信工作于模式 1 时，SM2 设置为“0”。工作时序图如图 11-12 所示。

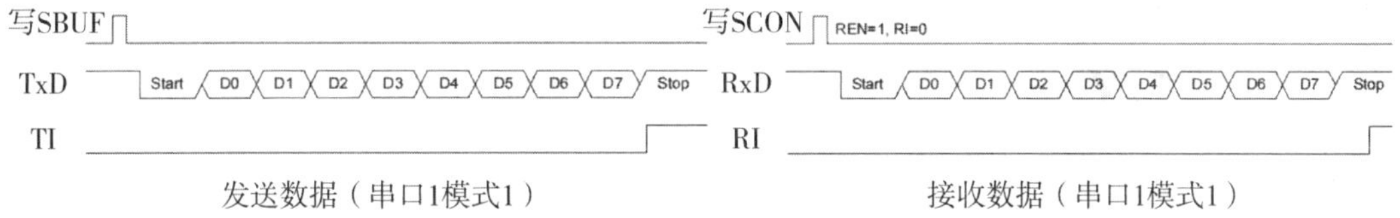

图 11-12　模式 1 收发时序图

串口 1 的波特率是可变的，其波特率可由定时器 1 或者定时器 2 产生。当定时器采用 1T 模式时(12 倍速)，相应的波特率的速度也会提高 12 倍。波特率的计算公式如下：

定时器 12T 模式：

$$波特率=\frac{2^{SMOD}}{32}\times\frac{1}{12}\times\frac{f_{sys}}{2^k-定时器初值}$$

式中，k 为定时器位数。则 12T 定时器初值计算式如下：

$$定时器初值=2^k-\frac{2^{SMOD}}{32}\times\frac{f_{sys}}{12\times波特率}$$

定时器 1T 模式：

$$波特率=\frac{2^{SMOD}}{32}\times\frac{f_{sys}}{2^k-定时器初值}$$

1T 定时器初值计算公式如下：

$$定时器初值=2^k-\frac{2^{SMOD}}{32}\times\frac{f_{sys}}{波特率}$$

3. 模式 2 的波特率

模式 2 时，SM0、SM1 两位为“10”，为 9 位数据异步通信 UART 模式，其一帧的信息由 11 位组成：1 位起始位，8 位数据位(低位在先)，1 位可编程位(第 9 位数据)和 1 位停止位。发送时可编程位(第 9 位数据)由 SCON 中的 TB8 提供，可由软件设置为 1 或 0，或者可将 PSW 中的奇/偶校验位 P 值装入 TB8(TB8 既可作为多机通信中的地址数据标志位，又可作为数据的奇偶校验位)。接收时第 9 位数据被装入 SCON 的 RB8。TxD 为发送端口，RxD 为接收端口，以全双工模式进行接收和发送。

模式 2 的波特率固定为系统时钟的 64 分频或 32 分频(取决于 PCON 中 SMOD 的值)。

与模式 1 相比，除波特率发生源略有不同，发送时由 TB8 提供给移位寄存器第 9 数据位不同外，其余功能结构基本相同，其接收/发送操作过程及时序也基本相同。

当接收器接收完一帧信息后必须同时满足下列条件：RI = 0；SM2 = 0 或者 SM2 = 1 且接收到的第 9 数据位 RB8 = 1。当这两个条件同时满足时，才将接收到的移位寄存器的数据装入 SBUF 和 RB8 中，RI 标志位被置 1，并向主机请求中断处理。如果上述条件有一个不满足，则刚接收到移位寄存器中的数据无效而丢失，也不置位 RI。无论上述条件满足与否，接收器重新开始检测 RxD 输入端口的跳变信息，接收下一帧的输入信息。在模式 2 中，接收到的停止位与 SBUF、RB8 和 RI 无关。

通过软件对 SCON 中的 SM2、TB8 的设置以及通信约定，为多机通信提供了方便。工作时序图如图 11-13 所示。

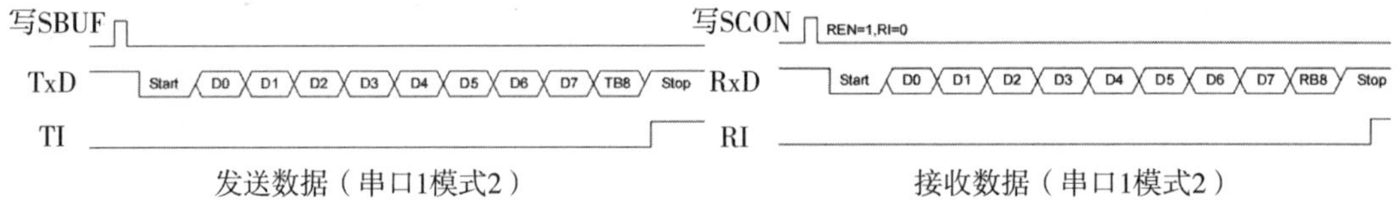

图 11-13　模式 2 收发时序图

4. 模式 3 的波特率

模式 3 时，SM0、SM1 两位为“11”，为 9 位数据异步通信 UART 模式，其一帧的信息由 11 位组成：1 位起始位，8 位数据位(低位在先)，1 位可编程位(第 9 位数据)和 1 位停止位。发送时可编程位(第 9 位数据)由 SCON 中的 TB8 提供，可由软件设置为 1 或 0，或者可将 PSW 中的奇/偶校验位 P 值装入 TB8(TB8 既可作为多机通信中的地址数据标志位，又可作为数据的奇偶校验位)。接收时第 9 位数据被装入 SCON 的 RB8。TxD 为发送端口，RxD 为接收端口，以全双工模式进行接收/发送。

模式 3 和模式 1 相比，除发送时由 TB8 提供给移位寄存器的第 9 数据位不同外，其余功能结构基本相同，其接收发送操作过程及时序也基本相同。

当接收器接收完一帧信息后必须同时满足下列条件：RI = 0；SM2 = 0 或者 SM2 = 1 且接收到的第 9 数据位 RB8 = 1。当上述两个条件同时满足时，才将接收到的移位寄存器的数据装入 SBUF 和 RB8 中，RI 标志位被置 1，并向主机请求中断处理。如果上述条件有一个不满足，则刚接收到移位寄存器中的数据无效而丢失，也不置位 RI。无论上述条件满足与否，接收器重新开始检测 RxD 输入端口的跳变信息，接收下一帧的输入信息。接收到的停止位与 SBUF、RB8 和 RI 无关。

通过软件对 SCON 中的 SM2、TB8 的设置以及通信协议的约定，为多机通信提供了方便。工作时序图如图 11-14 所示。模式 3 的波特率计算公式与模式 1 完全相同。

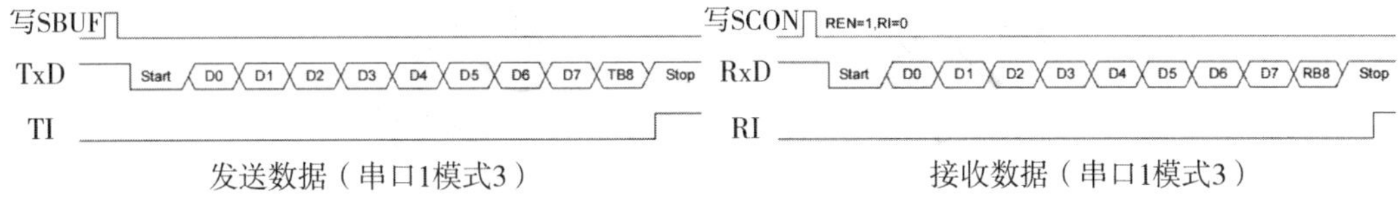

图 11-14　模式 3 收发时序图

11.2.4　串行通信程序

发送端：要有串行通信初始化程序和发送程序，初始化设置主要内容有：波特率选定，相关寄存器设定，定时器初值计算。

接收端：也要有串行通信初始化程序和接收程序，初始化设置主要内容有：波特率选定，相关寄存器设定，定时器初值计算。接收程序即串口中断服务程序。

如果同时有发送和接收端，则发送程序和口中断服务程序都要写。

本节以常用的模式 1 为例说明。

1. 串行通信初始化程序

1) 波特率选定

一般应该在串口通信技术标准里选择一个频率，自己任意想一个波特率则为非技术标准率。如果控制对象设备已经定好了，则应该与该设备波特率相同，否则无法进行串口通信。传输数据量不多或速度要求不高的，可以选择 9600b/s，否则可选择 115200b/s 或更高。但是波特率越高，传输距离越短，也容易数据出错。

2) 相关寄存器设定

PCON 中的 SMOD 位：SMOD = 1 则波特率加倍，但如果波特率比较低，可以设置 SMOD = 0。

SCON 的 SM0、SM1 位：模式 1 时，SM0/SM1 = 01。

定时器模式：波特率较低时，可选用 12T 模式，反之，用 1T 模式。定时器一般使用 T1 比较多，传统 C51 单片机则必须使用 T1 定时器。用作串口通信工作波特率的 T1 定时器应该用 8 位或 16 位自动重载模式。

3) 定时器初值计算

例子 1：波特率 9600b/s，串口波特率发生器使用 T1，波特率加倍，定时器 1T 模式，8 位自动重载，单片机时钟 11.0592MHz。

则：

$$\text{定时器初值} = TH1 = TL1 = 2^k - \frac{2^{SMOD}}{32} \times \frac{f_{sys}}{\text{波特率}}$$

$$= 2^8 - \frac{2^1}{32} \times \frac{11059200}{9600} = 256 - \frac{1}{16} \times 1152 = 184$$

4) 串行通信初始化子程序

根据以上分析，写出串行通信初始化子程序如下：

```
void Uart_Init()    //串口初始化
{
  AUXR = 0x40; //T1 选择 1T 模式
    /* AUXR=T0x12、T1x12、U_M0x6、T2R、T2_C/T、T2x12、EXTRAM、S1ST2 */
   PCON = 0X80; //波特率加倍 PCON= SMOD、SMOD0、LVDF、POF、GF1、GF0、PD、IDL
   TMOD = 0x20; //定时器 1 使用了模式 2(8 位自动重载--0~255)
   SCON = 0x50;   //=SM0/FE、SM1、SM2、REN、TB8、RB8、TI RI  //REN: 允许/禁止串口接收控制位
    //SCON = 0x40;   //如果不接收数据
   TL1 = 184;   TH1 = 184; //决定通信波特率
   TR1 = 1;   //启动 T1
   ES = 1;   //串口允许中断
   EA = 1;   //总中断
}
```

上述串口初始函数，如果波特率改变，定时器初值就要重新计算，为提高工作效率，在 STC 下载软件时有许多的例子程序可参考，包括串口初始化程序，如图 11-15 所示，串口初始化程序可以直接拷贝使用。

图 11-15　初始化程序生成

最方便的还是波特率和定时值自动计算，改变波特率时程序基本不用变化，如下：

```
#define MAIN_Fosc 11059200UL   //定义时钟频率，下载时频率须选择 11.0592MHz
#define BRT  (256 - (MAIN_Fosc /9600 /16))   //波特率选择 9600
  /* 以上两句放在预定义处 */
void Uart_Init()   //串口初始化
```

```
{
  AUXR = 0x40; //T1 选择 1T 模式
  PCON = 0X80; //波特率加倍
  TMOD = 0x20; //定时器 1 使用了模式 2(8 位自动重载--0~255)
  SCON = 0x50;   //=SM0/FE SM1 SM2 REN TB8 RB8 TI RI
  TL1 = BRT; TH1 = BRT;   //通信波特率
  TR1 = 1; ES = 1; EA = 1;
}
```

上述程序的好处是：改变单片机频率，可改变 11059200UL 的值，改变波特率也只需改变 9600 即可，不用重新计算，由单片机自动计算。定时器如果是 12T 模式，则只需改一句：

```
#define  BRT  (256 - (MAIN_Fosc /9600 /16/12))    //波特率选择 9600
```

2. 串行通信发送程序

发送程序比较简单，只需把数据放入寄存器 SBUF，就会自动发送，发送完了之后标志 TI 要清零，子程序如下：

```
void UART_Send_Byte(unsigned char mydata)//发送数据函数
 {
   TI=0;
   SBUF=mydata;      //数据 mydata 赋值给 SBUF 发送
   while(! TI);      //等待数据发送结束，发送结束时 TI 会自动为 1
   TI=0;             //发送中断标志清零
}
```

3. 串行通信接收中断服务程序

是对其他设备发送来的数据进行接收，接收也比较简单，接收完一个字节数据，也需要对接收标志 RI 清零，以方便下次接收。实际中还要对这个接收到的数据的用处进行处理。程序如下：

```
void UartIsr() interrupt 4  //串口中断  收到数据要做什么，串口 1 必须写 interrupt 4
{
  REC_Val=SBUF;    //接收到的数据放在寄存器 SBUF，数据取出赋值给变量 REC_Val
  RI=0;        //接收标志清零
  P2 =~REC_Val;    //接收到的数据做什么用，取反再赋值 P2 端口，用 LED 显示数据值。
LED 是 0 点亮
}
```

11.3　项目 28：单片机与计算机串口通信

单片机与计算机串口通信时，通信的方式和波特率要相同，例如计算机一端是 USB 方式，单片机端是传统串口通信方式，是连接不成功的。

11.3.1 项目任务

计算机使用串口工具软件，通过串口向单片机发送数据，单片机接收到数据后，把这个数据重新返回给计算机，同时单片机把接收到数据用 P2 口 LED 灯显示出。

11.3.2 程序设计

由项目要求可知，单片机须有发送和接收功能，全部程序如下：

```
#include "STC8H.h"
#define MAIN_Fosc 11059200UL              //下载时频率须选择 11.0592MHz
#define BRT  (256 - (MAIN_Fosc /115200 /16))   //波特率选择 115200
#define uchar unsigned char   //声明
#define uint  unsigned int
uchar   REC_Val;    //串口接收到的数据
void Port_init()  //端口配置初始化  均为弱上拉模式，只用到 P2 和 P3 口
  {  P2M0 = 0x00; P2M1 = 0x00; P3M0 = 0x00; P3M1 = 0x00;   }
void Uart_Init()   //串口初始化
  {
    AUXR = 0x40;      //T1 选择 1T 模式
    PCON = 0X80;     //波特率加倍
    TMOD = 0x20;     //定时器 1 使用了模式 2(8 位自动重载--0~255),
    SCON = 0x50;   // =SM0/FE SM1 SM2 REN TB8 RB8 TI RI
    TL1 = BRT; TH1 = BRT;   //通信波特率
    TR1 = 1; ES = 1; EA = 1;
}
void UART_Send_Byte(uchar mydata) //发送数据函数
{…} //见上节
void   delayms(uint i)     //1ms 软件延时函数
{…}
void main()
{
  Port_init();   //端口配置初始化
  Uart_Init();   //串口初始化
  while (1)
    {
      delayms(500);                //半秒发一个数据
      UART_Send_Byte(REC_Val);   //把接收到的数据 REC_Val 重新发回去
      P2 =~REC_Val;    //接收到的数据做什么用，取反再赋值 P2 端口，用 LED 显示数据值。
    }
  }
void UartIsr() interrupt 4   //串口中断  收到数据要做什么
  {
```

```
    REC_Val = SBUF;      //将接收到的数据放入到发送寄存器
    RI = 0; //接收标志清零
}
```

11.3.3　程序分析

例子知识应用上节均有介绍，在主循环“while（1）{…}”里，为 0.5 秒发送一个数据，数据逐位取反后，送至 P2 口显示二进制数。

程序下载时频率必须与程序的定义频率相同。程序下载后，利用 STC-ISP 下载工具监测串口通信，具体如图 11-16 所示。

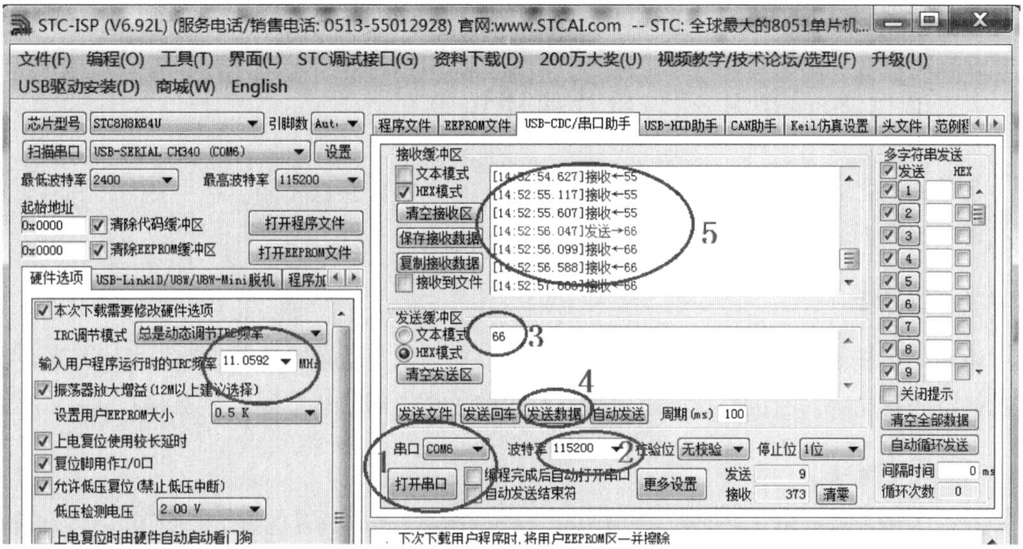

图 11-16　利用串口工具发送和接收数据

例子为传统串口通信，非 USB 通信，开发板左下角插针 J24/J23 短路 340C 侧，转到传统串口通信模式，再“打开串口”，波特率也要与程序设置频率相同，然后在发送缓冲区里输入十六进制数据，点击发送，上面的接收缓冲区就会收到单片机返回的数据，同时观察开发板，灯的显示是否是该数据的二进制。

如果要简单地由单片机控制计算机，可以用专门的计算机串口接收处理上位机进行处理，如图 11-17 所示，上位机可由常用的计算机编程软件编写制作。打开“设置”，设置接收到数据要做什么，图 11-18 所示，其左边是如果接收什么数值，右边是 Windows 的 CMD 命令，输出 CMD 命令让计算机做什么动作，例如打开程序、计算器、关机、记事本等。

例如，单片机向计算机发送 0x01 的数据时，计算机将会做出延时关机的动作，单片机向计算机发送 0x03 的数据时，计算机将会做出打开记事本的动作。

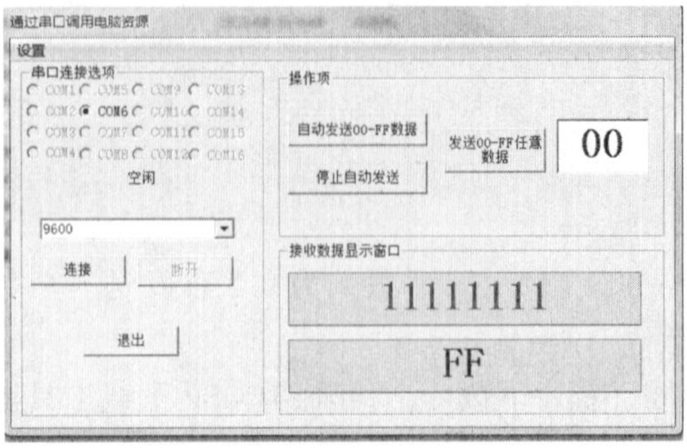

图 11-17　串口监控调用上位机

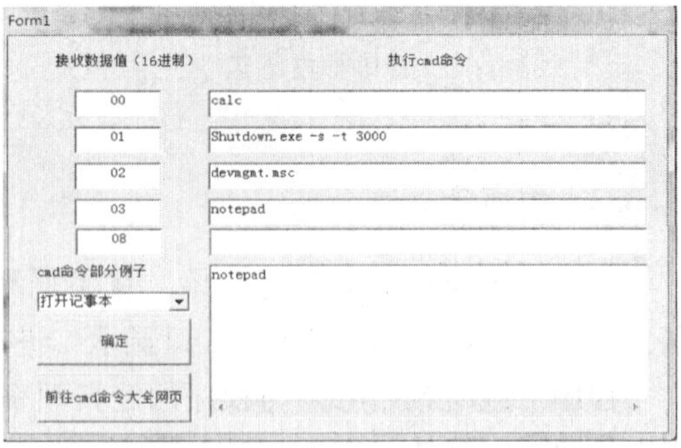

图 11-18　上位机 CMD 命令调用

11.4　项目 29：单片机与单片机串口通信

各单片机之间的数据通信是经常要用到的，可以实现模块之间、单元之间，或者更远的设备间的数据通信。

11.4.1　项目任务

两单片机通过串口 2 实现点对点之间的串口通信。甲机把光敏电阻测得的电压数据送给乙机数码管显示，乙机也把光敏电阻处测得的电压送给甲机数码管显示。

11.4.2　程序设计

程序主要由测量电压数据 ADC 程序、数码管程序、串口 2 通信程序等组成，电路如图 11-19 所示。注意：两单片机之间的 TxD2 和 RxD2 必须交换对接，即甲机的 TxD2 接到乙机的 RxD2，甲机的 RxD2 接到乙机的 TxD2。

图 11-19　单片机点对点通信

1. 甲机主程序 main.c

```
#include <STC8H.H>
#include "config.h"        //定义配置头文件
#include "usb.h"           //USB 通信头文件 不用修改
#include "uart_Rec.h"      //串口通信头文件
#include "ADC_STC8.h"      //ADC 转换头文件
#include "Smg_Display.h"   //数码管头文件
void main(void)            //主程序
  {
    sys_init();   //系统初始化
    Uart_Init();  //串口初始化
    ADC_init();   //ADC 初始化
    while(1)
  {
    number++;         //ADC 计数 循环次数
    Bright15  += Get_ADCResult(4);   //ADC4 通道采集 对应光敏电阻，要根据电路核对通道
    if(number>=15)   //15 次累加
      {
        number=0;
        BrightP  =Bright15/150;  Bright15 =0;     //求平均值再除以 10
         //BrightP = 100*BrightP/101;    //电压校正折算
      }
    num=VoltageP ;    //乙机送来的电压数据赋值给 num，用于显示
    Data_Splt();    //num 数据拆分
    Smg_Display();    //显示 num 电压
  }
}
```

2. 甲机串口通信头文件 uart_Rec.h"

```
#ifndef __UART_Rec_H__
#define __UART_Rec_H__
#define BRT (65536 - MAIN_Fosc /115200 /4)  //T2 只能 16 位，波特率定时初值计算
uchar  REC2_Val,  REC2_ValH,  REC2_ValL;  //串口接收到的数据
uchar  Recn;  //串口接收数据个数计数
void Uart_Init()  //串口初始化
  {
    AUXR=0xD4; //1101 0100=T0/T1 选用 1T 模式，开启 T2 并 1T 模式，后面 T1 实际没有使用
      /*AUXR=T0x12/T1x12 /U_M0x6 /T2R  T2_C/T /T2x12 /EXTRAM /S1ST2*/
    TMOD=0X00; //定时器 1 和定时器 0 使用模式 0(16 位--0~65535)(自动重载);
    TH0=(65536-(2000*(MAIN_Fosc/100))/10000)/256;  //装初值 2ms 定时
    TL0=(65536-(2000*(MAIN_Fosc/100))/10000)%256;
```

```
    ET0=1; TR0=1;        //定时器0中断允许，启动
    S2CON = 0x10; //=S2SM0 /- /S2SM2 /S2REN /S2TB8/S2RB8/S2TI /S2RI  //串口2
允许接收
    T2L = BRT;        //波特率定时初值赋值  低8位
    T2H = BRT >> 8;    //高8位
    IE2 |=0x01;     //=0000 0001=T2定时中断允许
      /* IE2=EUSB/ET4/ET3/ES4  ES3/ET2 /ESPI/ES2 */
    EA = 1;       //总中断允许
  }
void UART2_Send_Byte(uchar mydata)   //串口2发送数据函数
  {
    S2CON &= 0xFD;    //即S2TI=0; 1111 1101 标志S2TI清零
    S2BUF=mydata;      //数据mydata载入发送寄存器S2BUF
    while(! (S2CON&0x02));      //0000 0010   //等待发送结束
    S2CON &= 0xFD;     //即S2TI=0; 1111 1101 发送标志S2TI清零
  }
void timer0() interrupt 1  //定时器0中断服务程序，每2ms进入一次
  {
    Timer05s++;
    if(Timer05s>=250) //半秒发一组数据
      {
        Timer05s=0;   LED0 =~LED0 ;    //灯秒闪烁，表示有发送
        UART2_Send_Byte(255);        //设置数据头标志，使后面的高低位数据有次序
        UART2_Send_Byte(BrightP/256); //BrightP高八位
        UART2_Send_Byte(BrightP%256); //BrightP高低位
      }
  }
void UART2_Routine(void) interrupt 8  //串口2接收中断服务程序，收到数据要做什么
  {
    REC2_Val=S2BUF;    //将接收到的数据赋值给REC2_Val
    S2CON &= 0xFE;     //即S2RI=0; //接收标志清零
    Recn++;            //接收次数计数
    if(REC2_Val ==255)  {  Recn=0; }    //数据启始 次数清零
    if(REC2_Val ! =255)      //不是数据头
      {
        if(Recn==1)  { REC2_ValH = REC2_Val; }  //接收高8位
        if(Recn==2)                              //接收低8位，并高低位合成
          { REC2_ValL = REC2_Val; VoltageP=REC2_ValH*256+REC2_ValL; }
      }
  }
#endif
```

11.4.3　程序分析

乙机程序与甲机相同。

由于定时器 T2 只有 16 位计数一种方式，不能配置成 8 位自动重载模式，只能是 16 位自动重载模式，所以波特率和定时初值计算使用“#define　BRT　(65536 - MAIN_Fosc / 115200 / 4)”。

例子中使用了中断嵌套，定时中断里又有发送数据，虽然是半秒发送一组数据，但定时值是 2ms 的，因此发送数据应该在这 2ms 内全部发送完毕，串口模式 1 时，加上数据头尾是 10 位一个字节，上例共有 4 个字节的数据发送，则发送时间 T_S 为

$$T_S = \frac{10}{BRT} \times 字节数 = \frac{10}{115200} \times 4 \approx 0.35(ms)$$

定时中断还要加上其他开销，执行定时中断服务程序总消耗时间比 0.35ms 会多一些，不过相对于 2ms 仍足够。如果总消耗时间比定时时间还长，则定时 2ms 就不准确了。

在数据接收中断服务程序里，如果要接收一组数据，应该分辨数据的次序，比较简单的方法是发送端在发送数据前先发送特定数据或字符，在接收端里，判断收到这个特定数据或字符时，表示有效数据即将到来，之后收到的数据就可按次序排列，就可分辨出各个数据，发送端还可在发送数据结束时也发送特定数据或字符，接收端如收到这个特定数据或字符，表示数据发送结束了，则更能提高数据分辨率。

11.4.4　拓展 1——RS-232 串行通信

上例中，两单片机直接使用串口 UART2 的 RxD 和 TxD 互换对接，实现通信，两单片机串口输出信号均为 TTL 电平，数字“0”代表电压为 0V，数字“1”代表电压为 3.3V 或 5V，电气标准相同，适合机内短距离通信，但不太适合较长距离的机外通信，也不能与已有的 RS-232 串口直接相连通信。

这时就必须把 TTL 电平标准的串口 UART 信号通过专用芯片转换为 RS-232 技术标准的信号，传输到单片机前，还需要把 RS-232 技术标准的信号通过专用芯片转换为 TTL 电平标准的串口 UART 信号，如图 11-20 所示。

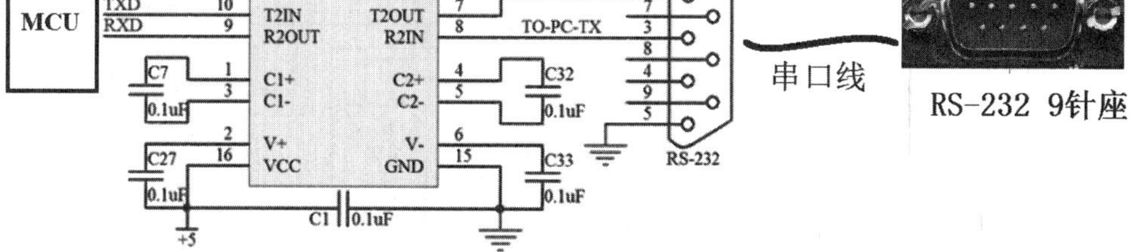

图 11-20　RS-232 串口通信

RS-232 标准接口是常用的串行通信接口标准之一，它由美国电子工业协会(Electronic Industry Association，EIA)联合贝尔系统公司、调制解调器厂家及计算机终端生产厂家于1970 年共同制定，其全名是“数据终端设备(DTE)和数据通信设备(DCE)之间串行二进制数据交换接口技术标准。”

该标准初始规定采用一个 25 脚的 DB-25 连接器，对连接器每个引脚的信号内容加以规定，还对各种信号的电平加以规定。后来 IBM 的 PC 机将 RS232 简化成了 DB-9 连接器，从而成为事实上的标准。而在工业控制中 RS-232 口一般只使用 RXD、TXD、GND 三条线。

RS-232 标准规定逻辑“1”的电平为-15～-5V，逻辑“0”的电平为+5～+15V。选用该电气标准的目的在于提高抗干扰能力，增大通信距离。RS-232 的噪声容限为 2V，接收器将能识别高至+3V 的信号作为逻辑“0”，将低至-3V 的信号作为逻辑“1”。

TTL 标准电平的“1”(3.3V 或 5V)转换为 RS-232 标准逻辑“1”的电平-15～-5V，TTL 标准电平的“0”(0V)转换为 RS-232 标准逻辑“0”的电平+5～+15V。

RS-232 将 TTL 电平转换为 RS-232C 电平，但传输速率相对较低，在异步传输时，波特率为 20Kbps，如采用 19200bps。不过现在有采用了新的 UART 芯片，波特率达到115.2Kbps。RS-232 传输距离相对有限，最大传输距离标准值为 50m，并与选用波特率有关，波特率越高，距离越近。

11.4.5 拓展 2—RS-485 串行通信

RS-485 串行通信的通信距离可达几十米到上千米。RS-485 采用平衡发送和差分接收，具有抑制共模干扰的能力。

RS-485 的电气标准：逻辑“1”以两线间的电压差为+(2～6)V 表示；逻辑“0”以两线间的电压差为-(2～6)V 表示。接口信号电平比 RS-232 降低了，不太易损坏接口电路的芯片，TTL 电平转换比较方便。

RS-485 的数据最高传输速率为 10Mbps，RS-485 通信在总线上允许连接多达 128 个收发器，具有多站能力，用户可以利用单一的 RS-485 接口方便地建立起设备网络。应用RS-485 可以联网构成分布式系统，如图 11-21 所示。

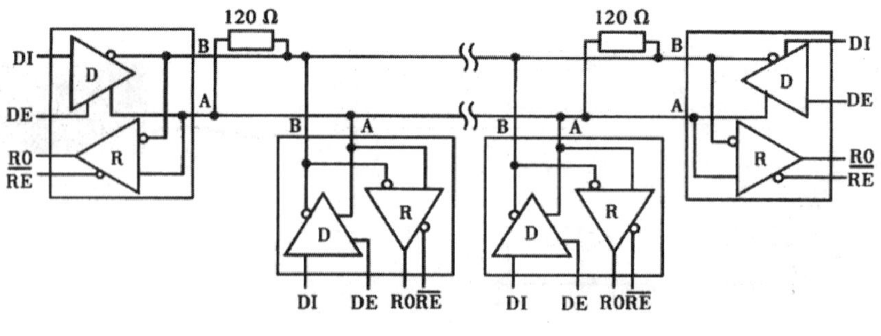

图 11-21　RS-485 通信

具体电路如图 11-22 所示。当单片机接收数据时，TxD 为高电平，经 Q1 反相后，DE 为低电平，发送端 DI 失效，$\overline{RE}$为低电平，接收端 RO 有效，为接收状态。TxD 输出低电平时，发送使能有效。

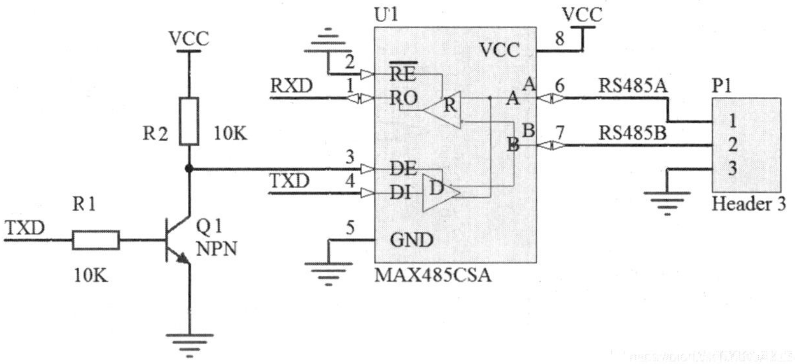

图 11-22　UART 转 RS-485

11.5　项目 30：AI8H 单片机 USB 通信

AI8H8K64U 单片机支持 USB 通信，使用比较方便。USB 通信会自动以最高速度传输，也不用设置波特率。本节仅讲述“STC USB-CDC”虚拟串口应用，将虚拟串口集成在单片机内。

在图 2-18 中，如开关 J23 和 J24 拨至左边，则切换到 USB 通信方式，TYPEC 的 USB 信号将直接连到单片机的 P30 和 P31 口，实现了 USB 通信。

11.5.1　USB 通信加载文件

为了方便与计算机进行 USB 通信，AI8H8K64U 单片机内部增加了 STC-USB-CDC 虚拟串口。接收到的数据按次序放在数组 UsbOutBuffer[ ]内，相当于传统串口接收的数据寄存器 SBUF，但 UsbOutBuffer[ ] 可存储 64 个数据。如果一次只接收到 1 个数据(值在 0~255 之间)，则这个数据存储在 UsbOutBuffer[0]处。

发送数据：指令是“USB_SendData(UsbOutBuffer, 4);”，意思是发送数组 UsbOutBuffer[ ]内前面连续的 4 个数。USB_SendData 函数已封装在库函数“stc_usb_cdc_8h. lib”内，不可以更改，只能调用。

程序要实现 STC-USB-CD 虚拟串口通信，则程序内要加载图 11-23 所示三个内容，下载单片机后，单片机 P30 和 P31 端口将转变为 USB 通信，不是传统的串口通信了。

11.5.2　STC-USB-CDC 虚拟串口驱动

WINDOWS10 及以上的系统不用安装驱动，而对于 WINDOWS7 及之下的系统，则需要手动安装驱动，如图 11-24 所示，点击安装即可。

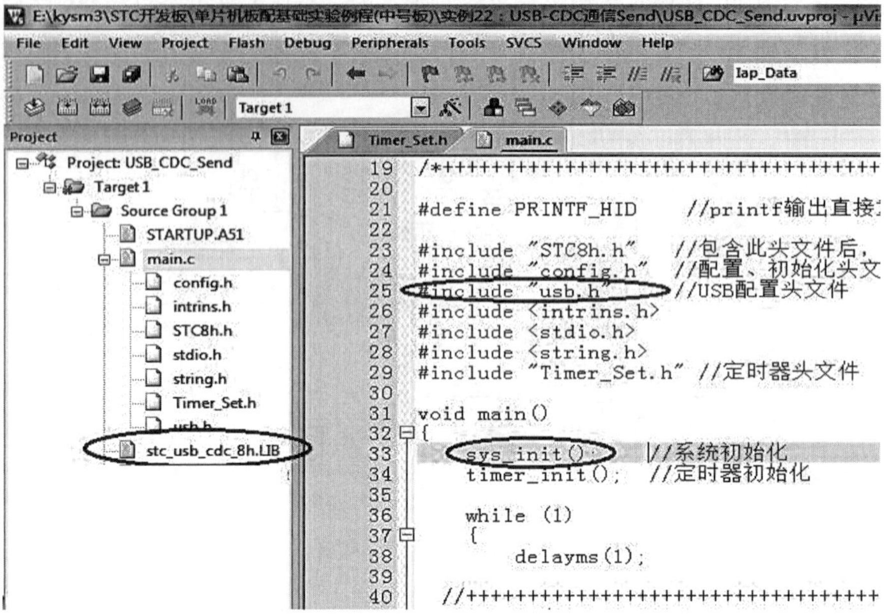

图 11-23　实现 USB 通信

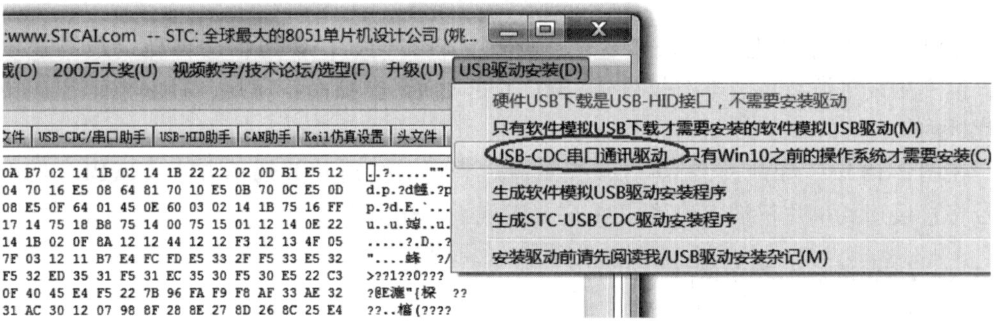

图 11-24　USB-CDC 串口驱动安装

11.5.3　项目任务

实现功能：测试时，在 STC-ISP 软件内，通过"USB-CDC 串口助手"发送数据，单片机把这个数据接收后重新发回，单片机 P2 端口 LED 显示对应的二进制值。

1. 主程序 main. c

```
#include "STC8h.h"   //包含此头文件后，不需要再包含"reg52.h"头文件
#include "config.h"   //配置、初始化头文件
#include "usb.h"   //USB 配置头文件
#include "Timer_Set.h" //定时器头文件 用于定时发送数据
void main()
  {
```

```
    sys_init();      //系统初始化
    timer_init();    //定时器初始化
    while (1)
      {
        delayms(1);
        //+++++++++++++++++++++++++++++++++++++++++++++++++++++++++++
        if(DeviceState ! = DEVSTATE_CONFIGURED)  //等待 USB 完成配置
          continue;
        USB_Response();   //USB 应答
        //+++++++++++++++++++++++++++++++++++++++++++++++++++++++++++
    }}
```

2. 定时器头文件 Timer_Set. h，发送程序在里面

```
#ifndef__Timer_Set_H
#define__Timer_Set_H
#define  TimerSetH0  (65536-(1000*(MAIN_Fosc/100))/10000)/256  //计算定时初值
#define  TimerSetL0  (65536-(1000*(MAIN_Fosc/100))/10000)%256  //1ms 定时
void timer_init()  //定时器初始化程序，一般在主程序的 void main()后 while(1)前要调用
  {
    AUXR=0xC0; //=1100 0000=T0/T1 选用 1T 模式,
      /* AUXR=T0x12 T1x12 U_M0x6 T2R  T2_C/T T2x12 EXTRAM S1ST2 */
    TMOD=0X20; //定时器 1 使用了模式 2(8 位自动重载--0~255)，定时器 0 使用模式 0(16
位自动重载--0~65535);
    TH0=TimerSetH0;   //定时器 1 装初值 1ms 定时
    TL0=TimerSetL0;
    ET0=1;  TR0=1;     //定时器 0 中断允许 启动
    EA=1;          //开总中断
  }
void timer0() interrupt 1  //定时器 0 中断服务程序，每 1ms 进入一次
  {  //自动重载模式，无须再次载初值
    n0++;
    if(n0>=1000)  //定时 1000 次总时间=1ms×1000=1s
      {
        n0=0;   m++;          //m 每秒自加 1
        UsbOutBuffer[3]=m;    //m 的值放入发送数据缓冲区数组 UsbOutBuffer[64]内的
第 3 个数的位置;
        USB_SendData(UsbOutBuffer, 4);
        //发送数据缓冲区数组 UsbOutBuffer[64]内的第 0、1、2、3 个位置的数，共 4 个数
        P2=~UsbOutBuffer[0];   //数据取反
        //发送数据缓冲区数组内第 0 个位置的数送至 P2 端口 LED 显示二进制值。灯亮为 1 灯暗为 0
    }    //单片机接收到的数据在数组 UsbOutBuffer[64]内
  }
  /*例如：上位机 STC—ISP 发送 123456，Hex 模式时，单片机接收到后，
```

```
        12 存放在 UsbOutBuffer[0]处，34 存放在 UsbOutBuffer[1]处，56 存放在
UsbOutBuffer[2]处，
        上位机 STC—ISP 发送 ABCD，文本模式时，单片机接收到后，
        AB 存放在 UsbOutBuffer[0]处，CD 存放在 UsbOutBuffer[1]处。*/
#endif
```

3. 程序分析

程序下载后，在 STC-ISP 里即出现"STC-USB CDC(COMx)"虚拟串口号，如图 11-25 所示，再打开串口后，单片机会每秒送回四个数据，上位机 STC-ISP 发送数据后，单片机接收到数据现返回。STC-USB CDC 虚拟串口通信不用设置波特率，非常方便，程序编译后可以不断电自动下载。

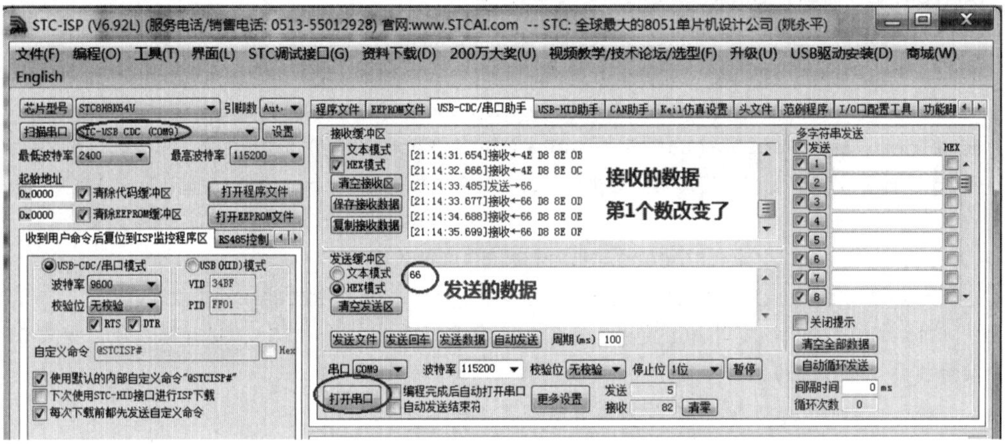

图 11-25　STC-USB CDC 虚拟串口收送数据

习　　题

1. 51 单片机的串行接口是____________。

2. 异步串行通信的字符帧格式中位于开关的是____________。

3. 串行通信用于表征数据传输的速度的是________________。

4. 串行通信接收数据时，必须将________置 1，才能允许接收。

5. 在串行接收中断服务程序里，接收完一帧数据后，RI 标志要用__________。

6. RS-232 的电气标准采用________(正或负)逻辑。

7. RxD 引脚是____________，TxD 是____________。

8. 设计程序，把光敏电阻上电压经 ADC 后，生成的数据通过串口发送至上位机显示监控。

第 12 章　AI8H8K64U 单片机 PWM 设计

在电子技术中，特别是电力电子功率变换中，PWM（Pulse Width Modulation，PWM）即脉冲宽度调制技术是很重要的一环，通过改变脉冲的周期和占空比，从而控制功率器件的开和关，达到各种电力变换的目的。如直流调速、直流升压降压、直流变换交流等。

12.1　PWM 相关寄存器

AI8H 系列的单片机内部集成了 8 通道 16 位高级 PWM 定时器，分成两组周期不同的 PWM，分别命名为 PWMA 和 PWMB，可分别单独设置。第一组 PWM/PWMA 可配置成 4 组互补/对称/死区控制的 PWM 或捕捉外部信号，共 8 路 PWM（PWM1P/PWM1N、PWM2P/PWM2N、PWM3P/PWM3N、PWM4P/PWM4N），第二组 PWM/PWMB 可配置成 4 路 PWM 输出或捕捉外部信号（PWM5、PWM6、PWM7、PWM8）。本章内容仅讲述 PWM 输出设计。

PWM 设计比较关心的是五个问题：①PWM 波从哪里引脚输出；②PWM 波输出数量，是互补成对输出还是单独输出；③互补输出时死区时间多少；④PWM 波频率多少；⑤PWM 的占空比调节。另外，PWM 也可设计成定时器使用。

12.1.1　PWM 波输出引脚

PWM 波输出引脚可从图 2-17 中查出，PWM 输出的引脚是可以更改的，如表 12-1 所示。

表 12-1　PWM 引脚更改寄存器

符号	地址	B7	B6	B5	B4	B3	B2	B1	B0
PWMA_PS	FEB2H	C4PS[1：0]		C3PS[1：0]		C2PS[1：0]		C1PS[1：0]	
PWMB_PS	FEB6H	C8PS[1：0]		C7PS[1：0]		C6PS[1：0]		C5PS[1：0]	

上表中，PWMA_PS 的值决定 PWMA 组的四对 PWM 输出引脚，共 8 路，具体见表 12-2 所示（第四组未列入），PWMB_PS 的值决定 PWMB 组的四路 PWM 输出引脚，具体见表 12-3 所示。如果 PWM 初始化程序中都不写 PWMA_PS 和 PWMB_PS，则默认 PWMA_PS=0x00，PWMB_PS=0x00，为表 12-2 和表 12-3 默认第一行引脚输出，如：PWM1P 和

PWM1N 这对 PWM 默认分别从 P1.0 和 P1.1 输出。初学者可选默认，除非引脚已有它用或者 PCB 布线不方便，才更改 PWM 输出引脚位置。

表 12-2　PWMA 引脚更改位表

C1PS[1：0]	PWM1P	PWM1N	C2PS[1：0]	PWM2P	PWM2N	C3PS[1：0]	PWM3P	PWM3N
00	P1.0	P1.1	00	P1.2/P5.4	P1.3	00	P1.4	P1.5
01	P2.0	P2.1	01	P2.2	P2.3	01	P2.4	P2.5
10	P6.0	P6.1	10	P6.2	P6.3	10	P6.4	P6.5
11	—	—	11	—	—	11	—	—

表 12-3　PWMB 引脚更改位表

C5PS[1：0]	PWM5	C6PS[1：0]	PWM6	C7PS[1：0]	PWM7	C8PS[1：0]	PWM8
00	P2.0	00	P2.1	00	P2.2	00	P2.3
01	P1.7	01	P5.4	01	P3.3	01	P3.4
10	P0.0	10	P0.1	10	P0.2	10	P0.3
11	P7.4	11	P7.5	11	P7.6	11	P7.7

2. PWM 波输出数量

PWM 波输出数量由需求决定，只需对应的 PWM 寄存器的位置 1 即可。输出使能寄存器为 PWMA_ENO 和 PWMB_ENO，功能如表 12-4 所示。

表 12-4　输出使能寄存器

符号	地址	B7	B6	B5	B4	B3	B2	B1	B0
PWMA_ENO	FEB1H	ENO4N	ENO4P	ENO3N	ENO3P	ENO2N	ENO2P	ENO1N	ENO1P
PWMB_ENO	FEB5H	—	ENO8P	—	ENO7P	—	ENO6P	—	ENO5P

例如：只需要 P1.3 的 PWM2N 输出一个 PWM，表 12-4 的 ENO2N = 1 即可，则 PWMA_ENO = 0x08。又如：需要 P1.0 和 P1.1 的 PWM1P 和 PWM1N 输出一对互补 PWM，则 ENO1N=1、ENO1P=1，即 PWMA_ENO = 0x03。

上面输出使能后，还需通道使能和输出极性控制，见表 12-5 所示。

表 12-5　捕获/比较使能寄存器

符号	地址	B7	B6	B5	B4	B3	B2	B1	B0
PWMA_CCER1	FECCH	CC2NP	CC2NE	CC2P	CC2E	CC1NP	CC1NE	CC1P	CC1E
PWMB_CCER1	FEECH	—	—	CC6P	CC6E	—	—	CC5P	CC5E

以 PWM1P 和 PWM1N 一对输出 PWM 为例，则 PWMA_CCER1 = 0x55 = 01010101B。

CC1NP：OC1N 比较输出极性。0：高电平有效；1：低电平有效。

CC1NE：OC1N 比较输出使能。0：关闭比较输出；1：开启比较输出。

CC1P：OC1 输入捕获/比较输出极性，CC1 通道配置为输出。0：高电平有效；1：低电平有效。

CC1E：OC1 输入捕获/比较输出使能。0：关闭输入捕获/比较输出；1：开启输入捕获/比较输出。

通道可用于捕获输入模式或比较输出模式，通道的方向由相应的 CCnS 位定义。该寄存器其他位的作用在输入和输出模式下不同。OCxx 描述了通道在输出模式下的功能，ICxx 描述了通道在输入模式下的功能。因此必须注意，同一个位在输出模式和输入模式下的功能是不同的。以捕获/比较模式寄存器 PWMx_CCMR1 为例，见表 12-6。

表 12-6　捕获/比较模式寄存器

符号	地址	B7	B6	B5	B4	B3	B2	B1	B0
PWMA_CCMR1	FEC8H	OC1CE	OC1M[2：0]			OC1PE	OC1FE	CC1S[1：0]	
PWMB_CCMR1	FEE8H	OC5CE	OC5M[2：0]			OC5PE	OC5FE	CC5S[1：0]	

OC1CE：输出比较 1 清零使能。该位用于使能使用 PWMETI 引脚上的外部事件来清通道 1 的输出信号(OC1REF)。OC1CE = 0，不受 ETRF 输入的影响；OC1CE = 1，一旦检测到 ETRF 输入高电平，OC1REF = 0。

OC1M[2：0]：输出比较 1 模式。该 3 位定义了输出参考信号 OC1REF 的动作，而 OC1REF 决定了 OC1 的值。OC1REF 是高电平有效，而 OC1 的有效电平取决于 CC1P 位。具体见表 12-7。

表 12-7　模式选择

OCnM[2：0]	模式	说　明
000	冻结	PWM1_CCR1 与 PWM1_CNT 间的比较对 OC1REF 不起作用
001	匹配时设置通道 1 的输出为有效电平	当 PWM1_CCR1 = PWM1_CNT 时，OC1REF 输出高
010	匹配时设置通道 1 的输出为无效电平	当 PWM1_CCR1 = PWM1_CNT 时，OC1REF 输出低
011	翻转	当 PWM1_CCR1 = PWM1_CNT 时，翻转 OC1REF
100	强制为无效电平	强制 OC1REF 为低
101	强制为有效电平	强制 OC1REF 为高

续表

OCnM[2：0]	模式	说　明
110	PWM 模式 1	在向上计数时，当 PWM1_CNT<PWM1_CCR1 时， OCnREF 输出高，否则 OCnREF 输出低； 在向下计数时，当 PWMn_CNT>PWMn_CCR1 时， OC1REF 输出低，否则 OC1REF 输出高
111	PWM 模式 2	在向上计数时，当 PWM1_CNT<PWM1_CCR1 时， OC1REF 输出低，否则 OC1REF 输出高； 在向下计数时，当 PWM1_CNT>PWMn_CCR1 时， OC1REF 输出高，否则 OC1REF 输出低

OC1PE：输出比较 1 预装载使能。0：禁止 PWMn_CCR1 寄存器的预装载功能，可随时写入 PWMn_CCR1 寄存器，并且新写入的数值，立即起作用。1：开启 PWMn_CCR1 寄存器的预装载功能，读写操作仅对预装载寄存器进行操作，PWMn_CCR1 的预装载值在更新事件到来时被加载至当前寄存器中。

OC1FE：输出比较 1 快速使能。该位用于加快 CC 输出对触发输入事件的响应。0：根据计数器与 CCR1 的值，CC1 正常操作，即使触发器是打开的。当触发器的输入有一个有效沿时，激活 CC1 输出的最小延时为 5 个时钟周期。1：输入到触发器的有效沿的作用就像发生了一次比较匹配。因此，OC 被设置为比较电平而与比较结果无关。采样触发器的有效沿和 CC1 输出间的延时被缩短为 3 个时钟周期。OCFE 只在通道被配置成 PWMA 或 PWMB 模式时起作用。

CC1S[1：0]：捕获/比较 1 选择。这两位定义通道的方向(输入/输出)，及输入脚的选择。00：输出。01：输入，输入脚 IC1 映射在 TI1FP1 上。10：输入，输入脚 IC1 映射在 TI2FP1 上。11：输入，IC1 映射在 TRC 上。此模式仅工作在内部触发器输入被选中时，由 PWMA_SMCR 寄存器的 TS 位选择。

例如：PWM 输出时，PWMA_CCMR4 = 0x68 = 0110 1000，查表 12-7 表示输出 PWM1 方式，开启 PWMn_CCR1 寄存器的预装载功能。

3. 互补输出时死区时间

在电力电子 PWM 控制半桥驱动时，需要一对互补的 PWM 信号，即上下功率管的导通和截止是相反的。但实际上，一个功率管控制关闭时，由于功率管截止存在滞后时间，另一功率管是不能立即导通的，如果立即导通，则会存在瞬间短路，这是不允许的。只能等这只功率管完全截止，另一功率管才能控制导通，另一功率管等待控制导通的时间即为死区时间，如图 12-1 所示，PWM1N 为低电平时，对应的下功率管开始关断，一小段死区时间后，下功率管完全截止，这时 PWM1P 才为高电平，上功率管开始导通。

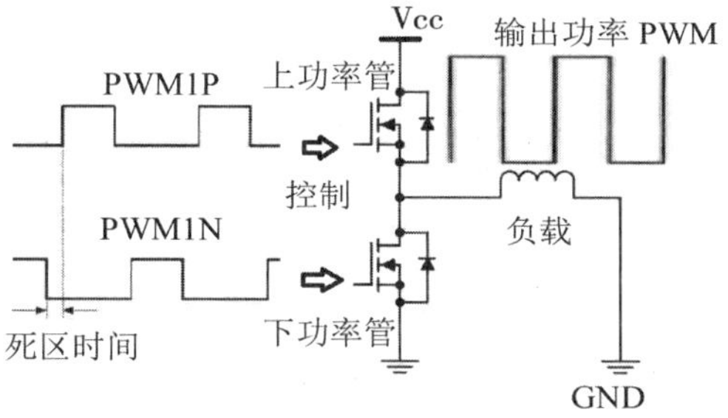

图 12-1　死区时间原理图

控制死区时间长短的寄存器为 PWMx_DTR，见表 12-8。

表 12-8　死区时间寄存器

符号	地址	B7	B6	B5	B4	B3	B2	B1	B0
PWMA_DTR	FEDEH	DTGA[7：0]							
PWMB_DTR	FEFEH	DTGB[7：0]							

死区时间的计算如表 12-9 所示。实际的死区时间选取是根据功率器件的关断延时的，须查出该功率器件的相应参数，也可以测量是否存在瞬间电流而选择出死区时间，最后选择一个大致的死区时间值。

表 12-9　死区时间表

DTGn[7：5]	死区时间
000~011	DTGn[7：0] $* t_{CK\_PSC}$
100~101	(64+ DTGn[6：0]) $* 2 * t_{CK\_PSC}$
110	(32+ DTGn[5：0]) $* 8 * t_{CK\_PSC}$
111	(32+ DTGn[4：0]) $* 16 * t_{CK\_PSC}$

上表中，t_{CK_PSC}为 PWMn 的选择时钟脉冲周期。

例如：PWM 的选择时钟脉冲频率为 2MHz，PWMA_DTR＝0x18。

则：PWM 周期 t_{CK_PSC}＝1s/5M＝1000000μs/5M＝0. 2μs；

PWMA_DTR＝0x18＝00011000B；左边三位为 000，查表 12-9 得，表第一行计算式

死区时间 DTR＝ DTGn[7：0] ＊ t_{CK_PSC}＝0x18×0. 2μs＝24×0. 2μs＝4. 8μs。

注意：单个 PWM 是没有死区时间的。

4. PWM 频率

PWMA 和 PWMB 两组 PWM 的输出频率计算公式相同，且每组可设置不同的频率。

1)边沿对齐方式时

$$f_{PWM}=\frac{f_{SYSCLK}}{(PWMx\_PSCR+1)(PWMx\_ARR+1)}$$

2)中间对齐方式时

$$f_{PWM}=\frac{f_{SYSCLK}}{(PWMx\_PSCR+1)\times PWMx\_ARR\times 2}$$

初学者使用默认的边沿对齐方式即可。PWMx_PSCR 为预分频寄存器，为高位预分频寄存 PWMx_PSCRH 和低位预分频寄存 PWMx_PSCRL，PWMx_ARR 为自动重装载寄存器，也分高 8 位 PWMx_ARRH 和低 8 位 PWMx_ARRL。

例如：系统时钟为 24MHz，PWMA_PSCRH = 0x00，PWMA_PSCRL = 0x09，PWMA_ARRH = 0x00，PWMA_ARRL =0xC8。则：

PWMA_PSCR= PWMA_PSCRH * 256+ PWMA_PSCRL=0+0x09=9

PWMA_ARR = PWMA_ARRH * 256+ PWMA_ARRL=0+0xC8=200

$$f_{PWM}=\frac{f_{SYSCLK}}{(PWMx\_PSCR+1)(PWMx\_ARR+1)}=\frac{24MHz}{(9+1)(200+1)}\approx 11.94kHz$$

在简单设置中，PWMx_PSCR 可以不设置，则 PWMx_PSCR 默认为 0，那么上述的 PWM 计算式只由 PWMx_ARR 决定，计算就会更方便。

4. PWM 的占空比调节

PWM 的占空比调节是很重要的参数调节，由捕获/比较寄存器 PWMx_CCRy 决定，又分为高低位 PWMx_CCRyH 和 PWMx_CCRyL。意思是当比较点值不同时，输出的 PWM 占空比就不同。PWMx_CCRy 值越大，输出 PWM 占空比越大。因此需要随时调节 PWM 占空比，只要改变 PWMx_CCRy 的值即可。x 是 A 或 B 组，y 是 1~4 组或 5~8 路 PWM。

需要注意的是：初学者并不一定要对所有寄存器进行学习，应用时只需在 PWM 例子上倒查意思，并知道修改值会改变什么就行。

12.2 项目 31：两路独立 PWM 控制电机转速

PWM 波形是常用的波形，图 12-2 所示为不同占空比的波形。在实际应用中可用于调光和电机调速。PWMB 组是单路输出的，PWMA 组可以双路互补输出或单路独立输出，同一组内的频率都是相同的，PWMA 和 PWMB 组的频率则可以不同。本节的 PWM 输出用于 LED 调光，图 12-3 中的 LED 接到 P2 引脚。PWM5 ~ PWM8 默认输出为 P20 ~ P23，而 PWM3P/PWM3N 和 PWM4P/PWM4N 从 P24 ~ P27 输出，不是默认 PWM 输出，需对相应寄存器值进行更改，改至从 P24~P27 输出。

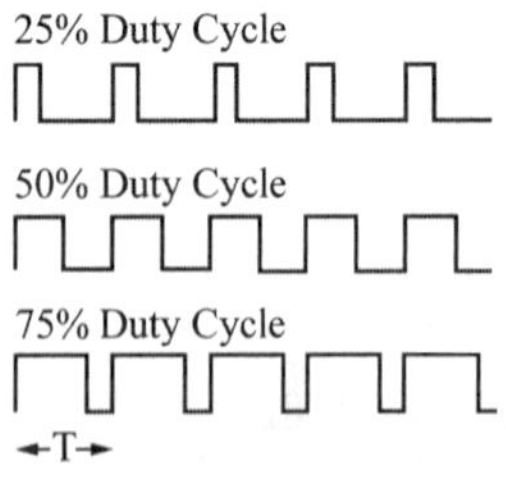

图 12-2 不同占空比 PWM

12.2.1 项目任务

利用四个独立按键，设置两个单独的 PWM 输出进行

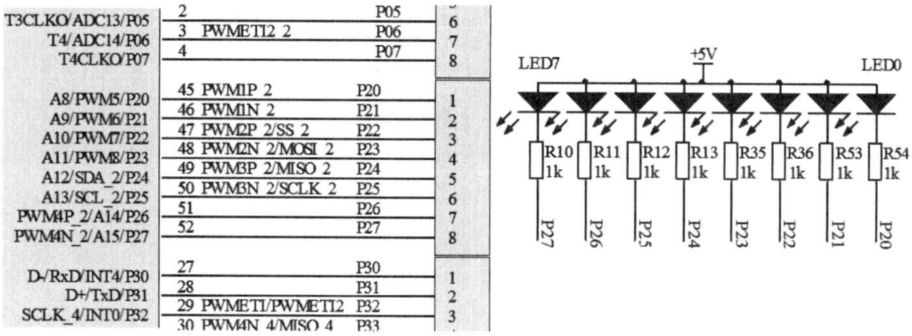

图 12-3　P2 端口的 PWM 位置

LED0 和 LED5 的调光，LED0 和 LED5 的频率分别为 10kHz 和 5kHz。P32 和 P33 按键控制 LED5 的 PWM 占空比，P34 和 P35 按键控制 LED0 的 PWM 占空比，占空比值用数码管显示，显示范围为 00~99，单片机工作时钟 12MHz。

12.2.2　程序设计

如图 12-3 所示，LED0 的 P20 口是默认的 PWM5，LED5 的 P2.3 口不是默认的 PWM2N，由表 12-2 可知，PWMB_PS 不用写，默认 PWMB_PS = 0x00，PWMA_PS = 00010000B = 0x04，这样，PWM2N 改从 P2.3 输出。

如果 PWM x_PSCR 不设置，即为 0，计算频率会简单一些，则

$$\text{PWMA\_ARR}=\frac{f_{\text{SYSCLK}}}{(\text{PWMA\_PSCR}+1)f_{\text{PWM3N}}}-1=\frac{12\text{MHz}}{(0+1)5\text{kHz}}-1=2400-1=2399$$

$$\text{PWMB\_ARR}=\frac{f_{\text{SYSCLK}}}{(\text{PWMB\_PSCR}+1)f_{\text{PWM5}}}-1=\frac{12\text{MHz}}{(0+1)10\text{kHz}}-1=1200-1=1199$$

计算时要注意 PWMx_ARR 值不能超过，65535，如超过，PWMB_PS 不能取默认 0。

1. 主程序 main. c

```
#include <STC8H.h>  //定义单片机特殊功能寄存器
#include <INTRINS.H>
#include "config.h"        //配置、初始化头文件
#include "usb.h"          //USB 配置头文件
#include "Smg_Display.h" //定时器设置头文件
#include "PWM_Set.h"      //PWM 设置头文件
#include "key4.h"         //改变占空比
void main()   //主函数
  {
    sys_init();   //系统初始化
    PWM_int();     //PWM 初始化
    while(1)
    {
```

```
        Key_4();          //按钮改变占空比
        PWMA_CCR2 =2400-24*(num/100);   //取左边两位数，占空比赋值
        PWMB_CCR5 =1200 -12*(num%100);   //取右边两位数，
        Smg_Display();      //数码管显示函数；
    }
}
```

2. PWM 设置头文件 PWM_Set.h

```
#ifndef__PWM_Set_H
#define__PWM_Set_H
void PWM_int()
{
  PWMA_CCER1 = 0x00;   //写 CCMRx 前必须先清零 CCERx 关闭通道
    //PWMA_CCER1 = CC2NP CC2NE CC2P CC2E CC1NP CC1NE CC1P CC1E
  PWMA_PS =0x10;       //PWM2N 输出调整至 P2.3
  PWMA_CCMR2 = 0x60;   //设置 CC2 为 PWMA 输出模式 0110 0000
    //PWMA_CCMR2 =OC2CE OC2M[2: 0] OC2PE OC2FE CC2S[1: 0]
  PWMA_CCER1 = 0x40;   //使能 CC3 通道            0000 0001
  PWMA_CCR2 = 1200;   //设置初始占空比时间  =1200 个晶振周期为高电平，即占空比 50%
  PWMA_ARR = 2399;   //设置周期时间   =2400 个晶振周期为 PWM 一个周期
  PWMA_ENO = 0x08;   //使能 PWM3N 端口输出，对应 P2.5 脚
    //PWMA_ENO =ENO4N ENO4P ENO3N ENO3P ENO2N ENO2P ENO1N ENO1P
  PWMA_BKR = 0x80;   //使能主输出
  PWMA_CR1 = 0x01;   //开始计时
  PWMB_CCER1 = 0x00;   //写 CCMRx 前必须先清零 CCERx 关闭通道
    //PWMB_CCER1 = - - CC6P CC6E - - CC5P CC5E
  PWMB_CCMR1 = 0x60;   //设置 CC3 为 PWMB 输出模式 0110 0000
    //PWMB_CCMR1 =OC5CE OC5M[2: 0] OC5PE OC5FE CC5S[1: 0]
  PWMB_CCER1 = 0x01;   //使能 CC5 通道            0000 0001
  PWMB_CCR5 = 120;   //设置初始占空比时间  =120 个晶振周期为高电平，即占空比 10%
  PWMB_ARR = 1199;   //设置周期时间   =1200 个晶振周期为 PWM 一个周期
  PWMB_ENO = 0x01;   //使能 PWM5P 端口输出，对应 P2.0 脚
   //PWMB_ENO =- ENO8P - ENO7P  - ENO6P - ENO5P
  PWMB_BKR = 0x80;   //使能主输出
  PWMB_CR1 = 0x01;   //开始计时
}
#endif
```

12.2.3 程序分析

主程序初始化时，调用了 PWM 寄存器的初始化函数“PWM_int();”，PWM 初始化的任务是 PWM 输出引脚、频率、模式和初始占空比等的设定。

主循环程序中，先扫描按键函数“Key_4();”，得出按键的值为 num，再折算出改变

占空比的寄存器值 PWMA_CCR2 和 PWMB_CCR5，由于 LED 灯是 PWM 为 0 时亮，为 1 时熄灭，所以占空越小 LED 越亮，因此 PWMA_CCR2 和 PWMB_CCR5 折算须定值减去变化值。

num 值左两位数折算给 PWMA_CCR2，num 须整除 100，抹去右边两位数，得出的值范围为 0~99。PWMA_ARR = 2399，则 PWMA_CCR2 的取值范围为 0~2400，那么 0~99 的数须放大 24 倍。

例子涉及 PWMA 组和 PWMB 组，只需对照 PWM 相关寄存器查表得出这些寄存器的值。对于仅仅是产生 PWM，最主要的还是 PWMx_ARR 和 PWMx_CCRy 值的设置，即频率和占空比，其他的设置并不需要有过多的修改，直接参考例子即可。因此，设置 PWM 实际上是比较容易的，虽然 PWM 相关寄存器比较多。

12.2.4　拓展——PWM 控制电机转速

有了 PWM，直流调速就比较方便了，与上述 LED 调光原理是一样的，具体电路如图 12-4 所示。调速用 MOS 管，D1 和 D2 为续流二极管，R2 为限流保护电阻，当电流过大时，V2 导通，分流控制电压，D3 为加速关断二极管。MOS 管应该用 $V_{GS(ST)}$ 低的管子，单片机最高电压只有 5V，$V_{GS(ST)}$ 要小于 3V，而且单片机 PWM 输出的端口要配置成推挽模式，以增大输出电流。

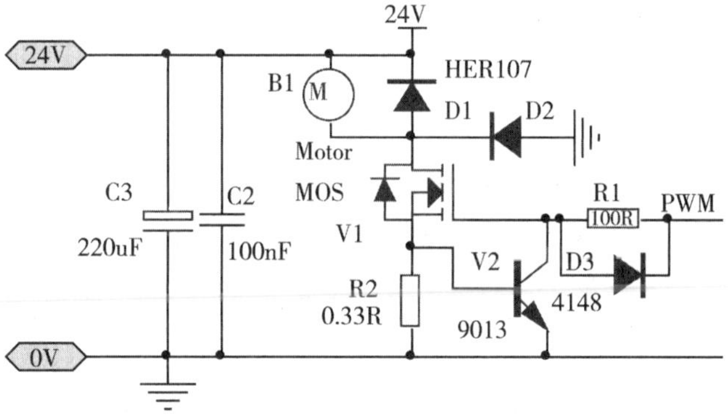

图 12-4　PWM 电机调速电路

PWM 频率不能太高，参考频率小于 10kHz，但频率低时，落入人耳听觉敏感范围，电机运转会有附加噪声。如果 PWM 大于 15kHz，附加噪声是基本没有的，但电机在电流较大时，MOS 管开关损耗会增大，发热增多，MOS 驱动电路可能要修改，不能只用一个电阻 R1 驱动，可用专门的驱动芯片和电路。

12.3　项目 32：400kHz 互补半桥驱动 PWM 信号

功率半桥变换电路如图 12-1 所示，上下两功率管是互补导通的，但是两个功率不能同时导通，这就要两个相反的 PWM 信号。

12.3.1 项目任务

使用 P2.0 和 P2.1 对应的备用 PWM1P 和 PWM1N 产生一对互补的 PWM 信号，并含死区时间。频率 400kHz。

12.3.2 程序设计

1. 主程序 main.c

```
#include <STC8H.h>  //定义单片机特殊功能寄存器
#include <INTRINS.H>
#include "config.h" //配置、初始化头文件
#include "usb.h"    //USB 配置头文件
#include "LCD1602.h" //定时器设置头文件
#include "PWM_Set.h"   //PWM 设置头文件
#include "key4.h"      //改变占空比
void main()   //主函数
  {
    sys_init();   //系统初始化
    LCD_init();    //液晶初始化
    Disp_Bco();    //显示背景字符
    PWM_int();     //PWM 初始化
    num=50;
    while(1)
  {
    Key_4();          //按键改变占空比
    PWMA_CCR1=11*num/10;    //占空比赋值
    Frequency = MAIN_Fosc/PWMA_ARR;   //计算频率
    DutyRatioPWM=PWMA_CCR1;    //数据类型转换为 ulong，后面放大 10000 倍，会超出
uint 类型
    DutyRatio =10000*DutyRatioPWM/PWMA_ARR;   //计算占空比放大 10000 倍，小数点
人为添加
    Disp_num();     //显示函数;
 }
 }
```

2. PWM 设置头文件 PWM_Set.h

```
#ifndef __PWM_Set_H
#define __PWM_Set_H
void PWM_int()
{
  PWMA_ENO = 0x03; //=0000 0011 P11 和 P10 脚的 PWM1N 和 PWM1P 使能
   //  PWMx_duty = [CCRx/(ARR+1)]*100
  PWMA_DTR = 0x08;      //死区时间配置
```

```
    PWMA_CCMR1 = 0x68;
      //PWMA_CCMR1 = OC1CE  OC1M[2: 0]  OC1PE OC1FE CC1S[1: 0] =0110 1000 =PWM
模式 1、输出
    PWMA_ARR = 110;        //设置周期时间,110 个晶振周期为 PWM 一个周期
    PWMA_CCR1 = 55;        //设置初始占空比时间  =55 个晶振周期为高电平,即占空比 50%
    PWMA_CCER1 = 0x05;     //配置通道输出使能和极性
      //PWMA_CCER1 = CC2NP CC2NE CC2P CC2E CC1NP CC1NE CC1P CC1E =0000 0001
    PWMA_PS = 01;          //PWM1P/1N 输出调整至 P2.0/P2.1
    PWMA_BKR = 0x80;       //使能主输出
    PWMA_CR1 = 0x01;       //开始计时
}
```

3. 显示头文件 LCD1602. h

```
#ifndef __LCD1602_h__
#define __LCD1602_h__
.....
void Disp_num()     //显示函数,显示 ID 号(十六进制)
{
  Writecmd(0xC4);       //从 C0 地址处开始逐个显示
  Writedata(0x66);      //显示"f"
  Writedata(0x3D);      //显示"="
  Writedata(0x30+Frequency/100000);
  Writedata(0x30+Frequency%100000/10000);
  Writedata(0x30+Frequency%10000/1000);
  Writedata(0x2e);
  Writedata(0x30+Frequency%1000/100);
  Writedata(0x30+Frequency%100/10);
  Writedata(0x30+Frequency%10);
  Writedata(0x4B);    //显示"K"
  Writedata(0x48);      //显示"H"
  Writedata(0x7A);      //显示"z"
  Writecmd(0x88);       //从 88 地址处开始逐个显示
  Writedata(0x44);      //显示"D"
  Writedata(0x3D);      //显示"="
  Writedata(0x30+DutyRatio/1000);
  Writedata(0x30+DutyRatio%1000/100);
  Writedata(0x2E);    //显示"."
  Writedata(0x30+DutyRatio%100/10);
  Writedata(0x30+DutyRatio%10);
  Writedata(0x25);      //显示"%"
}
```

12.3.3 程序分析

程序的理解主要在“PWM_Set. h”里。

PWM x_PSCR 没有设置，则 PWM x_PSCR 默认为 0，时钟调至最高，f_{SYSCLK} = 44.2368MHz，程序中 PWMA_ARR = 110，PWM 频率为

$$f_{PWM}=\frac{f_{SYSCLK}}{(PWMx\_PSCR+1)(PWMx\_ARR+1)}=\frac{f_{SYSCLK}}{PWMx\_ARR+1}$$
$$=\frac{44236.8kHz}{110}=402.15kHz$$

PWMA_DTR = 0x08，查表 12-8 得，死区时间为 8 个时钟周期，实际中采用波形调试的方法也比较方便，测量两波形的死区时间，边测边调整 PWMA_DTR 的值。

两 PWM 采用了 PWM1N 和 PWM1P 这一对，那么占空比就由 PWMA_CCR1 的值决定，PWMA_CCR1 = 55，刚好是 PWMA_ARR = 110 的一半，初始占空比为 50%。不过这个 PWMA_CCR1 的值很快就被主程序里的语句“PWMA_CCR1 = 11 * num/10;”赋值，所以初始占空比是没用的，还是由该语句的“11 * num/10”计算决定。

PWMA_CCER1 决定两个 PWM 的使能和极性，例如两个输出的 PWM 是方向相同还是相反，这由驱动电路要求决定。

“PWMA_PS = 01;”，把 PWM1P/1N 输出调整至 P2.0 和 P2.1，以方便用 LED 的灯亮暗观察 PWM 占空比变化情况。

12.3.4 拓展——半桥驱动电路

互补型 PWM 经常用于半桥驱动的控制信号，如图 12-5 所示，采用了专用驱动芯片 IR2110，其工作频率高达 500KHz，单片机 PWM 输出信号幅度只有 5V 或 3.3V，而 MOSFET 管驱动电压通常要 8～12V，还要求对 MOSFET 管的结电容进行快速充放电。IR2110 的功能就是对单片机小信号进行功率放大，放大电压和电流，从而良好驱动 MPSFET 的工作。

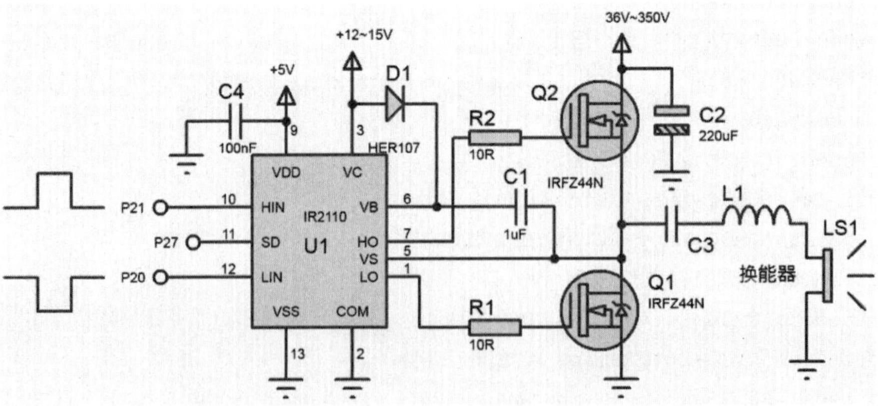

图 12-5 半桥驱动参考电路

IR2111 的 SD 引脚是使能控制，SD = 1 时，IR2110 关闭 PWM 输出，SD = 0 时，IR2110 开启 PWM 输出，该半桥输出为 LC 谐振电路，可以降低 MOSFET 开关损耗，提高换能器输出功率，如果不用 LC 谐振电路，则去掉电感 L1。

12.4　项目 33：单相 SPWM 逆变器

逆变器是指直流电转换成交流电，以逆变输出波形分，有方波逆变、准正弦波逆变和纯正弦波逆变。方波逆变如图 12-6 的上图所示，直接输出 50Hz 或 60Hz 方波交流电，该方案存在大量谐波，不太适合电机运转，但电路和控制都很简单。准正弦波逆变有了一定改善，实际是一种多电平逆变，如图 12-6 的下图所示，电路和控制稍复杂一点。

12.4.1　SPWM 原理

纯正弦波逆变即 SPWM 逆变，思路是这样的：软件中正弦波函数与三角波载波函数比较，如果正弦波大于三角波，输出高电平，反之低电平，即产生 SPWM 波。该 SPWM 波占空比关联了正弦波信息，还有载波的信息。SPWM 波经驱动和功率放大，最后还是 SPWM 波，但经 LC 滤波后，能得到基本纯正的正弦波交流电，如图 12-7 所示。

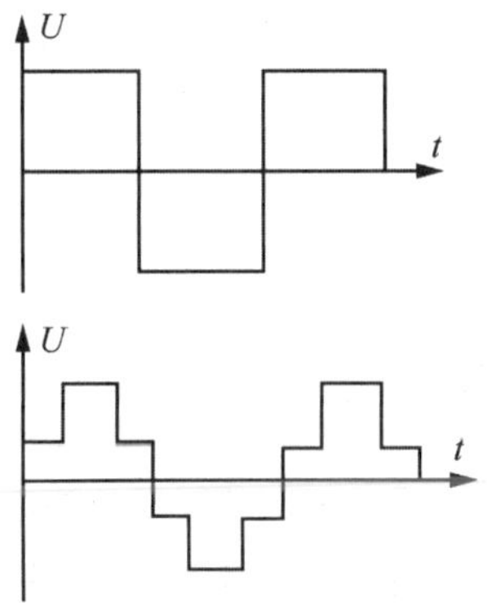

图 12-6　方波和多电平逆变

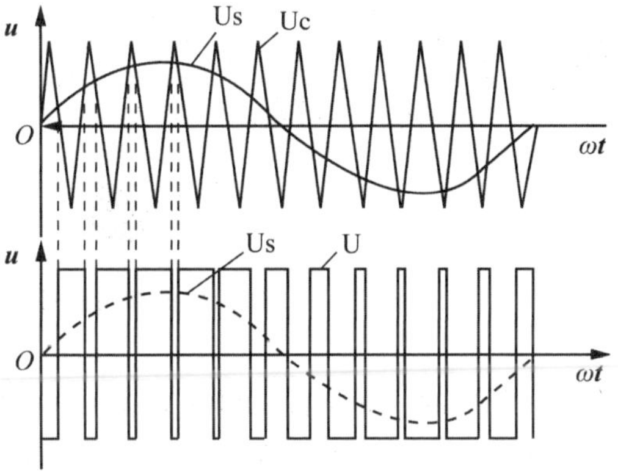

图 12-7　SPWM 逆变

但这个正弦波函数与三角波载波函数的比较计算，在单片机中并不容易，需要较高的运算能力。例如：三角载波频率 20kHz，一个三角波采样 100 点，则运算数据频率达到 100×20kHz = 2MHz，即单片机要在 0.5μs 内浮点运算完毕，普通单片机根本达不到。比较简单的方法是先把数据计算好，载入数组，单片机定时调出数据即可，缺点是逆变频率和幅度调节不太容易。

SPWM 波实际改变的是 PWM 波的占空比，AI8H 单片机中已经内置了 PWM 发生器，由上节可知，只需更改与占空比有关的寄存器的值就可以，把这个值与正弦波信息关联即可，下面采用近似的方法。

正弦波频率 50Hz，其周期 20ms，分 100 个点计算，则采样周期 = 20ms/100 = 200μs，单片机必须在 200μs 内完成正弦函数浮点运算，AI8H 单片机实际是整数运算，只是 Keil5

软件会把浮点运算转换为整数运算，所以速率大为减慢，但经测试大约能在几十微秒内计算完毕。

SPWM 波近似计算为

$$\mathrm{PWMA\_CCR1}=1000\left[\frac{M}{100}\sin\left(\frac{2\pi n}{100}\right)\right]+1000$$

式中，n 是采样点数，n 范围为 0～100，M 是调制度，分 100 级，即输出电压大小，M 范围为 0～100，PWM 占空比分成 2000 级，PWMA_CCR1 范围为 0～2000。

12.4.2 SPWM 逆变电路

电路采用全桥电路，使用 IR2104 驱动，IR2104 只需一路输入 SPWM，能生成两路互补的 SPWM 信号，内部已内置死区时间，程序中不用设置，如图 12-8 所示。电路中 MOSFET 管均并有 RC 吸收电路。

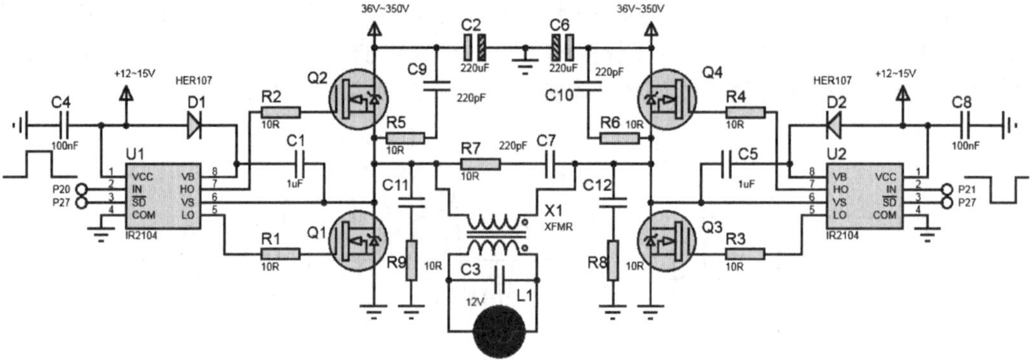

图 12-8 SPWM 逆变参考电路

左右电路是相反的，则左右的 SPWM 变化也是相反的。波形如图 12-9 所示，这个波形的 PWM 载波频率是 1.1kHz，以便于观察，实际 PWM 频率是 22kHz 以上。由该图可看出 SPWM 占空比变化趋势与正弦波变化相同。

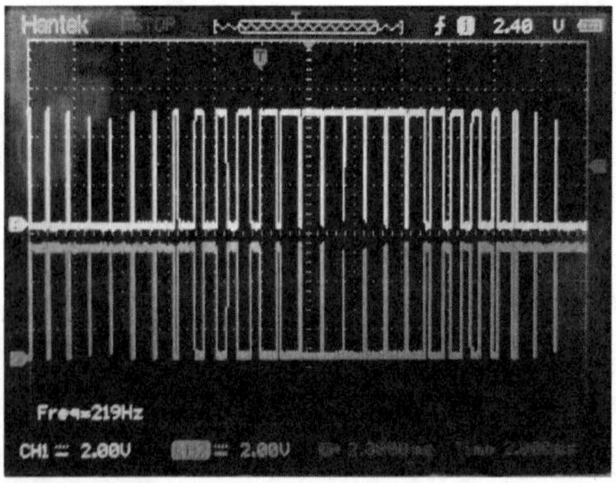

图 12-9 两路 SPWM 载波 1.1kHz

12.4.3 项目任务

利用 SPWM 全桥逆变电路，设计产生两路相反的 SPWM 波，正弦波频率 50Hz，PWM 载波 22.1184kHz，单片机工作时钟 44.2368MHz。

12.4.4 程序设计

1. 主程序 main.c

```
#include <STC8H.h>  //定义单片机特殊功能寄存器
#include <INTRINS.H>
#include <math.H>     //数学公式
#include "config.h" //配置、初始化头文件
#include "usb.h" //USB 配置头文件
#include "LCD1602.h"   //定时器设置头文件
#include "PWM_Set.h"   //PWM 设置头文件
#include "key4.h"        //K3 K4 改变电压幅度
#include "Timer_Set.h" //定时计算正弦波数据
void main()   //主函数
{
  sys_init();   //系统初始化
  LCD_init();    //液晶初始化
  Disp_Bco();    //显示背景字符
  PWM_int();      //PWM 初始化
  timer_init();
  num=95;    //初始电压幅度 95%
while(1)
{
  Key_4();     //按钮改变输出电压幅度
  M=num;       //M 为浮点 float 类型
  Frequency = MAIN_Fosc/PWMA_ARR;          //计算载波频率
  Disp_num();       //显示函数;
}
}
```

2. PWM 设置头文件 PWM_Set.h

```
#ifndef __PWM_Set_H
#define __PWM_Set_H
void PWM_int()
{
  PWMA_ENO = 0x03; // =0000 0011 P11 和 P10 脚的 PWM1N 和 PWM1P 使能
    //PWMA_DTR = 0x08;       //死区时间配置
  PWMA_CCMR1 = 0x68;
    //PWMA_CCMR1 = OC1CE  OC1M[2: 0]  OC1PE OC1FE CC1S[1: 0] =0110 1000 =PWM
```

```
模式 1、输出
    PWMA_ARR = 1999;          //设置周期时间 2000 个晶振周期为 PWM 一个周期
    PWMA_CCR1 = 550;          //设置初始占空比时间  =550 个晶振周期为高电平
    PWMA_CCER1 = 0x05;     //配置通道输出使能和极性
      //PWMA_CCER1 = CC2NP CC2NE CC2P CC2E CC1NP CC1NE CC1P CC1E =0000 0001
    PWMA_PS = 01;          //PWM1P/1N 输出调整至 P2.0/P2.1
    PWMA_BKR = 0x80;       //使能主输出
    PWMA_CR1 = 0x01;       //开始计时
  }
  #endif
```

3. 定时器设置头文件 Timer_Set.h

```
  #ifndef__Timer_Set_H
  #define__Timer_Set_H
  #define  TimerSetH0  (65536-(200*(MAIN_Fosc/100))/10000)/256   //定时 200us
  #define  TimerSetL0  (65536-(200*(MAIN_Fosc/100))/10000)%256
  void timer_init()  //定时器初始化程序，一般在主程序的 void main()后 while(1)前要
调用
  {
     AUXR=0xC0;       //=1100 0000=T0/T1 选用 1T 模式
               /*AUXR=T0x12 T1x12 U_M0x6 T2R   T2_C/T T2x12 EXTRAM S1ST2*/
    TMOD=0X20; //定时器 0 使用模式 0(16 位自动重载--0~65535);
    TH0=TimerSetH0; //定时器 0 装初值 200μs 定时
    TL0=TimerSetL0; //
    ET0=1;            //定时器 0 中断允许
    TR0=1;             //启动定时器 0
    IPH =0x02;       //0000 0010//-  PLVDH PADCH PSH  PT1H PX1H PT0H PX0H
    IP  =0x02;       //0000 0010//-  PLVD  PADC  PS   PT1  PX1  PT0  PX0
      /*定时器 T0 为优先最高级*/
    EA=1;        //开总中断
  }
  void timer0() interrupt 1  //定时器 0 中断服务程序，每 200μs 进入一次
  {  //自动重载模式，无须再次载初值
    n++;
    PWMA_CCR1=1000*((M/100)*sin(6.28*n/100))+1000; //正弦波与占空比关联
    if(n>=100)  {n=0;} //一个交流电周期计算 100 点
    LED7 = ~LED7;         //测试定时器是否正确
  }
  #endif
```

12.4.5 程序分析

主循环里主要是初始化设置、按钮幅度变化和显示等。正弦波里是浮点运算，M 是

浮点类型，而 num 是整数型，所以有“M=num;”，整数赋值给浮点类型。

PWM 载波 22.1184kHz，单片机工作时钟 44.2368MHz，为 2000 倍，所以 PWMA_ARR = 2000-1 = 1999。

定时器该例子只用了一个，且为最高优先级，使定时运算正弦波函数的时间尽量准确。定时中断服务程序里的“LED7 = ~LED7;”为测试定时器用，检测定时器 200μs 是否精确。

对正弦波运算要有足够的算力，单片机工作时钟要尽量高。

习　　题

1. 设计程序，产生一个 50Hz 的 PWM 舵机信号，用 EC11 旋转控制 PWM 占空比，达到控制舵机转角的目的。

2. 设计程序，产生基波为 50Hz 的 SPWM 信号，正弦波数据用查表法，使用 EC11 可调节基波的幅度。

第 13 章　AI8H8K64U 单片机 I^2C 和 SPI 通信

在不同设备或模块之间，I^2C、SPI 和 CAN 等通信，是电子嵌入式设备中比较常用的通信协议，CAN 通信在汽车上用得比较多。本章只学习 I^2C 和 SPI 通信。

13.1　I^2C 和 SPI 通信原理

I^2C 是一种串行通信协议，通常用于连接低速设备，如传感器、存储器和其他外设。它使用两根线(SCL 和 SDA)来实现双向通信，具有地址定向性和主从模式。

SPI(串行外设接口)以其高速度而著称，成为快速通信的首选。与 I^2C 不同，SPI 使用四线工作：主输入从输出 MISO、主输出从输入 MOSI、串行时钟 SCK 和从选择 SS，允许全双工通信。尽管简单且速度快，但 SPI 比 I^2C 需要更多的引脚。

13.1.1　I^2C 协议

I^2C(Intel Interface Circuit，简称 IIC、I^2C)，是应用较广泛的芯片间串行扩展总线。它是由飞利浦公司开发的，用于 MCU 和外围设备进行通信的一种总线，属于一主(Master)多从(Slave)的总线结构，总线上的每个设备都有一个特定的设备地址，以区分同一 I^2C 总线上的其他设备，如图 13-1 所示。

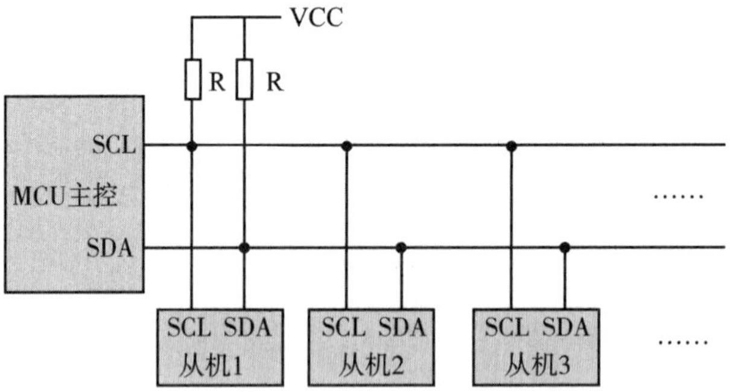

图 13-1　主从设备的一般通信图

I^2C 总线上的数据可以在标准模式下以高达 100 kb/s 的速度传输，在快速模式下可达 400 kb/s，在高速模式下可达 3.4 Mb/s。

1. I²C 的时序分析

1)数据有效性

如图 13-2 所示，I²C 总线进行数据传送时，SDA 线上的数据必须在时钟 SCL 的高电平周期保持稳定，数据线的高或低电平状态只有在 SCL 线的时钟信号是低电平时才能改变。SCL 为高电平时表示有效数据，SCL 为低电平时表示无效数据，此时 SDA 会进行电平切换，为下次数据表示做准备。在 I²C 总线通信时，在总线上传输的数据并不都是有效数据，比如开始信号和停止信号，并不代表什么实际的含义，只是通信协议里规定的。

2)起止信号

如图 13-3 所示，I²C 通信的起始信号由主设备发起 START 信号，SCL 保持高电平，SDA 由高电平跳变到低电平。I²C 通信的停止 STOP 信号由主设备终止，SCL 保持高电平，SDA 由低电平跳变到高电平。

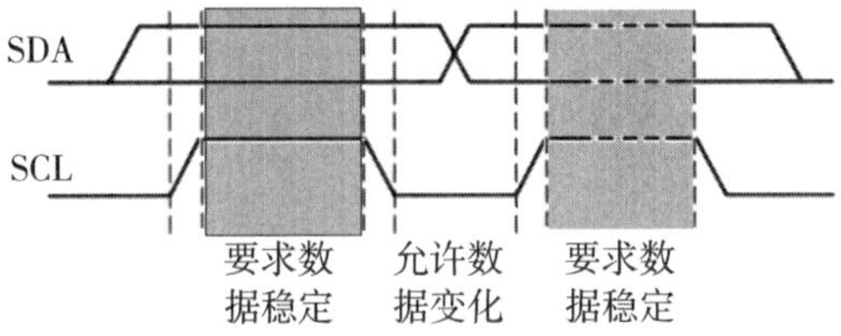

图 13-2　总线数据有效性

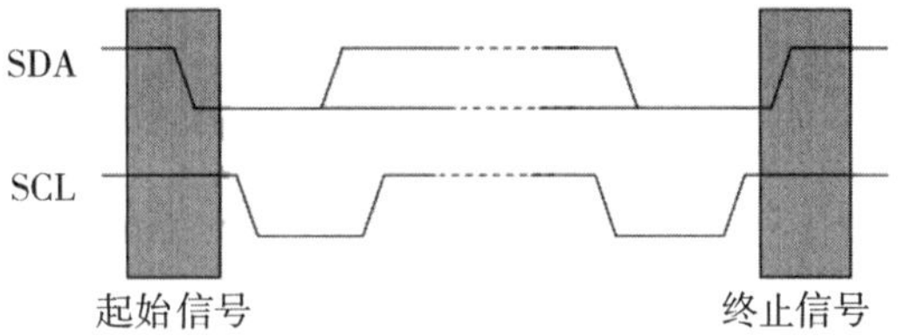

图 13-3　起止信号

启动初始化函数：

```
void IIC_Start()    //启动
  {
    SCL = 0; SDA = 1; SCL = 1; _nop_();
    SDA = 0;   _nop_();
  }
停止初始化函数：
void IIC_Stop()   //停止
  {
    SCL = 0;   SDA = 0;   SCL = 1;   _nop_();
    SDA = 1; _nop_();
}
```

3)应答信号

如图 13-4 所示，主/从设备在发送完一次数据后，需要一个 ACK 响应信号。每个通信周期传输 8 位后，在第九个通信周期，发送端将 SDA 总线拉高，然后释放总线的控制权。如果接收端在第九个周期将 SDA 拉低，就是发出了 ACK 信号，如果在第九个周期 SDA 一直是高电平，则代表没有发出 ACK 信号，接收失败。

应答信号函数：

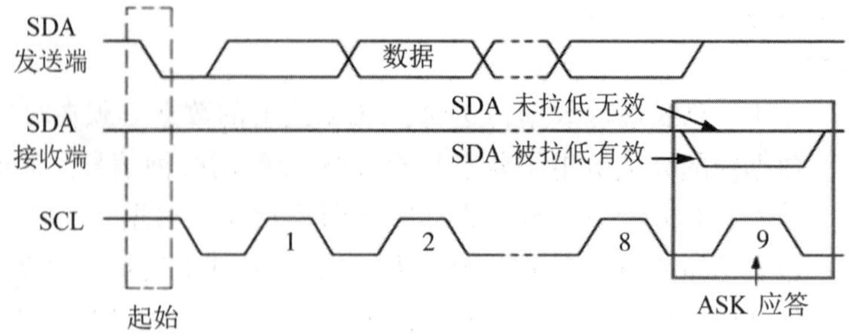

图 13-4　应答信号

```
char IIC_ACK()  //应答
{
    char flag;
    SDA = 1; SCL = 0; _nop_();    //就在时钟脉冲 9 期间释放数据线 SDA 约 5μs
    SCL = 1;      _nop_();
    flag = SDA;   _nop_();        //检测到底是 0 应答模式还是 1 非应答模式，用于其他程序判断
    SCL = 0;      _nop_();
    return flag;
}
```

4)字节格式

I^2C 总线上传输的数据信号可能是地址信号，也可能是真正的数据信号。在起始信号后必须传输一个 7 位的从机地址，第 8 位是数据的传输 R/W 方向位，用"0"表示主机发送数据(T)，"1"表示主机接收数据(R)。每次数据传输总是由主机产生的终止信号结束。但是，如果主机希望继续占用总线进行新的数据传输，则可以不产生终止信号，马上再次发出起始信号对另一从机进行寻址。

在总线的 1 次数据传输过程中，可以有以下 3 种组合方式，如图 13-5 所示。

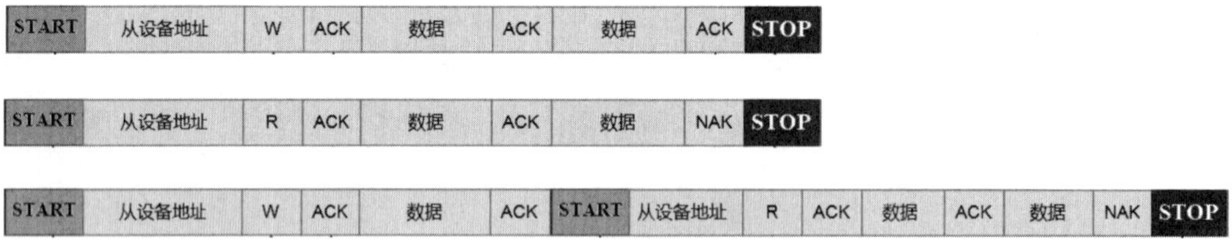

图 13-5　字节格式

第 1 种：主设备发送 START 信号，主设备发送从设备地址信息 I^2C addr(7bit)和 W 写操作 0(1bit)，等待 ACK 确认信号；从设备发送 ACK 确认信号；主设备发送数据到从设备，一般发送的每个字节数据后会跟着等待接收来自从设备的 ACK 响应；数据发送完毕，主设备发起 STOP 终止信号。

第 2 种：主设备发送 START 信号，主设备发送从机设备地址信息 I²C addr(7bit) 和 R 读操作 1(1bit)，等待 ACK 确认信号；从设备发送 ACK 确认信号；主设备接收来自从设备的数据，一般接收的每个字节数据后会跟着向从设备发送一个 ACK 响应；主设备一般接收到最后一个数据后会发送一个 NACK 无效响应，然后主设备发送 STOP 停止信号终止传输。

第 3 种：在数据传输过程中，需要改变数据传送方向时，起始信号和从机地址都需要重复产生一次。

发数据函数：

```
void IIC_SendByte(char tmp)   //发数据
 {
   unsigned char i;
   for(i=0; i<8; i++)  //循环发送 8 位二进制数
   {
     SCL = 0;      _nop_();        //在 SCL=0 的时候 SDA 才能做出状态变换
     SDA = tmp & 0x80; _nop_();    //取出最高位 延时约 5μs
     SCL = 1; _nop_();             //释放 SCL，让数据传输
     SCL = 0; _nop_();             //拉低 SCL 为下一位传输做准备
     tmp = tmp << 1;               //tmp 左移一位，传输第二位
   }
}
```

13.1.2　AI8H 内部硬件 I²C

I²C 程序可以根据上述原理编写，这种方法叫作软件 I²C，但 AI8H 单片机内部集成了一个 I²C 串行总线控制器，硬件 I²C 优点是降低了软件运行系统的开销。

与标准 I²C 协议相比较，其忽略了如下两种机制：发送起始 START 信号后不进行仲裁；SCL 时钟信号停留在低电平时不进行超时检测。

1. I²C 功能脚切换

如表 13-1 所示，I²C 的 SCL 和 SDA 引脚是单片机“固定”的，不能使用 sbit 定义，只能根据下表进行切换。

表 13-1　I²C 功能脚切换

符号	地址	B7	B6	B5	B4	B3	B2	B1	B0
P_SW2	BAH	EAXFR	—	I²C_S[1：0]		CMPO_S	S4_S	S3_S	S2_S
功能位	取值	SCL	SDA	—		功能位	取值	SCL	SDA
I²C_S[1：0]	00	P1.5	P1.4			I²C_S[1：0]	10	P7.7	P7.6
	01	P2.5	P2.4				11	P3.2	P3.3

2. I^2C 主机状态寄存器 I2CMSST

见表 13-2。

表 13-2　I2CMSST 寄存器

<table>
<tr><td>符号</td><td>地址</td><td>B7</td><td>B6</td><td>B5</td><td>B4</td><td>B3</td><td>B2</td><td>B1</td><td>B0</td></tr>
<tr><td>I2CMSST</td><td>FE82H</td><td>MSBUSY</td><td>MSIF</td><td>—</td><td>—</td><td>—</td><td>—</td><td>MSACKI</td><td>MSACKO</td></tr>
<tr><td>功能位</td><td>取值</td><td colspan="2">作用功能</td><td colspan="2">功能位</td><td>取值</td><td colspan="3">作用功能</td></tr>
<tr><td rowspan="2">MSBUSY</td><td>0</td><td colspan="2">处于空闲状态(只读)</td><td colspan="2" rowspan="2">MSACKI</td><td>0</td><td colspan="3" rowspan="2">主模式时，发送“0011”到 I2CMSCR 的 MSCMD 位，接收 ACK 数据(只读)</td></tr>
<tr><td>1</td><td colspan="2">处于忙碌状态(只读)</td><td>1</td></tr>
<tr><td rowspan="2">MSIF</td><td>0</td><td colspan="2">无中断请求</td><td colspan="2" rowspan="2">MSACKO</td><td>0</td><td colspan="3">设置 ACK 信号</td></tr>
<tr><td>1</td><td colspan="2">主机模式的中断请求</td><td>1</td><td colspan="3">主模式时，将要发送 ACK 信号</td></tr>
</table>

I^2C 控制器处于主机模式时，在空闲状态下，发送完成 START 信号后，控制器便进入到忙碌状态，忙碌状态会一直维持到成功发送完成 STOP 信号，之后状态会再次恢复到空闲状态。

3. I^2C 主机控制寄存器 I2CMSCR

见表 13-3。

表 13-3　I2CMSCR 寄存器

<table>
<tr><td>符号</td><td>地址</td><td>B7</td><td>B6</td><td>B5</td><td>B4</td><td>B3</td><td>B2</td><td>B1</td><td>B0</td></tr>
<tr><td>I2CMSCR</td><td>FE81H</td><td>EMSI</td><td>—</td><td>—</td><td>—</td><td colspan="4">MSCMD[3：0]</td></tr>
<tr><td>功能位</td><td>取值</td><td colspan="4">作用功能</td><td>取值</td><td colspan="3">作用功能</td></tr>
<tr><td rowspan="6">MSCMD[3：0]</td><td>0000</td><td colspan="4">待机，无动作</td><td>0110</td><td colspan="3">停止命令</td></tr>
<tr><td>0001</td><td colspan="4">起始命令</td><td>—</td><td colspan="3">保留</td></tr>
<tr><td>0010</td><td colspan="4">发送数据命令</td><td>1001</td><td colspan="3">起始+发送数据+接收 ACK 命令</td></tr>
<tr><td>0011</td><td colspan="4">接收 ACK 命令</td><td>1010</td><td colspan="3">发送数据+接收 ACK 命令</td></tr>
<tr><td>0100</td><td colspan="4">接收数据命令</td><td>1011</td><td colspan="3">接收数据+发送 ACK(0)命令</td></tr>
<tr><td>0101</td><td colspan="4">发送 ACK 命令</td><td>1100</td><td colspan="3">接收数据+发送 NAK(1)命令</td></tr>
<tr><td rowspan="2">EMSI</td><td>0</td><td colspan="4">关闭主机模式中断</td><td></td><td colspan="3"></td></tr>
<tr><td>1</td><td colspan="4">允许主机模式中断</td><td></td><td colspan="3"></td></tr>
</table>

4. I^2C 配置寄存器 I2CCFG

见表 13-4。

表 13-4　I2CCFG 寄存器

<table>
<tr><td>符号</td><td>地址</td><td>B7</td><td>B6</td><td>B5</td><td>B4</td><td>B3</td><td>B2</td><td>B1</td><td>B0</td></tr>
<tr><td>I2CCFG</td><td>FE80H</td><td>ENI2C</td><td>MSSL</td><td colspan="6">MSSPEED[5：0]</td></tr>
<tr><td>功能位</td><td>取值</td><td colspan="3">作用功能</td><td>功能位</td><td>取值</td><td colspan="3">作用功能</td></tr>
<tr><td rowspan="2">ENI2C</td><td>0</td><td colspan="3">禁止 I²C 功能</td><td rowspan="2">MSSL</td><td>0</td><td colspan="3">从机模式</td></tr>
<tr><td>1</td><td colspan="3">允许 I²C 功能</td><td>1</td><td colspan="3">主机模式</td></tr>
<tr><td rowspan="4">MSSPEED[5：0]</td><td>取值</td><td colspan="3">作用功能</td><td rowspan="4">MSSPEED[5：0]</td><td>取值</td><td colspan="3">作用功能</td></tr>
<tr><td>000000</td><td colspan="3">4</td><td>x</td><td colspan="3">2x+4</td></tr>
<tr><td>000001</td><td colspan="3">6</td><td>111110</td><td colspan="3">128</td></tr>
<tr><td>000010</td><td colspan="3">8</td><td>111111</td><td colspan="3">130</td></tr>
</table>

MSSPEED[5：0]位为 I²C 总线速度控制，即等待时钟数，I²C 总线速度为

$$I^2C_{SPEED}=\frac{f_{SYSCLK}}{2(2\times MSSPEED+4)}$$

13.1.3　SPI 协议

SPI(Serial Peripheral interface，SPI)，为串行外围设备接口的一种。是一种高速的、全双工、同步的通信总线，在芯片引脚上须占用四根线，在 OLED 屏、EEPROM、SD 卡、实时时钟、AD 转换器和数字信号处理器等很多场合有应用。

SPI 可以实现数据不间断地传输，任何数量的位都可以在连续流中发送或接收。I²C 和 UART 则以数据包方式发送，造成启动和停止定义每个数据包的开始和结束，数据在传输过程中有中断。通过 SPI 通信的设备处于主从关系中，主机是控制装置(如微控制器)，而从机(如传感器、显示器或 SD 卡)接受主机的指令。SPI 最简单的配置是单主机、单从机系统，但一个主机可以控制多个从机，如图 13-6 所示。

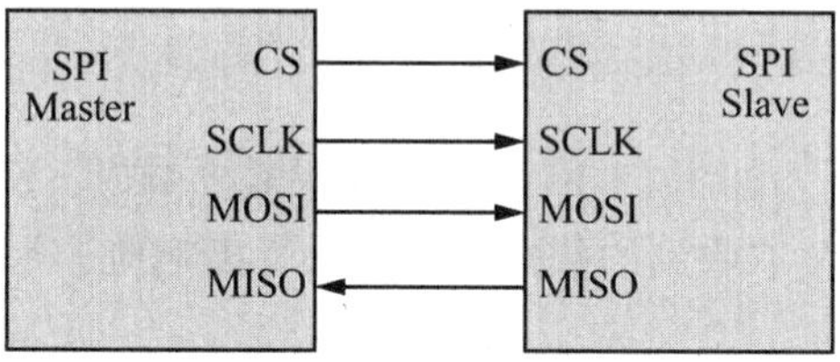

图 13-6　主从机连接

1. SPI 数据传输步骤

主机通过串行 MOSI 线，逐位地发送数据给从机。从机从主机的 MOSI 管脚接收数据。主机给从机发送数据，通常首先发送最高有效位。从机也可以通过 MISO 串行线给主机回发数据。数据由从机回发给主机通常首先发送最低有效位。

(1)主机输出时钟信号。如图 13-7 所示，主机发出时钟信号。

图 13-7　SCL 时钟信号

(2)激活对应从机。如图 13-8 所示，主机再发出片选 CS 信号，拉低 CS，CS=0，选择从机有效。

图 13-8　激活从机

(3)主机通过 MOSI 线发送数据给从机。如图 13-9 所示，主机发送数据给从机，一次发送一位，从机读取收到的数据位。

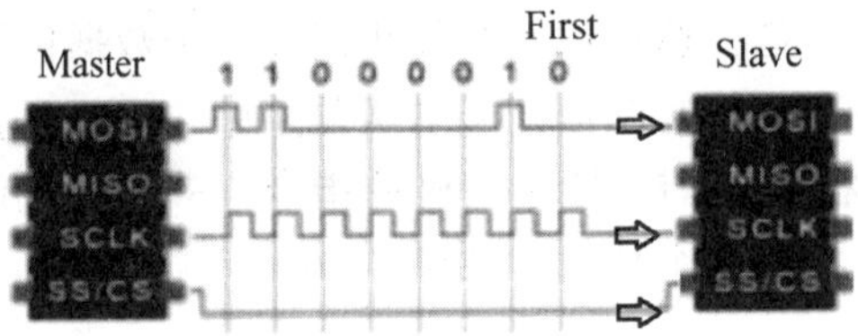

图 13-9　发送数据

(4) MISO 线返回数据。如图 13-10 所示，如果需要响应，从机则通过 MISO 线返回数据，一次发送一位，主机读取收到的数据位。如果无需响应，则无此步骤。

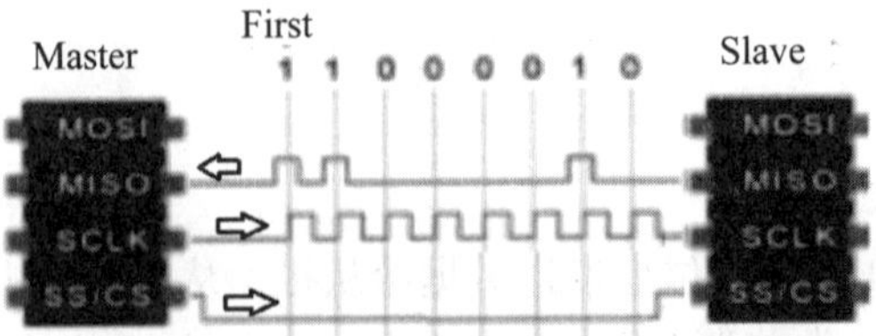

图 13-10　返回数据

2. SPI 的四种通信模式

SP 通过设置 SCLK 时钟信号线的那种信号为有效信号，可以有四种模式。不同的从设备可能在出厂时就是配置为某种模式，这是不能改变的，但通信双方必须是工作在同一模式下。可以对主设备的 SPI 模式进行配置，通过时钟极性 CPOL 和时钟相位 CPHA 来控制主设备的通信模式。如图 13-11 所示。

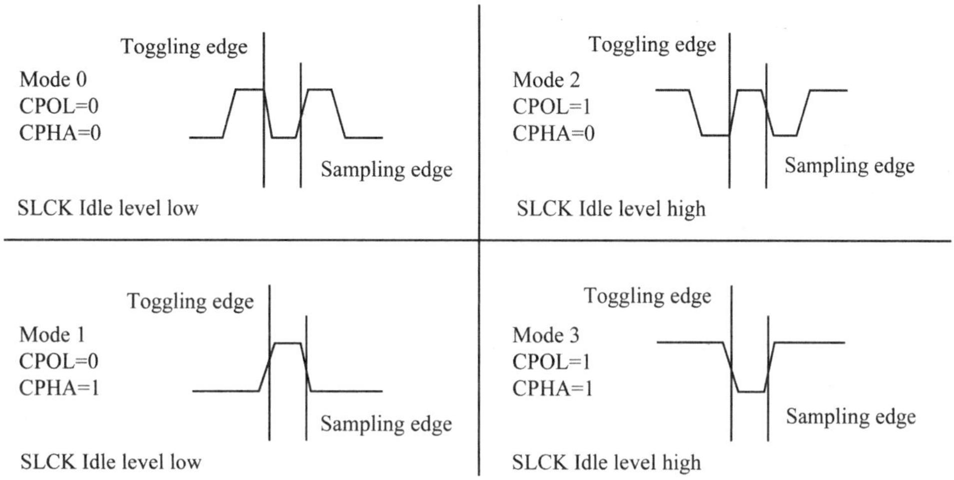

图 13-11　四种通信模式

1) Mode0

CPOL=0，CPHA=0：此时为空闲态时，SCLK 处于低电平，数据采样在第 1 个边沿，SCLK 由低电平到高电平的跳变，数据采样是在上升沿，发送数据在下降沿。

2) Mode1

CPOL=0，CPHA=1：此时为空闲态时，SCLK 处于低电平，数据发送在第 1 个边沿，SCLK 由低电平到高电平的跳变，数据采样在下降沿，数据发送在上升沿。

3) Mode2

CPOL=1，CPHA=0：此时为空闲态时，SCLK 处于高电平，数据采集在第 1 个边沿，SCLK 由高电平到低电平的跳变，数据采集在下降沿，数据发送在上升沿。

4) Mode3

CPOL=1，CPHA=1：此时为空闲态时，SCLK 处于高电平，数据发送在第 1 个边沿，SCLK 由高电平到低电平的跳变，数据采集在上升沿，数据发送在下降沿。

3. SPI 的三种工作模式

(1) Run Mode 运行模式：该模式为基本的操作模式。

(2) Wait Mode 等待模式：SPI 工作在等待模式是一种可配置的低功耗模式，可以通过 SPICR2 寄存器的 SPISWAI 位进行控制。在等待模式下，如果 SPISWAI 位清零，SPI 操作类似于运行模式。如果 SPISWAI 位置 1，SPI 进入低功耗状态，并且 SPI 时钟将关闭。如果 SPI 配置为主机，所有的传输将停止，但是会在 CPU 进入运行模式后重新开始。如果 SPI 配置为从机，会继续接收和传输一个字节，这样就保证从机与主机同步。

(3) Stop Mode 停止模式：为了降低功耗，SPI 在此模式是不活跃的。如果 SPI 配置为主机，正在进行的传输会停止，但是在 CPU 进入运行模式后会重新开始。如果 SPI 配置为从机，会继续接受和发送一个字节，这样就保证了从机与主机同步。

4. SPI 读写函数

```
void OLED_WR_Byte(uchar dat, uchar cmd)
  {//dat：要写入的数据/命令  //cmd：数据/命令标志 0，表示命令；1，表示数据；
    uchar i;
    if(cmd) {OLEDDC=1;}else   { OLEDDC=0 ;}
    OLEDCS=0;
    for(i=0; i<8; i++)
     {
      OLEDSCL=0;
      if(dat&0x80){OLEDSDIN=1; } else  { OLEDSDIN=0;   }
      OLEDSCL=1; dat<<=1;
    }
    OLEDCS=1; OLEDDC=1;
}
```

13.1.4 AI8H 内部硬件 SPI

AI8H 系列单片机内部集成了一种高速串行通信接口 SPI 接口。AI8H 系列集成的 SPI 接口提供了两种操作模式：主模式和从模式。

1. SPI 功能脚切换

如表 13-5 所示，SPI 的引脚是“固定”的，不能使用 sbit 定义，只能根据表 13-5 进行切换。

表 13-5 I^2C 功能脚切换

符号	地址	B7	B6	B5	B4	B3	B2	B1	B0
P_SW1	A2H	S1_S[1：0]		—	—	SPI_S[1：0]		0	—
功能位	取值	SS	SOSI	MISO	SCLK				
SPI_S[1：0]	00	P1.2/P5.4	P1.3	P1.4	P1.5				
	01	P2.2	P2.3	P2.4	P2.5				
	10	P5.4	P4.1	P4.2	P4.3				
	11	P3.5	P3.4	P3.3	P3.2				

2. SPI 状态寄存器 SPSTAT

见表 13-6。

表 13-6　SPSTAT 寄存器

符号	地址	B7	B6	B5	B4	B3	B2	B1	B0
SPSTAT	CDH	SPIF	WCO	—	—	—	—	—	—
功能位	取值	作用功能		功能位		取值	作用功能		
SPIF	只读	发送/接收完成 1 字节的数据后，硬件自动将此位置 1，软件清零		WCOL		只读	SPI 数据传输写 SPDAT 寄存器时硬件将此位置 1，软件清零		

3. SPI 控制寄存器 SPCTL，SPI 速度控制

见表 13-7。

表 13-7　SPCTL 寄存器

符号	地址	B7	B6	B5	B4	B3	B2	B1	B0
SPCTL	CEH	SSIG	SPEN	DORD	MSTR	CPOL	CPHA	SPR[1：0]	
功能位	取值	作用功能		功能位		取值	作用功能		
SSIG	0	SS 确定器件是主机/从机		SPEN		0	关闭 SPI 功能		
	1	由 MSTR 确定是主机/从机				1	使能 SPI 功能		
DORD	0	先发送/接收数据高位(MSB)		MSTR		0	设置从机模式		
	1	先发送/接收数据低位(LSB)				1	设置主机模式		
CPOL	0	SCLK 前时钟上升沿后时钟下降沿		CPHA		0	前时钟沿采样数据		
	1	SCLK 前时钟下降沿后时钟上升沿				1	后时钟沿采样		
SPR[1：0]	00	SCLK 频率 $f_{\text{SYS CLK}}/4$		SPR[1：0]		10	SCLK 频率 $f_{\text{SYS CLK}}/16$		
	01	SCLK 频率 $f_{\text{SYS CLK}}/8$				11	频率 $f_{\text{SYS CLK}}/2$(快速 SPI)		

4. SPI 数据寄存器 SPDAT

SPI 数据寄存器 SPDAT 用于 SPI 发送/接收数据的缓冲器。

13.2　项目 34：I^{2}C 总线 OLED 显示

I^{2}C 总线的 OLED12864 屏自身可以发光，亮度、对比度高，功耗低，目前使用较多。其分辨率为 128×64，水平 128 点，垂直 64 点，屏幕常用尺寸有 0.96 寸和 1.3 寸多种。

13.2.1 项目任务

使用 I^2C 的 OLED12864 屏显示汉字、字符和数字，启用 AI8H8K64U 内部的硬件 I^2C。

13.2.2 程序设计

使用 AI8H8K64U 内部的硬件 I^2C 时，SCL=P1^5，SDA=P1^4 为默认引脚，该两引脚不用 sbit 定义，但可通过寄存器 P_SW2 更改引脚位置，本例子引脚不作更改。

1. 主程序 main. c

```
#include <STC8H.H>
#include "config.h"
#include "usb.h"
#include "OLED.h"    //OLED12864 头文件
void main(void)
  {
    sys_init();    //系统初始化
    OLED_Init();    //OLED 初始化
    OLED_Clear(); //清屏
     for(nn=0; nn<5; nn++)  //逐个显示背景汉字
      {OLEDShow_Hanzi((24+nn*16), 0, nn); }  //(列 行 字)汉字
    while(1)
     {
       OLED_ShowString(24, 2,"Hello OLED", 16);    //(列 行 字 大小) 字符
       OLED_ShowChar(108, 2, '! ', 16);            //(列 行 字 大小)
       testn++;
       OLED_ShowNum(16, 4, testn, 5, 16);    //(列  行  字 字长度 大小) 数字
       OLED_ShowNum(80, 5, testn, 5, 8);
     }
}
```

2. OLED12864 头文件 OLED. h

```
#ifndef __OLED_H__
#define __OLED_H__
#include <STC8H.H>
#include "OLEDFont.h"   //字体数据
void Wait()   /* I2C 主机状态寄存器 I2CMSST 地址 FE82H */
  {/* = MSBUSY MSIF - -   - - MSACKI MSACKO,   MSIF: 主机模式的中断请求位, 须用软件
清零 */
    while(! (I2CMSST & 0x40)); I2CMSST &= ~0x40;
  }
void Start()  /* I2C 主机控制寄存器 =EMSI - - - MSCMD[3: 0] */
  {I2CMSCR = 0x01; Wait();   }   //发送 START 命令, 0001: 起始命令
    void Send_Data(uchar dat)  /* I2CTXD 是 I2C 发送数据寄存器 FE86H */
```

```
  {
    I2CTXD = dat;        //写数据到数据缓冲区
    I2CMSCR = 0x02; Wait();    //0010: 发送数据命令  //发送 SEND 命令
  }
void RecvACK()
  { I2CMSCR = 0x03; Wait(); }  //0011: 接收 ACK 命令
uchar Recv_Data() {
    I2CMSCR = 0x04; Wait();    //0100: 接收数据命令
    return I2CRXD;       //I2CRXD 是 I2C 接收数据寄存器 FE87H
  }
void SendACK() {
    I2CMSST = 0x00;      //设置 ACK 信号
    I2CMSCR = 0x05; Wait();    //0101: 发送 ACK 命令。
  }
void SendNAK() {
    I2CMSST = 0x01;      //设置 NAK 信号 主机模式时, 准备将要发送出去的 ACK 信号
    I2CMSCR = 0x05; Wait();    //发送 ACK 命令
}
void Stop()
  { I2CMSCR = 0x06;   Wait();}  //发送 STOP 命令
void Oled_Write_Cmd(char Comd)   /* 向 OLED 写入命令 */
  {
    Start();    Send_Data(0x78); //驱动地址 0x78
    RecvACK(); Send_Data(0x00); //发送的只为字节 D/C=000 0000 为命令
    RecvACK(); Send_Data(Comd);
    RecvACK();    Stop();
  }
void Oled_Write_Data(char Data)   /* 向 OLED 写入数据 */
  {
    Start(); Send_Data(0x78); //驱动地址 0x78
    RecvACK(); Send_Data(0x40); //发送的只为字节 D/C=100 0000 为数据
    RecvACK(); Send_Data(Data);
    RecvACK();    Stop();
  }
void OLED_Set_Points(uchar x, uchar y){ /* 坐标设置函数 */
    Oled_Write_Cmd(0xb0+y);
    Oled_Write_Cmd(((x&0xf0)>>4) | 0x10);
    Oled_Write_Cmd((x&0x0f));
  }
void OLED_Clear(void) {   /* 清屏函数 */
    uchar i, n;
    for(i=0; i<8; i++)
```

```
  {
     Oled_Write_Cmd(0xb0+i);     //设置页地址(0~3)
     Oled_Write_Cmd(0x00);       //设置显示位置—列低地址
     Oled_Write_Cmd(0x10);       //设置显示位置—列高地址
     for(n=0; n<128; n++)    Oled_Write_Data(0);
   }
  }
void OLED_ShowPx(uchar x, uchar y) {
    uchar c=0, i=0;    //c = car-'';    //偏移后的值
    if(x>128-1) {x=0; y=y+2;}
    OLED_Set_Points(x, y); Oled_Write_Data(0x55);
  }
void OLED_ShowChar(uchar x, uchar y, uchar car, uchar Char_Size)
  {         /*显示字符   列     行   字符内容       哪个数组 */
    uchar c=0, i=0;
    c = car-'';    //偏移后的值
    if(x>128-1) {x=0; y=y+2;}
    if(Char_Size ==16)
      {
        OLED_Set_Points(x, y);
        for(i=0; i<8; i++)
        { Oled_Write_Data(F8X16[c*16+i]); }
        OLED_Set_Points(x, y+1);
        for(i=0; i<8; i++)
          { Oled_Write_Data(F8X16[c*16+i+8]); }
      }
  else
      {
        OLED_Set_Points(x, y);
        for(i=0; i<6; i++)
          { Oled_Write_Data(F6x8[c][i]);}
      }
}
void OLED_ShowString(uchar x, uchar y, uchar *chr, uchar Char_Size)
  {  /*字符串形式显示字符  列   行   指针-字符串     哪个数组 */
    uchar j=0;
    while (chr[j]! ='\0')
      {
        OLED_ShowChar(x, y, chr[j], Char_Size);    x+=8;
        if(x>120) {x=0; y+=2;}j++;
      }
  }
```

```
uint oled_pow(uchar m, uchar n) {
    uint result=1;
    while(n--)result * =m;
    return result;
}
void OLED_ShowNum(uchar x, uchar y, uint num, uchar len, uchar  num_size)
  {  /* 显示变量数字  列  行  变量内容  字符长度   字符大小 16 或 8   * /
    uchar t, temp, enshow=0;
  for(t=0; t<len; t++) {
      temp=(num/oled_pow(10, len-t-1))%10;
      if(enshow= =0&&t<(len-1))
       {
        if(temp= =0)
        {
          if(num_size == 8) OLED_ShowChar(x+(num_size/2+2) * t, y, '', num_size);
          else if(num_size == 16) OLED_ShowChar(x+(num_size/2) * t, y, '', num_size);
           continue;
        }else enshow=1;
      }
    if(num_size = = 8)OLED_ShowChar(x+(num_size/2+2) * t, y, temp+'0', num_
size);
    else if(num_size == 16)OLED_ShowChar(x+(num_size/2) * t, y, temp+'0', num_
size);
    }
}
void OLEDShow_Hanzi(uchar x, uchar y, uchar Pointt){   /* 显示汉字   * /
    uchar t, addcr=0;
    OLED_Set_Points(x, y);
    for(t=0; t<16; t++)
      {Oled_Write_Data(Hzk[2 * Pointt][t]); adder+=1;   }
      OLED_Set_Points(x, y+1);
    for(t=0; t<16; t++)
        {Oled_Write_Data(Hzk[2 * Pointt+1][t]); adder+=1; }
    }
void OLED_Init(void)   /* OLED12864 屏幕初始化 * /
  { …}  //省略 可查询网络资料
#endif
```

3. 字体头文件 OLEDFont. h

```
#ifndef __OLEDFONT_H
#define __OLEDFONT_H
  /* * * * * * * * * * * * * * 6×8 的点阵字符库 * * * * * * * * * * * * * * * * * * * * /
const unsigned char code F6x8[][6] =
```

```
{
  0x00, 0x00, 0x00, 0x00, 0x00, 0x00, //sp  0
  0x00, 0x00, 0x00, 0x2f, 0x00, 0x00, //!    1
  0x00, 0x00, 0x07, 0x00, 0x07, 0x00, //"   2
  0x00, 0x14, 0x7f, 0x14, 0x7f, 0x14, //#    3
  .....
  0x00, 0x3E, 0x51, 0x49, 0x45, 0x3E, //0   16
  0x00, 0x00, 0x42, 0x7F, 0x40, 0x00, //1    17
  0x00, 0x42, 0x61, 0x51, 0x49, 0x46, //2    18
  .....
  0x00, 0x7C, 0x12, 0x11, 0x12, 0x7C, //A   33
  0x00, 0x7F, 0x49, 0x49, 0x49, 0x36, //B   34
  .....}; //省略
/*********8×16的点阵字符库************************/
const unsigned char code F8X16[]=
{
  0x00, 0x00, 0x00, 0x00, 0x00, 0x00, 0x00, 0x00, 0x00, 0x00, 0x00, 0x00,
0x00, 0x00, 0x00, 0x00, //0
  0x00, 0x00, 0x00, 0xF8, 0x00, 0x00, 0x00, 0x00, 0x00, 0x00, 0x00, 0x33,
0x30, 0x00, 0x00, 0x00, //!1
  0x00, 0x10, 0x0C, 0x06, 0x10, 0x0C, 0x06, 0x00, 0x00, 0x00, 0x00, 0x00,
0x00, 0x00, 0x00, 0x00, //"2
  0x40, 0xC0, 0x78, 0x40, 0xC0, 0x78, 0x40, 0x00, 0x04, 0x3F, 0x04, 0x04,
0x3F, 0x04, 0x04, 0x00, //#3
  .....}; //省略
/*********汉字库*****************************/
unsigned char code Hzk[][32]=
{
  {0x10, 0x90, 0xFF, 0x90, 0x10, 0x20, 0x24, 0xA4, 0x64, 0x3E, 0x62, 0xA3,
0x22, 0x20, 0x20, 0x00},
  {0x06, 0x01, 0xFF, 0x00, 0x01, 0x82, 0x61, 0x1E, 0x00, 0x00, 0x00, 0xFE,
0x01, 0x02, 0x02, 0x00}, /*"桥", 0*/
  {0x10, 0x94, 0x53, 0x32, 0x1E, 0x32, 0x52, 0x10, 0x00, 0x7E, 0x42, 0x42,
0x42, 0x7E, 0x00, 0x00},
  {0x00, 0x00, 0x00, 0xFF, 0x49, 0x49, 0x49, 0x49, 0x49, 0x49, 0x49, 0xFF,
0x00, 0x00, 0x00, 0x00}, /*"智", 1*/
  {0x40, 0x40, 0x42, 0x42, 0x42, 0x42, 0xC2, 0x42, 0x42, 0x42, 0x42, 0x42,
0x42, 0x40, 0x40, 0x00},
  {0x00, 0x20, 0x70, 0x28, 0x24, 0x23, 0x20, 0x20, 0x20, 0x24, 0x28, 0x30,
0xE0, 0x00, 0x00, 0x00}, /*"云", 2*/
.....};   //可用字模软件生成
```

13.2.3 程序分析

头文件 OLED.h 的内容相当于 OLED 器件底层程序，初学者可先用正确的例子直接运行，OLED 屏要保证能点亮，再从主程序入手，对应 OLED 器件的 I^2C 通信原理，逐渐理解 OLED.h 的内容。

13.3 项目 35：SPI 通信 OLED 显示

SPI 总线的 OLED12864 屏幕有 7 根线，其中有 2 根电源线，另外 5 根线则需要和程序定义的 SPI 端口一一对应连接到单片机。其分辨率也为 128×64，水平 128 点，垂直 64 点。

13.3.1 项目任务

使用 SPI 总线的 OLED12864 屏显示汉字、字符、数字和图片。

13.3.2 程序设计

屏幕接线：片选 CS =P2.2，复位 RST =P2.0，数据/命令控制 DC =P2.1，时钟 SCL =P2.5，数据 MOSI= P2.3。

1. 主程序 main.c

```
#include <STC8H.h>
#include "config.h"
#include "usb.h"
#include "oledfont.h"//字体
#include "oled.h"      //OLED 底层程序
#include "bmp.h"      //图片数据
void main()
 {
   sys_init();     //系统初始化
   OLED_Init(); //初始化 OLED
   OLED_Clear();
   OLED_ShowCHinese(9+9, 0, 0);    //桥//水平第几点，垂直第几行，第几字
   OLED_ShowCHinese(27+9, 0, 1); //智
   OLED_ShowCHinese(45+9, 0, 2); //云
   OLED_ShowCHinese(63+9, 0, 3); //科
   OLED_ShowCHinese(81+9, 0, 4); //技
   OLED_ShowString(0, 2,"Hellow SPI_OLED"); //显示字符
   delayms(3000);
   numm =123;   //初始显示数值
   while(1)
   {
```

```
        numm++;
        delayms(200);
        OLED_ShowNum(9, 4, numm, 3, 16);    //x 坐标  y 坐标  数值  数值位数  字大小
        OLED_ShowNum(32, 4, numm, 3, 12);
        delayms(200);
        OLED_DrawBMP(64, 2, 128, 8, BMP1);   //显示图片
    }
}
```

2. SPI-OLED12864 头文件 OLED. h

```
#ifndef __OLED_H
#define __OLED_H
#define OLEDCMD  0  //写命令
#define OLEDDATA 1   //写数据
#define OLEDMODE 0
#define Max_Column128
uchar SIZE=16;   //字体大小 16 或 12
```

//向 SSD1306 写入一个字节。//dat: 要写入的数据/命令//cmd: 数据/命令标志 0, 表示命令; 1, 表示数据

```
void OLED_WR_Byte(u8 dat, u8 cmd) {
  u8 i;
  if(cmd) {OLEDDC=1;}  else  { OLEDDC=0 ;}
  OLEDCS=0;
  for(i=0; i<8; i++)  {
    OLEDSCL=0;
    if(dat&0x80){OLEDSDIN=1; } else  { OLEDSDIN=0;  }
    OLEDSCL=1; dat<<=1;
  }
  OLEDCS=1; OLEDDC=1;
  }
void OLED_Set_Pos(unsigned char x, unsigned char y) { //坐标
  OLED_WR_Byte(0xb0+y, OLEDCMD);
  OLED_WR_Byte(((x&0xf0)>>4) | 0x10, OLEDCMD);
  OLED_WR_Byte((x&0x0f) | 0x01, OLEDCMD);
}
void OLED_Display_On(void)  {  //开启 OLED 显示
  OLED_WR_Byte(0X8D, OLEDCMD);   //SET DCDC 命令
  OLED_WR_Byte(0X14, OLEDCMD);   //DCDC ON
  OLED_WR_Byte(0XAF, OLEDCMD);   //DISPLAY ON
}
void OLED_Display_Off(void)  {   //关闭 OLED 显示
  OLED_WR_Byte(0X8D, OLEDCMD);   //SET DCDC 命令
  OLED_WR_Byte(0X10, OLEDCMD);   //DCDC OFF
```

```
    OLED_WR_Byte(0XAE, OLEDCMD);    //DISPLAY OFF
  }
  void OLED_Clear(void) {  //清屏函数
    u8 i, n;
    for(i=0; i<8; i++)   {
      OLED_WR_Byte (0xb0+i, OLEDCMD);      //设置页地址(0~7)
      OLED_WR_Byte (0x00, OLEDCMD);        //设置显示位置—列低地址
      OLED_WR_Byte (0x10, OLEDCMD);        //设置显示位置—列高地址
      for(n=0; n<128; n++)  OLED_WR_Byte(0, OLEDDATA);
    }
  }
  void OLED_ShowChar(u8 x, u8 y, u8 chr) {    //x: 0~127//y: 0~63//mode: 0, 反白
显示; 1, 正常显示
    unsigned char c=0, i=0;
    c=chr-' ';              //得到偏移后的值
    if(x>Max_Column-1){x=0; y=y+2;}
     if(SIZE ==16) {
      OLED_Set_Pos(x, y);
      for(i=0; i<8; i++)   { OLED_WR_Byte(F8X16[c*16+i], OLEDDATA);}
      OLED_Set_Pos(x, y+1);
      for(i=0; i<8; i++)   {OLED_WR_Byte(F8X16[c*16+i+8], OLEDDATA);}
    }
        else
         {
          OLED_Set_Pos(x, y+1);
          for(i=0; i<6; i++)   { OLED_WR_Byte(F6x8[c][i], OLEDDATA);}
         }
      }
    u32 oled_pow(u8 m, u8 n)  ////m^n 函数
    {
      u32 result=1;
      while(n--)result *=m;
      return result;
    }
  void OLED_ShowNum(u8 x, u8 y, u32 num, u8 len, u8 size2) //  x 坐标  y 坐标  数值
 数值位数  字大小
    {
      u8 t, temp, enshow=0;
      SIZE =size2;
      for(t=0; t<len; t++)
    {
        temp=(num/oled_pow(10, len-t-1))%10;
```

```
        if(enshow==0&&t<(len-1))
        {
          if(temp==0)
          {
            OLED_ShowChar(x+(size2/2)*t, y, ' ');
            continue;
          }else enshow=1;
        }
      OLED_ShowChar(x+(size2/2)*t, y, temp+'0');
    }
}
void OLED_ShowString(u8 x, u8 y, u8 *chr) //显示一个字符号串
{
  unsigned char j=0;
  while (chr[j]!='\0')
  {   OLED_ShowChar(x, y, chr[j]);
      x+=8; if(x>120){x=0; y+=2;}
      j++;
    }
}
void OLED_ShowCHinese(u8 x, u8 y, u8 no) //显示汉字
  {
    u8 t, adder=0;
    OLED_Set_Pos(x, y);
    for(t=0; t<16; t++)  { OLED_WR_Byte(Hzk[2*no][t], OLEDDATA); adder+=1; }
     OLED_Set_Pos(x, y+1);
    for(t=0; t<16; t++)  {OLED_WR_Byte(Hzk[2*no+1][t], OLEDDATA); adder+=1;}
  }
/  **显示 BMP 图片 128×64 起始点坐标(x, y), x 的范围 0~127, y 为页的范围 0~7**/
void OLED_DrawBMP(uchar x0, uchar y0, uchar x1, uchar y1, uchar BMP[])
{
  uint j=0; uchar x, y;
  if(y1%8==0) { y=y1/8; }  else { y=y1/8+1;}
  for(y=y0; y<y1; y++)
  {
    OLED_Set_Pos(x0, y);
    for(x=x0; x<x1; x++)  {OLED_WR_Byte(BMP[j++], OLEDDATA); }
  }
}
void OLED_Init(void) //初始化 OLED(SSD1306 芯片)
  {…}
#endif
```

13.3.3　程序解析

本例子程序功能主要是显示汉字、字符、数字和图片，与 I²C 屏类同，也只需调用对应的显示函数，分清楚显示内容的坐标位置和大小即可。显示效果如图 13-12 所示。

图 13-12　显示效果

习　　题

1. 设计程序，在 I²C 屏上显示字符和汉字。
2. 设计程序，在 I²C 屏画曲线。
3. 设计程序，在 SPI 屏上显示图片。

第 14 章　AI8H8K64U 单片机更多高级功能

AI8H 还有更多的功能，例如：EEPROM、比较器、PWM 定时器、高速 PWM、USB 通信、RTC 时钟、批量数据传输、乘法器等，限于篇幅不一一介绍，以下仅选择性介绍一部分。

14.1　AI8H 单片机 EEPROM 基本原理

单片机运行时会向 RAM 存储空间载入数据，数据包括寄存器地址分配、初始值、计算中间数据或结果数据，单片机断电后，RAM 数据会全部丢失。RAM 内的寄存器地址和初值等信息，在下次开机后会根据程序重新刷入，但上次的计算中间数据或结果数据已不存在。

因此，如果要断电保存计算数据或设置数据结果，则必须采取一定的方法。将数据存入 EEPROM 存储空间是一种常见的方法，EEPROM 可以采用单片机内置的 EEPROM 空间，也可以采用外置的 EEPROM 专用芯片，如芯片 24C02。STC(Ai)系列单片机内部集成了大容量的 EEPROM。利用 ISP-IAP 技术可将内部 Flash 当成 EEPROM 空间。

14.1.1　STC 单片机 EEPROM 特点

STC 单片机的 EEPROM 使用与外部 EEPROM 芯片有所不同：

(1)读取 EEPROM 内的数据，只需指定 EEPROM 的数据存储地址，即可逐个字节读出，当然，事先要知道数据存储的地址，读出数据相对比较简单。

(2)写入数据时，可以逐个字节写入，但必须事先擦除 EEPROM 内的数据。

(3)不能单个字节数据擦除，擦除时会把该数据所在的扇区的 512 个字节数据全部擦除，不像使用外部 EEPROM 芯片那样可指定擦除哪个字节数据。所以擦除 EEPROM 数据时，必须先将该数据所在扇区的有用数据读出备份，擦除后再逐个写入数据。

(4)擦除 EEPROM 扇区后，该扇区的所有字节的所有位均改为 1，即填满数据，该扇区任何地址读出的字节数据均为 0xFF，相当于把白纸全部先抹黑，再把没字的地方涂白，留下黑字。而外部 EEPROM 芯片一般是擦白了再写黑字，结果是一样的。

(5)读写和擦除均要设置操作时间，时间错误将不能正确操作。

使用时只需学会调用厂家写好的函数即可，从逻辑上明白即可。读取 1 个字节需要 4 个系统时钟，编程 1 个字节，30～40μs，擦除 1 个扇区(512 字节)，4～6ms。EEPROM 操作所需时间是硬件自动控制的，用户只需要正确设置 IAP_TPS 寄存器即可。IAP_TPS＝系统工作频率/1000000。

14.1.2　EEPROM 相关的寄存器

1. EEPROM 数据寄存器(IAP_DATA)

如表 14-1 所示，在进行 EEPROM 的读操作时，命令执行完成后读出的 EEPROM 数据保存在 IAP_DATA 寄存器中。在进行 EEPROM 的写操作时，在执行写命令前，必须将待写入的数据存放在 IAP_DATA 寄存器中，再发送写命令。擦除 EEPROM 命令与 IAP_DATA 寄存器无关。

表 14-1　IAP_DATA

符号	地址	B7	B6	B5	B4	B3	B2	B1	B0
IAP_DATA	C2H								

2. EEPROM 进行读、写、擦除操作的目标地址寄存器

如表 14-2 所示，IAP_ADDRH 保存地址的高字节，IAP_ADDRL 保存地址的低字节。

表 14-2　IAP_ADDR

符号	地址	B7	B6	B5	B4	B3	B2	B1	B0
IAP_ADDRH	C3H								
IAP_ADDRL	C4H								

3. EEPROM 命令寄存器(IAP_CMD)

如表 14-3 所示。CMD[1：0]：发送 EEPROM 操作命令。

CMD[1：0]=00：空操作；

CMD[1：0]=01：读 EEPROM 命令，读取目标地址所在的 1 字节，

CMD[1：0]=10：写 EEPROM 命令，写目标地址所在的 1 字节。注意：写操作只能将目标字节中的 1 写为 0，而不能将 0 写为 1，一般当目标字节不为 FFH 时，必须先擦除；

CMD[1：0]=11：擦除 EEPROM。擦除目标地址所在的 1 页(1 扇区/512 字节)。

表 14-3　IAP_CMD

符号	地址	B7	B6	B5	B4	B3	B2	B1	B0
IAP_CMD	C5H							CMD[1：0]	

4. EEPROM 触发寄存器(IAP_TRIG)

如表 14-4 所示。设置完成 EEPROM 读、写、擦除的命令寄存器、地址寄存器、数据寄存器以及控制寄存器后，需要向触发寄存器 IAP_TRIG 依次写入 5AH、A5H 两个触发命

令来触发相应的读、写、擦除操作。操作完成后，EEPROM 地址寄存器 IAP_ADDRH、IAP_ADDRL 和 EEPROM 命令寄存器 IAP_CMD 的内容不变。如果接下来要对下一个地址的数据进行操作，需手动更新地址寄存器 IAP_ADDRH 和寄存器 IAP_ADDRL 的值。

注意：每次 EEPROM 操作时，都要对 IAP_TRIG 先写入 5AH，再写入 A5H，相应的命令才会生效。写完触发命令后，CPU 会处于 IDLE 等待状态，直到相应的 IAP 操作执行完成后 CPU 才会从 IDLE 状态返回正常状态继续执行 CPU 指令。

表 14-4　IAP_TRIG

符号	地址	B7	B6	B5	B4	B3	B2	B1	B0
IAP_TRIG	C6H								

5. EEPROM 控制寄存器(IAP_CONTR)

如表 14-5 所示。IAPEN：EEPROM 操作使能控制位。IAPEN＝0，终止 EEPROM 操作，IAPEN＝1，使能 EEPROM 操作。

SWBS：软件复位选择控制位，(需要与 SWRST 配合使用)。SWBS＝0，软件复位后从用户代码开始执行程序，SWBS＝1，软件复位后从系统 ISP 监控代码区开始执行程序。

SWRST：软件复位控制位。SWRST＝0，无动作。SWRST＝1，产生软件复位。

CMD_FAIL：EEPROM 操作失败状态位，需要软件清零。CMD_FAIL＝0，EEPROM 操作正确，CMD_FAIL1，EEPROM 操作失败。

表 14-5　IAP_TRIG

符号	地址	B7	B6	B5	B4	B3	B2	B1	B0
IAP_CONTR	C7H	IAPEN	SWBS	SWRST	CMD_FAIL	—	—	—	—

6. EEPROM 等待时间控制寄存器(IAP_TPS)

如表 14-6 所示。需要根据工作频率进行设置，若工作频率为 12MHz，则需要将 IAP_TPS 设置为 12；若工作频率为 24MHz，则需要将 IAP_TPS 设置为 24，其他频率以此类推。

表 14-6　IAP_TRIG

符号	地址	B7	B6	B5	B4	B3	B2	B1	B0
IAP_TPS	F5H								

14.1.3　EEPROM 大小及地址

对 EEPROM 执行读、写、擦除操作时，需要知道并设置正确的目标地址。常用的 IAP 方式访问时，目标地址与 EEPROM 实际的物理地址是一致的，均是从地址 0000H 开始访问。EEPROM 是从 Flash 空间划出的，划出的 EEPROM 空间地址的 IAP 方式访问是从 0000H 开始编制的，具体如图 14-1 和图 14-2 所示，以 AI8H8K64U 为例。

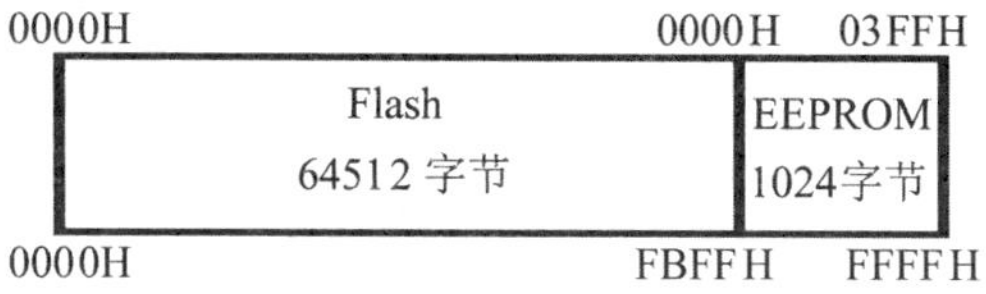

图 14-1　1k 的 EEPROM 地址

AI8H8K64U 单片机内部 Flash 存储空间总共 64K，即 65536 字节，原始空间地址从 0000H 至 FFFFH，图 14-1 为划出 1K(1024 字节)的空间给 EEPROM，则作用 ROM 的 Flash 空间=65536-1024=64512 字节，ROM 空间地址从 0000H 至 FBFFH。而 EEPROM 空间地址则重新从头开始编号，从 0000H 至 03FFH，EEPROM 操作时，地址只能从 0000H 至 03FFH 的范围选择。图 14-2 为划出 2K(2048 字节)的空间给 EEPROM。有些型号的单片机的 EEPROM 大小出厂已划分好。

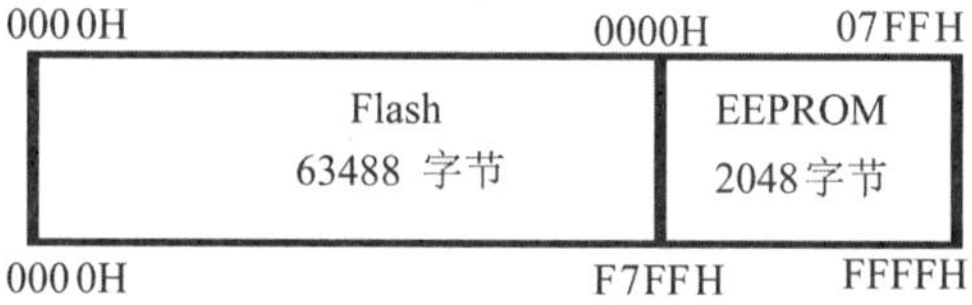

图 14-2　2K 的 EEPROM 地址

14.2　项目 36：密码锁设计

密码锁是锁的一种，开启时用的是一系列的数字或符号，电子密码锁具有操作快、修改密码比较简单、只需输入 0~9 数字和字符即可开锁等优点。

14.2.1　项目任务

利用矩阵键盘输入四位密码，按确认键存储该密码，断电重启后，输入密码即可开锁。开锁标志用 P2 口的灯表示，灯亮表示锁开了，灯暗则表示未开锁。

图 14-3　按键分配

14.2.2　程序设计

矩阵键盘总共 16 个按键，数字键占用 10 个，密码存储和清除各一个按键，共 12 个按键，按键位置如图 14-3 所示。清除密码 CL 键和存储密码 ST 键分别为值 10

和 11 的按键。

1. 主程序"main. c"

```
#include <STC8H.h>      //定义单片机特殊功能寄存器
#include <INTRINS.H>
#include "config.h"     //配置、初始化头文件
#include "usb.h"   //USB 配置头文件，初学者不用去修改
#include "LCD1602.h" //定时器设置头文件
#include "Key44.h"    //矩阵按键头文件
#include "Read_EEPROM.h"     //EEPROM 头文件
void main()   //主函数
  {
    sys_init(); //系统初始化
    LCD_init();    //液晶初始化
    Disp_Bco();      //显示背景字符
    Init_EPROM();    //EEPROM 初始化，并载入第一次初始值
    Read_Data();     //读出密码数值
    num=0; dis_buf=0;    //按键数清零
    while(1)
  {
    keydown();           //调用按键函数，是否有按键按下
    Disp_num();          //显示密码和按键数函数
    if(dis_buf==10)   //按到了清除的按键了，清除数据
      {
        num=0; dis_buf=0;
        IapEraseSector(0x0000);           //擦除扇区数据
        IapProgramByte(0x0001, 0x03);    //把 3 重新载入第 1 字节处
        Read_Data();                     //读出擦除数据的值=0xFFFF
      }
    if((MiMa==num) | (MiMa==0xFFFF)) //密码对上或密码擦除了
      { P2 =0x00;}         //灯亮  表示锁开了
    else  { P2 =0xFF;}   //灯暗  表示锁没打开了
    if(dis_buf==11)            //按到了存储的按键了，设置好的数据要存储到 EEPROM 中
      {
        Storage_Data();    //存储数据
        dis_buf=0;          //存储标志清除
        Read_Data();   delayms(100);    //读出重新设置的值
    }
}}
```

2. 矩阵按键头文件"Key44. h"

```
#ifndef __key44_h___
#define __key44_h___
```

```
uchar dis_buf, key, temp;
bit  keybz;       //按键按下标志
void keyscan();    //定义后面有 keyscan()的函数
void  keydown()  //判断键是否按下
  {
    P6=0xF0;
    if(P6! =0xF0){ keyscan();   } //如果按键按下 P6 值会不等于 0xF0  //调用按键扫描程序
    else {keybz=0; }    //按键放开, 标志 keybz 置 0
  }
void  keyscan()       //按键扫描, 以 P6.7/P6.1 按下短路为例
  {
    temp =0; P6=0xF0; //=1111 0000, 行为高电平, 列为低电平
    delayms(1); temp=P6;    //读 P6 口值=0111 0000
    temp=temp&0xF0;    //=temp&1111 0000=0111 0000, 屏蔽低四位
    temp=~((temp>>4) | 0xF0);    //=~(0000 0111 | 1111 0000)= =~(1111 0111)=0000 1000=8
    if(temp==1) {key=0;} //P6.4 被拉低
    else if(temp==2) {key=1;} //P6.5 被拉低
    else if(temp==4) {key=2;} //P6.6 被拉低
    else if(temp==8) {key=3;} //P6.7 被拉低 结果 key=3
    P6=0x0F; delayms(1); //=0000 1111, 行为低电平, 列为高电平
    temp=P6;           //读 P2 口值=0000 1101
    temp=temp&0x0F;
    temp=~(temp | 0xF0);     //=~(0000 1101 | 1111 0000)= =~(1111 1101)= 0000 0010=2
    if(temp==1) {key=key+0;}    //P6.0 被拉低
    else if(temp==2) {key=key+4;} //P6.1 被拉低 结果 key=3+4=7
    else if(temp==4) {key=key+8;} //P6.2 被拉低
    else if(temp==8) {key=key+12;} //P6.3 被拉低
    dis_buf = key;     //键值赋值给显示缓存
    if((keybz==0)&(dis_buf<=9))  //按键曾经放开过且 0~9 的数
      {
        num=num*10+dis_buf;   //按键数据进位 10+现按键值
        keybz=1;          //按键一次数据只能进位 1 次
      }
  }
#endif
```

3. 显示 LCD1602 头文件"LCD1602. h"

```
#ifndef __LCD1602_h__
#define __LCD1602_h__
.....
```

```
uchar tab1[ ] = "EEPROM-WriteRead";    //直接显示字母，共10个字符
…… //见前文 LCD1602.h 头文件
void Disp_num()     //显示函数，
  {
    Writecmd(0xC1);    //从C1地址处开始逐个显示密码
    Writedata(0x30+MiMa/1000);      //MiMa的千位
    Writedata(0x30+MiMa%1000/100); //MiMa的百位
    Writedata(0x30+MiMa%100/10);     //MiMa的十位
    Writedata(0x30+MiMa%10);         //MiMa的个位
    Writecmd(0xC7);    //从C7地址处开始逐个显示设置值
    Writedata(0x30+num/1000);      //num的千位
    Writedata(0x30+num%1000/100); //num的百位
    Writedata(0x30+num%100/10);     //num的十位
    Writedata(0x30+num%10);         //num的个位
  }
#endif
```

4. EEPROM 头文件“Read_EEPROM. h”

```
#ifndef __Read_EEPROM_h___
#define __Read_EEPROM_h___
uchar MiMaH, MiMaL,   Test_ONE;
void IapIdle()
  {
    IAP_CONTR = 0; IAP_CMD = 0;      //关闭 IAP 功能//清除命令寄存器
    IAP_TRIG = 0; IAP_ADDRH = 0x80;    //清除触发寄存器//将地址设置到非 IAP 区域
    IAP_ADDRL = 0;
  }
    uchar IapReadByte(uint addr)
  {
    uchar dat;
    IAP_CONTR = 0x80; //使能 IAP
    IAP_TPS = 11; //设置擦除等待参数 晶振 11MHz
    IAP_CMD = 1; //设置 IAP 读命令
    IAP_ADDRL = addr; //设置 IAP 低地址
    IAP_ADDRH = addr >> 8; //设置 IAP 高地址
    IAP_TRIG = 0x5a; //写触发命令(0x5a)
    IAP_TRIG = 0xa5; //写触发命令(0xa5)
    _nop_(); dat = IAP_DATA; //读 IAP 数据
    IapIdle(); //关闭 IAP 功能
    return dat;
  }
void IapProgramByte(uint addr, uchar dat)
  {
```

```
    IAP_CONTR = 0x80; //使能 IAP
    IAP_TPS = 11; //设置擦除等待参数 11MHz
    IAP_CMD = 2; //设置 IAP 写命令
    IAP_ADDRL = addr; //设置 IAP 低地址
    IAP_ADDRH = addr >> 8; //设置 IAP 高地址
    IAP_DATA = dat; //写 IAP 数据
    IAP_TRIG = 0x5a; //写触发命令(0x5a)
    IAP_TRIG = 0xa5; //写触发命令(0xa5)
    _nop_(); IapIdle(); //关闭 IAP 功能
  }
void IapEraseSector(uint addr)
  {
    IAP_CONTR = 0x80; //使能 IAP
    IAP_TPS = 11; //设置擦除等待参数 11MHz
    IAP_CMD = 3; //设置 IAP 擦除命令
    IAP_ADDRL = addr; //设置 IAP 低地址
    IAP_ADDRH = addr >> 8; //设置 IAP 高地址
    IAP_TRIG = 0x5a; //写触发命令(0x5a)
    IAP_TRIG = 0xa5; //写触发命令(0xa5)
    _nop_(); IapIdle(); //关闭 IAP 功能
  }
void Init_EPROM()
  {
    Test_ONE=IapReadByte(1); //读出 EEPROM 区第 1 字节的数据，用于第一次判断
    if(Test_ONE ! =3) //如果不等于 3(可随便取一个数)，说明芯片第一次使用 EEPROM
     {
      IapEraseSector(0x0000);          //擦除扇区  第 0~511 字节
      IapProgramByte(0x0001, 0x03);     //把 3 载入第 1 字节处，以后将不能进入擦除，
初值只能载入一次
      IapProgramByte(12, 23);       //把数值 23 写入至第 12 字节处，默认初始值
      IapProgramByte(11, 45);         //把数值 45 写入至第 11 字节处
    }  //如果 Test_ONE =3，说明已写入一次了，避免每次开机 EEPROM 初始化时重复写入
  }
void Read_Data()    //读出数值
  {
    MiMaH = IapReadByte(12); //密码高位
    MiMaL = IapReadByte(11);    //密码低位，读出 EEPROM 的第 11 字节处的数值
    MiMa   = MiMaH *256+MiMaL;    //密码高低位合成
  }
void Storage_Data()  //存储数据
  {
```

```
        IapEraseSector(0x0000);         //擦除第 0 扇区
        IapProgramByte(0x0001, 0x03);   //把 3 重新载入第 1 字节处，上一句把所有第 0 扇区
数据擦除了
        IapProgramByte(12, num/256); //设置的密码高位
        IapProgramByte(11, num% 256); //设置的密码低位，存入 EEPROM 区的第 11 字节处
    }
  #endif
```

14.2.3 程序分析

1. 主程序

主程序初始化后，要读出 EEPROM 中的密码，以便于主循环内密码比较。主循环"while(1) {…}"里解决五个问题：

(1)调用矩阵按键扫描函数，得出键盘按键值和开锁的值；

(2)调用显示函数，显示密码值和开锁值，这里为了方便，显示了密码；

(3)清除密码，如果按到了清除按键，值 dis_buf=10，则密码值和开锁值全部清除，不过密码值擦除后是全部填入"1"的，密码值使用了两个字节，所以密码值擦除后读出的值并不是 0，而是 1111111111111111B=0xFFFF；

(4)密码比较，密码值和开锁值相等时，P2 灯亮，开锁，清除密码后就没有密码了，MiMa=0xFFFF 时也要开锁；

(5)存储密码，如果按到了存储按键，值 dis_buf=11，密码存储后，dis_buf 要清零，否则会一直存储操作，存储操作后要重新读出新密码。

2. 矩阵按键

按按键时要给一个标志 keybz，当按键放开时，该标志清零，为接下的按键值进十作准备。例如：第 1 次按"4"按键，得个位数 4，第 2 次按"5"的按键，个位数 4 进十位数，值 num=45，并标志 keybz=1，无法再进十，只有再放开按键才能进行下一次进十。另外，dis_buf 的值在 0~9 范围内才能进十操作。

3. 显示程序

显示程序比较简单，主要是显示背景字符"EEPROM-WriteRead"以及密码值和开锁值。

4. EEPROM 操作程序

EEPROM 操作程序，对于初学者，只需理解应用"void Init_EPROM()""void Read_Data()"和"void Storage_Data()"这三个函数即可，其余程序基本为 EEPROM 字节操作，基本不用修改，只是"IAP_TPS = 11;"这一句，要根据单片机的工作频率修改。

EEPROM 操作先要对 EEPROM 初始化"void Init_EPROM()"，主要操作是擦除扇区数据，为避免每次开机都擦除扇区的操作，这里加了一句"Test_ONE=IapReadByte(1);"，读出 EEPROM 区地址为 0001 的数据，如果该数据为不为 3，则说明单片机还是第 1 次使用，那就擦除扇区，再写入初始数据，包括向地址为 0001 的地方写入数据 3 这一句"IapProgramByte(0x0001, 0x03);"，以后开机 Test_ONE 就等于 3 了，不会再初始化擦

除了。

读出 EEPROM 数据比较简单，指定地址读出即可，由于 EEPROM 是 8 位的，每 1 字节的值范围为 0~255，超过 255 的数据必须分两部分，高 8 位和低 8 位存储和读取。

存储新数据操作，指定地址写入即可。但存储数据时必须先擦除扇区 512 个字节，原地址为 0001 的地方的数据 3 也一并擦除了，因此，“IapProgramByte(0x0001，0x03);”这一句必须重新写入。

14.3　项目 37：RTC 实时时钟

AI8H8K64U 系列部分单片机内部集成一个实时时钟控制电路，即 RTC 实时时钟，可以省去外部的时钟芯片(如 DS1302)，主要有如下特性：①低功耗，RTC 模块工作电流低至 2~3uA 左右；②长时间跨度，支持 2000—2099 年，并自动判断闰年；③闹钟功能；④支持多个时间中断。

14.3.1　RTC 相关寄存器

1. RTC 控制寄存器 RTCCR

该寄存器决定 RTC 的启动和停止，如表 14-7 所示，只有 B0 位有效。RUNRTC=1 时，使能 RTC，并开始 RTC 计数；RUNRTC=0 时，关闭 RTC，RTC 停止计数。

表 14-7　RTC 控制寄存器 RTCCR

符号	地址	B7	B6	B5	B4	B3	B2	B1	B0
RTCCR	FE60H	—	—	—	—	—	—	—	RUNRTC

2. RTC 配置寄存器 RTCCFG

如表 14-8 所示，RTCCKS 位决定 32768Hz 时钟源选择，RTCCKS=1 时，选择内部 32K 时钟源，同时还要软件启动内部 32K 振荡器；RTCCKS=0 时，选择外部 32.768kHz 时钟源，也要软件启动外部 32768Hz 晶振，使用外部晶振时间更精准。

表 14-8　RTC 配置寄存器 RTCCFG

符号	地址	B7	B6	B5	B4	B3	B2	B1	B0
RTCCFG	FE61H	—	—	—	—	—	—	RTCCKS	SETRTC

SETRTC 位为设置 RTC 初始值，SETRTC=1，触发 RTC 寄存器初始化，硬件会自动将寄存器 INIYEAR、INIMONTH、INIDAY、INIHOUR、INIMIN、INISEC、INISSEC 中的值复制到寄存器 YEAR、MONTH、DAY、HOUR、MIN、SEC、SSEC 中。初始化完成后，硬件会自动将 SETRTC 位清零。SETRTC=0 时，无效。

3. RTC 中断使能寄存器 RTCIEN

RTCIEN 为时间中断使能，如表 14-9 所示。从左至右分别为所有闹钟中断使能、24 小时中断使能、60 分钟中断使能、一分钟中断使能、一秒中断使能、1/2 秒中断使能、1/8 秒中断使能位、1/32 秒中断使能。各位的使能要根据闹钟计算决定。

表 14-9　RTC 中断使能寄存器 RTCIEN

符号	地址	B7	B6	B5	B4	B3	B2	B1	B0
RTCIEN	FE62H	EALAI	EDAYI	EHOURI	EMINI	ESECI	ESEC2I	ESEC8I	ESEC32I

4. RTC 中断请求寄存器 RTCIF

RTCIF 为时间中断请求，如表 14-10 所示。从左至右排序与表 14-9 相同，分别为所有闹钟中断、24 小时中断、60 分钟中断、一分钟中断、一秒中断、1/2 秒中断、1/8 秒中断使、1/32 秒中断的请求位。均需软件清零，软件写 1 无效。

表 14-10　RTC 中断请求寄存器 RTCIF

符号	地址	B7	B6	B5	B4	B3	B2	B1	B0
RTCIF	FE63H	ALAIF	DAYIF	HOURIF	MINIF	SECIF	SEC2IF	SEC8IF	SEC32IF

5. RTCRTC 闹钟设置寄存器

闹钟设置有小时 ALAHOUR、分 ALAMIN、秒 ALASEC 和 1/128 秒 ALASSEC 的寄存器。

6. RTC 实时时钟初始值设置寄存器

时钟初始值设置有年 INIYEAR、月 INIMONTH、日 INIDAY、小时 INIHOUR、分 INIMIN、秒 INISEC 和 1/128 秒 INISSEC 的寄存器。

年设置范围为 00~99，对应 2000—2099 年，月设置范围为 1~12，日设置范围为 1~31，时设置范围为 00~23，分设置范围为 00~59，秒设置范围为 00~59，1/128 秒设置范围为 00~127。

7. RTC 实时时钟计数寄存器

时钟计数有年 YEAR、月 MONTH、日 DAY、小时 HOUR、分 MIN、秒 SEC 和 1/128 秒 SSEC 的寄存器。注意：寄存器的值不是 BCD 码，而是 HEX 码，与其他时钟芯片有不同。实时时钟计数寄存器均为只读寄存器，若需要对这些寄存器执行写操作，必须通过实时时钟初始值设置寄存器 INIYEAR、INIMONTlH、INIDAT、INIHOU、INIMIN、INISEC、INISSEC 和 SETRTC 来实现。

从实时时钟计数寄存器里读出的数据就是实时时间数据。

14.3.2　项目任务

使用 AI8H8K64U 单片机的内部 32kHz 时钟制作实时时钟，实时时间可以通过串口返回，也可以通过 LCD1602 液晶屏显示。

14.3.3　程序设计

1. 主程序 main.c

```
#include <STC8H.h>
#include "intrins.h"
#include "stdio.h"
#include "config.h"
#include "LCD1602.h"
#define Baudrate 115200L
#define TM (65536 -(MAIN_Fosc/Baudrate/4))      //串口波特率设置
void UartInit(void)  //串口初始化 使用 T2
  {
    SCON = (SCON & 0x3f) | 0x40;
    TL2 = TM; TH2 = TM>>8;
    AUXR |= 0x15;
  }
void UartPutc(unsigned char dat)  //串口发送
  { SBUF = dat; while(TI==0); TI = 0; }
char putchar(char c)
  {UartPutc(c); return c; }
void RTC_config(void) //实时 时钟配置初始化
  {
    IRC32KCR = 0x80;    //启动内部 32K 振荡器//选择内部 32K
    while (! (IRC32KCR & 0x01));    //等待时钟稳定
    RTCCFG |= 0x02;    //选择内部 32K 作为 RTC 时钟源
      //X32KCR = 0xc0;   //启动外部 32K 晶振// //选择外部 32K
      //while (! (X32KCR & 0x01));      //等待时钟稳定
      //RTCCFG &= ~0x02; //选择外部 32K 作为 RTC 时钟源
    INIYEAR = 24; INIMONTH = 10;    //Y: 2024 年 //M: 10 月
    INIDAY = 12; INIHOUR = 23;       //D: 12 日 //H: 23 时
    INIMIN = 59; INISEC = 50;          //M: 59 分  //S: 50 秒
    INISSEC = 0;     //S/128: 0
    RTCCFG |= 0x01;   //触发 RTC 寄存器初始化
    RTCIF = 0;          //清中断标志
    RTCIEN = 0x08; RTCCR = 0x01; //使能 RTC 秒中断//RTC 使能
  }
void main(void)
  {
```

```
        Port_init() ; P_SW2  | = 0x80; //端口初始化//使能 XFR 访问
        LCD_init();   Hz_Init();      //液晶初始化 //载入自创的汉字，有年月日汉字
        UartInit(); RTC_config();   //串口初始化 //RTC 时钟初始化
        EA = 1;
        printf("RTC Test Programme! \\r\\n");  //UART 发送一个字符串
        number=0;
      while (1)
        {
          delayms(500);
          Disp_YMDay();         //显示年月日
          Disp_HMSecond();     //显示时分秒
          printf("Year=20%bd ", YEAR);    //向串口发送数据
          printf("Month=%bd ", MONTH);
          printf("Day=%bd ", DAY); printf("Hour=%bd ", HOUR);
          printf("Minute=%bd ", MIN); printf("Second=%bd ", SEC);
          printf("\\r\\n");
        }
      }
    void RTC_Isr() interrupt 13   //时间中断
      {
        //char store;
        //store = P_SW2;      //P_SW2  | = 0x80; //使能 XFR 访问
        if(RTCIF & 0x08)      //判断是否秒中断
          {RTCIF &= ~0x08; B1S_Flag = 1;}      //清中断标志
            //P_SW2 = store;
    }
```

14.3.4 程序分析

主程序中串口返回数据是使用串口 1 的，则串口 1 不能进行 USB 通信，切换回传统串口模式了，波特率定时器使用了 T2，该串口可以发送数字和字符。

为了方便，RTC 使用内部振荡器作为时钟，RTC 初始化里可以对时间进行初始设置，如果运行时如要对日期进行设置，就是对这些初始化值修改后重新再次初化，具体方法见以前章节相关 DS1302 时钟里的日期设置调节方法。

但在主程序初始化程序里有“RTC_config();”语句，那么每次开机都会对日期时钟初始化，显示是不行的，时期时钟必须是连续的。解决的方法，参照上节的 EEPROM 例子，日期时钟初始化只能初始化一次。

测试结果如图 14-4 和图 14-5 所示。本例串口是传统串口，不是 USB-CDC 串口，须设置波特率。LCD1602 液晶可以显示简单汉字和特殊字符，用于学习。

图 14-4　串口返回的时间数据

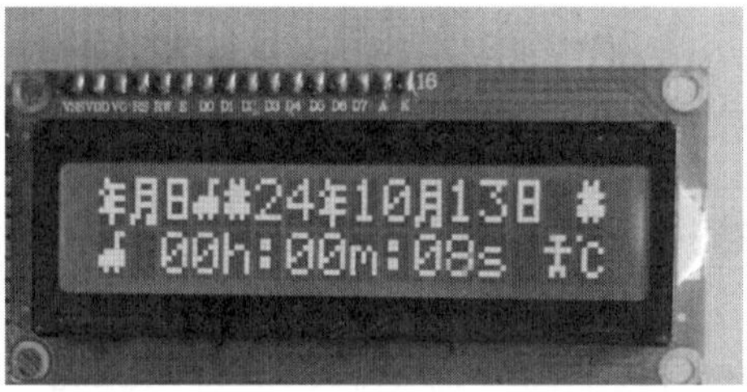

图 14-5　LCD 显示的时间数据

14.4　AI8H 单片机系统时钟

AI8H 单片机工作时钟可以是内部高精度振荡器产生，也可以是外部晶体振荡器产生的，一般情况下，使用外部晶体振荡器时钟精度更高。选择内部时钟还是外部时钟要根据项目要求决定的，不一定一味追求高精度，还有一个是 RTC 实时时钟。AI8H 单片机系统时钟结构图如图 14-6 所示，默认情况下是选择内部时钟的。

14.4.1　系统时钟相关寄存器

1. 系统时钟选择寄存器 CLKSEL

CLKSEL 寄存器各位表 14-11 所示，CKMS 位为内部 PLL 输出时钟选择，HSIOCK 为高速 I/O 时钟源选择，MCK2SEL[1：0]为 PLL 主时钟源选择。MCKSEL[1：0]为主时钟源选择。

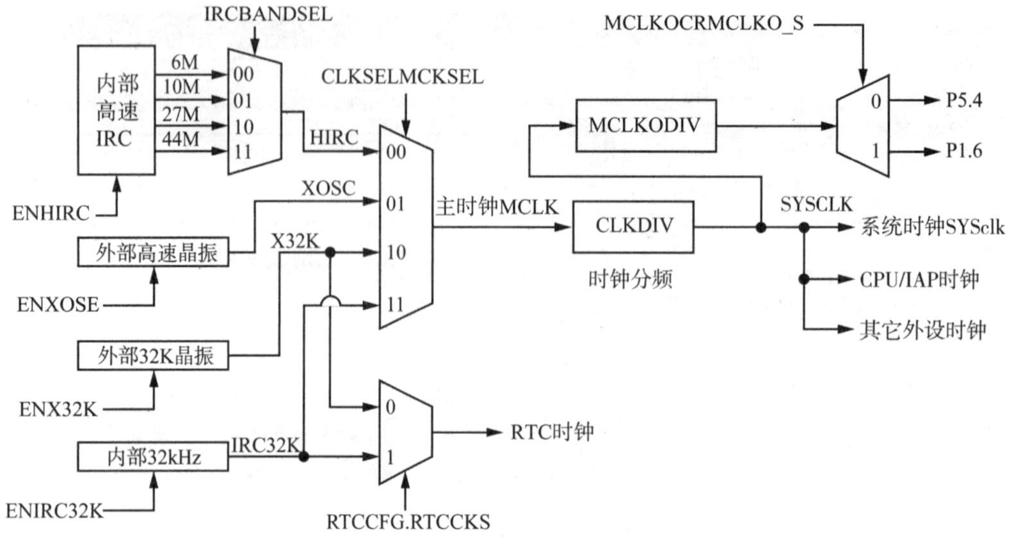

图 14-6　AI8H 系列通用系统时钟结构图

表 14-11　系统时钟选择寄存器 CLKSEL

符号	地址	B7	B6	B5	B4	B3	B2	B1	B0
CLKSEL	FE00H	CKMS	HSIOCK	—	—	MCK2SEL[1：0]		MCKSEL[1：0]	

默认情况下，也就是编写程序时没有关心过时钟寄存器，那么 CLKSEL＝0x00，则 MCKSEL[1：0]＝00，主时钟 MCLK 选择 HIRC，左边对应内部高速 IRC，即内部时钟。CLKSEL＝0x01 时，选择外部时钟 XOSC。CLKSEL＝0x10 和 CLKSEL＝0x11 时，主时钟选择了 32768Hz，单片机进入低速低功耗模式。

2. 内部高速高精度 IRC 控制寄存器 HIRCCR

如表 14-12 所示，ENHIRC 位为内部高速高精度 IRC 使能位，ENHIRC＝0，关闭内部高精度 IRC，ENHIRC＝1，使能内部高精度 IRC。使用高精度内部时钟，图 14-6 最左边的 ENHIRC 须等于 1。

表 14-12　IRC 控制寄存器 HIRCCR

符号	地址	B7	B6	B5	B4	B3	B2	B1	B0
HIRCCR	FE02H	ENHIRC	—	—	—	—	—	—	HIRCST

HIRCST 位为内部高速高精度 IRC 频率稳定标志位。当内部的 IRC 从停振状态开始使能后，必须经过一段时间，振荡器的频率才会稳定，当振荡器频率稳定后，时钟控制器会自动将 HIRCST 标志位置 1。当用户程序查询振荡器稳定标志位 HIRCST＝1，说明频率稳定了。

3. 外部振荡器控制寄存器 XOSCCR

如表 14-13 所示，ENXOSC 位为外部晶体振荡器使能位。ENXOSC＝1，使能外部晶体振荡器；ENXOSC＝0，关闭外部晶体振荡器，默认 ENXOSC＝0。

表 14-13　控制寄存器 XOSCCR(AI8H8K64U)

符号	地址	B7	B6	B5	B4	B3	B2	B1	B0
XOSCCR	FE03H	ENXOSC	XITYPE	GAIN	—	XCFILTER[1：0]		—	XOSCST

使用外部晶振，大多数情况下，XITYPE＝1，外部时钟源是晶体振荡器。XCFILTER[1：0]位为外部晶体振荡器抗干扰控制寄存器。XCFILTER[1：0]＝00，外部晶体振荡器频率在 48M 及以下时可选择此项；XCFILTER[1：0]＝01，外部晶体振荡器频率在 24M 及以下时可选择此项；XCFILTER[1：0]＝1x，外部晶体振荡器频率在 12M 及以下时可选择此项。

GAIN 位为外部晶体振荡器振荡增益控制位。GAIN＝0，关闭振荡增益(低增益)；GAIN＝1，使能振荡增益(高增益)，频率高时选择高增益。XOSCST 位为外部晶体振荡器频率稳定标志位。

4. 外部 32K 振荡器控制寄存器 X32KCR

如表 14-14 所示，ENX32K 位为外部 32K 晶体振荡器使能位。ENX32K＝0，关闭外部 32K 晶体振荡器；ENX32K＝1，使能外部 32K 晶体振荡器。GAIN32K 位为外部 32K 晶体振荡器振荡增益控制位。GAIN32K＝0，关闭 32K 振荡增益(低增益)；GAIN32K＝1，使能 32K 振荡增益(高增益)。

表 14-14　外部 32K 振荡器控制寄存器 X32KCR

符号	地址	B7	B6	B5	B4	B3	B2	B1	B0
X32KCR	FE08H	ENX32K	GAIN32K	—	—	—	—	—	X32KST

X32KST 位外部 32K 晶体振荡器频率稳定标志位，振荡稳定后 X32KST 自动置为 1。

5. 内部低速 IRC 控制寄存器 IRC32KCR

功能和控制如表 14-15 所示。

表 14-15　X32KCR 内部低速 IRC 控制寄存器 IRC32KCR

符号	地址	B7	B6	B5	B4	B3	B2	B1	B0
IRC32KCR	FE04H	ENIRC32K	—	—	—	—	—	—	IRC32KST

续表

符号	地址	B7	B6	B5	B4	B3	B2	B1	B0
控制位	取值	功能							
IRC 使能 ENIRC32K	0	关闭内部低速 IRC							
	1	使能内部低速 IRC							
IRC 频率稳定 IRC32KST	只读	停振或振荡初始为 0							
		振荡稳定自动为 1，RC32KST=1 说明频率稳定							

6. 时钟分频寄存器 CLKDIV

如表 14-16 所示。可以对主时钟 MCLK 进行分频，默认 CLKDIV = 0x00，不分频，CLKDIV 最大分频为 255。例如：晶振振荡或内部 IRC 振荡频率为 12MHz，如 CLKDIV = 0xFF，进行 255 分频，则系统时钟频率 f_{SYSCLK} = 12MHz/255≈47kHz，则单片机工作频率约为 47kHz。

表 14-16　时钟分频寄存器 CLKDIV

符号	地址	B7	B6	B5	B4	B3	B2	B1	B0
CLKDIV	FE01H								
寄存器	取值	功能							
CLKDIV	0	MCLK/1							
	1	MCLK/1							
	2	MCLK/2							
	x	MCLK/x							
	255	MCLK/255							

7. 主时钟输出控制寄存器 MCLKOCR

如表 14-17 所示。可以对系统工作时钟 SYSCLK 进行分频，再通过 P5.4 脚或 P1.6 脚输出。该功能可以用于测试单片机的实际工作频率，也可以用于其他时钟用途。

表 14-17　主时钟输出控制寄存器 MCLKOCR

符号	地址	B7	B6	B5	B4	B3	B2	B1	B0
MCLKOCR	FE05H	MCLKO_S	MCLKODIV[6：0]						

续表

控制位	取值	功能
MCLKO_S	0	系统时钟分频输出到 P5.4 口
	1	系统时钟分频输出到 P1.6 口
MCLKODIV[6：0]	0	不输出时钟
	1	$f_{SYSCLK}/1$
	2	$f_{SYSCLK}/2$
	x	f_{SYSCLK}/x
	127	$f_{SYSCLK}/127$

8. IRC 频段选择寄存器 IRCBAND

如表 14-18 所示。使用内部时钟时，对 IRCBAND 进行设置，系统时钟频率可以达到更精确。如一般使用可不用设置。

表 14-18　IRC 频段选择寄存器 IRCBAND

符号	地址	B7	B6	B5	B4	B3	B2	B1	B0
IRCBAND	9DH	USBCKS	USBCKS2					SEL[1：0]	
控制位	取值	功能							
USBCKS USBCKS2		使能 USB 功能时，请保持 USBCKS=1；USBCKS2=0							
SEL[1：0] 四频段	00	选择 6MHz 频段							
	01	选择 10MHz 频段							
	10	选择 27MHz 频段，22.1184MHz~33.1776MHz							
	11	选择 44MHz 频段，44MHz~48MHz							
SEL[0] 两频段	0	选择 20MHz 频段							
	1	选择 35MHz 频段							

14.4.2　使用外部晶体振荡初始化程序

一般使用时，使用外部晶振初始化程序如下：

```
void SYSSLK_INIT()
 {
   P_SW2 | = 0x80;    //扩展寄存器(XFR)访问使能
   XOSCCR = 0xC0;    //启动外部晶振//ENXOSC XITYPEGAIN - XCFILTER[1：0]- XOSCST
```

```
    while (! (XOSCCR & 1));   //等待时钟稳定
    CLKDIV = 0x00;   //时钟不分频
    CLKSEL = 0x01; //选择外部晶振  //=CKMS HSIOCK- - MCK2SEL[1: 0] MCKSEL[1: 0]
    //IRC32KCR = 0x80;   //启动内部低速 IRC
    //while (! (IRC32KCR & 1));   //等待时钟稳定
    //CLKDIV = 0x00;   //时钟不分频
    //CLKSEL = 0x03;   //选择内部低速 IRC
}
```

在主程序 void main( )之后，while(1)主循环之前，加入外部晶振初始化程序。

14.5 项目 38：利用单片机 ID 加密程序

AI8H8K64U 单片机内置有 32 字节的只读特殊功能寄存器 CHIPID。CHIPID 中内容，用户程序只能读取，不可修改。使用 CHIPID 中的数据对用户程序进行加密是 STC 官方推荐的最优方案。

14.5.1 CHIPID 寄存器

如表 14-19 所示，列出了部分内容。CHIPID0～CHIPID6 存储 ID 号，CHIPID7 和 CHIPID8 存储 BGV 用于校准 ADC 值或测试电源电压，CHIPID26～CHIPID30 存储芯片信息，本节仅讲述 ID 号使用。

表 14-19 CHIPID 寄存器(部分)

符号	地址	B7	B6	B5	B4	B3	B2	B1	B0
CHIPID0	FDF0H	全球唯一 ID 号(第 0 字节)							
CHIPID1	FDF1H	全球唯一 ID 号(第 1 字节)							
CHIPIDx	FDFxH	全球唯一 ID 号(第 x 字节)							
CHIPID6	FDF6H	全球唯一 ID 号(第 6 字节)							
CHIPID7	FDF7H	内部 1.19V 参考信号源——BGV(高字节)							
CHIPID8	FDF8H	内部 1.19V 参考信号源——BGV(低字节)							
CHIPID26	FDF26H	用户程序空间结束地址(高字节)							
CHIPID27	FDF27H	芯片测试时间(年)							

14.5.2 程序破解常用方法

首先程序破解是一种非法行为，盗取了别人的成果，也是要负法律责任的。作为项目开发者也要防止所编写的程序被破解。

1. 直接根据产品功能编写程序

这种方法属于仿制，对编程人员团队的软硬件技术水平要求较高，当然也容易产生专利侵权，某些“隐藏”的功能也并不一定能被发现。

2. 对单片机直接开盖读取 Flash 内容

能否读取 Flash 内容，取决于所用的单片机，有些老旧型号的单片机，Flash 程序机器码内容很容易被抄出。不过抄出的是机器码，反编译也有难度。即使成功抄出，也难以对程序进行修改。能否被开盖读取 Flash 取决于单片机厂家的技术水平。

3. 对单片机直接读取 Flash 内容

有些单片机可以利用下载器直接或者加偏移读出 Flash 内容，这样就没有防破解了，在下载时没有选择加密程序就会存在该问题。STC 单片机下载没有该项选择，均防抄写下载。

由上述分析可知，防破解主要是第 2 种情况，首先，单片机 Flash 内容能否被抄出由芯片方决定，用户没有办法。用户还需要硬件 ID 和电路硬件加密，即使 Flash 内容被抄出了也不能使用。电路硬件加密可以使用电路元件参数差异，使抄出的机器码运行时精度很差或者数据混乱。

14.5.3　项目任务

利用 ID 加密程序，同一程序机器码只能用于一片单片机，如果更换单片机则死机。

14.5.4　ID 加密程序设计

硬件 ID 加密方法是程序执行时会去读取单片机 ID，由于 ID 号是唯一的，一个程序对应一个 ID 号。抄出和程序运行时单片机 ID 号不可能相同，则程序死机或者自毁。

主程序 main. c：

```
#include <STC8H.h>  //定义单片机特殊功能寄存器
#include <INTRINS.H>
#include "config.h"   //配置、初始化头文件
#include "usb.h"   //USB 配置头文件
#include "LCD1602.h" //1602 头文件
  /* * * * * * * * 读取 CPU ID 号 * * * * * * * * * * * * * * * * * /
#define  CPUIDBASE 0xFDE0   //7 个 ID 号存储在 FDE0~FDE6 内
#define  ID_ADDR ((unsigned char volatile xdata *)(CPUIDBASE+0x00))
void STC_ID()  //单片机 ID 比较，是否正确
  {
    uchar ii;
    uchar xdata ID_DATA[]={0xF7, 0x84, 0xC9, 0x2E, 0x01, 0x19, 0xF5}; //
    //F7  84  C9  0A  01  CA  5A  //手工输入当前单片机的 ID 号，存入数组 ID_DATA[]
    for(ii=3; ii<7; ii++)  //后 4 个 ID 号检验
     {
      if(ID_ADDR[ii]! =ID_DATA[ii])  //如果单片机读出的 ID 号与手工存储的 ID 号不同
```

```
        { while(1);   }   //程序在此死循环，不能跳出，STC_ID();之后的程序都不能运行。
      }
   }
void main()   //主函数
   {
     char kk;
     sys_init();    //系统初始化
     LCD_init();     //液晶初始化
     Disp_Bco();     //显示背景字符
     LED=0x00;    //=0000 0000 全点亮
     delayms(1000); //大约延时 1s
     LED=0xFE;    //=1111 1110 只点亮 P20 口的 LED
     Disp_num();      //显示 ID 函数;
     STC_ID();        //单片机 ID 比较，是否正确，如不正确，之后程序不能运行
     while(1)
   {
     for(kk=0; kk<7; kk++)    //将 LED 灯连续左移 7 位
      { LED =_crol_(LED, 1); delayms(100); }
     for(kk=0; kk<7; kk++)     //将 LED 灯连续右移 7 位
      { LED=_cror_(LED, 1); delayms(100); }
     Disp_num();           //显示 ID 函数;
   }
}
```

14.5.5 程序分析

ID_DATA[ ]的 ID 是手工输入的，如与单片机读出的机器码相同，则程序能运行，不相同则程序死机。注意：单片机 ID 校验“STC_ID( );”应在中断初始化之前，否则虽然主程序不运行了，但中断服务程序仍在运行；由于 ID_DATA[ ]的 ID 是手工输入的，须下载两次程序，第一次用于读出 ID 号，并手工输入，第二次下载时输入了当前单片机的 ID 号。当然也可一次性读出再自动输入，读者自行根据知识编写，本节不再讲述。实用中还可对读出的 ID 码进一步加密后再输入。

14.6 项目 39：淘晶驰串口智能触摸屏示波器电压表

淘晶驰串口智能触摸屏由深圳市淘晶驰电子有限公司生产，产品涵盖 1.28~24 寸规格。该串口智能屏广泛应用于各行业的不同产品中。公司官网（https://www.tjc1688.com）中有详细的学习使用资料，可自行到网站学习。本节不介绍触摸屏上位机的工程建立等基本方法，仅介绍例子关键设置。

14. 6. 1　产品系列简介

产品主要有 T0、K0、T1、X2、X3、X5 和 X7 等系列，学习可选择 4. 3 寸的 X3 和 X5 系列，做产品则须根据功能和成本进行选择。X5 系列可以播放视频，X3 系列不能播放视频，但可播放动画，两种都可以播放音频。部分产品外形如图 14-7 所示。

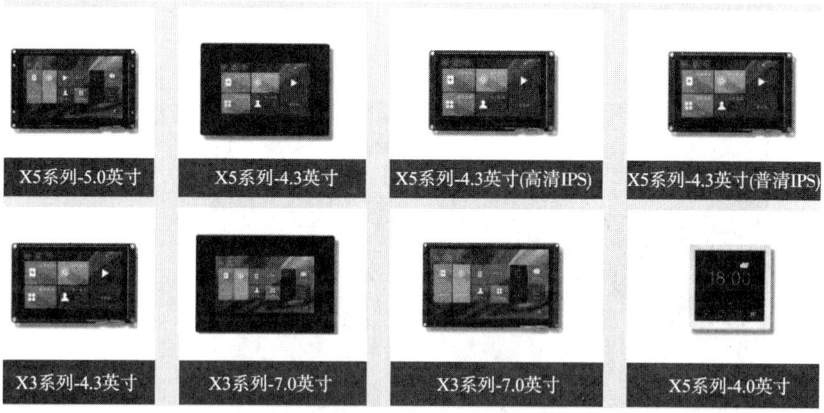

图 14-7　产品系列

14. 6. 2　上位机工程设置和解释

1. Program. s 设置

Program. s 界面如图 14-8 所示，主要为上电初始化设置，如：全局变量定义、波特率、初始音量、开机亮度等。波特率只能从该串口屏支持的波特率中选择，由于做示波器传输数据量较大，波特率选择了最高，即 921600bps，普通使用选择 115200bps 即可。当然，下位机的单片机的串口波特率也必须与此波特率相同。

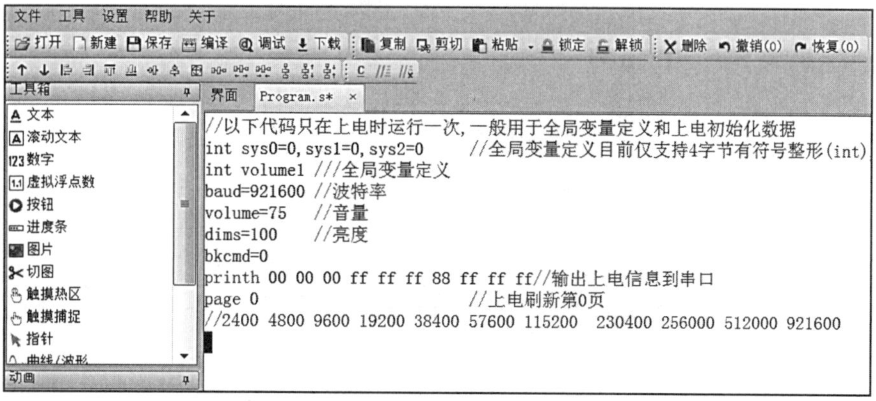

图 14-8　Program. s 设置

2. 示波器控件设置

如图 14-9 所示，示波器左边为电压刻度，范围为 0~4V，由于电压 ADC 转换基准电压选择了 4.096V，高于该电压无法测量。右边 ID 号为 1，在单片机发送数据时必须要对应该 ID 号，aph 为透明度，aph=127 为不透明，dir 为波形显示方式，ch 是示波器通道，有 4 个通道，该图使用了 3 个通道，bco 是背景，点击可更改颜色，gdw 和 gdh 为示波器网格像素，pco0~pco2 为示波器三个通道波形的颜色，也可以修改，w 和 h 是示波器界面的大小像素，其中 h 不能超过 255。

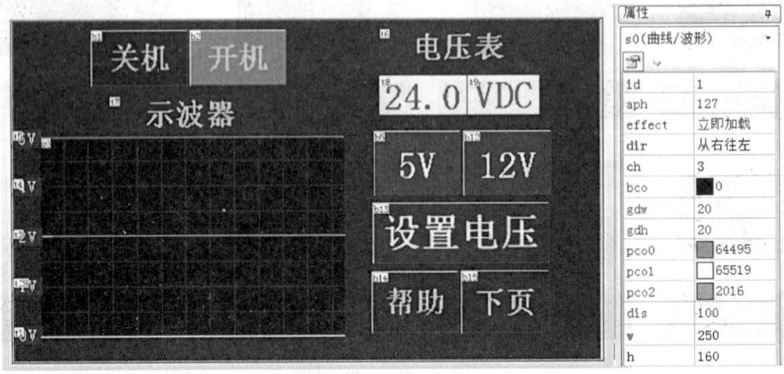

图 14-9　示波器控件

3. 文本控件设置

如图 14-10 所示，以文件 t8 为例，其 id 虽为 4，但单片机发送数据时，却是要对应 objname 号的 t8，font 是字体号，字体需要事先制作好，见图左边所示，不同字号的字体大小不同。汉字的字体数据量较大，字体不能太多。bco 是背景。pco 为字体颜色，点击可以更改颜色。txt 为文体初始内容。

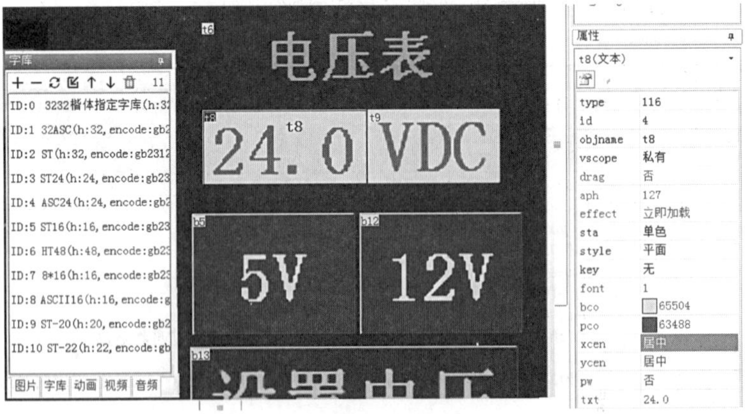

图 14-10　文体控件

4. 按键控件设置

如图 14-11 所示，以 12V 的按键 b12 为例，颜色和字体与文本控件相同。主要是控制按键点击后，如何发送指令。按键发送指令在其下方的“事件”处，按下事件和弹起事件都可以，“printh 12”为发送十六进制 12H，单片机接收到 12H 后，应该启动 12V 的输出电压。“play 0，6，0”为点击发声 wav0 的音频。其他按键发送指令也类似，开机按键发送“printh 99”，关机按键发送“printh 98”。

图 14-11　按钮控件

14.6.3　项目任务

对开发板上的光敏电阻和电位器的电压进行 ADC 转换，ADC 值折算后，通过单片机串口 2 送至串口屏上，以波形显示，实时显示该两 ADC 通道电压波形。电位器的电压还以数值形式显示在串口屏的 t8 文本上。点击开机按键把开发板 P2 口灯点亮，点击关机按钮把开发板 P2 口灯熄灭。

14.6.4　下位机单片机程序设计

单片机向串口屏发送数据用于示波器显示时，发送数据的时间间隔必须相等，即定时发送数据。定时发送数据当然可以用定时器，不过本例是使用 AI8H 单片机的 PWM 的定时功能，因为 PWM 频率是固定的，周期也是固定的，也有定时功能。

1. 主程序 main.c

```
#include <STC8H.h>     //定义单片机特殊功能寄存器
#include "config.h"     //配置、初始化头文件
#include "usb.h"        //USB 配置头文件
#include <stdio.h>
#include "Timer_Set.h"   //定时器设置头文件
#include "TJC.h"        //淘晶驰屏
```

```
#include "ADC_STC8.h"   //ADC 转换
#include "Smg_Display.h" //显示
void main()    ///* ++++++++++++主函数++++++++++++++ * /
  {
    sys_init();    //系统初始化
    timer_init(); //定时器初始化
    PWM_int();    //PWM 初始化 利用 PWM 用作定时器
    ADC_init();    //ADC 初始化
    TJC_int();     //触摸屏幕初始化
    while(1)
  {
    num = BrightPP;   //赋值 开发板上显示光敏电阻电压
    Data_Splt() ; Smg_Display();   //数据拆分函数 //数码管显示函数
    switch(REC2_Val)
      {
          case(0x99): P2 =P2&0x0F ; break; //接收到 0x99 开 P27~P24 的灯
          case(0x98): P2 =P2 | 0xF0 ; ; break; //接收到 0x98 关灯
      }
    if(DeviceState ! = DEVSTATE_CONFIGURED)  //等待 USB 完成配置//++++++++++
    continue; USB_Response();   //USB 应答+++++++++++++++++++++++++
  }
}
void Uart2Isr() interrupt 8 //串口 2 接收
{
  REC2_Val=S2BUF;   //将接收到的数据放入到接收寄存器
  S2CON &= 0xFE;    //即 S2RI=0; //接收标志清零
}
void PWMA_ISR() interrupt 26  //PWM 用作定时器  4ms 进入
{
  uchar i;
  sr = PWMA_SR1; PWMA_SR1 = 0;
  if (sr & 0x08)
  {
    PWMA_CCR3 =cnt3; cnt3+= PWMA_T3; //更新比较值//计算下一个比较值
    LED2  = ~LED2 ;    //测试 4ms 定时器是否正确
  }
 for(i=0; i<5; i++)  //连续 ADC 5 次采集
  {
    Voltage5 += Get_ADCResult(3);   //ADC 值累加 对应 P1.3 电位器
    Bright5  += Get_ADCResult(4);   //对应 P1.4 对应光敏电阻
```

```
  }
VoltageP =Voltage5/5; Voltage5=0; //5 次取平均值
BrightP  =Bright5/5;    Bright5 =0;
ch0= VoltageP/25; ch1= BrightP/25; //折算,值不能大于示波器的高度值
sprintf(buf,"add 1, 1,% d", ch0);    //发送示波器 ch0 通道数据//ID1 的示波器第 1 通道
UART_Send_Str(buf); UART_Send_END();
sprintf(buf,"add 1, 2,% d", ch1);     //ID1 的示波器第 2 通道
UART_Send_Str(buf);   UART_Send_END();
number++; Bright50+=BrightP ; Voltage50+=VoltageP; //数据再累加
if(number>=50)  //再取 50 次平均值
  {
    number=0;
    BrightPP =Bright50/50; Bright50=0; VoltagePP=Voltage50/50; Voltage50=0;
    Val_POWER1_ge = VoltagePP/1000; //整数
    Val_POWER1_shu= VoltagePP% 1000; //小数
    sprintf(buf,"t8.txt = \"% d% c% d \"",Val_POWER1_ge, '.', Val_POWER1_shu);
//发送电压至 t8
    UART_Send_Str(buf);   UART_Send_END();
  }
}
```

2. 定时器 Timer_Set.h

```
#define BRT (65536 - MAIN_Fosc/921600/4)    //波特率设置
#define PSCRA 4   //4 分频
#define PWMA_T3 MAIN_Fosc/4/250 //定时周期 4ms(250Hz)
uint cnt1, cnt2, cnt3, cnt4;
uchar  sr;
void PWM_int()
  {
    PWMA_PSCR =PSCRA-1;   //设置预分频器
    PWMA_ARR = 44237;       //改变频率 f=fsys/((PWMA_PSCR+1)(PWMA_ARR+1))
    PWMA_CCMR3 = 0x00;
    cnt3 = PWMA_CCR3 = PWMA_T3;
    PWMA_IER = 0x02; //使能中断=0000 0010//一个 PWM 输出 P6.0
    PWMA_CR1  | = 0x81; //使能 ARR 预装载,开始计时=1000 0001
    cnt3+= PWMA_T3;
  }
void timer_init()  //定时器初始化程序
  {
    AUXR=0x54; //0101 0100 =T0/T1/T2 选用 1T 模式,
     /* AUXR=T0x12 T1x12 U_M0x6 T2R  T2_C/T T2x12 EXTRAM S1ST2 */
```

```
    S2CON = 0x10; //S2SM0 - S2SM2 S2REN S2TB8 S2RB8 S2TI S2RI   //串口 2 接收 S2REN 允许
    T2L = BRT;   T2H = BRT >> 8;
    IE2  | =0x01; // =0000 0001=串口 2 接收 ES2 中断允许
     /* IE2=EUSB ET4 ET3 ES4  ES3 ET2 ESPI ES2, EUSB 为 USB 中断允许 必须=1 */
    EA=1;        //开总中断
  }
void UART_Send_Byte(unsigned char mydata) //串口 2 发送数据函数
  {
    S2CON &= 0xFD; //即 S2TI=0; 1111 1101 以送标志 S2TI 清零
    S2BUF=mydata;
    while(! (S2CON&0x02));     //0000 0010   等待发送结束
    S2CON &= 0xFD; //即 S2TI=0; 1111 1101
  }
void UART_Send_Str(char *s)  //串口 2 发送字符函数
  {
      int i=0;
      while(s[i]! =0)   { UART_Send_Byte(s[i]); i++; }
  }
#endif
```

3. 淘晶驰屏 TJC. h

```
#ifndef __TJC_H__
#define __TJC_H__
//uchar xdata buf[64];   //显示的变量必须是 uint
void UART_Send_END(void)
  { UART_Send_Byte(0xFF); UART_Send_Byte(0xFF); UART_Send_Byte(0xFF);}
void TJC_int()
  {
    delayms(80); //等待屏幕初始化, 建议 50ms 以上
    UART_Send_END(); //发送一次结束符, 清除上电产生的串口杂波数据
    UART_Send_Str("page 0"); UART_Send_END();
  }
#endif
```

14.6.5 程序分析

PWM 定时器使用了 4ms 定时时间，那么在“void PWMA_ISR() interrupt 26 {…}”的 PWM 中断服务程序必须在 4ms 内执行完毕，否则波形发送数据周期会变化，波形会失真。PWM 中断服务程序又嵌入了发送数据中断，程序编译后会有警告提示，只要发送数据时间小于 4ms 即可，该警告可暂时不用理会。发送示波器数据要对应 ID 号和通道号，以及需要发送的数据。如：“sprintf(buf,"add 1, 1,%d", ch0);”，ch0 即要显示的示波

器值，注意示波器值不能超过 255。

发送文本显示是发送字符串，如向串口屏文体控件 t8 发送数据显示：

```
sprintf(buf,"t8.txt= \"% d% \"", Val_POWER1);   //电源电压，有小数点显示，见
上例
UART_Send_Str(buf); UART_Send_END();
```

如将串口屏文体控件 t8 背景颜色改为绿色：

```
sprintf(buf,"t8.bco= 34784");
UART_Send_Str(buf); UART_Send_END();
```

串口屏接收到字符串“t8. bco= 34784”后，会将文本 t8 的背景更改为“34784”对应的绿色。

将串口 2 接收到的初始数据赋值给变量 REC2_Val，该变量的处理与常规方法相同，使用这个变量值去执行对应的功能即可，测试图如图 14-12 所示。但如串口屏发送给串口 2 的数据比较多，或者是 ASCII 码，又如何处理呢？将在下一节介绍。

图 14-12　测试图

14.7　项目 40：淘晶驰串口触摸屏控制舵机

淘晶驰串口智能触摸屏可以多页控制和显示，不同的功能可设置在不同的页面控制和显示，在上节的示波器点击下一页按钮，将进入本节的舵机角度控制数字键盘页面，如图 14-13 所示，t 是文本控件，b 是按钮控件，h 是滑块控件。

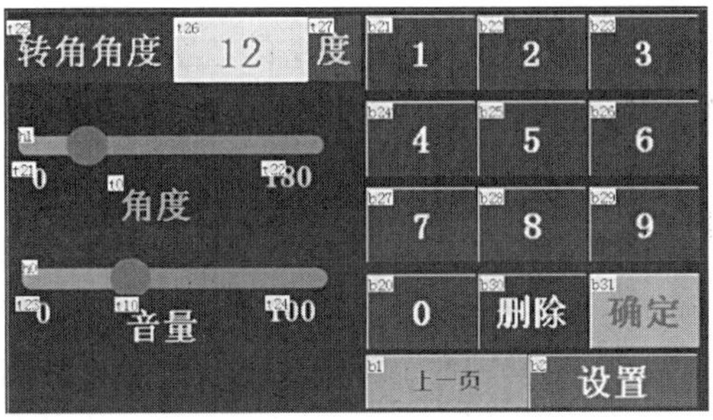

图 14-13　数字键盘

14.7.1 上位机工程设置和解释

1. 滑块控件设置

滑块设置形状、颜色、初始值 0、最大值 180，点击“h1”后，在最右边的工具栏里设置。这里主要是讲述如何把滑块滑动时的数据发送给单片机。

点击“h1”，在右下方的事件的滑动事件里写入脚本程序，如图 14-14 所示。

“volume1=h1. val”是把滑动条 h1 的值赋值给变量 volume1，不过例子实际上没有使用 volume1。

“covx h1. val，t22. txt，0，0”是把滑块 h1 的 val 数值变量转换成 10 进制数字字符串并赋值给文本 t22 的 txt 变量，长度为自动。

其中，covx 为变量类型转换，格式如下：

covx att1，att2，lenth，format。

att1：源变量；att2：目标变量；lenth：字符串的长度(0 为自动长度，非 0 为固定长度)；format：声明数值类型(0-数字；1-货币；2-Hex)。

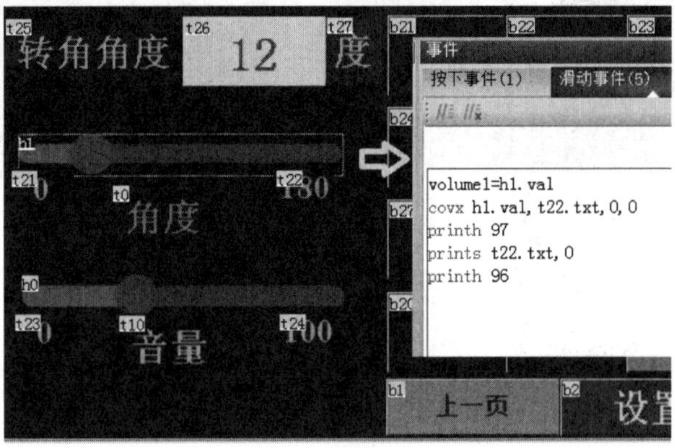

图 14-14　进度条控件

2. 按钮控件设置

1) 设置按钮控件

按钮“设置”b2，控制数字按钮控件 b20～b29 的数字能不能向文本 t26 输入数字。输入数字前，先要打开 b20～b29 触摸功能，输入数字完毕后，则要把 b20～b29 触摸功能关闭，如图 14-15 所示。

“tsw b29，1” 意思：让名称为 b29 的控件触摸有效，对应“9”按钮。

“t26. pco=1024” 意思：文本 t26 的字颜色变为 1024 对应的绿色。

“t26. bco=32767” 意思：文本 t26 的背景颜色变为 32767 对应的天蓝色。

2) 数字按钮控件

以数字“0”对应的 b20 控件为例：首先判断文本 t26 的字体颜色是否为 1024 对应的绿

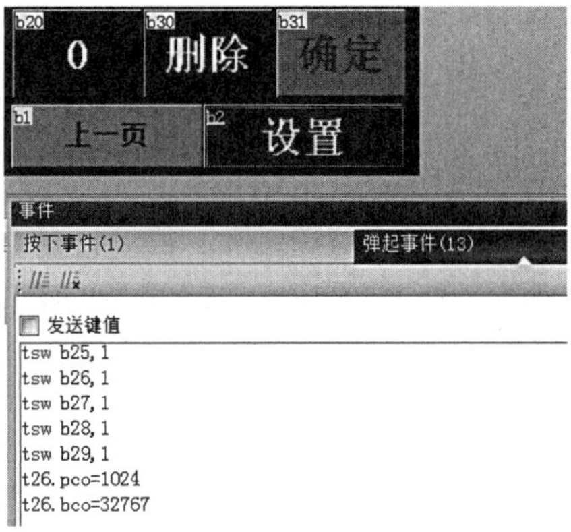

图 14-15　设置按钮控件

色，如果是，则对文本 t26 数值进位添“0”，即“t26. txt=t26. txt+"0"”。如图 14-16 所示。

3）删除按钮控件

如图 14-17 所示的“t26. txt=t26. txt-4”，“-4”表示连删 4 位数。

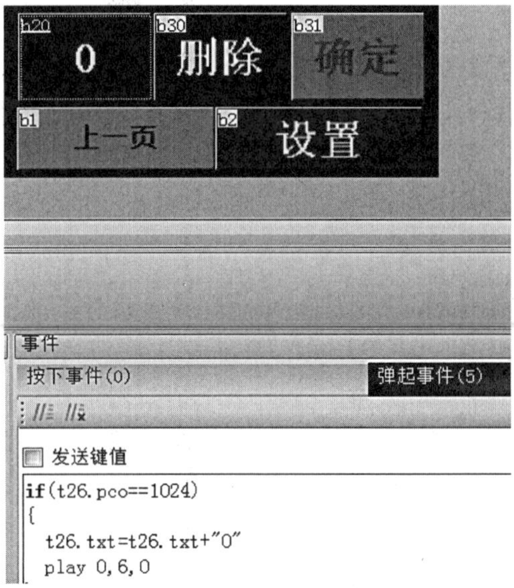

图 14-16　数字按钮控件

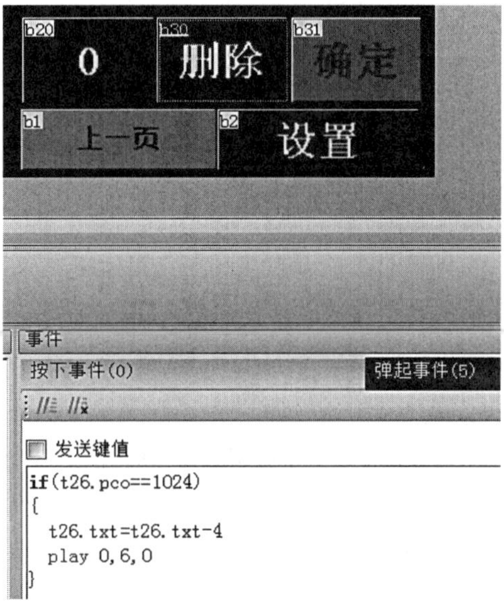

图 14-17　删除按钮控件

4）确定按钮控件

如图 14-18 所示，“tsw b29，0”为关闭 b29 触摸功能，按数字键无效，防止误按，同时文本 t26 变回黄底红字的原色。

文本 t26 的值可以保存在屏幕的 EEPROM 里，防止下次开机时 t26 值混乱，即语句“wepo t26. txt，0”。EEPROM 有 1024 字节，保存数据可以选择 0~1023 的任一地址。

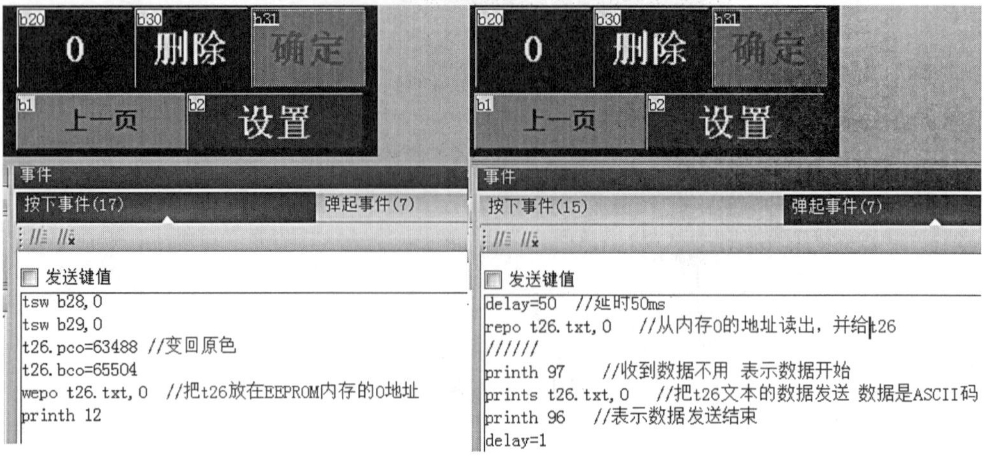

图 14-18　确定按钮控件的按下和弹起事件

弹起事件里，“repo t26. txt，0”的“repo”为读取 EEPROM 的数据指令。

14.6.2　舵机原理

舵机是一种位置(角度)伺服的驱动器，适用于角度不断变化并可保持的控制系统，在遥控玩具和遥控机器人中经常使用。外形和附件如图 14-19 所示，棕色线、红色线和黄色线分别为地、正极和 PWM 控制。PWM 控制信号通过黄色线进入舵机的信号调制芯片，获得直流偏置电压。它内部有一个基准电路，产生周期为 20ms、宽度为 1. 5ms 的基准信号，将获得的直流偏置电压与电位器的电压比较，获得电压差输出。最后，电压差的正负输出到电机驱动芯片，决定电机的正反转。当电机转速一定时，通过级联减速齿轮带动电位器旋转，使得电压差为 0，电机停止转动。

舵机的控制一般需要一个周期 20ms 左右的 PWM 脉冲，该脉冲的高电平部分一般为 0. 5~2. 5ms 范围内的角度控制脉冲。以 180°角度伺服为例，对应的控制关系是这样的：0. 5 ~ 2. 5% ~ 0°； 1. 0ms ~ 5% ~ 45°； 1. 5ms ~ 7. 5% ~ 90°； 2. 0ms ~ 10% ~ 135°； 2. 5ms ~ 12. 5% ~ 180°。PWM 控制脉冲如图 14-20 所示，PWM 有效控制时间共 2. 0ms，如果控制精度为 1°，则控制最小时间为 2. 0ms/180 = 11. 11μs，也就是旋转 1°，PWM 高电平时间加减约 11. 11μs。

14.7.3　项目任务

使用淘晶驰串口触摸屏控制舵机，在界面输入角度值，按确定按钮，把角度数据发送给单片机后，单片机控制舵机即旋转对应设置角度；同时滑动控制界面的滑动控件，也可以直接控制舵机旋转角度。

图 14-19　舵机和附件

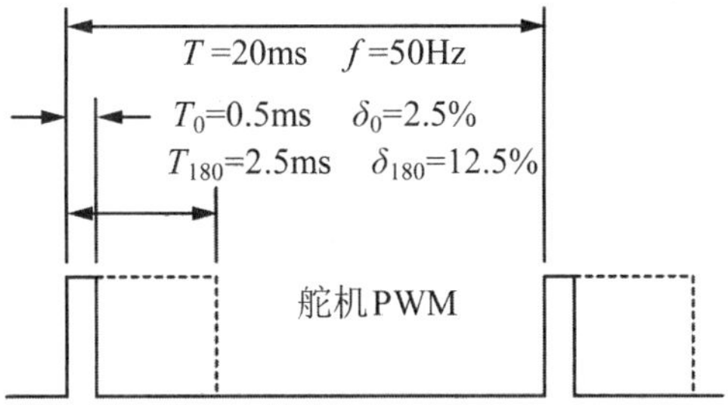

图 14-20　舵机 PWM 参数

14.7.4　下位机单片机程序设计

串口 2 接收到从触摸屏上发来的数据，先要解析出舵机角度控制数据，利用该控制数据去改更 PWM 设置里的寄存器的值，从而改变 PWM 输出的占空比。为了简化程序，触摸屏发送的数据控制舵机精度为 1°。

1. 主程序 main. c

```
#include <STC8H.h>      //定义单片机特殊功能寄存器
#include "config.h"      //配置、初始化头文件
#include "usb.h"         //USB 配置头文件
#include <stdio.h>
#include "Timer_Set.h"   //定时器设置头文件
#include "PWM_Set.h"      //舵机 PWM 设置头文件
#include "TJC.h"          //淘晶驰屏
#include "Smg_Display.h" //数码管显示
void main()   //+主函数+
 {
   sys_init(); timer_init();    //系统初始化 //定时器初始化
   PWMPCA_int();    //PWM 初始化 利用 PWM 用作定时器
   PWM_int();         //舵机控制 PWM 产生
   TJC_int();      //触摸屏幕初始化
   while(1)
    {
     num =JiaoDu_Val * 10;    //赋值 开发板上显示接收值
     PWMB_CCR5 =num+450;    //改变占空比，占空比从 2.5% 开始调节
     Data_Splt() ;   Smg_Display(); //数据拆分函数 //显示函数
     if(DeviceState ! = DEVSTATE_CONFIGURED)   //等待 USB 完成配置 USB 通信使用不
                                                  用修改
       continue;
       USB_Response();    //USB 应答
    }    }
```

```
void Uart2Isr() interrupt 8
{
  REC2_Val=S2BUF;   //将接收到的数据放入到发送寄存器
  S2CON &= 0xFE;    //即 S2RI=0; //接收标志清零
  if(n1==3)             //REC_Val=0x97 时  数据到来
    {
      n11++;
      switch(n11)    //逐个接收数据值 处理按钮发来的数据
  {
    case(1): JiaoDu_Val=REC2_Val-48;   break;    //ASCII 码处理成十进制数字
    case(2): if(REC2_Val==0x96)  //  如果数据结束了
             {JiaoDu_Val=JiaoDu_Val; n1=0; n11=0; }
             else  { JiaoDu_Val=(JiaoDu_Val)*10+REC2_Val-48; }  ; break;
    case(3): if(REC2_Val==0x96)   {JiaoDu_Val=JiaoDu_Val; n1=0; n11=0; }
           else {JiaoDu_Val=(JiaoDu_Val)*10+REC2_Val-48; n1=0; n11=0; } ; break;
    }
  }
    …//处理滑块发来的数据 , 自行添加
    if(REC2_Val==0x97) { n1=3; }  //如果数据初始到来, 标志 n1=3;
    if(REC2_Val==0x96) { n1=0; }  //如果数据结束到来, 标志 n1=0;
}
```

2. 舵机 PWM_Set. h

```
#ifndef__PWM_Set_H
#define__PWM_Set_H
void PWM_int()
{
    PWMB_CCER1 = 0x00; //写 CCMRx 前必须先清零 CCERx 关闭通道
      //PWMB_CCER1 = - - CC6P CC6E - - CC5P CC5E
    PWMB_CCMR1 = 0x60; //设置 CC3 为 PWMB 输出模式 0110 0000
      //PWMB_CCMR1=OC5CE OC5M[2: 0] OC5PE OC5FE CC5S[1: 0]
    PWMB_CCER1 = 0x01; //使能 CC5 通道            0000 0001
    PWMB_PSCR = 0x30;      //=48+1 分频
    PWMB_CCR5 = 1800; //设置初始占空比时间  =1800 个晶振周期为高电平, 即占空比 10%
    PWMB_ARR = 17999; //设置周期时间   =18000 个晶振周期为 PWM 一个周期
    PWMB_ENO = 0x01; //使能 PWM5P 端口输出, 对应 P2.0 脚
     //PWMB_ENO =- ENO8P - ENO7P  - ENO6P - ENO5P
    PWMB_BKR = 0x80; //使能主输出
    PWMB_CR1 = 0x01; //开始计时
  }
#endif
```

14.7.5　程序分析

PWM 这里使用了 PWM5，默认从 P2.0 输出。为方便计算，PWMB_ARR 选择 18000 周期，则 PWMB_CCR5 从(0~1800)+450=450~2250 对应占空比为 0.5%~12.5%，即控制 0°~180°。主程序里的“PWMB_CCR5 =num+450;”，完成任务就是把数据 0~1800 换成 450~2250，num 有效范围为 0~1800，理论上单片机对舵机控制精度为 0.1°。只是触摸屏发送来的数据范围是 0~180，执行“num =JiaoDu_Val * 10;”后，精度变差了，读者可自行更改精度。

根据第 12 章的 PWM 计算公式有

$$\text{PWMB\_PSCR}=\frac{f_{\text{SYSCLK}}}{f_{\text{PWM}}(\text{PWMB\_ARR}+1)}-1=\frac{44236800}{50(17999+1)}-1=49.152-1\approx 48$$

串口 2 接收中断服务程序“void Uart2Isr() interrupt 8 {…}”里，需要把 ASCII 码转换为十进制，该程序可以接收解析三位范围内的数据，利用接收值 0x97 启动解析，0x96 结束解析。

如果触摸屏发送有小数点的数据，解析会复杂一点，这样舵机控制精度也会提高。测试显示结果如图 14-21 所示。

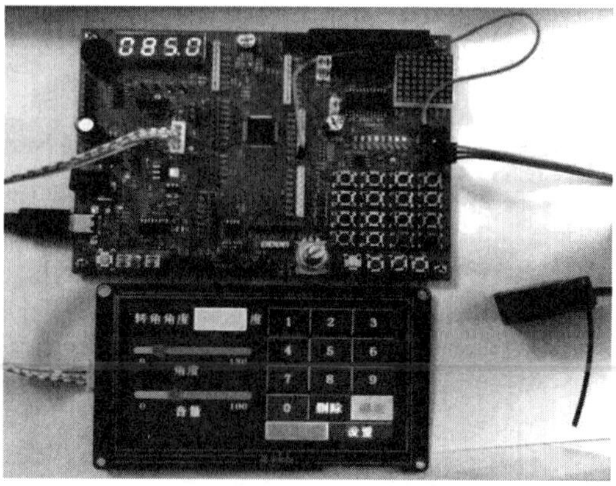

图 14-21　测试图

习　　题

1. 设计程序，把自己的学号存储在 EEPROM 里，开机读出学号，显示到 LCD1602 屏上。

2. 设计程序，触摸屏键盘输入有小数点的数字，并向单片机发送，单片机接收到数据，解析后显示在 LED 数据管上。

3. 设计程序，把 EC11 的旋转数据通过串口送到触摸屏上，并显示该数据。

附录

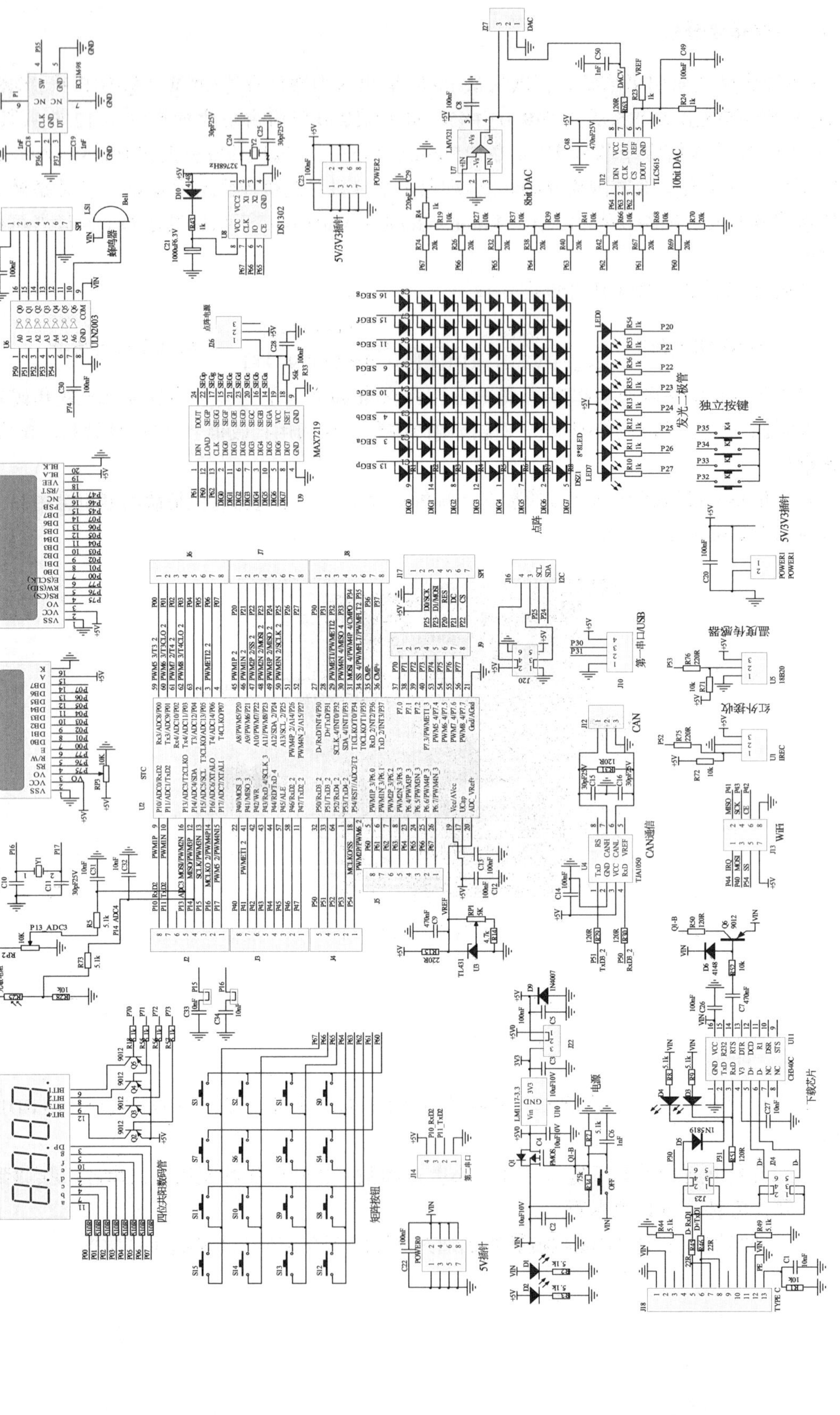
12864液晶显示器
1602液晶显示器
蜂鸣器
ULN2003
DS1302
5V/3V3插针
MAX7219
点阵
8bit DAC
10bit DAC
TLC5615
发光二极管
独立按键
STC
第一串口/USB
温度传感器
红外接收
CAN
CAN通信
TJA1050
WiFi
四位一体数码管
四位共阳数码管
矩阵按钮
第二串口
5V插针
电源
下载芯片
CH340C
TYPE C

参 考 文 献

[1] 王静霞. 单片机基础与应用(C 语言版)[M]. 北京：高等教育出版社，2016.
[2] 郭志勇. 单片机应用技术项目教程[M]. 北京：人民邮电出版社，2019.
[3] 夏路生. 单片机应用技术项目化教程[M]. 天津：天津科学技术出版社，2022.
[4] 邓筠. 单片机技术与接口应用[M]. 北京：清华大学出版社，2022.
[5] 龙芬. C51 单片机应用技术项目教程[M]. 武汉：华中科技大学出版社，2022.
[6] AI8 系列单片机原理及应用[Z]. 深圳：深圳国芯人工智能有限公司，2025.
[7] STC 官网：https://www.stcaimcu.com/
[8] CSDN 博客：https://blog.csdn.net/
[9] 电子发烧友：https://m.elecfans.com/